4 과학기술총서

생산가능인구 감소시대

인력정책 10대 이슈

박철우 이병윤 홍성민 오호영 노민선 박동열 반상진
박문수 이정재 김선우 김주섭 이상희 정성훈

본 책자는 산학협동재단의 도움으로 발간되었습니다.

머리말

생산가능인구 감소시대 인력정책 10대 이슈의 필요성을 제기하고, 백 일 간 마라톤 포럼을 시작한 지 6개월이 지났다. 처음 시작할 때는 6년간 함께 했던 지혜포럼 전문가 몇 분들이 모여서 딱 100일만 고민하고 10대 이슈를 발간하려고 했다. 그런데 생각보다 더 오랜 시간이 걸린 듯하다.

사실 '생산가능인구 감소시대'란 키워드는 우리가 많이 듣고 알고 있는 주제다. 저출산, 고령화가 요인이고, 이들 때문에 앞으로 우리 경제에 어떤 영향을 미치고, 우리의 삶은 어떻게 바뀔지에 연결된 주제이다. 일부 사람들이 이야기하기로는 생산가능인구가 감소하면, 시장경제가 위축된다고 한다. 말 그대로 '생산'을 할 사람이 줄기 때문에 1인당 생산액은 줄고 소비도 축소되며, '고령화'와 '100세 시대'를 맞아 중장년의 지출도 최소화하려는 경향을 보이기 때문에 내수시장은 위축될 수밖에 없고, 결국 국내 투자 감소로 이어져, 일자리가 줄어든다는 암울한 전망도 있다. 그래서 '어떻게 해야 하지?'라는 의문과 함께 방향을 모색하고자 모임을 만들고 논의과정을 거쳤다. 그런데 처음 시작 단계에서 딱히 무엇을 어떻게 준비해야 하는지 결정된 바 없었고, 우리 모임에서 구체적인 길을 찾기보다도 어떤 주제를 논의해야 하는지 문제 제기를 우선하는 것이 좋겠다는 의견으로 모여져, 본 책자는 그런 차원에서 10대 이슈를 제기하게 되었다.

10대 이슈 선정은 생산가능인구 감소 대책으로, 시장 확대, 생산성 향상, 경제활동인구 증대, 생산가능인구 증대, 양성기능의 질적 제고, 배치 및 활용의 최적화 등의 형태로 대안이 구체화될 것으로 판단되었다. 그래서 각 주제별로 다양한 이슈를 발굴하고 우선순위에 따라 10개 이슈를 선정했다. 생산가능인구 감소시대의 구체적 정책 방향은 시장 확대 측면에서는 생태계 규모를 키우는 방향으로 갈 것이라고 판단하고 있다. 관련 내용으로 글로벌화, 산업 간 융·복합, 창업·창작 활성화 등이 있다. 그리고 생산성 향상 측면에서는 사회, 개인, 기업 등에 새로운 변화를 요구하고 지금과는 다른 의식의 변화를 야기할 것이라고 판단했다. 경제활동인구 및 생산가능인구의 증대는 출산율 제고, 군 문제 개편, 여성의 사회참여 확대, 외국인 인력정책의 확대, 장년 일자리 활성화 등의 형태로 나타날 것이라고 판단했다. 배치 및 활용 측면에서는 합리적 인재 활용, 미스매치 해소 등이 필요할 것으로 판단되었고 이러한 시각에서 10대 이슈가 정리되었다.

사실 인력은 경제를 일으킬 힘이기도 하고, 시장이기도 하다. 그런 점에서 경제를 이끌 생산가능인구가 줄고, 청년인구의 유입도 준다는 것은 미래의 큰 걱정거리다. 그러나 답은 정해져 있다. 미국과 같이 다민족국가를 지향하거나, 지금까지의 비효율적인 인력정책을 효율적으로 재편해서 생산성을 높이는 방법밖에는 없다. 이를 위해서 양적 미스매치를 최소화하고 지금까지의 틀에 박힌 교육과정을 혁신해 기존보다 높은 비율로 우수인재를 양성하고 배치하여 활용할 수 있는 교육-산업-노동시장의 통합적 전략이 마련되어야 할 것이라는 생각으로 이슈별 현황과 문제점을 구체화하고 가능한 정책 방향을 제시하고자 하였다.

이제, 생산가능인구 감소시대 인력정책에 대한 고민을 마무리할 시간이 된 듯하다. 지난 6개월간의 시간이 너무나 짧게 여겨진다. 함께 포럼에 참여한 모든 분들의 시간이 소중하다. 그러나 무엇보다도 이 10대 이슈를 계기로 활발한 사회적 논의를 거쳐 암울한 미래를 긍정적인 미래로 바꾸는 계기가 되기를 희망하면서 기쁜 마음으로 여러분께 이 책을 소개하고자 한다.

2014년 10월
저자 대표 박철우

차례

머리말

1부 생산가능인구 감소시대를 대비하는 인력정책

1부

생산가능인구 감소시대를 대비하는 인력정책

이 병 윤 (한국산업기술대학교)

생산가능인구 감소시대를 대비하는 인력정책

1. 문제 제기

통계청의 장래인구추계(2011)에 따르면 우리나라 총인구는 2030년 5,216만 명을 정점으로 감소하고, 생산가능인구(15~64세)는 그보다 빠른 2016년에 3,704만 명을 정점으로 하락하게 된다. 이러한 현상은 계속해서 감소 추세를 보이고 있는 출산율에 기인하는데 2013년 현재 출산율은 1.19명이다. 인구대체수준인 2.1명에 한참 모자란다. 인구 고령화도 빠른 속도로 진행 중이어서 2017년에는 65세 이상 인구 비중이 14%에 달해 고령사회로 진입할 전망이고 불과 10여 년 뒤인 2026년에는 65세 인구 비중 20.8%로 초고령사회에 도달할 것으로 예상하고 있다. 인구 감소와 초고령사회 진입이라는 인구통계상의 변화는 다른 나라들의 경우보다 빠르게 진행되고 있다.[1]

---

[1] 고령화사회(7%) → 고령사회(14%) 도달 기간 : 한국 17년, 일본 24년, 미국 73년, 프랑스 115년
고령사회(14%) → 초고령사회(20%) 도달 기간 : 한국 9년, 일본 12년, 미국 21년, 프랑스 39년

〔그림 1〕 우리나라 총인구 및 생산가능인구 전망(1960~2060)과 출산율 현황

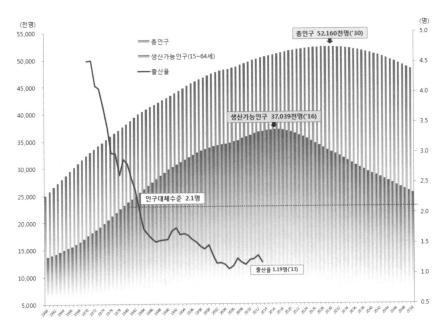

자료 : 통계청(2011), 「장래인구추계 : 2010~2060」, 재가공

정부는 이러한 변화에 대비하기 위하여 2005년 "저출산·고령화사회 기본법"을 제정하고 2006년부터 "저출산·고령사회 기본계획"을 수립하는 등 다양한 정책들을 마련해 오고 있다. 2006년 발표된 "제1차 저출산·고령사회 기본계획(새로마지플랜 2010)"에서는 출산과 양육에 유리한 환경을 조성하고 고령사회의 삶의 질 향상 기반을 구축하기 위한 정책목표를 설정, 4대 분야 237개 세부사업을 제시하였다. 제1차 기본계획에서는 주로 임신 및 출산에 대한 지원과 아울러 양육부담을 줄이기 위한 대책이 많은 비중을 차지하고 있다. 2011년에 발표된 "제2차 저출산·고령사회 기본계획(새로마지플랜 2015)"에서는 점진적 출산율 회복과 고령사회 대응체계 확립이라는 목표하에 4대 분야 231개 세부과제를 제시하

였다. 제2차 기본계획은 제1차 기본계획의 기조를 유지하면서 정책수요가 증가하는 부분에 특히 집중, 일·가정 양립 확산, 결혼·출산·양육 부담 경감 확대, 건강하고 안전한 성장환경 조성의 3대 방향에 초점을 맞추었다.

지금까지 발표된 저출산·고령사회 기본계획은 무엇보다 출산을 장려하고 양육에 대한 부담을 줄여 출산율을 높이기 위한 환경을 조성하고 고령사회에 효과적으로 대응하기 위한 사회시스템을 구축하는 데 있다고 할 수 있다. 이러한 정책들은 앞으로 일어나게 될 인구통계상 변화에 대한 대응책으로서 의미 있고 중요한 역할을 하고 있다. 그렇지만 저출산과 인구 감소로 인해 우리 사회가 앞으로 어떤 변화를 겪게 되고 그것이 우리 사회에 미치는 영향이 무엇인가를 심도 있게 고민하려는 노력은 부족하지 않나 싶다. 인구가 감소하면 생산가능인구도 감소하고 생산가능인구가 감소하면 잠재성장률 하락과 재정건전성 등의 문제가 생기기 때문에 출산을 장려해서 인구 감소를 회복해야겠다는 생각은 쉽게 하지만 그 이상의 어떤 영향이 있을지에 대해서는 깊이 있는 분석을 찾아보기 어렵다.

그 이유는 크게 두 가지 관점에서 생각해 볼 수 있을 것이다. 첫째, 인구 감소가 앞으로 우리 사회에 던져줄 문제들은 많은 변수들이 서로 얽혀 있는, 단순한 일차방정식이 아닌 복잡한 다차원 방정식으로 풀어야 할 정도의 난제라는 점이다. 출산율이 떨어져 신생아 수가 감소하면 자연히 초·중·고 입학생 수가 감소하게 되고, 고등학교 입학생·졸업생 수가 줄어들면 대학 입학정원 수보다 적어져 큰 어려움 없이 대학에 입학할 수 있게 된다. 이는 전문계 고등학교에서도 마찬가지다. 대학진학률이 높아지고 취업률이 떨어지면 중소기업의 기능인력으로 유입될 신규 인력이 점점 줄어들게 되어 중소기업은 심각한 인력난에 처하게 된다. 중소기업은 부족한 인력을 충원하기 위하여 어쩔 수 없이 외국인 근로자를 고용할 수밖에 없다. 이렇게 되면 중소기업은 생산성 감소와 부가가치 하락을 겪게 되어 대기업과의 임금 격차는 더욱 벌어지고 우수인력을 영입하기가 점점 어려워지는 악순환에 빠져든다. 이러한 사회 분위기가 고착화되면 출산율이 올라가고 인구가 증가해도 중소기업의 인력 부족은 쉽게 개선되기 어렵다. 고등학교 졸업자 수 감소 하나만 놓고 보더라도 그로 인한 영향이 사회 전반적으로 파급되는데, 여기에 대기업 취업을 위한 취업 재수 심화, 수도권 기업에 대한 선호, 대학 구조조정 등의 요인들이 복합적으로 작용한다면 그 영향이 어디서 어떻게 나타날지 가늠하기 쉽지 않다. 더구나 이러한 영향은 장기간에 걸쳐 일어나기 때문에 시간적 요인까지 고려하면 그 상호작용의 진행 방향을 파악하기는 여간 어려운 일이 아니다.

첫 번째 이유가 문제 자체의 복잡성에 있다면 두 번째 이유는 이러한 문제를 해결할 해결방안(정책)의 부족에 있다. 많은 변수들 간의 다양한 인과관계가 존재하는 복잡한 문제를 해결할 수 있는 효과적인 해결방안은 아직까지 별로 없는 것 같다. 문제가 무엇이고 인과관계가 어떻게 되는지 파악했다 하더라도 그 문제를 어떻게 해결할 것인지에 대한 합리적 정책 대안을 찾기가 만만치 않다는 것이다. 인구 감소로 인한 문제들은 통합적이고 총체적인 관점에서 접근해야 하고, 문제 자체가 그렇기 때문에 해결방안도 그렇게 접근해야 한다. 다차원의 문제를 일차방정식으로 풀려고 하면 절대 풀리지 않을 것이다. 중소기업의 인력 부족 문제를 취업 지원이나 인력보조금 등으로 해결하는 데는 한계가 있다. 공부 잘하는 기준으로만 학생을 평가하고 어느 대학을 나왔느냐로 평생 신분이 결정되는 사회 시스템을 개선하지 않는 한, 중소기업

인력에 대한 경력 경로(career path)와 비전을 잘 보여주지 않는 한, 그 문제는 쉽게 해결되기 어렵다.[2] 중소기업을 둘러싼 여러 사회환경 변수를 고려하지 않은 일차적인 접근으로는 한계가 있을 수밖에 없다.

문제의 복잡성과 해결방안의 부족이라는 한계성에도 불구하고 인구 감소가 우리 사회에 어떤 영향을 미치는지 예측하고 대비하려는 노력은 반드시 필요하다. 인구 감소가 우리 미래에 끼칠 영향이 크고, 그로 인해 다음 세대들이 감당해야 할 짐이 무거워 보이기 때문이다. 이 장에서는 그러한 노력의 일환으로 인구 감소, 특히 생산가능인구가 감소하면서 나타나게 될 영향을 다양한 시각에서 접근해보고자 하였다.

2. 저출산에 의한 인구 감소가 우리 사회에 미치는 영향

전문계고의 취업률 감소와 기능인력 부족

1980년대 중반의 급격한 출산율 저하('84년 1.74명, '85년 1.66명, '86년, 1.58명, '87년 1.53명)는 2000년대 초반의 고등학교 졸업생 수 급감으로 나타났고 이러한 현상은 특히, 전문계 고등학교에서 더욱 두드러졌다. 1가구 1자녀의 비중이 높아지면서 취업을 위한 전문계 고등학교 진학 비중은 눈에 띄게 급감하였다. 취업보다는 대학 진학이 더 우선시되는 사회 분위기가 큰 요인이 아닌가 싶다. 그러다 보니 전문계 고등학교를 나와서도 취업하는 비율은 점점 감소하고 대학 진학률이 더 높아졌다.

---

2) 선진국에서도 복합적 문제의 해결방안과 방법론의 필요성을 인식하여 정책 믹스(policy mix)나 정책 통합(policy integration), 총체적 정책(holistic policy) 등에 대한 연구를 활발히 진행하고 있다(Briassoulis, 2004; Meijers et al, 2004; Hjelt et al, 2005; Guy, 2009; Flanagan, 2010).

〔그림 2〕에서 보듯이 전문계 고등학교에서도 대학에 진학하는 학생 수는 11~12만 명 사이로 일정했는데 취업자 수가 급감하다 보니 대학 진학률이 더 높게 나타났다. 전문계 고등학교 취업자 수의 감소 추세는 19년 전 태어난 신생아 수 감소 추세와 상당히 비슷한 양상을 보이고 있다는 점이 흥미롭다.3) 최근에 마이스터고 설립과 선취업 후진학 시스템 등으로 취업률이 약간 증가하였지만 전반적인 추세는 하락하고 있는 것으로 나타났다.

〔그림 2〕 전문계 고등학교의 졸업 현황

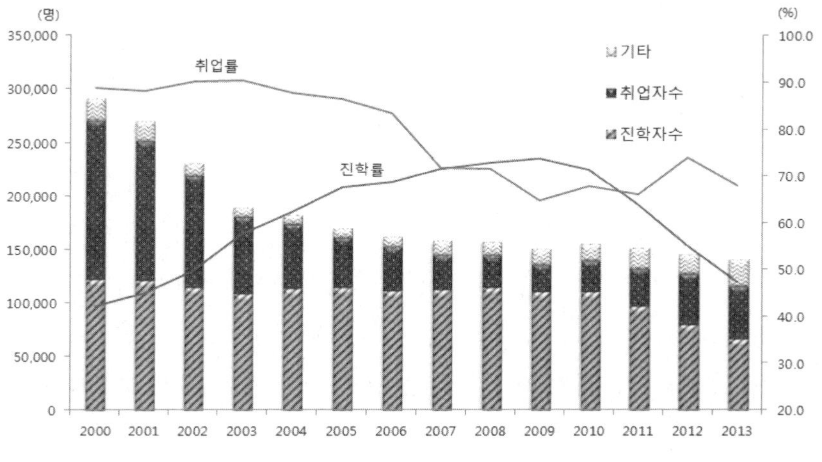

자료 : 교육통계연보 각 연도.

---

3) 일반적으로 고등학교 만 19세에 졸업한다는 가정을 전제함.

(단위 : 명)

	'00→'01	'01→'02	'02→'03	'03→'04	'04→'05
전문계 취업자 수	△18.575	△26.830	△31.926	△12.150	△12.835
	'81→'82	'82→'83	'83→'84	'84→'85	'85→'86
출생아 수	△19.097	△79.157	△94.362	△19.304	△19.470

자료 : 교육통계연보 각 연도. 통계청 각 연도.

〔그림 3〕일반계 고등학교의 졸업 현황

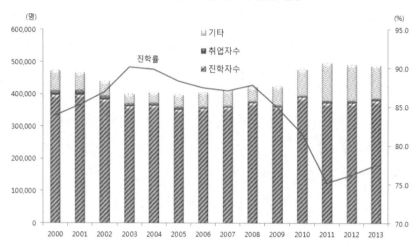

자료 : 교육통계연보 각 연도.

전문계 고등학교 취업자 수 감소는 기능인력 감소에 영향을 끼치기 시작했다. 우리나라가 '70~'80년대 산업화에 성공하게 된 배경에 우수한 기능인력이 큰 역할을 했음을 부인할 수 없다. 산업화의 주역으로서 공장과 생산현장의 경험이 많고 기술적 노하우가 풍부했던 기능인력은 생산성 향상의 일등 공신이었다. 기능인력을 중시하던 사회 분위기는 대학 졸업자가 많이 배출되고 이들에 대한 사회적 우대 분위기가 생겨나면서 조금씩 사라지게 되었다. 1990년대 후반 1인당 GDP가 1만 달러를 넘어 2만 달러를 향해 가면서 삶의 수준이 많이 향상되었고 블루칼라보다는 화이트칼라에 대한 대우가 점점 높아지기 시작했다.

'2013년 중소기업 인력실태조사' 결과에 따르면 중소제조업의 규모별 인력 부족률에서 사무직 부족률이 3.0%인 반면, 생산직 부족률은 20.9%에 달해 인력부족현상이 매우 심각한 상황인 것으로 나타났다. 이렇게 되자 중소기업은 산업연수생제도 등을 통해 외국인 연수생을 채용하여 부족한 기능인력을 대체할 수밖에 없었다. 외국인 연수생에 대한 규모가 제한되다 보니 불법 체류하는 외국인 근로자도 생겨나게 되어 사회문제가 된 적도 있었다. 현재는 외국인 고용허가제를 통해 기능인력 부족문제를 해결해 가고 있다. 국가산업단지의 경우 외국인 근로자가 약 3만 명 정도 고용되어 있으며(2010년 말 기준) 이는 산업단지 전체 고용의 3.5%에 해당되는 규모이다. 기업의 규모가 작을수록 외국인 근로자의 비중은 더 커진다. 전체 외국인 근로자의 60.7%가 50인 미만 소기업에 종사하며 중기업(50~299인)에 32.7%, 대기업에 6.6%가 고용되어 있다.[4]

학벌 지상주의 심화

우리나라의 교육열을 단적으로 보여주는 옛말이 하나 있다. '자식을 낳으면 서울로 보내고 망아지를 낳으면 제주로 보내라.' 자식이 서울에서 양질의 교육을 받을 수 있도록 지원해서 자식을 출세시키라는 의미를 가지고 있는 것 같다. 이처럼 높은 교육열은 한국인의 뼈 속 깊이 박혀 있는 것 같고 저출산 시대에 매우 큰 영향력을 발휘한다. 대학이 공부 잘하고 학문에 뜻이 있는 사람이 가는 곳이 아니라 고등학교를 졸업하고 당연히 가야 하는 필수 코스가 되기 시작했고, 오히려 어느 대학을 가야 하는지가 더 중요하게 되었다.

1996년 대학의 설립인가요건을 단순화시킨 대학설립준칙주의[5]가 시

---

4) 한국산업단지공단(2013), 『국가산업단지 인력구조 변화와 시사점』, 산업단지 Issue & Report 2013~05 제3호.
5) 1995년 5월 31일 대통령 자문 교육개혁위원회가 발표한 9개 교육개혁 방안 중 하나로 교지, 교사, 교원, 수익용 기본재산의 기준만 확보되면 원칙적으로 대학설립인가를 할 수 있도록 요건을 단순화하였음

행되어 대학 설립이 늘어나면서 이러한 현상은 더욱 가속화되었다. 고등학교 3학년 학생 수보다 대학 입학정원이 더 많아지게 되자 이제 고등학교 졸업자가 대학을 선택해서 갈 수 있게 된 것이다. 일반대학 수는 1996년을 기점으로 계속 증가하고 있지만 전문대학 수는 입학생 수 감소의 영향으로 점차 줄어들고 있다. 전문대학 수의 감소는 기능인력 및 초급기술자 감소로 이어지게 된다.

〔그림 4〕고등학교 3학년 학생 수와 대학 입학정원 비교

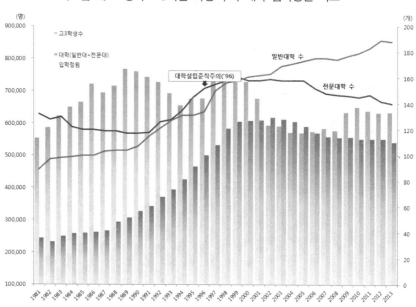

자료 : 교육통계연보 각 연도.

평생교육의 관점에서 보면 대학을 가고 대학원을 가는 것이 개인뿐만 아니라 사회적으로도 상당한 플러스 요인이 된다. 개인의 역량을 키우는 것이 조직이나 사회의 역량을 향상시키는 데 큰 도움이 될 수 있기 때문이다. 그런데 평생교육과 관련하여 외국과 우리나라의 중요한

인식 차이를 발견할 수 있다. 외국에서는 전문대를 나오고 주립대를 나와도 하버드대학에서 최종 학위를 취득했으면 그 사람의 모교는 하버드 대학이 된다. 그가 얼마나 자기 개발과 능력 향상을 위해 노력했는가에 대해서 사회적 존경을 보내는 것이다. 즉, 학벌보다는 개인의 성취도에 따라 그 사람을 평가하는 것이고 그렇기 때문에 최종 학위가 중요한 의미를 갖는다.

외국과 달리 우리나라는 처음 입학한 대학이 그 사람의 모교가 된다. 전문대를 졸업하고 나중에 서울대에서 석·박사를 받아도 전문대가 모교가 되고, 서울대를 졸업한 뒤 다시 전문대를 다녀도 그 사람의 모교는 서울대가 된다. 한번 모교가 정해지면 평생 꼬리표처럼 따라 다녀 그 사람에 대한 평가에 거의 절대적 영향을 끼친다. 대학에 입학해서 선후배가 참석하는 동문회에 가게 되면 이러한 학연은 더욱 큰 결속력을 갖는다. 상위권 대학에 입학했다는 사실 하나만으로도 그 사람은 우리나라 정계와 재계를 비롯한 사회 곳곳의 주요 리더들을 동문으로 얻게 된다. 현실이 이렇다 보니 처음부터 좋은 대학에 들어가기 위해 초등학교에서부터 선행학습을 시키고 중·고등학교 학생들은 새벽까지 공부하며 재수, 삼수도 마다하지 않는 기형적인 교육 시스템이 나오게 된 것이다. 어느 대학에 입학했는지에 따라 자신의 일생이 평가받는데 과연 누가 대학 입시에서 자유로울 수 있겠는가?

문제는 여기서 그치지 않는다. 힘들게 공부해서 좋은 대학에 들어가면 졸업하기는 입학하기보다 훨씬 쉽다. 학교에서 취업률 관리를 이유로 큰 결격 사유가 없는 한 졸업을 다 시켜주기 때문이다. 대학이 졸업생 취업률에 사활을 걸고 있는 마당에 자기 학교 학생에게 졸업을 시켜주지 않을 이유가 어디 있겠는가? 졸업이 쉽다 보니 학점을 따는 데 별 어려움이 없고, 학생들은 학점 따기 어려운 과목을 기피하려고 한다. 이수해야 할 전공학점 비중이 작다 보니 전공분야에 대한 지식은 부족해지고 실험실습은 형식적으로 흘러간다. 전공과목에 대한 공부 부족은 나중에 고스란히 기업에서 부담해야 할 몫으로 남게 된다.

대학 졸업자 수가 많으면 그만큼 사회 수준도 올라가고 전반적인 역량도 향상된다. 물론 대학 교육을 잘 받았을 때 그렇다. 몇 년 전 우리나라 한 취업정보 전문업체에서 대졸자를 대상으로 한 설문조사 결과, 응답자의 절반 정도가 대학을 나왔어도 본인이 무엇을 해야 할지 잘 모르겠다고 응답한 사례를 보고 충격을 받았던 적이 있었다. 자신의 적성이나 소질이 무엇인지 진지하게 고민하고 탐색해보지 않은 채 대학 가는 분위기에 휩쓸려 대학에 들어가고 보니 정작 적성에 대한 고민은 대학에 들어가서 아니면 대학을 졸업하고 난 다음에 하게 되는 지경까지 오게 된 것이다. 물론 많은 경우, 학과를 선택할 때 자신의 적성에 맞는 학과를 정하게 되지만, 그 학과를 나와서 어떤 직업을 가질 수 있고 그 직업에서 요구하는 수준이 어느 정도이며, 그 직업으로 자신이 어떤 경로를 밟아갈 수 있는지 등에 대해서는 잘 모른 채 지원하는 경우가 대부분일 것이다. 직업에 대한 인식이나 취업정보가 그만큼 취약하다는 얘기다.

독일에서는 초등학교에서부터 학생 자신의 적성에 맞는 진로가 맞춤형으로 설계된다. 초등학교 4학년 때까지 한 분의 선생님이 계속 담임을 맡아 그 학생이 어디에 관심이 있고 어떤 것을 잘하는지 4년 동안 꾸준하게 관찰한 다음, 부모와 상담을 통해 그 학생의 진로를 설계한다. 공부에 관심이 많으면 인문계 중·고등학교를 갈 수 있는 진로를 안내해주고, 무엇을 만들거나 조립하는 데 관심이 있으면 직업학교를 통해 마이스터가 될 수 있도록 지도한다. 독일에서 직업학교를 나와 마이스터가 되면 사회적 존경과 대우를 받기 때문에 직업학교를 선택하는 비율이 인문계 학교를 지원하는 비율보다 더 높고, 부모들도 적극 지원한다. 중등 교육 단계에서도 보다 체계적이고 조직적인 지원이 이루어진다. 독일에서 직업훈련학교6)에 입학하려면 기업의 인턴허가서가 반드시 필요한데, 이는 학교에서 2~3일 교육받고, 기업에서 2~3일 훈련받는 이원화 시스템(dual system)이 정착되어 있기 때문이다. 학생들은 지역의 상공회의소를 통해서 훈련받을 기업을 소개받는 경우가 많다. 학생들은 기업이 가지고 있는 문제를 학교에 가져와 선생님과 친구들과 함께 풀거나 문제점을 해결하기 위한 방안 마련에 집중한다. 어려서부터 기업이 당면한 문제를 분석하고 실무를 접하면서 직업인이 되기 위한 훈련을 차근차근 밟아가는 것이다. 독일이 글로벌 금융위기에서도 다른 유럽 국가들과 달리 낮은 실업률을 보이는 데는 이처럼 건실한 교육 시스템이 큰 몫을 차지하고 있음을 알 수 있다.

연구자가 떠나는 연구개발현장

얼마 전 발표된 2014년 노벨물리학상은 청색 발광 다이오드(LED)를 개발한 공로로 일본인 과학자 3명에게 돌아갔다. 그동안 기술적 한계로 청색 LED 개발이 늦어지면서 백색 LED 탄생이 늦어졌는데 이들이 개발한 청색 LED 덕분에 전구 대신 에너지 효율이 높고 친환경적인 백색 LED가 만들어져 인류에게 새로운 빛을 제공하게 된 것이다. 1949년 노벨물리학상을 수상한 유카와 히데키를 시작으로 이번 노벨물리학상 수상까지 일본 출신 노벨 과학상 수상자는 19명이 되었다. 수상자의 출신 대학도 도쿄 대학뿐만 아니라 교토 대학, 나고야 대학, 도호쿠 대학 등 다양하고, 수상 분야도 물리학상, 화학상, 생리의학상 등 전 분야에 걸

---

6) 우리나라의 전문계 고등학교에 해당한다고 보면 된다.

쳐 있다. 그만큼 일본의 기초과학 저력이 얼마나 탄탄한지 알 수 있다. 2000년대 들어서면서 일본의 노벨과학상 수상 빈도는 더 높아지고 있다.

이번 노벨물리학상 수상자들 중 한 명인 나카무라 슈지 교수의 인터뷰 기사가 눈길을 끈다. 일본의 한 지방에서 태어난 그는 그 지역대학을 나와 지방의 중소기업에 근무하던 엔지니어였다. 그는 자신만의 방식으로 공부하기 위해 기존 공식을 사용하지 않았고 대학 시절 스승도 책을 읽으면 고정관념에 빠질 수 있으니 스스로 생각하라는 조언을 했다고 한다. 중소기업에 들어가서도 기존 방식으로 만든 제품이 잘 팔리지 않는 것을 보고 새로운 관점에서 다시 연구를 시작, 500번이 넘는 시행착오를 거쳐 마흔 가까운 나이에 드디어 결실을 보게 되었다는 것이다. 지방대학을 나오고 지방의 중소기업에 취직했어도 노벨상을 받을 수 있는 일본의 연구환경과 토양이 부럽기만 하다. 물론 그가 일본의 연구환경을 일부 비판하긴 했지만 우리의 연구환경보다 튼튼한 것은 사실이다.

몇 년 전 이공계 분야 명문대학을 수석 졸업한 학생이 자신의 진로를 의대로 바꾼 일이 있었다. 과학고를 조기 졸업하고 명문대 입학도 수석을 차지했던 전도유망한 과학도여서 적지 않은 충격이었다. 이공계 박사가 되어도 미래가 보이지 않기 때문에 의대를 선택했다는 그의 대답이 우리나라 이공계 분야의 현실을 다시 돌아보게 한다. 2000년대 초반 고등학교 졸업생 수 급감과 대학의 이공계 분야 신입생 수 감소에 따른 위기로 이공계 지원 특별법이 제정(2005년)되고 "이공계 인력 육성·지원 기본계획('06~'10)"이 추진되어 이공계 인력에 대한 광범위한 지원이 이루어졌다. 이공계 인력은 대학은 물론 대학원까지 장학금을 받으면서 자신이 원하는 연구를 할 수 있는 환경을 갖게 된 것이다.

물론 성과를 논하기에 아직 이르긴 하지만 당초 기대했던 결과가 나올 수 있을지 벌써부터 걱정이다. 정부로부터 막대한 지원을 받는 과학고 졸업자의 의대진학률이 점차 증가하고 있으며, 우리나라의 대표적 이공계 대학인 카이스트의 경우도 졸업생의 의학전문대학원 진학률이 2008년 6.2%(34명)에서 2012년 10.9%(90명), 2013년 11.1%(93명)로 계속 상승하고 있다.[7] 반면 이공계열로 진학하는 졸업생 비율은 2008년 67.7%(369명)에서 2013년 53.7%(450명)로 감소하고 있다. 어렸을 때 발명가를 꿈꾸고 과학자를 동경했던 우수 인재들이 왜 이렇게 이공계를 떠나는 것일까?

앞에서 얘기했던 나카무라 교수의 인터뷰 기사로 다시 돌아가 보자. 그는 제품을 개발하는 4년 동안 회의에 참석하지도 않고 전화도 받지 않고 자신의 연구에 매진했다고 한다. 과연 우리나라에서 어느 연구원이 다른 일은 다 제쳐두고 자신의 연구에 오로지 몰두할 수 있도록 보장받을 수 있을까? 자신의 재임 시절 성과를 올리기 위해 단기간의 성과에 조급해 하는 우리나라 연구 풍토에서 과연 장기간의 연구지원이 가능할까? 장기간의 연구지원은 커녕 외부의 위기가 닥치기만 하면 제일 먼저 구조조정을 당하는 것이 우리나라의 이공계 인력들이다. 한 국가의 고급인력이 국외로 유출되는 현상을 말하는 두뇌유출(Brain Drain) 지수[8]를 보면 우리나라의 R&D환경이 어떠한지 간접적으로 파악할 수 있다. 2011년 조사대상 59개국 중 우리나라는 44위(3.68), 2012년에는 49위(3.40), 2013년에는 조금 상승하여 37위(4.63)를 기록하였다. 반면에 고급인력 유입 지수는 2002년 23위(5.19), 2007년 48위(3.78), 2013년 31위(5.26)로 낮은 수준에 머물러 있다[9]. 즉, 우수 인재들은 기회만 있으면

---

7) 2013년 국정감사자료(카이스트 연도별 인원 및 사회현황).
8) 두뇌유출지수가 0에 가까울수록 해외에 잔류하려는 인재가 많다는 것이고, 10에 가까울수록 자국에 남아 있으려는 인재가 많다는 것을 의미함.
9) 자료는 IMD의 해외 고급인력지수(각 연도) 활용.

계속 해외로 나가려고 하고 외국의 우수 인력은 한국에 들어오기 꺼려한다는 것이다. 이공계 박사들에 대한 사회적 대우가 높고 경제적 보상이 충분히 이루어지지 않는다면 우수 인재의 유출은 막기 어려울 것이다. 나카무라 교수도 직무발명 보상에 대한 불만으로 소송을 제기했지만 일본은 민간기업의 86.7%(2007년 기준)가 직무발명 보상제도를 도입하고 있다. 우리나라 기업들은 39%만이 직무발명 보상제도를 마련하고 있고, 보상 규모는 보잘것없는 수준이다.

산업정책과 연계된 인력정책 필요

1960년대와 1970년대 산업화가 한참 진행되고 있었을 때는 인력공급이 인력수요를 따라가지 못할 정도로 일자리가 많았지만 1990년대에 들어서면서 산업구조 변화에 따라 괜찮은 일자리는 점점 줄어들기 시작했다. 1980년대 말부터 대기업이 가격경쟁력을 높이기 위해 생산규모를 축소하고 하청업체에 대한 외주를 크게 확대하기 시작하면서 소기업(20인 미만)이 급증하였고 나머지 기업들은 감소하기 시작한 것이다. 제조업의 GDP 대비 부가가치 비중은 계속 증가하여 30%대를 기록하고 있지만 고용 비중은 1990년 29%를 정점으로 계속 하락하여 고용 없는 성장을 보여주고 있다. 종사자 규모별로 보면 300~999인 규모와 1,000인 이상 규모에서는 고용 비중이 계속 하락하여 1993년부터 2010년까지 연평균 증가율이 각각 -3.8%와 -4.0%를 보여주고 있다. 중견기업과 대기업의 일자리는 감소 추세에 있는 것이다. 제조업의 업종별로 고용 비중을 살펴보면, 금속 제품의 연평균 증가율('93~'10)이 2.4%, IT산업이 1.7%, 일반기계가 1.4%를 기록하면서 고용이 늘어나고 있지만 섬유·가죽 제품의 경우 -5.8%로 급락하고 있다. 기계산업과 IT산업의 성장에 비해 경공업의 하향세가 눈에 띄게 나타나고 있음을 알 수 있다.

[그림 5] 제조업 종사자 규모별 고용 비중 변화 추이

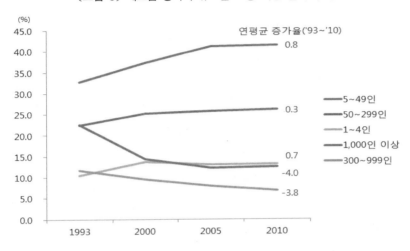

자료 : 통계청, 전국사업체조사보고서, 각 연도.

[그림 6] 제조업 업종별 고용 비중 변화 추이

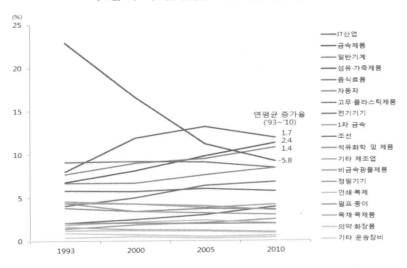

자료 : 통계청, 전국사업체조사보고서, 각 연도.

대기업의 일자리는 계속 줄어들고 있지만 우리나라 대졸자의 눈높이는 대기업과 공공기관 등에 고정되어 있다. 성공 확률이 높지 않은 창업 보다는 안정적인 대기업을 더 선호하고, 지방보다는 서울에 있는 기업에 취직하기를 바라면서 취업의 재수, 삼수도 마다하지 않는다. 중·고등학교 시절 자신의 적성에 맞춘 진로지도를 거의 받지 못하고 계속 진학하다 보니 대학 졸업 후에 자신의 전공을 찾아 취업하는 이공계 대졸자가 30% 정도밖에 되지 않는다. 취업의 우선순위로 기업의 규모 및 안정성, 소재지 등을 먼저 고려하니 조건에 맞는 기업들도 그리 많지 않고 경쟁률도 높아 취업 재수생 대열에 자연스레 합류하게 된다. 우리나라 최고의 기업인 삼성전자조차 우수 인재를 붙잡기 위해 지방을 떠나 서울 강남에 입성한 씁쓸한 현실에서 인력수급의 불균형이 얼마나 심각한지 알 수 있다. 물론 취업준비생만 탓할 일은 아닌 것 같다. 중소기업의 임금과 복지수준 등이 대기업과 비교해 그 격차가 점점 더 벌어지고 있는 상황에서 중소기업을 선택하기란 쉽지 않은 일이다.

　　학령인구 감소로 고등학교 졸업자 수가 계속 줄어들자 교육부에서는 대학 입학정원의 축소를 전제로 대학 구조조정을 계획하고 있다. 산업구조의 변화와 노동시장의 구조 등을 감안하지 않은 대학 구조조정이 향후 우리나라 산업경쟁력에 과연 긍정적인 영향을 줄 수 있을지 의문이 든다. 대학설립준칙주의로 대학 수가 늘어나면서 대학 진학률이 세계 최고로 높아져 취업시장의 혼란과 청년실업률 증가를 가져왔던 지난 역사를 잘 기억해야 할 것이다. 수출에 대한 경제의존도가 높은 우리나라에서 기술과 제품 개발을 위한 이공계 인력의 육성은 앞으로 산업정책에서 제1순위에 놓아야 할 정도로 그 중요성이 커지고 있다. 지식기반경제시대에서 지식과 기술 등의 무형자산이 경쟁우위의 핵심요소가 되면서 창의적인 이공계 인력의 육성 여부가 그 나라의 국가경쟁력을 좌우하게 된 것이다.

3. 앞으로 어떻게 준비해야 할 것인가?

저출산에 따른 인구 감소는 우리나라뿐만 아니라 주요 선진국에서도 마찬가지로 겪고 있는 사회변화이지만 그 진행속도가 우리나라가 겪고 있는 것만큼 빠르지 않을 뿐더러 사회 시스템과 제도 등이 잘 갖추어져 있어 인구 변화에 대한 충격을 어느 정도 흡수할 여지가 많이 있는 것 같다. 어려서부터 적성과 재능에 맞추어 진로를 설계하면서 인력활용률을 극대화하고 있는 독일과 스위스의 직업학교 시스템, 연구 인력들이 연구개발에 몰두할 수 있도록 최대한의 자율성을 부여하면서 우수 인재를 계속 유입하는 미국의 연구환경, 부족한 기능인력에 대한 취업비자를 확대하여 자국의 기업에게 인력을 공급하는 호주와 캐나다 등 주요 선진국들은 저출산으로 인한 인구 감소를 잘 정비된 사회 시스템과 제도를 활용하여 현명하게 대처하고 있다. 과연 우리나라의 교육 및 사회 시스템은 저출산의 충격에 어느 정도 대응할 수 있을까?

해방 이후 산업화를 통한 경제개발로 한강의 기적을 이룩한 우리나라는 대량생산시대에서 지식기반경제시대로 전환되는 패러다임 변화 시기에 많은 한계들을 보이고 있다. 대량생산시대에는 추격형 전략이 큰 힘을 발휘할 수 있었다. 선진국들이 만들어낸 제품을 모방하면서 점진적 혁신으로 세계시장을 석권할 일류상품을 만들어냈고 성공을 거두었다. 그렇지만 경쟁우위의 요소가 자본이나 설비 등의 유형자산에서 지식이나 기술 등의 무형자산으로 바뀌면서 창의 융합형 인력을 얼마나 많이 양성하고 배출할 수 있으며, 인적자본과 과학기술자원을 효과적으로 활용할 수 있는 사회제도와 기반 등이 얼마나 잘 갖추어져 있는지가 경쟁력의 핵심으로 등장하였고 이러한 제도나 기반이 취약한 우리나라가 패러다임 변화에 얼마나 순응할 수 있을지 의문이 든다. 취약한 사회제도뿐만 아니라 다양성에 대한 차이를 인정하려는 사회인식도 많이 부족하기 때문이다.

대학 구조조정을 앞으로 어떤 방향에서 어떻게 추진할지가 생산가능인구 감소시대의 핵심 이슈 중 하나다. 우리나라에서 대학이 차지하는 역할과 사회적 책임을 감안할 때 가장 바람직한 대학정책, 교육정책이 무엇일지 심도 있는 고민이 필요한 시점이다. 앞에서도 언급했듯이 인구 감소로 인해 야기되는 문제들은 매우 복합적이면서 상호작용이 활발히 일어나는 난제들이다. 이러한 문제들은 한 가지 방법, 한 가지 정책으로는 절대 풀리지 않는다. 그 문제에 영향을 주는 원인이 한두 가지가 아니기 때문이다. 이러한 문제들은 총체적인 관점에서 통합적 방법으로 풀어야 한다. 인력수급의 불일치는 더 이상 수요(기업)와 공급(대학)의 조정만으로 해결되기 어려운 구조에 놓여 있는데 인력정책은 여전히 기존의 분석 틀과 방법을 고집한다. 인력정책은 이제 산업정책의 관점에서 바라봐야 하고 우리나라 사회인식의 저변까지 포함해야 한다. 대졸자들의 눈높이가 이미 높아져 있는데 눈높이를 낮추라고 하면 과연 낮아지겠는가? 정면 돌파가 어려우면 측면 돌파도 생각해볼 수 있고 한발 물러날 수도 있는 것이다. 지금부터 생각의 관점을 바꾸고 분석의 각도를 확대할 필요가 있다.

이 책은 그러한 의도로 여러 전문가가 참여하여 집필되었다. 인구 감소가 우리 사회경제에 미치는 영향을 파악하기 위해 우선 인력 양성과 활용 측면을 살펴보았다. 우수 인재의 두뇌유출 현황을 분석하면서 두뇌유출이 어느 정도 심각하고 무엇이 문제인지 분석하였다(이슈 1). 학벌이 신분이 되고 대학이 서열화되면서 나타나는 우리 사회의 폐해를 지적하고 학벌이 아닌 능력으로 인정받는 사회가 되기 위해서 필요한 과제가 무엇인지 제시하였다(이슈 2). 현 정부의 대학 구조개혁 방향에 대한 분석과 과제를 통해 대학구조조정의 바람직한 방향을 모색해 보았다(이슈 5). 인구 감소와 관련된 핵심 이슈들 중 하나가 바로 병역자원의 감소인데 과연 계속해서 징병제로 가야 하는 것인지 아니면 모병제를 도입해야 하는지 그 타당성을 비교 분석하였다(이슈 3).

노동시장에서 겪게 될 변화도 중요하게 다루고자 하였다. 전문계고 및 전문대학 졸업자 감소로 우리나라 기능인력 Pool이 점차 감소하면서 외국인 근로자의 비중이 높아지고 있는데 외국인 근로자의 효과적인 활용방안이 무엇인지 살펴보았다(이슈 4). 청년실업률이 아닌 청년고용률 관점에서 통합적 인력정책의 역할과 정책방향을 제시하였고(이슈 6), 기술 첨단화 시대에서 미래 직업훈련의 변화를 전망하고 관련된 정책시사점을 발굴하였다(이슈 7). 저출산의 가장 큰 타격을 받게 될 중소제조기업이 처하게 될 위기를 진단하고 대응방안이 무엇인지도 모색해보았다(이슈 8). 앞으로 우리나라 교육 및 노동시장이 가야 할 방향과 개혁과제가 무엇이고(이슈 9-1), 통상임금과 노동시간 단축이라는 최대 현안이 기업의 일자리 생태계에 어떤 영향을 미치게 될지 분석해보았다(이슈 9-2). 미래의 세상을 변화시킬 중요한 사회현상으로 나타나고 있는 메가시티의 출현이 인구 감소와 대학서열화 등과 맞물려 어떤 문제점을 야기하고 있는지 진단하고 이에 대한 대안으로 네트워크 도시화의 가능성에 대해 살펴보았다(이슈 10). 마지막으로 산업기술인력의 문제를 통합적 시각에서 분석하고 부처 간 협업의 필요성을 주장하면서 효과적인 인력정책의 방향이 무엇인지 고민해보았다.

◆ 참고문헌

관계부처 합동, 2005. 「이공계 인력 육성·지원 기본계획('06~'10)」

──────, 2006. 「제1차 저출산·고령사회 기본계획」

──────, 2010. 「제2차 저출산·고령사회 기본계획」

──────, 2011. 「제2차 과학기술인재 육성·지원 기본계획('11~'15)」

통계청, 2011. 「장래인구추계 : 2010~2060.」

Briassoulis, H. 2004. "Policy Integration for Complex Policy Problems : What, Why, and How", 2004 Berlin Conference on the Human Dimensions of Global Environmental Change : Greening of Polices-Interlinkages and Policy Integration.

Flanagan, K., Uyarra, E. and Larangja, M. 2010. "The 'policy mix' for innovation : rethinking innovation policy in a multi-leve, multi-actor context", Manchester Business School Working Paper No. 599.

Guy, K. et al. 2009. *Designing Policy Mixes : Enhancing Innovation System Performance and R&D Investment Levels*, European Commission-DG Research.

Hjetl, M., Ahvenharju, S., Halonen, M., Syrjänen, M. 2005, "Policy Integration : The Case of Sustainable Development in Finland", *Governance of Innovation System, Volume 3 : Case Studies in Cross-Sectional Policy*, 191-219, OECD.

Meijers, E. and Stead, D. 2004, "Policy Integration : What Does It Mean and How Can It Be Achieved? A Multi-disciplinary Review", 2004 Berlin Conference on the Human Dimensions of Global Environmental Change : Greening of Polices-Interlinkages and Policy Integration.

2부

10대 이슈

과학기술인재의 전주기적 두뇌유출 현황과 문제점

홍 성 민(과학기술정책연구원)

과학기술인재의 전주기적 두뇌유출 현황과 문제점

1. 문제제기 : 인재전쟁 시대의 개막

예로부터 인사가 만사라는 말이 있을 정도로 적절한 사람을 적절한 곳에서 잘 활용하는 것이 모든 조직이나 국가 성공의 핵심 요소였다. 소위 지식경제시대를 넘어 창조경제시대로 전환되고 있는 요즘 인재 확보가 모든 성공의 첫걸음이며, 이들의 적절한 활용이 성공의 척도라고 할 정도로 사람의 중요성이 더욱 부각되고 있다.

일찍이 2000년에 이미 피터 코이(Peter Coy)는 '개인의 창의성과 아이디어가 생산요소로 투입되어 무형의 가치를 만들어내는 기업만 생존' 할 수 있는 창조경제의 출현을 천명한 바 있다. 이어서 창조경제의 창시자로 잘 알려진 존 호킨스 역시 자신의 저서 『창조경제』에서 밝힌 창조경제의 핵심 요소로 창조적 인간과 산업, 도시를 강조하고 있다. 더 나아가 리처드 플로리다는 『창조계급의 부상』이라는 저서를 통해 창조성을 통해 경제적 가치를 높이려는 사람들, 즉 창조적인 인재의 중요성이 부각되는 시대라고 강조하고 있다.

창조경제의 도래가 우수한 인재의 중요성을 부각시키는 수요 측면의 요인이라면, 인구 감소시대라는 공급 측 요인은 인재 전쟁 시대를 앞당

기고 있다. 일반적으로 경제가 발전하면 출생률이 떨어지고 인구가 늘지 않거나 감소하는 현상이 나타나기 마련이다. 특히 선진국을 중심으로 인구 정체나 감소가 나타나기 때문에 경제발전을 이룩한 국가에서의 인재 수요가 더욱 커지기 마련이다. 여기에 정보통신 및 교통 기술의 발전은 전 세계적인 노동 이동을 촉진시키는 요인이 되어 인재 확보의 전쟁을 본격화시키고 있다. 더구나 우리나라의 경우에는 출생률 감소 추세가 너무나 급격하여 인구 증가시대에서 인구 감소시대로 너무 급격하게 변화될 것으로 예상되고 있어서 인재 전쟁을 심화시키는 결정적인 요인이 될 것으로 예상되고 있다.

창조경제시대를 맞이해 인재 전쟁이 격화될 핵심적인 분야는 어디일까? 사회경제 모든 분야에서 인재에 대한 수요가 촉발되겠지만 무엇보다 미래 경제성장을 이끌어갈 핵심 인력인 과학기술인재의 적절한 확보와 활용을 위한 경쟁이 치열해질 것으로 예상된다. 우리나라의 경우 이공계 기피 논의가 시작된 2000년대부터 이공계 인재 유출 문제는 지속적으로 제기되고 있기 때문에, 과학기술인재 확보를 위한 인재 전쟁이 더욱 치열해질 수 있을 것이다. 그렇지 않아도 생산가능인구 감소시대를 맞이해 인재 공급이 줄어들 텐데 과학기술분야로 진출하고자 하는 인력이 줄어들거나, 진출한 인력도 자꾸 다른 분야로 빠져나간다면 인재 수급에 더욱 심각한 문제가 나타날 것이 명약관화하기 때문이다.

이에 본 장에서는 우리나라 이공계 인력의 배출 및 활용 현황에 대해서 가능한 부분까지 세밀하게 분석해 보고자 한다. 과학기술분야에서의 두뇌유출은 초중고의 우수 인재가 이공계 진학을 결정하는 데서 시작해, 이공계 졸업자가 해외로 빠져나가거나 국내 직업선택에서 타 분야로 진출하는 것을 거쳐, 이공계 전문직업에서 조기에 물러나는 데까지 과학기술인재 후보군의 전생애주기에 걸쳐 나타날 수 있다. 여기서는 먼저 이러한 생애주기적인 이공계 인재의 유출 경로와 규모를 활용 가능한 통계를 이용해 탐색해 보고자 한다. 이를 기반으로 생산가능인구 감소시대에는 이러한 과학기술분야의 두뇌유출이 얼마나 주요한 문제로 등장하게 될 것인지에 대해 진단해 보고자 한다.

2. 과학기술분야 두뇌유출이란?

본 연구에서 정의하는 과학기술분야 두뇌유출(brain drain)은 과학기술 인재로 성장할 가능성이 높은 우수 인재가 이공계분야로 진출하지 않거나, 진출한 이후에도 전공지식을 살리지 못하고 타 분야로 빠져나가는 것, 혹은 우리나라에서 기여하지 못하고 해외로 빠져나가는 것을 의미한다. 이를 좀 더 세부화하면 이공계 대학이라는 인재양성기관을 중심으로 해서 인재의 확보 측면과 인재의 활용 측면으로 나누어 파악할 수 있다. 과학기술인재 후보군이 이공계 대학에 진출하느냐 여부에 따라 인재 확보 측면에서 파악하는 것이 첫 번째이고, 이공계 대학 졸업자가 국내 이공계 전문직업에 종사하느냐 여부에 따라 인재 활용 측면에서 파악하는 것이 두 번째이다.

과학기술분야 두뇌유출을 정확히 파악하기 위해서는 먼저 공교육을 마치고 상대적으로 진로가 뚜렷해지는 고등학생 가운데 과학기술인재로 성장할 가능성이 높은 후보군을 알아내는 데서 시작하여야 한다. 이후 이들이 얼마나 이공계 분야로 진출하는지를 파악해, 빠져나가는 부분이 인재 확보 측면에서 파악한 일차적인 두뇌유출이 될 것이다. 이후에는 이공계 진학자 가운데 대학을 졸업하는 과정에서 타 분야로 빠져나가는 인재를 인재 활용 측면에서 파악해야 한다. 이들은 중도 포기자나 타 분야 전과자, 졸업 후 타 분야로 진학하거나 이공계 전문직업 이외의 직업을 선택하는 사람들로 구성될 것이다. 더불어 해외로 진학 한 이후 국내로 복귀하지 않고 해외에 그대로 취업하는 경우도 우리나라 입장에서는 과학기술인재의 두뇌유출이 될 것이며, 원래 두뇌유출의 개념은 이러한 해외로의 우수인재유출에서 시작되었다. 본 장에서는 이러한 두뇌유출의 개념을 확장하여 적용함으로써 과학기술인재 확보 및 활용에 대한 문제 제기를 하고자 하는 것이다. 마지막으로 과학기술분야 두뇌유출이 이루어지는 경로는 이공계 전문직업에 종사하던 사람들이 조기에 퇴직하거나 조기에 다른 직종으로 이직하는 경우를 들 수 있으며, 이는 인재 활용 측면에서 파악되는 다른 하나의 주요한 두뇌유출 경로이다.

〔그림 1〕 과학기술분야 두뇌유출 개념도

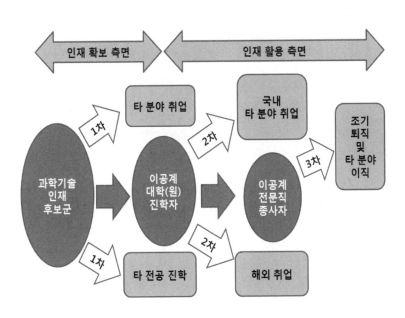

3. 과학기술인재, 언제 얼마만큼 빠져나가는가?

엄밀하게 과학기술분야 두뇌유출 규모나 확률을 측정하기에는 과학기술인재 후보군에 대한 통계가 없음은 물론 이들의 진학이나 대학졸업 후 진로 등을 추적해서 명확히 조사하는 통계가 없기 때문에 현재 수준에서는 거의 불가능하다고 해도 과언이 아닐 것이다. 하지만 각 시기별로 어느 정도 유추가 가능한 청소년 패널이나 진로 통계 및 취업자 통계가 존재하고 있으므로, 여기에서는 이들 통계를 활용해 대략적으로 과학기술분야 두뇌유출이 어느 정도나 나타나고 있는지 파악해보았다.

과학기술인재 후보군의 규모를 알아보자

과학기술분야에서 뛰어난 역량을 발휘할 수 있는 인재 후보군을 파악하기 위한 통계는 별도로 존재하지 않지만, 우리나라 학생들의 역량을 살펴볼 수 있는 통계로 OECD의 국제학업성취도평가(PISA) 결과가 있다. 이 PISA는 우리나라에서 고등학교 1학년에 해당하는 만 15세 학생들의 수학·읽기·과학 소양 수준과 추이를 국제적으로 비교하고 교육에 대한 태도 등이 학업성취도에 얼마나 영향을 미치는지 분석하기 위해 3년마다 실시하는 평가이다. 지난 2012년 평가 결과가 작년 말에 발표되었는데 그 결과를 살펴보면 우리나라 학생들의 우수성, 특히 과학기술분야에서의 우수성이 뚜렷이 부각되고 있다. 다음 표에 나타나듯이 OECD 34개국 가운데서는 수학 1위, 과학 2~4위를 기록하고 있는 것이다.

〈표 1〉 PISA 2012 대한민국 결과

	수학			읽기			과학		
	평균	순위		평균	순위		평균	순위	
		OECD (34개국)	전체 (65개국)		OECD (34개국)	전체 (65개국)		OECD (34개국)	전체 (65개국)
대한민국	554	1	3~5	536	1~2	3~5	538	2~4	5~8
OECD 평균	494			496			501		

자료 : 정부 보도자료(2013. 12).

이런 점에서 비추어 볼 때 최소한 우리나라 고등학교 1학년의 학생들은 과학기술분야에 진학할 경우 뛰어난 성과를 나타낼 자질을 많이 갖고 있다고 판단할 수 있다. 재미있는 것은 이 PISA 참여 학생들 가운데 수학이 상위수준인 5수준 이상인 비율이 30.9%로 나타났고, 과학이 5수준 이상인 학생 비율도 11.7%로 나타난 점이다. 이를 좀 더 확장해 보통 이상이라고 할 수 있는 4수준 학생들을 포함시키면, 수학의 경우에는 총 54.8%의 학생들이 우수한 편에 속하고, 과학분야에서도 41.8%의 학생들이 우수한 편에 속한다. 즉, 우리나라 고등학교 1학년 학생 가운데 42% 정도는 과학기술분야에서 우수한 성과를 보일 가능성이 높은 과학기술인재 후보군이라고 판단할 수 있는 것이다.

아쉽게도 과학분야에서 우수한 학업성취를 기록하고 있는 학생(이들은 수학에서도 우수한 성과를 보일 가능성이 높다고 판단됨)들이 얼마나 이과로 들어가고 결국 이공계 대학으로 진학하는지에 대한 통계는 파악할 수가 없다. 다만 상대적으로 문과보다 이과에 더 우수한 학생이 많고, 2014학년도 대학수능시험 응시자(60.7만 명) 가운데 이과는 38.9%, 문과는 61.1%라는 비율이 나오고 있으므로, 대체적으로 고등학교의 문·이과 구분 단계에서는 과학기술인재의 두뇌유출이 매우 적을 것이라고 판단할 수 있을 것이다.

〔그림 2〕 PISA 영역별 성취수준 변화 추이(%)

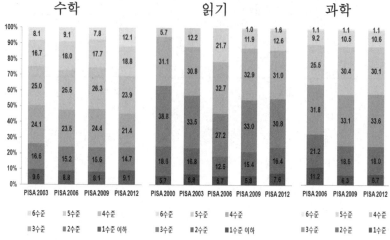

※ 읽기 영역의 성취수준은 PISA 2000에서 PISA 2006까지 최하 1수준~최상 5수준
으로 구분해 왔으나 PISA 2009부터는 최하 1수준~최상 6수준으로 세분화하고
있음.
자료 : 정부 보도자료(2013. 12).

고교생들의 이공계 직업에 대한 선호도 변화는 두뇌유출의 시작점

한국청소년정책연구원의 청소년 패널을 이용해 우리나라 고등학생의
장래 희망 직업에 대해 조사한 결과[10]를 살펴보면, 이공계 직업을 1순
위로 선호하는 것으로 나타나는 학생 비율이 1학년 12.9%, 2학년 12.6%,
3학년 11.8%로 나타나고 있다. 이들은 아무래도 과학기술인재 후보군에

---

10) 이영민 외(2010)의 분석 결과로 2005~2007년에 조사된 청소년 패널을 대상으로 함.

속하는 인재들일 가능성이 높기 때문에 이 가운데 3/4 정도는 이공계 직업을 선호하지 않는 것으로 나타나고 있는 것이다.

〈표 2〉 학력의 변화에 따른 이공계 직업 선호 변화

	1학년				2학년				3학년			
	1순위		2순위		1순위		2순위		1순위		2순위	
	빈도	%	빈도	%	빈도	%	빈도	%	빈도	%	빈도	%
비이공계 직업	2,083	87.1	1,486	43.1	2,098	87.4	1,277	91.2	2,015	88.2	1,226	90.9
이공계직업	309	12.9	152	4.4	303	12.6	123	8.8	270	11.8	123	9.1
합계	2,392	100.0	1,638	47.5	2,401	100.0	1,400	100.0	2,285	100.0	1,349	100.0

자료 : 이영민 외(2010).

좀 더 충격적인 사실은 학년이 올라갈수록 이공계 직업을 희망하던 학생들 중 반 수 정도가 이탈하고 있다는 점이다. 비이공계 직업을 희망했던 학생들의 경우 1→2학년 진학 시 93.6%, 2→3학년 진학 시 93.5%가 비이공계분야의 직업 유지를 희망하는 것으로 나타난 반면, 이공계 직업의 경우 1→2학년 진학 시 44.3%가 비이공계분야로 이탈하고 있었고, 2→3학년 진학 시 역시 54.6%가 이탈하고 있는 것이다. 이는 현실을 인식할수록 이공계 직업에 대한 매력도가 떨어지고 있다는 점을 보여주는 것이라고 판단되므로, 과학기술분야 두뇌유출의 시초가 어디에서 비롯되는지 보여주는 하나의 사례라고 할 수 있다.

1학년	2학년	희망직업			2학년	3학년	희망직업		
		비아공계 직업	이공계 직업	전체			비아공계 직업	이공계 직업	전체
비아공계 직업	빈도	1,588	109	1,697	비아공계 직업	빈도	1,532	106	1,638
	%	93.6	6.4	100.0		%	93.5	6.5	100.0
	%	93.9	45.4	87.8		%	92.2	49.5	87.3
이공계 직업	빈도	104	131	235	이공계 직업	빈도	130	108	238
	%	44.3	55.7	100.0		%	54.6	45.4	100.0
	%	6.1	54.6	12.2		%	7.8	50.5	12.7
전체	빈도	1,692	240	1,932	전체	빈도	1,662	214	1,876
	%	87.6	12.4	100.0		%	88.6	11.4	100.0
	%	100.0	100.0	100.0		%	100.0	100.0	100.0

자료 : 이영민 외(2010).

이공계 대학 진학 단계에서의 두뇌유출

이제 이공계 대학으로 진학하는 과학기술인재 후보군의 비율을 파악해보자. 일단 이공계 전문대학이나 대학으로 진학하는 경우 이공계 분야에 남아 있는 것으로 파악할 수 있다. 가장 최근 데이터인 2013년 입학자의 경우 전문대학은 31.6%, 대학은 37.8%가 이공계 인력이어서 마찬가지로 과학기술인재 후보군 가운데 양적인 이탈은 그리 크지 않다고 판단된다.

물론 2000년의 경우 이공계 입학자 비중이 전문대학은 47.7%, 대학이 41.6%에 달해, 이 비율이 전문대학을 중심으로 크게 떨어진 점이 두드러진다. 하지만 상대적으로 더 우수한 인재가 진학한다고 판단되는 대학의 경우 지난 13년간 이공계 비중 하락은 3.8%p에 그쳐 과학기술인재 후보군 가운데 양적으로 심각한 이탈이 발생하였다고 보기는 어려운 측면이 있다.

[그림 3] 대학입학자 가운데 이공계 비중 변화 추세

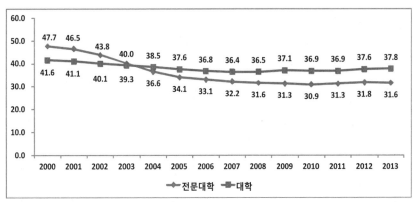

자료 : 교육통계서비스 DB에서 계산.

　하지만 이를 좀 더 세분화하여 살펴보기 위해 이과 학생 가운데 이공계 진학 여부를 앞에서 사용한 청소년 패널 분석 결과를 통해 파악해 보면, 일반계 고등학교의 이과 출신 가운데 실제 대학 진학 시 이공계로 진학한 비율을 살펴보면 공학계열 선택 비율이 55.9%, 자연계열 선택 비율이 20.5% 수준으로 나타나 전체의 76.4%만이 실제 이공계로 진학하는 것으로 나타났다. 즉, 이과 학생 가운데 23% 이상이 이공계에서 이탈하고 있는 것이다. 흥미로운 점은 이들 가운데 7.7%가 의학계열로 진학하고 사회계열 진학자가 6.5%로 나타난 점이다. 크게 보아 약 14% 정도가 사회 진출 이후 유리할 것으로 판단되는 계열로 이탈한 우수인재라고 보인다. 기존의 이공계 기피 논의에서 계속 지적되었다시피 아주 우수한 학력자가 좀 더 보수가 낫다고 판단되는 의약학, 법률 및 금융 등의 전공으로 이탈하는 문제가 나타났을 가능성이 높다. 예를 들어

2012년까지 최근 5년간 국제과학올림피아드 참가자의 의약학계열 진학자 비율은 200명 가운데 46명으로 23% 수준인 것으로 나타나고 있다. 이 비율은 최근으로 올수록 더욱 증가하는 추세로 나타나고 있고 이는 질적으로 우수한 인재가 과학기술인재 분야에서 이탈하고 있다는 점을 보여주는 예라고 할 것이다.

반대로 문과 학생 가운데 19.1%가 이공계로 진학한 점도 눈에 띄고 있다. 우수인재가 과학기술분야로 진출한 것이라면 좋겠지만, 이공계에 대한 수학이나 과학 등 기초적인 지식이 부족한 학생들이 진학하여 제대로 적응하지 못하거나 질적으로 문제가 나타날 가능성이 있는 인력이 기존 과학기술인재 후보군 인력을 일부 대체하고 있다고 판단된다.

인재 확보 측면에서 마지막으로 파악할 수 있는 과학기술분야 두뇌유출 현황은 졸업하기 전에 타 분야로 이동하는 학업 포기자나 타 분야 전학자가 있을 수 있다. 이 부분은 단순하게 계산하면 이공계 대학 졸업자 수에서 4년 전 입학자 수를 빼는 것으로 파악할 수 있을 것이다. 그런데 2013년의 경우 졸업자 수는 10.4만 명, 4년 전인 2009년 입학자 수는 12.9만 명이므로, 이런 방식으로 계산한 이탈자 수는 2.5만 명 수준인 것을 알 수 있다. 이러한 이탈자 수는 이공계 대학 입학자 가운데 19.4%에 해당하는 것으로, 이공계 대학을 졸업하는 단계에서 이미 전체의 20%가량이 이탈하는 것이다. 물론 이 비율은 우수인재보다 상대적으로 문제가 있는 인력일 가능성이 높긴 하지만, 상위권 대학을 중심으로 해서는 우수인재의 의약학이나 법률, 금융 등 타 인기분야 전환 비율도 무시 못 할 수준일 가능성이 있다.

<표 4> 일반계 고등학교 학생들의 졸업 후 대학전공 선택결과

		인문 계열	사회 계열	교육 계열	공학 계열	자연 계열	의학 계열	예체능 계열	전체
문과	빈도	139	294	46	88	59	51	91	768
	%	18.0	38.1	6.0	11.4	7.7	6.6	11.8	100
이과	빈도	8	34	9	292	107	40	29	519
	%	1.5	6.5	1.7	55.9	20.5	7.7	5.6	100
예체능	빈도	2	6	0	5	2	0	70	85
	%	2.3	7.0	0.0	5.8	2.3	0.0	81.4	100
직업반	빈도	0	1	0	7	1	0	2	11
	%	0.0	9.1	0.0	63.6	9.1	0.0	18.2	100
전체	빈도	149	335	55	392	169	91	192	1383
	%	10.7	24.1	4.0	28.2	12.2	6.5	13.8	100

자료 : 이영민 외(2010).

결론적으로 과학기술인재 확보 측면에서 살펴본 과학기술분야 두뇌유출의 특징을 살펴보면, 양적으로는 두뇌유출이 크게 일어나지 않은 것으로 보이나 질적 측면에서는 확실히 문제를 가져올 정도의 두뇌유출이 발생하였다고 판단된다. 대학 진학 과정에서 우수인재의 유망분야로의 이탈과 더불어 문과 출신생의 대체가 이루어진 측면이 이러한 현상이 나타나도록 하는 주요한 원인이었다. 최종적으로 졸업하기 전의 이탈률까지 감안할 경우 질적으로 우수인재가 유출된 비율은 20% 정도가 될 수 있다고 판단된다.

인재 확보 측면에서 유지된 과학기술인재는 제대로 활용되고 있는가?

이공계 대학을 졸업한 인재, 즉 과학기술인재로 양성되거나 확보되었다고 판단되는 인재들은 충분히 활용되고 있는가? 사실 우수한 과학기술인재를 확보하는 것도 중요한 이슈이지만, 더 중요한 것은 이들이 충분히 활용되고 사회적 기여를 하고 있는가 하는 부분일 것이다. 여기서는 이러한 부분에 초점을 맞춰 과학기술분야의 두뇌유출 현황을 살펴보고자 한다.

여기에서 초점을 맞추고 있는 이공계 인력은 4년제 대학 졸업 이상의 학력을 가진 우수 과학기술인재의 활용도이다. 일단 취업을 우선시하는 전문대학 졸업자들은 대부분 전공을 살려 취업을 할 것이기 때문에 논외로 하고, 상대적으로 타 분야로의 유출이 많을 가능성이 높고, 우수한 과학기술인재들이 진학할 가능성이 높은 이공계 대학 졸업자의 취업 현황을 파악해 보는 데 초점을 맞춘 것이다.

특히 전생애주기에 걸친 과학기술인재의 활용을 파악해 보기 위해 이공계 대학 졸업 이상의 학력을 가진 사람들의 경제활동 상태와 취업자 가운데 이공계 전문직업에 종사하는 비중을 살펴보았다. 이 분석은 가장 최근인 2013년 하반기에 이루어진 지역별 고용조사의 원자료를 활용해 이루어졌으며, 이 조사는 우리나라 전체의 15세 이상 인구를 대상으로 하여 이루어진 대표적인 인력통계조사이다.

이 분석에서 경제활동인구나 비경제활동인구, 취업자나 실업자 구분은 일반적인 노동통계에서의 정의를 활용하였다. 본 연구에서 별도로 정리한 이공계 전문직업은 한국표준직업분류(6차 개정)의 소분류 차원에서 구분되었으며, 엄미정 외(2009) 연구에서 활용한 중분류 단위 이

공계 전문직업 구분을 좀 더 세분화하여 엄밀히 파악한 것이다. 구체적
으로 이공계 전문직업에 해당하는 직업분류는 건설/전기 및 생산 관련
관리자(중분류 14 전체), 과학 전문가 및 관련직(중분류 21 전체), 정
보통신 전문가 및 기술직(중분류 22 전체), 공학 전문가 및 기술직(중
분류 23 전체), 대학 교수 및 강사(소분류 251)[11], 기술영업 및 중개
관련 종사자(소분류 274) 등이다.

〈표 5〉 이공계 전문직업의 구분

비이공계 직업	이공계 전문직업
관리직(11~13, 15) 전문서비스직(24~28/251, 274 제외) 사무직(31~33, 39) 서비스직(41~44) 판매직(51~53) 숙련직(61~63) 기능직(71~79) 기계조작직(81~89) 단순노무직(91~95, 99)	건설/전기 및 생산 관련 관리직(14) 과학전문가 및 관련직(21) 정보통신 전문가 및 기술직(22) 공학전문가 및 기술직(23) 대학교수 및 강사(251) 기술영업 및 중개 관련 종사자(274)

주 : 1) 괄호안의 숫자는 한국표준직업분류(6차 개정)의 중분류 및 소분류 코드
    2) 전문서비스직 포함 직종은 보건/사회복지 및 종교 관련직(24), 교육 전문가 및
    관련직(25), 법률 및 행정 전문직(26), 경영/금융 전문가 및 관련직(27), 문화/예술/스포
    츠 전문가 및 관련직(28)임.

위의 표에서 정리된 이공계 전문직업 분류에 기반을 두고 분석한 결
과, 이공계 졸업자(4년제 대학 졸업 이상)의 경제활동 현황은 다음과 같
이 요약된다.

---

11) 대학교수 및 강사의 경우 타 분야 전공자도 포함되어 있을 것이나 본 분석은 이공계
    전공자를 대상으로 하였으므로, 이들은 모두 이공계 분야에서 대학교수나 강사를 맡
    고 있을 것으로 파악하였다.

첫째, 2013년 하반기 현재 우리나라 이공계 대졸 이상 생산가능인구는 462.6만 명으로 추정되며, 이 가운데 경제활동인구는 73.4% 수준에 머무르고 있다. 결국 경제활동 자체를 하지 않는 형태로 노동시장에서 이탈한 과학기술인재가 26.6%에 달한다.

둘째, 경제활동을 하지만 취업을 하지 못하고 있는 이공계 실업자는 전체의 2.2%인 10.2만 명 수준이다.

셋째, 이공계 대졸 취업자는 전체의 71.2%인 329.4만 명에 달하지만 이 가운데 자신의 전공을 살려 과학기술인재로 활동하고 있는 이공계 전문직 취업자는 23.9%인 110.5만 명에 불과하다.

마지막으로 이공계 전문직 이외 직업에 취업하고 있는 인력이 47.3%에 달하는 219만 명에 달하며, 이들 가운데 가장 많은 36.8%는 직종대분류로 사무 종사자이다. 그 다음은 17%를 차지한 전문가 및 관련 종사자, 13.5%를 차지한 판매 종사자 등의 순서였다.

결국, 이공계를 전공한 대졸 이상 학력자 가운데 우리나라에서 과학기술인재로 제대로 활용되는 인력은 24% 수준에 불과하고, 다른 분야로 취업하는 등 아예 과학기술분야에서 이탈한 인력이 거의 반인 47%에 달하는 것이다.

이를 좀 더 세분화하여 생애주기별로 과학기술인재 활용도를 파악하기 위해 연령계층별로 이공계 전문 인력 종사자 비율을 파악해 보면 다음과 같이 정리된다.

첫째, 10대에서 이공계 전문직업 취업자가 전혀 나타나지 않는 것은 합리적이라고 할 수 있다. 대학을 진학할 정도의 연령대에서 제대로 된 과학기술인재로 활동하는 것은 무리라고 판단되기 때문이다.

〔그림 4〕 이공계 4년제 대학 졸업자 경제활동 현황(2013년 하반기)

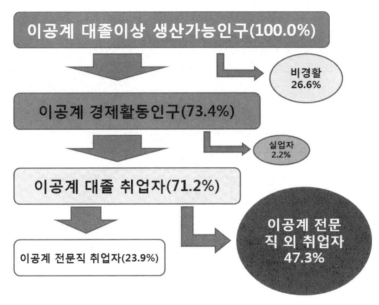

자료 : 2013 하반기 지역별 고용조사 원자료에서 계산.

둘째, 이공계 대졸 이상 학력을 지닌 취업자 가운데 과학기술인재로 제대로 활동하는 이공계 전문직업 종사자 비율은 30대에 37.2%로 최고치를 기록한다. 즉, 과학기술인재는 30대까지가 정점을 이루고 그 이후에는 점차 타 분야로 이탈하는 경우가 늘어난다고 판단된다.

셋째, 이 비율은 50대에 이미 29.8%로 20대와 마찬가지 수준으로 떨어졌다. 40대와 50대를 거치면서 7.4%p나 하락한 것이다. 반면, 오히려 60대 이상의 경우에는 28.7%에 머물러 50대에 비해 1.1%p 하락하는 데 머물렀다.

결국 연령별로 살펴보면 과학기술인재의 경우 40대에서 50대 사이에 기존의 전공 지식과 경험을 활용할 수 없는 타 분야로 급격히 이탈하는 것으로 나타난다. 반면, 이 연령을 넘어서는 60대에서는 상대적으

로 적은 인원이 이탈하여 과학기술인재의 조기퇴직 현상은 주로 40~50
대 사이에서 급격히 나타나고 있다고 판단된다.

<표 6> 연령계층별 이공계 전문직업 종사자(2013년 하반기)

	이공계 전문직업 종사자		이공계 전문직업 이외 취업자	이공계 대졸 이상 취업자
	인원(천 명)	취업자 중 비중(%)	인원(천 명)	인원(천 명)
15~19세	0	0.0	17	17
20~29세	174	29.8	412	586
30~39세	456	37.2	771	1,227
40~49세	310	34.1	599	908
50~59세	136	29.8	319	455
60세 이상	29	28.7	72	101
전체	1,105	33.5	2,190	3,294

자료 : 2013 하반기 지역별 고용조사 원자료에서 계산.

이상의 분석은 2013년 한 해에 우리나라에 머무르고 있는 이공계
대학 졸업자 이상 전체를 대상으로 저량(stock) 개념의 경제활동 현황
을 파악한 것이다. 이에 따라 매년의 과학기술인재 후보군에서 전생애
주기에 걸쳐 어느 시기에 얼마나 많은 인력이 빠져나가는가를 파악하는
분석이라고 할 수는 없다는 점에서 앞의 분석들과는 차이가 있다는 것
을 유념하여 파악해야 한다.

해외로의 두뇌유출 현상은 얼마나 심각한가?

과학기술인재의 후보군 가운데 국내 노동시장에 아예 남아있지 않고 우수인재가 해외로 유출되는 규모는 얼마나 될 것인가?

이러한 원래 의미의 두뇌유출을 파악할 수 있는 통계는 사실 우리나라에 존재하고 있지 않다. 이에 따라 해외 두뇌유출에 대해 분석할 경우 보통 IMD에서 조사하는 두뇌유출지수 등의 데이터를 활용하거나, 우리나라에서 해외로 나아가거나 해외 유학 이후 계속 해외에 머무를 의향 등을 파악한 설문조사를 기반으로 해서 우리나라의 두뇌유출 현상이 심각하다는 식의 주장을 하는 경우가 많다. 이에 따라 정확한 과학기술인재의 해외 유출 규모에 대해 추정하거나 파악하는 연구는 그리 많지 않은 것이다.

⟨표 7⟩ 이공계 인력 유출입 규모 및 수지의 추이

범주			2003	2004	2005	2006	2007	2008	2009	2010	2011
이공계 직종 취업자	유출(O)		12,312	n.a.	n.a.	14,364	n.a.	11,692	n.a.	n.a.	n.a.
	유입(I)		n.a.	n.a.	1,886	1,400	1,580	2,207	1,976	2,475	n.a.
		대학(교수)	152	210	201	222	289	384	545	717	818
		산업계 (사업체)	n.a.	n.a.	1,685	1,178	1,291	1,823	1,431	1,758	n.a.
	유출/유입(O/I)		n.a.	n.a.	n.a.	10.26	n.a.	5.30	n.a.	n.a.	n.a.
이공계 대학원생	유출(O)		10,842	11,548	10,558	10,866	12,598	11,091	11,240	12,174	12,240
	유입(I)		1,686	1,742	2,378	2,996	3,887	4,743	4,518	4,852	5,978
	유출/유입(O/I)		6.43	6.63	4.44	3.63	3.24	2.34	2.49	2.51	2.05
이공계 학부	유출(O)		12,438	13,480	13,105	15,503	16,394	18,006	21,422	22,455	24,674
	유입(I)		1,082	1,707	2,570	3,470	17,077	5,934	7,140	8,551	8,696
	유출/유입(O/I)		11.50	7.90	5.10	4.47	0.96	3.03	3.00	2.63	2.84

자료 : 홍성민·조가원 외(2012).

다만 이공계 지원 특별법의 규정에 따라 3년에 한 번씩 이공계 인력의 해외 유출 통계를 조사하여야 하기 때문에 기존의 통계를 최대한 활용하여 유출 규모를 추정한 연구는 존재하므로, 여기서는 이 연구를 기반으로 하여 과학기술인재의 해외로의 두뇌유출 규모에 대한 시사점을 얻어 보고자 한다.

이 연구에 따르면 앞의 표에서 나타나듯이 해외의 이공계 직종에 취업하고 있는 우리나라 이공계 졸업자 규모는 2008년 기준으로 1.2만 명 수준으로 추정되고 있다. 그 이전 연도인 2006년의 경우 1.4만 명, 2003년도 1.2만 명 정도이므로, 사실 해외로 두뇌유출이 되는 규모는 해당 연도의 전연령대에 걸친 저량 개념으로 약 1.3만 명 규모에 그치고 있다고 판단할 수 있을 것이다. 특히 금융위기 이후 세계경제의 침체와 더불어 전반적인 해외 유출 현상이 완화되고 있기 때문에, 양적으로 볼 때 해외로의 유출은 큰 문제가 아닐 것이다. 오히려 창의적인 핵심 과학기술인력의 유출 등 질적 유출이 더욱 문제라고 할 수 있을 것이다.

4. 향후 전망과 정책적 시사점

이상의 분석에서 명확히 알 수 있는 것은 우리나라 과학기술분야에서의 두뇌유출은 주로 인재의 확보 측면보다는 활용 측면에서 심각하다는 점이다. 또한 양적 측면보다는 질적 측면에서의 과학기술분야 두뇌유출이 심각하는 것이 다른 하나의 특징일 것이다.

즉, 과학기술인재의 후보군 가운데 이공계 대학으로 진학하는 비율을 파악해본 인재 확보 측면에서의 두뇌유출 수준은 양적으로는 거의 나타나지 않고 있다. 다만 질적인 측면에서 보면, 우수인재가 대학 진학이나 졸업 이전에 의약학이나 법률, 금융 등의 직업 비전이 유망한 분야로 이동하고 이렇게 빈 부분을 문과 출신 등의 상대적으로 기초지식이나 준비가 부족할 인력이 대체하는 현상이 나타나고 있는 것이다. 이에 따라 양적으로는 인재 확보 측면에서 과학기술분야 두뇌유출이 거의 나타나지 않은 것으로 판단된다고 하더라도 질적으로는 20% 정도의 우수인재가 유출되었다고 파악되고 있다.

반면 우리나라 전체에서 과학기술인재의 활용 측면을 살펴보면, 전체의 24% 정도만이 이공계 전문직업에 종사하고 있어 다른 분야로의 이탈 혹은 두뇌유출이 상당히 이루어지고 있을 가능성을 보여주고 있다. 취업을 하고 있으면서도 사무직이나 판매직 등 이공계 전문직 이외 직업에 종사하는 인력 비율이 전체 이공계 졸업자 가운데 47%에 달한다는 점은 이러한 우려를 더욱 키우는 근거가 될 수 있을 것이다. 이 가운데 특히 이공계 전문직 이외의 전문직에 종사하는 인력 비율이 17% 정도로 사무직 다음으로 많다는 것은 질적으로 우수한 인재의 과학기술분야 이탈 가능성을 보여주는 것이다. 즉, 과학기술인재의 활용 측면에서는 두뇌유출 현상이 양적으로는 물론 질적으로도 상당히 나타나고 있다고 판단된다.

더불어 연령별로 이공계 전문직업 종사자 비율을 살펴보면, 30대를 정점으로 하여 50대까지 이 비율이 급격히 감소하는 현상을 보이고 있어 중장년층에서의 조기 퇴직이 과학기술분야 두뇌유출이 심각하게 나타나는 주요한 원인일 가능성을 보여주고 있다. 마지막으로 이공계 직업 종사자의 해외 유출 규모에 대한 추정 결과를 살펴보면, 이 부분에서는 양적인 두뇌유출보다 질적으로 우수한 인재의 해외 진출과 정주로 인한 문제가 더욱 클 것으로 판단되고 있다.

그렇다면 생산가능인구, 즉 이공계 대학 졸업자라는 전체 공급이 급격히 감소할 미래에는 과학기술분야 두뇌유출은 어떤 방향으로 변화할 것인가? 이러한 공급 감소 현상은 사실 좋은 이공계 일자리의 부족에 따른 공급 과다라는 현재의 주요한 문제점, 즉 과학기술분야 두뇌유출이 나타나는 근본적인 원인에 대한 해소를 의미하고 있기 때문에 단순히 인재 확보 경쟁 심화로 더욱 문제가 될 것이라고 판단하기 어려운 측면이 있다. 가장 최근에 이루어진 국내 과학기술고급인력 유출입 실태조사(한국무역협회, 2014. 7) 결과를 살펴봐도, 우리나라를 떠나고자 하는 제1 원인이 안정적인 일자리 부족(21.6%), 과도한 근로시간(21.3%), 경직적이고 폐쇄적인 조직문화(16.3%), 적은 연봉(12.2%)의 순서여서 좋은 일자리 부족이 주요한 원인이라는 점을 명확히 보여주고 있다. 따라서 생산가능인구 감소에 따라 과학기술인재 공급이 줄어들면 상대적으로 수요 초과로 인해 근로조건이 개선되고 좋은 일자리가 늘어나 두뇌유출을 줄이는 힘으로 작용할 가능성이 높은 것이다.

하지만 이 경우에도 질적으로 우수한 인재를 확보할 수 있느냐 여부는 여전히 문제로 남아있는 데다가 두뇌유출이 아니라 절대적인 인재의 부족으로 인해 적절한 활용이 아예 이루어질 수 없는 문제가 나타날 가능성이 있다. 결국 향후 과학기술분야 두뇌유출을 방지하고 적절한 인력 활용이 되도록 하기 위해서는 기본적으로 과학기술분야의 좋은 일자리를 늘리고, 과학기술분야 우수인재가 자신의 지식을 충분히 활용할 수 있는 여건을 만들어주기 위한 정책이 무엇보다 필요할 것이다.

출신대학이 신분인 사회,
교육이 역량을 키워주는 사회

오 호 영(한국직업능력개발원)

출신대학이 신분인 사회, 교육이 역량을 키워주는 사회

1. 고등교육 버블시대의 종언

1997년 외환위기 당시 기업구조조정이 화두이었듯, 지금 대학가 초미의 관심사는 대학구조조정이다. 대학평가기준, 대학구조조정 방식에 따라 일희일비(一喜一悲)하고 있지만, 더 큰 문제는 앞으로다. 대학 구조조정이라는 파고를 넘었을 때 그 너머에서는 어떤 미래가 기다리고 있을까? 현재 직면한 위기만 넘기면 과거와 같은 대학의 황금시대가 다시 펼쳐질 것인가? 과연 SKY를 정점으로 하는 현재의 대학서열체제는 여전히 공고하게 유지될 것인가? 서열에 안주해 오던 대학사회가 무엇을 두고 경쟁에 나설 것인가?

김영삼 정부 시절 삼성의 이건희 회장은 "기업은 이류, 관료조직은 삼류, 정치는 사류"라고 해서 정부의 미움을 산 바 있다. 그가 대학에 대해 언급하지는 않았지만 만약 평가를 내렸다면 아마도 사류라는 정치보다도 못하지 않았을까 싶다. 정치는 적어도 선거라는 절차를 통해 국민의 심판을 받고 정권이 교체되기라도 하지만, 한국의 대학사회는 그간 경쟁의 무풍지대에 놓여 있었기 때문이다. 대학 간판만 걸어놓으면 학생들이 구름처럼 몰려 입학경쟁을 펼치는 상황에서, 그동안 일류대학,

삼류대학을 불문하고 교육경쟁력을 높이기보다 공급자시장에 안주해온 것이 사실이다.

대학서열화에 안주해서 대학 간 경쟁이 실종됐고, 학교 내에서도 교수의 업적평가, 승진심사는 느슨했으며, 학생들도 치열한 입시경쟁만 뚫으면 졸업이 보장되었기 때문에 학업에 소홀해왔다. 대학교육의 거품과 고착화된 대학서열화 체제로 인하여 대학교육의 경쟁력 제고는 관심사에서 멀어졌다. 향후 대학교육의 거품이 사라지면 기존의 대학서열화 체제도 위기에 봉착할 것이고, 학생모집에 사활을 건 대학들의 건곤일척(乾坤一擲)이 예상된다. 우리 대학들이 생존경쟁에 눈뜨기 시작한 것은 대략 2005년부터이다. 확대일로의 대학입학정원이 처음으로 감축되기 시작하여 2013년까지 약 10만 명 감축이 이루어졌고, 향후 2022년까지 16만 명을 추가적으로 감축할 계획이다. 이미 입학정원을 채우지 못해 어려움을 겪는 대학이 많다. 전체 고등교육기관 평균 충원률은 2000년 99.9%에서, 2013년 93.3%로 낮아졌으며 지방대학의 미충원률은 훨씬 심각하다(교육부·한국교육개발원, 2013).

대학구조조정을 단지 입학정원 축소로 바라볼 것이 아니라 대학의 경쟁력 제고의 계기로 삼아야 한다. 1997년 외환위기를 거치면서 한국 기업들은 혹독한 구조조정을 겪었고 이제는 웬만한 경제위기에도 흔들리지 않는 강한 체질을 갖게 되었다. 이익창출의 관점에서 과거의 그릇된 관행과 방만한 경영을 뼈저리게 반성하고 경쟁력을 높였기 때문이다. 한국사회에서 대학의 역할은 학생의 역량을 키워주기보다는 특정대학 출신이라는 신분을 획득하기 위한 수단으로 도구화하고 있다. 어느 대학을 나왔느냐에 따라 사람을 평가하는 경향이 강한 탓에 서열주의에 따라 대학브랜드만을 따질 뿐 대학교육의 질에 대한 관심은 낮다. 미국에서는 학력 혹은 최종 출신학교를 중시하지만, 우리는 박사학위자를 평가할 때도 학부가 어느 대학인가에 관심이 많다. 끊임없이 노력하는 사람을 우대해야 개인과 조직, 사회가 함께 발전할 수 있음을 감안할 때 출신대학, 그것도 학부에만 유독 집착하는 우리의 의식은 분명 문제가 있다.

이 글에서는 우리나라에서 출신대학이 신분화되고 있는 원인과 그에 따른 문제점을 심층적으로 진단하고 대학이 사회적 요구에 유연하게 부응하고 학생의 역량개발에 집중하도록 만드는 방안을 모색해보고자 한다. 이를 위하여 구체적으로 다음과 같은 사항을 중심으로 논의를 전개한다. 첫째, 대학서열화의 의미와 형성과정을 살펴보고, 대학서열화가 우리 사회에 미친 영향을 진단한다. 둘째, 과거 대학서열 변화의 동향을 살펴보고 앞으로 진행될 대학을 둘러싼 환경 변화에 따라 기존의 대학서열이 어떤 영향을 받게 될 것인지 분석한다. 셋째, 시대 변화에 따라 사회가 요구하는 새로운 인재상, 미래 대학교육의 방향을 전망하고 대학교육이 학생들의 역량개발에 기여하고 대학교육의 질 제고를 촉진하기 위한 정책과제를 제시한다.

대학교육의 거품 곧 사라져

지금 한국의 대학들은 사면초가(四面楚歌)에 몰려 있다. 학령인구 감소로 신입생 확보에 비상등이 켜졌고, 반값등록금으로 대학재정의 고갈이 다가오고 있으며, 대학을 졸업해봐야 취업이 어렵다는 인식이 확산되고, 해외 유명대학의 온라인 무료강좌 등으로 대학교육의 질에 대한 기대는 점차 올라가고 있다. 한마디로 '대학교육 거품(higher education bubble)'이 꺼지는 것은 시간문제인 상황이다.

부동산 거품의 형성과정과 대학교육에 거품이 끼는 과정은 다음과 같은 점에서 유사하다. 첫째로, 거품이 형성되는 조건 중의 하나는 투자 대상의 가치에 대한 일반적 믿음(universal belief)인데, 부동산 불패신화와 마찬가지로 대학교육은 출세의 지름길로 모두에게 선망의 대상이 되어 왔다. 둘째로, 거품형성의 두 번째 조건은 투자자금 조달을 가능케 하는 금융시장의 존재인데, 부동산담보대출과 마찬가지로 대학학자금에 대해서는 정부가 저리융자제도를 마련했다. 셋째로, 거품은 투기자들의 등장과 더불어 파국을 향해 치닫는다. 교육의 질적 저하를 수반하는 대학신설, 입학정원 확대에 따른 신입생의 자질저하 등은 교육 투기자 등장의 전조이다. 그 결과 출신대학에 따른 임금격차가 확대되고, 하위권 대학의 졸업생은 교육투자를 회수하지 못하는 사태에 이르게 된다. "대학을 나와야 취업이 되고 좋은 대우를 받는다"라는 대학교육에 대한 일반적 믿음이 흔들리게 되면 거품은 소멸 단계에 접어든다.

1996년 대학설립준칙주의가 도입되면서 한국의 대학은 양적으로 급속히 팽창했지만, 질적 경쟁으로 이어지지 못했다. 수도권 집중 억제정책으로 인하여 수도권 대학은 발이 묶인 상태에서 주로 교육경쟁력이 약한 지방 사립대학이 증가하여 대학서열의 꼬리부분만 비대해지는 기형적 결과를 초래했다(김안나, 2003). 서울 소재 4년제 대학은 수적으로는 증가하지 않았지만 학교당 학생 수의 확대를 통해 교육여건을 개선하였다.[1] 반면, 지방 소재 4년제 대학은 수적으로는 성장했지만 학교당 학생 수는 서울 소재 대학에 역전됨으로써 교육여건은 상대적으로 악화되었다. 이로써 대학의 팽창과 대학 간 경쟁 격화에도 불구하고 4년제 대학 내부의 서열화는 오히려 고착되었다.

---

[1] 이러한 판단을 내린 근거로서 대학교육의 질은 대학의 재정상황에 크게 좌우되고 대학의 재정에서 학생등록금이 차지하는 비중이 절대적인 상황에서 규모의 경제 관점에서 학교당 학생 수가 많은 대형 대학일수록 교육의 질을 개선하는 데 유리하다고 보았기 때문이다.

〔그림 12〕 지역별 학교 수

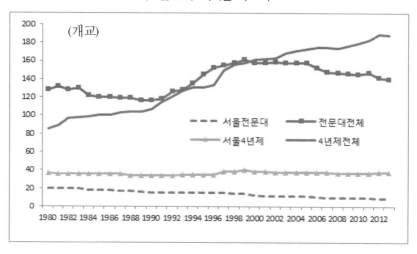

자료 : 한국교육개발원 교육통계서비스(http://kess.kedi.re.kr)에서 재가공.

이제 대학교육의 거품은 서서히 걷히고 있으며, 그 전조는 대학진학률이 2008년 정점을 찍은 이후 매년 내리막길인 데서 찾을 수 있다. 또한 아직도 상당수의 대입 수험생은 '서연고서성한중경외시'[2]를 주문처럼 외우지만, 졸업 후 취업을 따지는 실속파도 늘어나고 있다. 대학진학률의 하락은 무엇보다 대졸자의 과잉공급에서 그 원인을 찾을 수 있다. 대학이 신설되고 대졸자가 대거 양산되어 역삼각형의 인력양성 구조가 형성되었으나 인력수요는 여전히 삼각형에 머물러 미스매치가 발생했다. 이에 따라 대졸 취업난이 심화되었고 '대학교육이 필수적인가' 하는 의문이 나타나기 시작했다.

---

2) 대학이 '서울대–연세대–고려대–서강대–성대–한양대–중앙대–경희대–외대–시립대' 등의 순으로 서열화되어 있음을 의미한다.

대학서열화에 던지는 도전

사실 우리 사회에서 대학은 학력 그 이상이다. 직장뿐만 아니라 결혼에까지 영향을 미치는 하나의 신분이자 계층상승의 유력한 통로 역할을 해왔다. 여기에는 학문을 중시해온 유교적 전통, 출신대학 중시의 기업채용 관행, 그리고 대학을 나와야 사람대접을 받는 사회적 분위기가 일조했다. 우리나라 대학의 성공도식 속에는 자기부정의 씨앗도 함께 자라왔다. 국민의 높은 교육열에 편승해서 대학은 양적으로 급속히 팽창했지만, 질적으로 개선되지 못했다. 뚜렷한 실체 없이 명성만으로 유지되어온 대학서열체제에 갇혀 교육의 질을 개선하기 위한 유효한 경쟁은 이루어지지 못했다. 상위권 대학은 안주했고, 하위권 대학은 좌절했다. 그래도 대학교육 거품이 있었기 때문에 대학체제는 공고하게 유지될 수 있었다.

〔그림 13〕 학령인구 변화와 대학입학정원

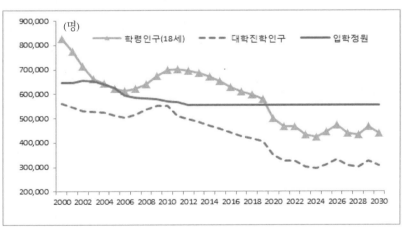

주 : 대학진학인구 = 학령인구 × 대학진학률. 단, 2014년부터는 대학진학률을 70%로
　　가정하고 계산.
자료 : 교육부 · 한국교육개발원, 「교육통계연보」 각 연도.

대학사회를 지배한 구체제에 균열이 시작된 것은 1997년 외환위기부터다. 청년층 취업난이 사회적 문제로 부상됐고, 특히 청년층 취업난은 대졸자에게 집중되었다. 기업들이 기존 인력도 유지하지 못하고 구조조정에 나선 상황에서 대졸 신규채용은 급속히 얼어붙었다. 이즈음부터 대학교육에 대한 비판의 목소리가 커지기 시작했고, 대학별 졸업생 취업률이 주목받게 되었다. 매년 대학별, 학과별 취업률이 공표되면서 신비주의 베일 속에서 안주해온 대학의 민낯이 드러났다. 구름 위에서 놀던 학문의 상아탑이 취업률이란 잣대로 평가되면서 비로소 땅 위로 내려왔다. 취업률이라는 낯선 평가기준에 대학들은 경악했지만 사회적으로는 자연스럽게 받아들여졌다.

지금 대학 신입생 모집에서 마케팅의 포인트는 졸업생 취업률이다. 특히 명성이 낮은 신생대학, 하위권 대학일수록 취업률을 강조한다. 과거 서열화체제 속에서 이들이 수험생에게 호소할 수 있는 수단은 사실상 없었다. 학원에서 만든 '입시사정배치표'가 대학선택의 기준 역할을 했기 때문이다. 현재 대학입학정원은 약 55만 명, 대입 학령인구는 약 70만 명으로 여유가 있는 편이지만, 18세 학령인구는 2020년에 50만 명, 2030년에 44만 명으로 줄어든다. 대학진학률이 더 이상 하락하지 않고 70%를 유지한다고 가정하더라도 대학입학정원은 2020년 35만 명, 2030년 30.8만 명이니 대폭적인 감축이 불가피하다. 이것이 입학생 유치를 둘러싼 대학 간 경쟁이 치열하게 전개되리라고 보는 근본적 이유다. 명성과 신비주의로 유지되어온 기존의 대학서열이 취업률을 위시한 새로운 잣대로 재편될 것임은 자명하다. 이 과정에서 기존의 대학서열이 더욱 강화될지, 서열의 재편이 일어날지는 따져봐야 하지만 말이다.

2. 대학서열 무엇이 문제인가

대학서열화란

우선 대학서열화는 "특정 기준을 중심으로 대학별 위계가 결정되고 그 것이 고착화되는 현상"으로 정의할 수 있다. 대학에 서열을 부여하는 것 자체가 나쁜 것은 아니다. 미국의 U.S. News & World Report의 『Ultimate College Guide』, 뉴욕타임스의 교육담당 기자였던 Edward Fiske가 발간하는 『The Fiske Guide to Colleges』 등을 위시해서 국제기구, 각국 정부, 민간단체 등에서는 평판, 등록금, 교수의 연구실적, 졸업률, 졸업생 임금수준 등과 같은 요소들을 고려하여 대학을 평가하고 그 서열을 공개한다.

대학서열이 발표됨으로써 대학들은 순위를 높이기 위해 경쟁하여 교육의 질이 높아지고, 대학진학자에게는 학교선택에 관한 지침이 되며, 졸업생을 뽑는 기업들에게는 우수한 인재채용을 위한 선별기준이 되는 순기능이 있다. 다만, 이를 위해서는 대학서열 결정의 기준과 근거가 명확해야 하고, 개별 대학의 실상을 제때 반영할 수 있는 유연성을 가져야 한다. 즉, 개별 대학의 교육여건, 연구역량 등과 무관하게 대학서열이 결정되거나, 변화된 현실을 반영하지 못하고 서열 자체가 경직화될 경우에는 대학 간의 경쟁은 불가능하게 된다.

대학서열은 장기간에 걸친 대학 간 경쟁에 의해 확립된다. 대학의 사명으로 일컬어지는 교육, 연구, 그리고 사회봉사 등은 고도의 전문성을 요하고, 단기간에 성과가 드러나지 않는 속성을 갖고 있어 성과와 업적을 평가하기가 쉽지 않기 때문이다. 다만, 우리나라의 경우 대학의 역사가 일천하고, 국가 주도의 입시제도, 국립대학의 높은 위상 등 대학발전에 대한 국가의 영향력이 막대하였기 때문에 대학서열은 그동안 평판이나 명성, 사회적 인식 등에 따라 크게 좌우되어 왔다. 전통적으로 입시학원에서 발간하는 대학배치표상의 대학·학과별 수능성적 합격예상점수가 대학서열의 기준을 제공하여 왔으며, 합리적인 평가기준을 기초로 객관적 자료에 근거한 대학평가 작업은 비교적 최근에야 시도되었다.

대학서열과 학벌, 그리고 능력주의

우리 헌법 제11조 2항에서는 "사회적 특수계급의 제도는 인정되지 아니하며, 어떠한 형태로도 이를 창설할 수 없다"고 규정하고 있다. 계급사회는 신분의 세습을 의미하고 이는 혈연, 가문을 기반으로 하는 반면, 우리 사회가 지향하는 능력주의(meritocracy)는 본인 자신의 노력, 능력을 중시한다. 능력주의의 기초는 국민 각자의 능력을 정확히 측정하고 이를 바탕으로 능력에 따른 배분과 보상을 하는 데 있다. 그런데 개인의 능력은 다면적이고 종합적인 성격을 갖기 때문에 이를 측정(measurement)하는 것은 결코 용이한 일이 아니다. 능력을 구성하는 다양한 하위요소들을 종합적으로 평가하는 데는 많은 시간과 비용이 소요되고, 신뢰성과 타당성[3])을 모두 갖춘 측정방식에 관한 합의도 존재하지 않는다.

그러나 적어도 학력(學力)에 관해서는 다양한 정보들 - 예를 들면, 교육기간, 출신학교, 학교성적 등 - 이 존재한다. 반면 최근 중시되고 있는

---

3) 신뢰성(reliability)은 시험이 측정도구로서 가지는 일관성, 즉 측정환경에 의해 영향을 받지 않는 정도를 말한다. 타당성(validity)은 시험이 측정하려는 내용을 어느 정도 측정하고 있느냐 하는 정도로서 일정한 직무능력을 측정하려고 입안한 시험이 그러한 능력을 정확하게 측정하였으면 타당성이 있는 것이다. 자세한 내용은 박천오 외(2005), 195~196쪽 참조.

학력 이외의 여타 능력, 예를 들면 창의력, 소통능력, 팀워크, 리더십 등에 관해서는 보편적인 평가기준 및 평가정보가 존재하지 않는다. 흔히 학력(學力)이 개인능력의 평가수단으로서 선호되는 이유는 보편적 적용 가능성, 정보획득 비용상의 경제성, 학력과 능력 간의 높은 상관성 등 때문이라 할 수 있다. 특히 학력은 신입사원 선발 등과 같이 지원자가 많고, 선발자가 갖고 있는 지원자에 관한 정보가 극히 제한되어 있으며, 선발과정의 객관성과 투명성을 확보해야 할 경우 선호된다. 더구나, 우리나라에서 대입수학능력시험은 해당 코호트(cohort)의 거의 모든 사람이 참가하여 보편성이 있고, 국가에서 관장하는 시험 중 가장 엄정한 관리를 통해 객관성과 공정성까지 확보하고 있다. 수능시험에 대한 엄정한 관리는 영어듣기능력시험을 위해 비행기 이착륙까지 금지시키고, 이것이 외국에서는 해외토픽으로 보도되는 것에서 단적으로 드러난다.

그런데 그간의 대학진학 행태를 살펴보면 수험생의 재능과 적성을 고려하여 학과선택을 한 후 학교선택을 하는 것이 아니라, 학교를 먼저 선택한 후 해당 학교에서 학과를 선택하는 사전적 선호(lexicographic preference)가 일반적이었다. 이것은 대학의 인적자원개발 기능이 미약한 상태에서 선별(screening) 기능이 지나치게 강조되는 한편으로, 명문대 출신을 우대하는 '졸업장 효과(sheepskin effect)'가 존재하였기 때문이다. 이러한 관점에서 보면 그간 우리 사회에서 개인의 학력(學力)을 가장 용이하게 측정할 수 있는 수단은 교육기간을 의미하는 학력(學歷)과 출신학교를 의미하는 학벌(學閥)이다. 그중에서 학력(學歷)은 대학진학률이 80%를 상회하는 고등교육의 대중화 단계에서 그 변별력을 상실하고 있으므로 오늘날 가장 중요한 것은 학벌이다.

학벌주의는 특정학교 출신이 배타적인 집단을 형성하여 조직 등에서 자신들의 이익을 추구하는 행위를 의미한다. 고교평준화 이전에는 경기고, 서울고 등의 명문 고등학교가 배타적인 파벌을 형성했고, 고교평준화 이후에는 서울대, 연세대, 고려대 등 명문대학이 학벌주의의 온상이 되어왔다. 학벌주의와 대학서열화의 폐해는 동전의 앞뒷면이다. 즉, 대학서열은 명문대학에 우수한 학생이 몰리도록 만들고, 학벌주의는 명문대학 출신의 졸업장 효과를 극대화한다. 그리고 이것이 다시 기성의 대학서열을 더욱 강화하고 고착화시키는 순환 고리를 형성한다.

사실 우수한 학생이 명문대학에 진학하고 좋은 직장, 높은 보수를 받는 것은 능력주의에 부합한다. 좋은 직장, 높은 보수가 명문대학 졸업장 때문인지, 아니면 그 사람의 우수한 자질과 능력 때문인지를 구분하기도 쉽지 않다. 다만, 특정대학을 나오지 않으면 불이익을 받으리라는 의구심이 문제다. 특히 대학서열화는 대학에서 전문성을 쌓고 역량을 개발한 것에 대한 인정과 보상을 약화시킨다. 지식기반사회에서 전문성이 중요하고 비인지적 역량이 강조됨에도 불구하고, 대학서열화는 대학에서 학습한 전문성을 무력화시키고 고교 단계의 인지적 능력인 수능성적을 중시하는 자기모순에 빠진다.

대학서열화의 폐해

미국과 같이 전공별로 대학이 서열화되어 있는 것이 아니라 모든 전공에서 획일적인 대학서열화 구조가 존재하는 우리나라에서는 그 폐해가 클 수밖에 없다. 대학서열화가 학생, 대학, 사회에 미치는 영향을 각각 살펴보자.

첫째, 대학서열화의 부정적인 해악은 학생에게 나타난다. 대학서열화는 고등학교에서 대학진학 단계의 진로선택을 재능이나 적성보다는 명문대학 진학경쟁으로 변질시킨다. 우리나라 청소년의 공부시간은 49.4시간으로 OECD 선진국에 비해 주당 15시간 많으나 대학생들의 공부시간은 약 21시간으로 미국의 27시간, 독일의 35시간 등에 비해 짧다(김기헌 외, 2011; NEKNews, 2007). 명문대학생들은 자신의 미래가 보장되었다고 여길 것이기 때문에, 그리고 비명문대 학생은 낙인효과(stigma effect)로 인해 아무리 실력을 쌓아도 노동시장에서 제대로 평가받지 못할 것으로 염려하여 자기개발을 등한히 한 결과는 아닐까.

둘째, 대학서열화로 인해 대학교육의 질이 개선되기 힘들다. 교육의 질이 개선되기 위해서는 대학 간 경쟁이 필수적인데, 대학서열화는 경쟁 자체를 봉쇄시킨다. 사회적으로 받아들여진 대학서열이 고착화되면 명문대학은 기존의 대학서열에 안주하고 하위권 대학은 노력해도 서열이 바뀌지 않을 것으로 생각하여 경쟁할 의욕을 저하시킨다. 교육의 질은 답보 상태를 벗어나기 힘들고 그 폐해는 학생과 사회에 고스란히 돌아가게 된다. 대학 내부도 무기력에 빠진다. 대학서열 개선을 위한 대학 내부의 공감대가 형성되지 않으면 열심히 가르치고 연구하는 교수를 우대하는 보상책이 집행되기 어렵고 획일적 평등주의가 지배하게 된다. 교수들이 교육성과를 극대화하려는 긍정적 경쟁에 나서기보다 연구와 교육에 대한 투입시간과 비용을 최소화하는 부정적 경쟁을 추구하게 만든다.

셋째, 가계와 기업에 미치는 폐해도 적지 않다. 우선, 명문대 입시경쟁이 과열되고 가계는 높은 사교육비용을 부담하게 된다. 대학에서의 역량개발은 저평가되고 출신대학이 중시되기 때문에 명문대학 입학경쟁이 과열되고, 명문대학 입학을 위한 재수, 삼수, 편입학 등의 시간과 비용이 발생한다. 대학에서 역량개발이 제대로 이루어지지 않는 것은 그대로 기업에 비용으로 전가된다. 기업은 대졸 신입직원을 뽑아서 재교육시키는 데 막대한 비용(한국경영자총협회(2013), 대졸 신입사원 1인당 평균 5,960만 원 소요)을 부담한다. 기업 내에 학벌이 형성되면, 인사관리를 어렵게 하고 조직의 단결과 화합을 저해할 수 있다.

3. 대학서열의 동향

대학서열 어떻게 변화해왔나

대학서열의 변화를 살펴보기 위하여 1994~2003년의 기간 중 입시기관에서 파악한 대학·학과별 합격 커트라인 수능점수를 기초로 대학별 수능 커트라인 점수를 계산하였고, 이를 기초로 대학서열을 작성하여 변화를 살펴보았다. 1994, 1997, 1999, 2000, 2003년에 모두 관찰되는 118개 4년제 대학을 패널화하여 산포도를 도시한 결과 대학서열은 강한 양의 상관관계를 나타냈다. 즉, 산포도는 비교대상 2개 연도의 대학별 순위를 연도별로 도시한 것으로서 산포도상의 개별 점들은 특정대학으로 X축은 해당대학의 기준년도의 순위를, Y축은 비교년도의 순위를 각각 의미한다. 대부분의 점들이 대각선에 분포하고 있음을 감안할 때 기준년도와 비교년도 간의 순위변동이 거의 발생하지 않음을 알 수 있다.

분석 대상인 1994~2003년의 기간에는 지식정보화가 급진전되는 구조적 변화와 더불어 1997년 말의 외환위기라는 엄청난 경제·사회적 충격이 발생하였다. 대학과 관련해서는 학령인구의 감소, 대학정원의 급격한 팽창, 청년실업의 급증, 대학 간 경쟁의 심화 등의 변화가 진행된 시기이므로, 이러한 변화는 대학서열에 커다란 영향을 미쳤으리라 생각할 수 있지만 실제로는 과거의 대학서열화 체제가 그대로 유지되었다.

[그림 3] 대학서열의 연도 간 산포도

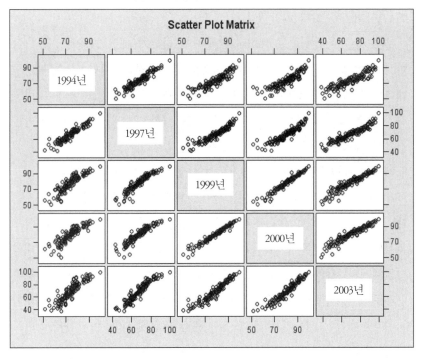

대학서열화의 형성원인으로 교육계 내부적 요인, 교육계 외부의 사회경제적 요인으로 나누어 볼 수 있다. 첫째로 교육계 내부적 요인으로는 학력고사 점수, 혹은 수학능력시험 점수 등으로 대학의 당락이 결정되는 입시제도를 들 수 있다. 대학들은 논술형 시험을 특징으로 하는 본고사로 학생들을 선발해오다가, 1981년부터 4지선다형 객관식 시험인 학력고사가 도입되었고, 1994년부터는 수학능력시험으로 대체되었다. 본고사 시절에 비해 학력고사, 수학능력시험이 대학서열화를 더욱 조장하였다고 비판받는데 그 이유는 모든 대학을 하나의 잣대, 즉 입학생의 시험성적에 따른 줄 세우기가 가능해졌기 때문이다. 학력고사가 시작되자 일선 고등학교에서는 학생의 소질과 적성보다 수능성적에 따라 합격

가능한 대학을 위계화시켜 작성한 배치기준표에 학생의 성적을 대비시켜 진학지도를 하기 시작했다.

본고사는 논술형이고 대학마다 문제가 다르기 때문에 대학들을 단일한 서열체계로 줄 세우기가 원천적으로 불가능했다. 다만, 소수의 명문 대학이 있었을 뿐이었고 대학서열 관념은 상대적으로 느슨했다. 학력고사가 등장하면서 모든 수험생은 동일한 시험지로 평가받았고, 대학은 점수에 따라 합격생을 뽑았다. 이로써 합격의 마지노선, 커트라인이 중요해졌고 대학서열은 바로 이 커트라인 점수로 확정되었다.

1996년 도입된 대학설립준칙주의도 대학서열화가 더욱 공고해지는데 일조했다. 교육여건이 불비 혹은 미흡한 상황에서 기존에 각종 학교로 분류되던 대학들이 대거 4년제 대학으로 편입됨에 따라 이들이 대학 서열체계의 저변을 형성함으로써 대학서열화를 공고화하였다. 수도권 규제로 인해 신설 대학들은 대부분 지방에서 설립되었고, 수도권 대학과 지방 대학의 격차가 더욱 벌어져 지방 대학에 대한 이미지를 악화시켰다. 대학신설에 따라 입학정원이 확대됨으로써 국민들의 높은 교육열을 흡수하는 순기능이 있었던 것도 사실이지만, 제대로 된 대학교육의 질 관리가 이루어지지 못함에 따라 수학능력이 떨어져도 대학입학은 물론 졸업까지 가능하게 되었다.

4년제 일반대학의 80% 이상이 사립대학일 정도로 비중이 높음에도 불구하고 사립대학이 국립대학과 동일한 틀에서 운영됨으로써 사학의 독자성이나 특성이 발현될 수 없었던 정부의 대학정책에도 그 원인이 있다(이동규, 1995). 입시제도, 학사 운영, 교수 임용, 등록금 등에 대한 촘촘한 규제가 사립대학의 발목을 잡으면서 독자적인 학교발전이 불가능했던 반면, 국립대학은 정부의 재정지원, 낮은 등록금으로 사립대학에 비해 경쟁에서 우위를 차지했다. 특히, 1995년 이후 설립된 대학의 대부분이 지방 사립대학이었고 설립 당시부터 문제를 안고 있었다. 즉, 2005년 최재성 의원실이 낸 국정감사 정책자료집에 따르면, 1995년 이후 설립된 80개 대학 가운데 10개 대학이 기준 미달이었는데도 불구하고 설립 인가를 받았으며, 조건부 충족 대학과 지적사항이 있는 대학까지 포함하면 44개교에 이른다.

한편, 대학서열화의 원인을 교육 외부의 사회구조적 요인에서도 찾을 수 있다. '말은 제주도로 보내고, 사람은 서울로 보내라'는 속담처럼 수도권에는 기회와 자원이 집중되었고, 대학도 언제부터인지 '수도권 대학 =상위권, 지방 대학=하위권'이라는 등식이 성립되었다. 수도권 집중이라는 사회구조적 요인은 서울에서 대학을 다니고 싶은 심리를 만들었고, 이것이 수도권 대학과 지방 대학 간의 경쟁을 원천적으로 방해하고 서열화로 이어졌다. 대표적으로 과거 지방국립대학은 웬만한 서울 소재 대학보다 우수한 것으로 평가받았지만, 수도권으로 인재가 집중되면서 상대적으로 그 위상이 많이 하락하였다.

기업의 인재채용 방식도 대학서열화를 조장했다. 구직자의 능력이나 역량을 파악하기 위해 선발도구를 정교화하기보다는 대학서열에 의존하는 채용관행을 고수해왔다. 명문대학에만 제한적으로 원서를 보내거나, 공개모집을 하더라도 출신대학을 기준으로 서류전형을 실시함으로써 대학서열화를 부추겼다. 지방대 출신은 서류전형에서 대부분 탈락되기 때문에 지필시험 혹은 면접 기회조차 얻기 힘들게 되었다. 또한 정부 주도의 경제성장 과정에서 고시합격자의 상당수가 명문대학 출신이었고, 기업들은 이들과 연줄을 만들기 위해 명문대생을 채용함으로써 대학서열화가 조장된 측면도 있다.

대학서열과 노동시장

대학서열이 확대재생산될 수 있는 원천은 노동시장이다. 노동시장에
서 출신대학의 서열에 따른 경제적 수익률의 격차가 존재하는 한 이를
반영한 대학서열은 유지될 수 있다. 그간의 연구결과를 살펴보면 대체
로 우리나라에서 대학서열은 노동시장에서 임금효과로 나타나고 있으며,
명문대학에서 특히 큰 것으로 요약할 수 있다. 해외연구는 주로 명문대
학(elite college)을 졸업할 경우 경제적 보상이 있는가에 초점이 맞추어져
왔다. 명문대학에 대한 정의, 실증분석 자료, 실증분석 방법론 등이 상
이하기는 하지만, 대체로 많은 연구들이 명문대학 졸업생의 경제적 성
과가 더 높다는 점을 밝히고 있다(Brand & Halaby, 2003). 참고로 해외
연구에서 명문대학의 정의는 주로 입학생의 수학능력시험(SAT) 성적, 권
위 있는 기관의 대학평가순위, 대학의 교육여건 등을 기준으로 이루어
졌다.

〔그림 15〕 대학서열별 임금효과

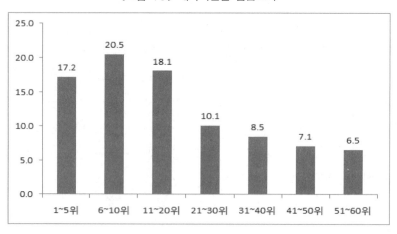

자료 : 오호영(2007)에서 인용.

우리나라에서 대졸 신입직원의 개인별 자료를 이용하여 분석한 연구 결과에 따르면, 대학서열에 따른 임금효과는 주로 20위권 이내에 집중되며 60위권 이하 대학은 사실상 차이가 없는 것으로 나타났다(오호영, 2007). 즉, 60위 이하 대졸자와 비교하여 1~5위 대졸자는 다른 요인들을 통제하고 월평균 임금수준이 17.2%, 6~10위는 20.5%, 11~20위는 18.1%가 각각 높다. 대학입시 경쟁이 상위권 대학에서 치열하게 전개되는 이유를 설명하는 결과이다. 이러한 결과는 최근의 대졸자 조사 자료에 수능성적에 따른 대학서열 대신에 중앙일보사의 대학평가 순위를 이용한 분석에서도 대체로 유지된다.

그렇다면, 대졸 신입사원의 출신대학에 따른 임금격차는 어디에서 발생하는가? 기업의 채용절차를 보면 대개 서류전형-시험-면접 등의 순서로 진행되는데, 출신대학이 고려되는 단계는 서류전형이 대부분이고 시험, 면접 등에서는 학벌보다는 실력이 영향을 미친다. 소수의 선망직장에 많은 청년층이 집중되고 서류전형이 1차적인 관문이라고 볼 때 학벌의 영향력은 생각보다 클 수 있다. 다만, 입사경쟁률이 몇 백 대 일에 달하는 상황에서 기업들은 서류전형을 할 수밖에 없고 학벌을 대체할 만한 도구는 아직 없다는 현실론도 있다.

정부주도 경제성장과 고시제도

학벌의 영향력이 아직도 강하게 남아 있는 직역은 공무원이다. 서류심사, 면접에 의해 공무원을 채용하는 서구와 달리 우리나라는 고시를 통해 공무원을 선발하기 때문이다. 간단히 말하자면, 학력고사점수, 혹은 수능점수가 높은 사람이 특정대학에 집중되고 이들 중에서 관료가 선발되는 구조이다. 수능이나 고시나 시험인 점에서는 마찬가지고 수능

고득점자가 고시에 합격할 확률이 높다. 공무원 채용에 정실이 개입할 여지가 거의 없다고 보면, 행정고시 합격자의 대학별 구성은 이를 단적으로 보여준다.

[그림 15] 2009~2011년간 출신대학별 행정고시 합격자 구성비

자료 : 이용섭(2013).

2009~2011년의 3개년간 행정고시 합격자 770명의 출신대학을 보면 서울대, 연세대, 고려대의 3개 대학이 전체 합격자의 약 70%를 차지한다. 2013년 현재 전체 고위공무원단 1,466명 중 이들 3개 대학의 비율이 47.8%에 그치는 점을 감안하면 특정대학 쏠림 현상은 더욱 심화되고 있다.

과거 정부주도의 경제성장 과정에서 공무원이 갖고 있는 각종 인허가권, 자금배분, 인수합병 등으로 민간부문에 막대한 영향력을 행사했

다. 기업들은 연줄을 동원해 공무원에게 접근을 시도했고 같은 대학 출신을 채용해서 정보획득 등에서 유·무형의 이점을 누릴 수 있었다. 관료가 특정학교 출신으로 채워지면 민간부문도 영향을 받게 되는 연결고리는 민간부문에 대한 정부의 막대한 영향력에 있다. 서열화된 대학, 고시제도에 의한 관료선발, 정부의 막강한 권한 등이 결합되어 대학서열화 체제를 강화시켰다.

기존의 대학서열화 체제를 강화시켰던 요인 중에서 민간기업에 대한 정부의 영향력 약화가 먼저 시작되었다. 1992년 OECD 가입, 1997년 외환위기 등을 거치면서 정부주도의 성장패러다임은 민간자율로 바뀌었다. 규제, 공정거래, 세무 등 정부 고유의 권한은 여전하지만 금융업 정도를 제외하면 특정산업에 대해 정부개입의 여지는 많지 않다. 이를 반영하여 기업에서도 과거와 같이 무조건적으로 명문대 출신을 선호하는 현상이 약화되고 있으며, 채용제도를 다양화하고 지방대학 출신을 우대하는 등 변화가 나타나고 있다. 시험에 의한 관료선발제도도 바뀌고 있다. 사법시험 1차는 2016년에, 2차와 3차 시험은 2017년을 끝으로 폐지되고, 행정고시를 축소하고 전문가 특채를 확대할 예정으로 있다. 관료선발제도가 변화됨에 따라 공무원 임용자 중에서 명문대학 출신 비중은 점차 낮아질 것으로 예상된다.

대학서열을 바꾸는 힘

우리나라에서 대학서열은 입학생의 성적으로 결정되었기 때문에 대입시험 및 전형제도가 중요함은 당연하다. 단적으로 학력고사 당시의 입학사정 커트라인 점수로 확정된 대학서열이 큰 틀에서 현재까지 유지되고 있다는 점에서 그러하다. 그런데 2000년대에 접어들면서 대학입시

제도는 큰 변화를 겪었다. 수능총점제 폐지(2002학년도), 선택형 수능 도입(2005학년도), 입학사정관제 도입(2008학년도) 등이 그것이다. 학생마다 시험 보는 과목이 다르고, 총점을 합산하지 않으며, 수능성적 이외의 다양한 요소를 고려하는 전형의 확대 등으로 이제 과거와 같이 입학생의 점수로 대학을 줄 세우기는 불가능해졌다.

〈표 10〉 수능 도입 이후 대입제도 변천사

연도	1994~1996	1997~2001	2002~현재
내용	수능+내신+본고사	수능+학생부+논술	수능+학생부+논술+추천서+심층면접 등
개정의도	학력고사 개선, 대학자율	대학자율	대학자율 확대
문제점	사교육 과열, 학생수험부담	학생부 반영 미흡, 사교육 과열	학생부 반영 미흡, 사교육 과열

그렇다면, 이것이 과연 대학서열화에 균열을 발생시켰는가? 평가는 아직 유보적이다. 희망적인 사실은 대입전형제도가 복잡해짐에 따라 수능점수로 한 줄 세우기가 불가능해졌고 입학생의 성적과 대학서열의 불일치가 발생하기 시작했다는 점이다. 즉, 수능점수가 낮더라도 자신에게 적합한 대입전형을 잘만 준비하면 수능점수가 더 높은 학생을 제치고 입학할 수 있는 길이 열렸다. '출신대학=수능성적'의 등식이 약화되었고, 대학의 명성보다는 취업 등을 고려한 학과 위주의 대학진학 경향도 나타나기 시작했다. 하지만 과거 대학서열의 관성(inertia)은 상당부분 아직 그대로 남아 있다. 대학교육협의회, 중앙일보 등에서 다양한 요소들을 고려하여 대학평가를 실시하고는 있지만, 아직까지 일반 국민들의 대학서열 인식에까지 영향을 미치는 단계에 이르지 못하였다.

대학서열에 영향을 미치는 입시제도와 같은 교육 내적 요인만 있는 것이 아니라 취업 등과 같은 교육 외부의 영향도 크게 작용한다. 대표적으로 1997년 외환위기 이후 고소득에 평생직업인 의사에 대한 인기가 치솟으면서 대학입시에서 우수한 이과 고교생들이 전국의 의대정원을 다 채운 후에 서울대학교 공대에 진학하는 이변이 일어났다. 서울대 입학정원을 다 채우고 나서 다른 대학에 진학하던 행태에서 벗어났다는 점에서 1981년 학력고사가 도입된 이래 서울대학교의 독보적 지위가 도전받은 최초의 사례가 아닌가 싶다.

대학별 취업률 공시 및 대학평가에 취업률을 중시한 것도 기성의 대학서열을 흔든 것으로 평가된다. 대졸 취업난이 심화되면서 취업이 잘되는 상경계열, 공학계열 등의 인기가 치솟았고, 이는 부분적이기는 하지만 대학서열의 변화로 이어졌다. 지방대학 중에서도 취업이 잘되는 학교는 언론에서 주목받아 홍보가 되었고 대학입시에서의 인기로 이어졌으며, 정부에서 대학재정지원사업을 받는 데 유리하게 작용함으로써 교육여건이 개선되는 선순환으로 이어졌다. 취업률이 중시되면서 자연스럽게 대학사회 내부에서 취업률을 높이려는 노력이 나타났고 학과 개편, 취업지원센터 강화, 취업률 제고를 위한 제도 및 프로그램 도입 등이 시도되었다.

4. 대학이 능력을 키워주는 사회

입학생의 수능점수를 기초로 형성된 기존의 대학서열은 대입전형의 다양화로 인해 점차 기반이 허물어지고 있다. 수능점수가 낮더라도 내신성적, 비교과활동, 특별전형 등을 통해 상위권 대학에 진학할 수 있는 통로가 확대되고 있으며, 수능점수 혹은 내신성적이라는 점수경쟁도 대입전형에 포함하는 과목명, 과목별 가중치 등 계산방식이 상이하기 때문에 이제 대학 간 수평비교는 불가능하다. 수능성적이나 내신성적이 높은 학생이 그렇지 않은 학생에 비해 반드시 서열이 더 높은 대학에 간다는 보장은 없다.

청년층 채용시장에서도 간판과 스펙보다 역량과 전문성을 중시하는 채용제도가 속속 도입되고 있다. 대기업을 중심으로 도입된 직무적성시험이 대표적이고, 프레젠테이션, 집단토론, 블라인드 면접 등 다양한 채용방식을 통해 학벌중심의 채용을 극복하려는 시도가 이루어지고 있다. 그럼에도 불구하고 명문대학 입시경쟁은 과거에 비해 결코 누그러지지 않고 있으며, 명문대학 졸업장에 대한 청년층의 믿음은 여전히 확고하다. 지금은 대학서열화가 과거와는 다른 새로운 논리와 맥락 속에서 고착화되는 과정이다. 과거의 대학서열화가 획일적 한 줄 세우기가 가능했던 입시제도의 영향이 컸다고 한다면 이제는 교육 외적 요인으로 취업난의 심화에 따른 입사경쟁의 탓이 크다. 소수의 선망직장에 취업하기 위한 스펙경쟁의 일환으로 명문대학 입학경쟁이 나타나고 있는 것이다.

대학서열화의 양상이 상이하게 전개되기 시작한 분기점은 1997년 외환위기부터다. 외환위기 이전에는 기업 간 임금격차가 크지 않았고 평생직장이 보장되었으며 비정규직도 없었다. 대졸자가 많지 않던 시절이었기 때문에 정도의 차이가 있을지언정 대졸 취업자 간의 임금격차는 그리 크지 않았다. 그러나 외환위기를 겪으면서 삼성, 현대와 같은 글로벌 기업이 탄생되었고 기업 간의 격차는 크게 벌어졌다. 기업들은 구조조정을 일상화하면서 평생직장 개념이 실종됐고 비정규직이 대거 등장했다.

글로벌 기업의 정규직 취업에 성공하는 경우 돌아오는 보상은 엄청나게 커졌고, 그와 더불어 실패했을 때 보상격차와 더불어 느끼는 상대적 박탈감도 함께 확대되었다. 대학생들은 극심한 취업난을 뚫기 위한 전략으로 기업이 요구한다고 생각되는 취업스펙 갖추기 경쟁에 나섰다. 공인영어시험성적, 해외어학연수, 자격증, 공모전 입상경력 등이 그것인데, 가장 효과적인 취업스펙은 역시 명문대학 졸업장이라는 인식은 더욱 강화되었다.

치열한 취업경쟁과 대학서열

1997년 외환위기 이후 대졸자가 선호하는 '괜찮은 일자리'는 약 27만 개 줄었다. 한국개발연구원(KDI)에 따르면 대졸 청년층이 선호하는 30대 대기업, 공기업, 금융회사 등의 근로자 수가 외환위기 전인 1997년 157만 9천 명에서 2004년에는 130만 5천 명으로 27만 4천 명, 17.4% 감소하였다. 30대 대기업이 87만 9천 명→67만 2천 명(▼23.5%), 공기업은 25만 3천 명→22만 2천 명(▼12.3%), 금융업은 44만 7천 명→41만 1천 명(▼8.1%)으로 각각 줄었다. 여기에 더하여 기업들은 신규 채용보다는 경력직 채용을 확대하였고, 비정규직 일자리 비중이 급속히 높아지면서 괜찮은 직장에 정규직으로 취업하기는 대단히 어려워졌다.

우리나라에서 매년 60만 명 정도가 특성화고, 대학 등의 학교를 졸업하고 노동시장에 신규로 진입하는데, 창출되는 일자리는 겨우 30만 개 정도에 그친다. 창출된 일자리 중에서 청년층이 선호하는 30대 대기업, 공무원 및 공사, 금융권 등 소위 괜찮은 일자리는 5만 개 미만이다. 동년배의 80% 이상이 대학에 진학하고 이들이 공통적으로 희망하는 안정적이고 고소득을 보장받는 일자리는 제한적이니 취업경쟁은 구조적으로 불가피하다.

사정이 이렇다 보니 청년층의 취업경쟁은 치열하다. 2014년의 경우 삼성고시로 불리는 삼성직무적성시험(SSAT) 응시자 수가 10만 명을 넘어섰고, 3,000명을 뽑는 9급 공무원 공채시험에는 19만여 명이 응시원서를 냈다. 통계청 조사에 따르면, 청년층 취업 관련 시험 준비 인원은 682천 명(2007년)→960천 명(2013년)으로 40.8% 증가하였다. 전체 청년층 인구 중 취업관련 시험 준비 인원의 비중은 7.8%(2006년)→10.8%(2013년)로 3.0%p 상승하였다.

〔그림 17〕 청년층의 취업 관련 시험 준비(천 명)

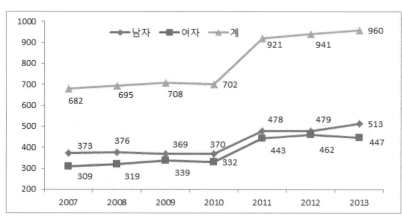

자료 : 오호영(2014).

치열한 입사경쟁을 뚫기 위해 대학 1학년부터 취업준비에 나서지만 선망직장에 취업하기란 하늘의 별 따기다. 기업들도 5,000명 채용예정에 10만 명의 구직자가 몰리고, 학벌이나 스펙을 대신할 마땅한 선발도구가 없는 상황에서 딜레마에 빠져 있기는 마찬가지다. 암기 중심의 채용시험에서 벗어나기 위해 직무적성시험을 도입했지만, 이마저도 고시화하여 취업사교육의 원인이 되고 시험 관리에 막대한 비용이 발생되는 부작용에 직면하고 있다. 사정이 이렇다 보니 채용경쟁에서 명문대 졸업장만큼 확실한 보증수표가 없다는 인식은 더욱 강화되고 있다.

21세기 인재상과 경쟁패러다임

흔히 대학의 3대 기능으로 교육, 연구, 봉사를 꼽는다. 이 중에서도 우리나라 대학들은 교육, 특히 우수한 신입생 선발에 역량을 집중해왔다. 이는 당시의 시대적 상황에 비추어 타당한 측면도 있었던 것이 사실이다. 즉, 선진국 모방을 통한 추격 전략으로 경제성장을 추구하던 경제발전 단계에서 기업들은 근면하고 성실하며 지시에 순응하는 범용형 인재를 요구했다. 선진국이 수십 년에 걸쳐 이룩한 성과를 수년에 걸쳐 압축적으로 추격하려면 특정분야의 전문성이나 창의성을 갖추었느냐보다는 폭넓게 여러 분야를 아우를 수 있고 학습능력이 있느냐를 기준으로 인재를 채용해야했다. 명문대 졸업생은 비록 대학에서는 별로 공부를 안했을지라도 대체로 고교까지 학교생활이 근면·성실하고 우수한 학생들이었을 것이므로 당시 기업들의 요구에 부합하는 인재였다.

하지만 오늘날 우리 기업들이 요구하는 인재상은 개발연대와는 확연히 다르다. 더 이상 모방할 기업이나 나라가 많지 않고 혁신적이고 새로운 제품과 기술, 서비스를 만들어내야 성장이 가능한 단계에 접어들었다. 승자독식의 사회(the-winner-take-all society)에서 남들보다 앞서가지 못하는 근면하고 성실한 2위에게는 거의 보상이 돌아가지 않는다. 아날로그 시대의 절대강자였던 소니가 디지털 시대에 적응하지 못하여 삼성전자 시가총액의 10% 수준으로 몰락한 것이나, 휴대폰으로 세계시장을 석권한 노키아가 스마트폰 경쟁에서 몰락한 것이 단적인 예이다.

오늘날은 IT를 중심으로 하는 기술변혁의 시기이다. 1990년대 후반의 인터넷 대중화 시기에는 PC기반의 인터넷, 느린 통신속도 등의 악조건에서도 닷컴혁명이라 불릴 정도의 커다란 변화가 나타났다. 현재는 통신과 인터넷의 결합, 정보처리 속도의 향상, 무선인터넷의 등장, 다양한 IT기기의 개발과 보급, IT와 문화콘텐츠의 융합 등 당시와 비교할 수 없을 정도로 기술혁신이 눈부시다. 마침내 2014년에는 '인간처럼 생각하는 인공지능'을 판별하는 과학계의 기준인 '튜링 테스트'를 통과한 첫 사례가 등장했다.

Brynjolfsson & Mcaffee(2014)에 따르면 인류 문명사에서 획기적으로 생산성이 높아진 두 번의 시기가 있었는데, 첫 번째는 18세기 산업혁명기이고 두 번째는 오늘날이다. 1차 기계 혁명에서 기계가 인간의 팔다리를 대체했다면, 2차 기계 혁명에서는 기계가 인간의 두뇌까지 포함하는, 총체적인 대체가 진행될 것으로 본다. 1차 기계 혁명에서는 블루칼라 노동자가 위협받았고, 2차 컴퓨터 혁명에서는 화이트칼라 차례다. 교수, 법률가, 의사, 회사원 등이 인공지능으로 대체되고 현재 직업의 절반 이상은 사라질 것이라는 전망이다. 실제로 1차 기계 혁명 당시 대부분이 농업인구였지만 지금은 불과 5% 정도이니, 2차 컴퓨터 혁명이 이루어지면 대부분의 직업이 사라진다고 봐야 한다. 살아남는 직업은 감성 노동자, 인공지능 로봇과 관련된 직업, 일부 서비스 직종 등에 불과할 것이다.

과연 대학들은 이처럼 급격히 변화하는 세계 속에서 우리 학생들이 직업을 찾고 사회생활을 제대로 하는 데 필요한 지식, 기술, 역량을 제대로 가르치고 있는가? 대학들이 과거와 같이 우수한 학생선발에만 치중하고 가르치는 데 소홀해서는 학생들이 변화하는 세상을 따라가기 힘들다. 빠른 기술혁신, 신기술의 등장은 수학, 과학 등과 같은 인지적 역량(cognitive skill)보다 감성, 소통능력, 창의력 등 비인지적 역량(non-cognitive skill)을 더욱 중시하도록 만든다. 대학이 아카데미즘(academism)에 빠져 학문의 권위와 기존의 대학문화에 안주하여 변화를 외면한다면 우리 사회의 미래는 암담하다.

우리 대학이 사회가 필요로 하는 인재를 제대로 양성하려면 인재에 관한 사회적 요구를 수용할 수 있는 유연한 조직으로 탈바꿈될 필요가 있다. Taylor(2010)는 대학교육의 위기를 지적하면서 그 원인으로서 종신교수제(tenure), 세분화된 학과시스템, 교수의 논문쓰기 경쟁을 지적한 바 있다. 즉, 대학의 종신교수제로 인해 신규교수 채용이 어렵고, 대학교육의 활력이 저해되며, 새로운 교육기법의 도입이 지연된다. 또한 엄격하게 분리되고 세분화된 학과제도가 경직적으로 운영됨으로써 인재양성에 관한 사회적 요구가 대학캠퍼스에 반영될 여지가 별로 없다고 지적하면서, 교수들이 논문 쓰기 경쟁에 몰두하기보다는 학생들의 교육에 좀 더 관심을 쏟을 것을 주문했다.

대학들은 그간 우수한 입학생 선발을 위해 경쟁해왔지만, 앞으로는 잘 가르치는 교육경쟁, 학생의 취업난을 덜어주는 취업지원경쟁으로 대학 간 경쟁의 패러다임을 바꿔야 한다. 대입전형 방식이 다양화되면서 신입생의 점수에 따라 대학을 서열화하기는 더 이상 불가능해졌으므로 이제 대학의 경쟁력은 교육에 부가가치를 창출하고 학생들의 취업난을 덜어주는 데서 상당부분 나올 수밖에 없다. 입학시점에서의 우수성이 중요한 것이 아니라 대학을 졸업하는 단계에서 대학이 얼마만큼 교육부가가치를 만들어냈는지가 좋은 대학의 판별기준이 되어야 한다.

교육부가가치 중심의 대학경쟁

시장경제에서 공정한 분배란 각 경제주체의 부가가치 기여만큼 보상이 이루어지는 것을 의미하고 이는 생산과정에서 각 주체들을 분발하도록 만드는 유인이 된다. 계급주의를 배격하고 능력주의(meritocracy)를 표방하는 현대사회에서 공정한 보상의 기준은 운, 소속집단, 출신성분, 권력자의 선호 등이 아니라 각자의 노력, 능력, 성과이다. 명문대학이 누리는 혜택, 명문대학 출신에 대한 우대는 포괄적으로 보면 모두 사회적 보상의 일환일 것인데, 이것이 과연 명문대학들의 교육적 성과에 대한 정당한 보상인지 따져볼 필요가 있다.

Lazear(2008)에 따르면 성과는 능력(ability), 인적자본(human capital), 노력(effort)의 함수이다. 능력은 지능, 건강, 감각 등 선천적으로 타고난 것을, 인적자본은 후천적으로 학습된 기능, 지식, 숙련 등을, 노력은 열심히 최선을 다하는 태도 등을 각각 의미한다. 대학의 교육적 성과와 연관하여 본다면 우수한 학생을 선발한 것은 능력에, 커리큘럼, 교수학습 방법을 적용하여 학생들의 역량을 끌어올리는 것은 인적자본에, 그리고 얼마나 열정을 가지고 학생들을 가르치느냐는 노력에 각각 해당될 것이다. 능력 있는 학생들을 선발하는 것도 중요하지만 대학에서 학생들에게 사회가 요구하는 역량을 키워주고 이를 위해 대학이 열정적으로 최선을 다하는 노력도 정당하게 평가되어야 한다.

청년층 취업난이 워낙 치열하게 전개되다 보니 명문대학 입시경쟁이 좀처럼 개선되지 않고 있다. 현상적으로는 취업경쟁에 기인하는 것처럼 보이지만, 근본원인은 대학에서의 역량개발이 제대로 평가되지 않는 데 있다. 열심히 그리고 제대로 가르치는 대학과 그렇지 않은 대학을 공정하게 평가하고 그에 따라 정당한 보상이 돌아가도록 해주는 시스템이 약하다는 것이다. 그렇다 보니 학생들도 명문대학 입시경쟁에 몰두하고 대학에서의 자기개발은 상대적으로 소홀히 여긴다. 기업도 어느 대학이 제대로 학생들을 가르쳐서 졸업시키는지 잘 모르기 때문에 전통적인 명문대학을 우대하는 분위기다. 대학서열이 잘 가르치는 대학을 알려주는 제대로 된 신호 기능을 하려면 개별 대학의 교육부가가치를 객관적으로 평가하는 기재(mechanism)를 도입해야 한다.

대학의 기능은 교육, 연구, 봉사이고 그중에서도 핵심은 교육이다. 교육을 도외시한 대학의 연구와 봉사가 무슨 의미가 있겠는가. 교육을 중심에 놓고 보면 좋은 대학이란 학생들의 입학 당시 역량에 비해 졸업 시점에서의 역량을 얼마나 향상시켰는가, 즉 교육부가가치를 많이 높인 대학이다. 우수한 학생을 뽑아서 제대로 못 가르치고 졸업시키는 대학보다는 입학 당시 자질은 떨어지지만 대학에서 열심히 가르쳐 졸업시점에는 학생의 역량을 크게 향상시킨 대학이 좋은 대학이다.

5. 정책과제

학생의 역량개발 위한 대학 내부 개혁의 촉진

정부에서는 과도한 대학진학으로 인한 국가차원의 총량적인 학력 간 인력수급 불일치에 대응하기 위해 대학구조조정을 적극적으로 추진하고 있지만, 학생의 취업역량개발과 보다 적극적인 취업지원서비스 제공을 위한 대학 내부의 자율적 개혁 노력은 아직 미흡하다. 대학평가항목으로 취업률이 강조됨으로써 최근 몇 년간 취업률 제고를 위한 대학의 노력이 강화되는 변화가 나타나고 있지만 학생의 취업을 중시하는 대학 내부의 문화, 가치, 교육방식 등의 전반적인 변화가 시도되기보다는 통계지표 관리라는 표피적 접근에 머물고 있는 느낌이다. 대학이 진정으로 교육수요자인 학생이 겪는 취업난을 덜어주고자 한다면 취업 중심의 가치와 문화가 대학에 정착되도록 내부혁신에 나설 필요가 있다.

첫째로 교육성과가 교수의 질적 수준에 의해 규정된다는 점을 감안하면 연구실적 중심의 대학교수 임용 및 평가시스템을 학생의 취업역량 제고, 취업지원의 관점에서 재편해야 한다. 연구역량과 연구성과 중심의 대학교수 임용, 평가체계를 손질하지 않고서는 노동시장과 대학교육 간의 연계성 제고, 대학생의 취업역량 제고를 목표로 하는 대학교육 혁신, 다면적이고 입체적인 대학 내 취업지원 시스템의 구축은 불가능하다. 교수임용, 승진, 성과평가 등에서 논문, 연구업적 등이 강조되고 있는 대학사회에서 정부나 대학당국이 아무리 학생의 취업성과를 강조하더라도 대학교수는 연구업적을 높이기 위해 논문 쓰기 경쟁을 추구할 수밖에 없다. 학생에 대한 교육이 내실 있게 이루어지도록 하려면, 연구실적 중심의 교수임용 및 평가시스템을 바꿔 수업평가, 학생상담, 취업지원, 진로지도, 취업성과 등을 고려해야 한다.

둘째로 느슨한 학사관리를 엄정하게 재구축하고 졸업요건을 강화하여 졸업생의 질 관리에 나설 필요가 있다. 미국 대학은 입학은 쉽지만 졸업하기는 어려운 것으로 정평이 나 있는데, 한국에서는 입학경쟁은 치열하지만 학사 관리가 느슨하여 자질이 부족한 대졸자가 양산되고 있다. 이렇다 보니 대학 졸업장이 졸업생의 능력, 역량에 대한 신호를 제공해주지 못하고 단지 대학 입학성적을 말해주는 것에 그친다. 학생들이 취업경쟁에서 다른 학교 졸업생들보다 조금이라도 우위에 서도록 만들려는 학교이기주의로 인해 후한 학점을 주는 관대화 경향이 나타나 기업으로부터 신뢰를 잃고 있다. 학점과 졸업장이 대학에서 개발한 역량에 대한 신호가 된다는 점에서 이에 대한 불신은 대학교육의 질 경쟁을 근본적으로 어렵게 만드는 요인이 된다. 따라서 일정기준을 통과하지 못한 학생들은 졸업할 수 없도록 하는 학사 관리 강화를 통해 학점과 졸업장이 개인의 능력에 대한 신호가 될 수 있도록 만들어야 한다. 이렇게 해야 기업들이 졸업장과 학점을 신뢰하고 채용도구로 활용할 수 있고 대학교육의 질도 높아지게 된다.

셋째로 학생의 역량개발을 위한 새로운 교수학습방법의 개발과 적용이 시급하다. 분과학문 단위의 지식, 이론을 공부하고 학술적 연구방법론 위주로 훈련을 받은 교수들에게 학과를 불문하고 수업을 통해 학생의 취업역량을 개발하라는 요구에는 원천적으로 한계가 있다. 학술적 연구와 해당 분야 전공지식에 특화된 교수가 급변하는 기업경영환경에 따라 파생적으로 제기되는 실무적인 지식과 노하우를 적시에 습득하여 학생들에게 전수하기는 현실적으로 곤란하다. 이를 해소하기 위해서는 교수 개인의 노력도 필요하겠지만 기업과 대학의 교류와 협력을 확대하는 노력이 필요하다. 아울러 개별 학문 분야, 과목별로 학생의 취업역량 개발과 관련된 교재, 교수학습방법의 개발과 적용을 위한 대학, 학회, 연구소, 정부차원의 지원과 협력이 요청된다.

넷째로 대학 내 취업지원센터의 실질적 역량 및 위상 강화 조치가 필요하다. 150개 대학과 50개 특성화고에 배치되어 체계적인 취업지원 서비스를 제공하는 취업지원관제도, 취업지원센터는 정부의 각종 지원에도 불구하고 대학교육과 유기적으로 연결되지 못하고 이력서 작성, 인터뷰 기법, 취업특강, 취업박람회, 구인구직 알선 등 취업 직전 단계에서의 취업지원에 초점이 맞추어져 있다. 여기에는 취업지원센터가 대학 내에서 차지하는 위상이 낮고 커리큘럼, 학점인정 등에 대한 실질적인 권한이나 영향력이 없을뿐더러 취업지원센터 직원의 순환배치, 전문성의 부족 등 구조적인 원인이 자리 잡고 있다. 취업지원센터가 학생들의 취업역량개발과 취업성공을 책임지는 대학 내 중추기구로 거듭나기 위해서는 조직의 위상과 역할을 확대·강화할 필요가 있으며, 학생 개개인에 대해 입학부터 취업까지 맞춤형 진로지원서비스를 담당하는 핵심기구로서 학과, 교수와 협력할 수 있는 실질적 권한 부여가 필요하다. 전문성 강화를 위해서는 대학 내 행정직원 중심의 취업지원센터 운영을 진로, 취업 관련 전문가, 교수 중심으로 재편하고, 대학 내 취업 관련 총괄부서에 부합하는 권한과 위상의 확보가 요청된다.

다섯째로 산업계의 인력 수요와 연계한 인력양성을 위해서는 학과단위 중심의 경직적인 대학 내부 조직구조를 유연화할 필요가 있다. 급속한 기술진보, 세계화에 따른 경쟁의 격화 등에 따라 산업구조가 급변하고 인력수요 역시 빠르게 변화하고 있으나 대학 내의 학과구조조정은 거의 불가능한 성역처럼 남아 있다. 기업의 인력수요와 연계된 대학교육을 위해서는 학문단위 중심의 대학구조를 역량 중심으로 재편할 필요가 있으며 사회의 인력수요에 따라 유연하게 대응할 수 있는 대학내부구조의 형성이 시급하다. 개별 대학차원에서 인력수요가 낮은 학과 및 전공을 축소, 철수하고 핵심학과, 전공을 중심으로 재편하는 리스트럭처링이 가능하도록 해야 살생부식의 대학구조조정이 아니라 대학별로 특성화가 이루어지는 상생의 대학구조조정이 가능할 것이다.

특정대학을 지목해서 퇴출시키는 대학구조조정 방식은 최후의 수단이라고 할 만큼 극약처방에 해당되는 것으로 대학, 동문회, 지역사회의 거센 저항에 직면할 가능성이 높고 대학 내부의 개혁을 유도하는 데도 효과적이지 않다. 지목된 대학의 문을 닫도록 하는 급진적 방식도 필요하겠지만 개별대학들이 스스로 내부개혁을 지속적으로 실행하여 그 결과 대학사회 전체의 경쟁력이 제고되도록 유도하는 것이 바람직하다.

국가직무능력표준의 활용

지금까지 대학교육은 교수가 아는 것, 혹은 가르칠 수 있는 것만 가르치는 공급자 위주로 운영되어 산업계의 요구가 반영되기 어려운 구조였다. 이에 따라 기업은 학교교육을 불신하여 학벌 혹은 스펙을 기준으로 채용하여 신입직원 교육훈련에 많은 비용을 투자하였고, 학생들은 불필요한 스펙경쟁으로 고통받았다. 산업계가 요구하는 인재상에 맞춰 대학교육이 이루어지면 이러한 폐단이 사라지고 교육을 통해 역량을 키우고 학벌이나 스펙보다 능력이 중시되는 사회를 만들 수 있을 것이다. 이를 위해서는 무엇보다 산업계의 직무수요를 대학에 전달하는 기재를 마련하는 것이 급선무다. 산업계가 요구하는 직무능력이 무엇인지 알아야 대학도 그에 맞춰 교수를 채용하고, 교육과정을 개발할 수 있을 것이기 때문이다.

기업에서 수행하는 직무에 따라 업무성과를 발휘하는 데 필요한 지식, 기술, 소양 등은 각각 상이하다. 정부에서는 성공적인 직무수행을 위해 갖춰야 할 능력을 산업부문별, 수준별로 체계화한 국가직무능력표준(National Competency Standards : NCS)을 개발하여 이를 학교교육, 직업훈련 및 자격 등에 적용하여 학벌이나 스펙이 아닌 능력중심사회를 만들어갈 예정이다. 교육부와 고용노동부가 협력하여 2014년까지 한국고용직업분류체계(KECO)에 의한 833개 직무분야 중 연구분야를 제외한 777개의 국가직무능력표준을 개발하고, 개발된 국가직무능력표준이 학교교육에 활용될 수 있도록 국가직무능력표준에 기반한 '학습모듈(Learning Modules)'도 함께 개발할 예정이다. 특성화고, 전문대학을 위주로 국가직무능력표준을 활용한 학습모듈을 적용할 것이나, 대학에서도 이에 관심을 갖고 대처할 필요가 있다. 직무를 중심으로 만들어진 학습모듈이기는 하지만, 대학에서도 학과 및 전공에 따라 활용의 여지가 많기 때문이다.

훈련기준 및 국가기술자격 등 우리나라의 직업교육훈련 분야에는 이미 다양한 형태의 국가 표준들이 있다. 그럼에도 불구하고 국가직무능력표준을 개발하는 이유는 교육훈련기관 등 공급자가 중심이 되어 개발한 기존의 국가표준과 달리 인력의 수요자인 산업계의 요구를 충실히 담아 연계성을 높일 필요성 때문이다. '학교교육－자격시험－채용준거－인사 관리'가 상호 연계되지 못하고 각기 따로 운영됨으로써 발생한 여러 가지 비효율을 해소하고 능력중심사회를 만드는 기초가 될 것으로 기대된다. 국가직무능력표준은 산업계가 요구하는 인재상을 기준으로 거의 대부분의 직무를 망라하여 작성되었기 때문에 취업역량 함양에 초점을 맞춘 교육과정이라면 대학, 대학원을 가리지 않고 적용이 가능하다. 국가직무능력표준 개발과정에서 산업계의 참여를 유도하여 현장성을 높였기 때문에 직무별로 기업들이 요구하는 인재상이 충실히 반영되어 취업역량 제고를 위한 교육과정 개편에 활용도가 높을 것으로 기대된다.

대학단계 도제제도(Higher－level Apprenticeship)의 도입

대졸자를 신규 채용한 기업들은 신입직원 직무교육에 많은 교육훈련 비용을 지출하고 시간을 소모하여 대학이 양성한 인력에 대한 불만족이 존재하며, 이것이 청년 고용문제의 핵심 원인 중 하나가 되고 있다. 고등교육의 대중화시대에 대학교육은 더 이상 사변적인 이론, 지식 중심의 순수학문 교육에 머물 수 없고 최종 교육기관으로서 노동시장과의 가교 역할을 하도록 시대적 요청을 받고 있다. 고등교육이 대중화되면서 대학교육은 학문연구보다는 취업의 전단계로 자리매김하고 있으며 기업, 지역사회 등 학교 외부와의 교류와 협력을 통해 대학교육의 현장성을 높이고 사회적 요구를 수용하는 적극적인 자세를 요청받고 있다. 이를 반영하기 위해서는 대학 3학년 정도가 되면 연구트랙과 취업트랙으로 구분하여 학생들의 교육수요에 적합한 맞춤형 교육을 실시할 필요가 있다.

취업트랙의 경우 기업현장에서 벌어지는 다양한 상황과 근로자에게 요구되는 업무역량은 체계적인 지식으로 정형화하기 어렵기 때문에 현장체험을 통해 체득하는 것이 중요하다. 아울러 문자화가 가능하고 정형화할 수 있는 명시지(explicit knowledge)는 학교교육을 통해 전수가 가능하지만 노하우(know-how), 암묵지(implicit knowledge), 맥락(context) 등은 체험, 시행착오를 거쳐야만 비로소 체득할 수 있는 특성을 갖는다. 산업구조가 안정적이고 기업 간의 경쟁이 치열하지 않았던 과거에는 지식의 수명이 비교적 길었고 이에 따라 정형화된 매뉴얼을 암기하고 적용하는 근로자의 능력이 중요했다. 하지만 이제는 매뉴얼에 없는 새로운 도전, 과제, 문제들이 속출하고 시장상황이 급변하며 기술혁신으로 인한 지식의 진부화가 빠르게 진전되고 있기 때문에 문제해결능력, 협업능력, 소통능력 등이 중시되고 있으며 이것은 대학의 강의실보다 기업현장에서 체험을 통해 기르는 것이 더욱 효과적이다.

대학단계 도제제도는 대학과 기업 사이의 숙련 미스매치를 해소하기 위한 방안이다. 대학 재학생을 대상으로 대학에서 학습한 교육내용을 실제 기업환경에서 적용해 볼 수 있는 기회를 제공함으로써 대학생들의 취업역량을 함양하고 실무와 연계된 자기개발을 통해 궁극적으로 취업을 지원하는 제도이다. 3년은 학교에서 배우고 1년은 기업에서 일을 하면서 배우거나, 학과나 전공 특성에 따라 2+2 형태, 또는 1년을 3학기로 나누어 2학기는 학교에서, 1학기는 기업에서 일하면서 배우는 등의 운영도 가능하다.

특정 전공이나 학과, 또는 대학의 교육과정을 도제제도, 즉 학교에서의 이론교육과 기업체에서의 OJT(on-the-job training)를 결합하는 형태로 운영하며, 여기에 소요되는 재원을 정부가 지원해주도록 한다. 예를 들어 도제기간 중에는 고용보험에서 일정한 훈련비용을 기업에 지원하는 한편, 도제제도에 참여한 학생에게도 훈련수당을 지원한다. 자격제도와 연계하여 대학단계 도제제도에 참여한 학생에 대해서는 소정의 시험과목을 면제해줄 수 있다. 이러한 제도가 도입되면, 대학이 노동시장에서 요구하는 직업능력을 더 잘 이해하게 될 것이고, 이에 따라 교육과정을 개선하여 스킬 미스매치를 줄이고, 학생들의 고용가능성을 높이게 될 것으로 기대된다.

대학 및 학과별 취업성과 정보시스템 강화

청년층 취업난의 심각성에도 불구하고 아직도 상당수 고교학생 및 학부모는 대학 진학 시 학교의 명성이나 평판, 대학서열을 중시하고 취업관점에서의 대학선택은 많지 않다. 대학 재학생 조사결과에 따르면, 희망직업에 대한 목표를 결정한 시기는 64.6%가 대학교 재학 당시로서 대부분을 차지하며 고등학교 시절이라고 응답한 비율은 27.9%, 중학교 이전은 7.4%에 불과했다(오호영 외, 2012).

이 같은 원인은 초·중·고 단계에서 학교에서의 진로고민이 주로 진학진로에 집중되고, 정작 중요한 취업, 직업에 대해서는 대학진학 이후로 미루는 경향 때문이다. 적어도 대학진학 단계에서는 희망직업을 염두에 둔 학과, 전공 선택이 가능하도록 학교진로교육을 강화할 필요가 있다. 진로교육이 효과성을 발휘하려면 추상적·원론적 수준의 지도에서 벗어나 구체성·현장성을 보다 강화해야 한다. 이를 위해서는 진로정보의 수집, 가공을 통한 정보 시스템 구축이 필요하며, 특히 대학별, 학과별 졸업생의 진로, 취업 등이 중요하다. 현재 대학공시를 통해 학교 및 학과별 졸업생의 졸업 당해 연도 취업률 자료를 제공하고 있으나, 단편적인 취업률 정보에 그치고 있어 취업의 질적 차이를 고려하기 힘들고 중장기적인 성과를 파악할 수 없는 한계가 있다. 예컨대, 취업률은 높더라도 졸업생의 임금수준이 낮은 경우에 취업률만을 보고 취업성과가 좋은 대학, 혹은 학과라고 할 수는 없을 것이기 때문이다.

졸업생의 취업은 대학교육의 중요한 성과임에 틀림이 없고 이에 관한 상세한 정보제공을 통해 명성과 서열 중심의 대학진학 행태도 극복될 수 있다. 대학서열과 관계없이 모든 대학들이 내실 있는 교육을 추구하고 분발하도록 만들려면 대학교육의 성과인 취업률에 대한 상세한 정보제공이 필수적이다. 단순한 취업률이 아니라 대기업/공기업/공무원 등 청년층 선망직장 취업률, 졸업생의 임금수준, 졸업 직후/5년 후/10년 후 등 중장기적인 취업성과의 추적정보, 상장사 임원비율 등은 대학 및 전공 선택에 있어서 매우 중요한 정보로 활용될 수 있다.

'대학생 핵심직업역량평가시스템'의 구축

우리 대학교육의 발전을 가로막는 고질적 문제점으로 지적되는 것 중의 하나는 경직적 대학서열화 구조이다. 독과점이 소비자의 선택권을 제약하고 혁신의 장애물이 되는 것처럼 경직적 대학서열화 구조는 대학 간의 참다운 교육경쟁을 저해하고 대학구성원 모두를 간판에 안주하도록 만듦으로써 전체적으로 교육경쟁력을 낮추고 대학이 외부의 요구에 둔감하도록 만드는 원인이 된다.

글로벌화·융합화·전문화되어 가고 있는 노동시장 환경에서 기업들도 이제는 학벌보다 인재 개개인의 역량, 잠재력, 성장가능성을 중시하는 방향으로 채용기준을 바꾸고 있다. 하지만 마땅한 선별도구가 없다 보니 각 기업들이 직무역량시험을 개별적으로 도입하거나, 그럴 여력이 없는 기업들은 업무역량과 큰 상관성이 없는 공인어학점수, 출신대학을 따질 수밖에 없다.

이러한 점에서 기업에서 업무수행의 기초가 되는 핵심역량을 측정하는 '대학생 핵심직업역량평가' 시험을 활성화시킬 필요가 있다. 급격한 기술혁신으로 인하여 지식의 수명이 짧아지고, 직업의 변동성과 불확실성이 높아짐에 따라 모든 직업에 공통적으로 적용되는 핵심역량(core competency)의 중요성이 증대하고 있다. 일반적 스킬(generic skills)에 해당하는 문제해결력, 의사소통능력, 비판적 사고력, 창의력 등이 그것이다. 호주의 GSA(Graduate Skills Assessment), 미국의 CLA(Collegiate Learning Assessment), MAPP(Measure of Academic Proficiency and Progress) 등 외국의 사례를 참고한다면 우리 현실에 적합한 측정방식 및 운영방안 모색이 가능할 것이다.

'대학생 핵심직업역량평가' 시험은 다음과 같이 활용이 가능하다.

첫째, 대학의 교육부가가치를 측정하여 대학평가, 대학재정지원 등과 연계할 수 있다. 즉, 학생 개개인의 입학시점과 졸업시점의 '대학생 핵심직업역량평가' 시험 점수를 기준으로 대학의 교육부가가치를 측정하고 이를 성과지표로 삼아 대학에 대한 평가와 재정지원의 기준으로 삼을 수 있다.

둘째, 산업계의 인력요구를 충실히 반영한 인력양성이 가능하다. '대학생 핵심직업역량평가' 측정 문항 개발 시에 산업계의 인재상, 핵심역량을 충실히 반영함으로써 대학교육이 현장성을 확보할 수 있도록 유도해야 한다. 아울러 이를 기업의 채용도구로 활용함으로써 청년층의 스펙 준비 부담을 경감하고 기업은 비용을 들이지 않고 실력을 갖춘 유능한 인재를 선별할 수 있게 된다. 측정 결과는 토익점수처럼 입사지원 시 제출이 가능하도록 하고 측정 결과가 실제 업무수행능력과 밀접하게 연관된다면 기업이 채용과정 시 이 점수를 중시하고, 구태여 다른 스펙을 요구하지 않을 것이다.

셋째, 빠르게 변화하는 숙련변화에 맞춘 인재양성을 가능하게 한다. 그동안 기업의 인력양성 요구에 대응하여 대학교육이 탄력적으로 바뀌어야 함에도 불구하고 이를 제도적으로 촉진하고 연계할 수 있는 시스템이 없었다. '대학생 핵심직업역량평가'를 교육과 노동시장 연계의 도구로 활용함으로써 시장에서 요구하는 인력을 적시에 길러야 한다.

대학의 새로운 역할을 모색해야

대학의 원형은 멀리 서양 고대 그리스의 아카데미아(Academia)와 리세움(Lyceum)에서 찾아볼 수 있으며 그 기본정신은 진리탐구와 자유로운 학문연구에 있다. 오늘날의 대학과 유사한 형태는 12세기에 창설된 이탈리아의 볼로냐(Bologna) 대학, 그리고 프랑스의 파리(Paris) 대학이다. 과거의 대학이 일부 상류층이나 지도층 자녀만을 대상으로 하는 엘리트교육을 위주로 했다면, 오늘날에는 사회 구성원 모두를 위한 고등교육의 대중화 단계에 접어들고 있다. 진리탐구와 자유로운 학문연구라는 대학 본연의 역할과 노동시장과의 연계성 제고라는 시대적 요구는 일정부분 충돌이 불가피한 것이 사실이다. 진리탐구, 자유로운 학문연구를 바탕으로 시대적 요구인 청년층의 취업난 해소를 어떻게 가능하도록 만들 것인가는 이 시대 대학구성원 모두의 화두가 아닐 수 없다.

과거에는 극소수의 엘리트만이 대학교육의 혜택을 받던 공급자시장이었기 때문에 사회적 요구가 적었고 대학 본연의 사명과 역할이 중시될 수 있었다. 하지만 이제는 학령인구에 비해 대학입학 정원이 더 많은 수요자시장으로 급격히 바뀌었고 수요자의 니즈에 둔감한 대학은 존립자체가 위협받는 시대로 변모되고 있다. 정부가 대학구조조정을 주도하지 않더라도 향후 10년 이내에 입학자원은 급격히 고갈될 것이기 때문에 수요자의 요구에 둔감한 대학은 존립하기 어려우며 대학과 노동시장의 연계성 제고는 시대적 흐름이라 할 수 있다.

그동안 청년층 취업난과 더불어 대학교육과 노동시장 간의 연계성을 높이자는 요구가 높았지만 상당부분 법적 뒷받침보다는 사회적 압력에 의존해왔다. 특히 대학의 목적과 역할에 대해 규정하고 있는 고등교육법 제28조는 학문연구를 강조하고 있으며 전문대학과 대학의 역할구분을 명시하고 있다. 21세기 4년제 대학의 새로운 역할로서 직업교육을 강조할 경우 전문대학과 대학의 구분, 양자 간의 역할분담 등 고등교육 전반에 대한 혁명적 변화가 불가피하므로 보다 명시적이고 분명한 사회적 합의를 도출할 필요가 있다. 이와 관련하여 2007년 '대학의 자유와 책임에 관한 법률'을 통해 대학교육의 사명을 6가지로 재정의하면서 기존에 없었던 진로지도와 취업준비를 포함시킨 프랑스의 사례는 참고가 될 것이다(NHRD NET, 2007).

◈ 참고문헌

교육부·한국교육개발원(2013), 『2013 간추린 교육통계』.

김기헌 외(2011), 『아동·청소년의 생활패턴에 관한 국제비교연구』, 한국청소년정책연구원.

김안나(2003), 「대학입학 수능성적 분포의 변화추이를 통해 본 고등교육의 서열화 구조」, 『교육사회학연구』 제13권 제3호, 89~106쪽, 한국교육사회학회.

오호영(2014), 「청년층의 취업관련 시험 준비 실태」, 『이슈브리프』 제49호, 한국직업능력개발원.

_____(2007), 「대학서열과 노동시장 성과 – 지방대생 임금차별을 중심으로 –」, 『노동경제논집』 제30권 제2호, 87~118쪽, 한국노동경제학회.

오호영·송창용·송경모(2012), 『청년층의 취업 눈높이 실태 파악을 통한 진로정책 과제』, 한국직업능력개발원.

이동규(1995), 「대학교육 개혁을 위한 교육재정의 확충」, 『대학교육』 제77권, 33~38쪽.

이용섭(2013), 「고위공무원단의 지방대학 출신 비중 14%에 불과」, 9월 4일자 보도자료.

최수태(2000), 「성적순 '한 줄 세우기'시대 종식 : 2002학년도 수능시험 9급등제 도입」, 『교육마당 21』 제220호, 32~35쪽.

한국경영자총협회(2013), 「2013년 신입사원 교육·훈련 및 수습사원 관리 현황 조사」.

EKNews(2007), 「영국 대학생 유럽 대학생보다 공부 적게 한다」, 10월 2일자 인터넷 기사.

Brand, Jennie E. and Charles N. Halaby(2003). 「Regression and Matching Estimates of the Effects of Elite College Attendance on Career Outcomes」, Paper prepared for 「Annual Meeting of the American Sociological Association」.

Lazear, Edward P. and Michael Gibbs(2008). *Personnel Economics in Practice*, 2nd edition, Wiley.

NHRD NET(www.nhrd.net), 「프랑스, 대학의 자유에 관한 법안 발표」, 2007. 7. 16.

경제전략으로서의
징병제와 모병제

노 민 선(중소기업연구원)

경제전략으로서의 징병제와 모병제

1. 병역자원 확보의 한계

저출산과 고령화 사회

우리나라는 OECD 국가 중에서 '초저출산 국가'에 해당한다. 한 여성이 가임기간(15~49세) 동안 낳을 것으로 예상되는 평균 자녀의 수를 의미하는 합계출산율(TFR: Total Fertility Rate)이 계속해서 감소하고 있다. 1965년 당시 5명을 넘었던 출산율은 2010년에 1.23명까지 감소했다. 2015년 이후 출산율은 다소 상승할 것으로 예상되지만 2030년이 되어서야 비로소 2000년 수준(1.51명)을 회복할 것으로 전망된다.[1]

낮은 수준의 출산력은 인구구조의 고령화를 보다 빠르게 진행시킬 가능성이 높으며, 전체 인구의 실질적인 감소로 이어질 수 있다. 우리나라는 2000년도에 65세 이상 노인인구 비중이 7%를 상회하여 고령화 사회(aging society)에 진입하였으며, 2017년부터는 노인인구 비중이 15세 미만 유소년 인구 비중을 상회하는 '인구역전 현상'이 발생할 것으로 예상

---

1) 통계청, 「국제통계연감 합계출산율 1965~2050」, 2013.

된다. 2018년에는 노인인구 비중이 14.5%로 높아져 고령사회(aged society)에 도달하고, 2026년에는 노인인구 비중이 20%를 상회하는 초고령사회(post-aged society)에 진입할 예정이다. 2030년도에는 노인인구 비중이 24.3%까지 상승할 전망이다.

저출산과 급속한 고령화로 인해 사회 전체가 활력을 잃어가고 있다. 2010년 기준 3,598만 명이던 우리나라 생산가능인구(15~64세)는 2016년 3,704만 명을 기점으로 그 수가 줄어들기 시작할 것으로 전망된다. 이후 3,656만 명('20) → 3,490만 명('25) → 3,289만 명('30)으로 그 수가 계속해서 감소할 것으로 예상된다.[2)]

〔그림 1〕 한국의 고령화 수준 추이와 전망

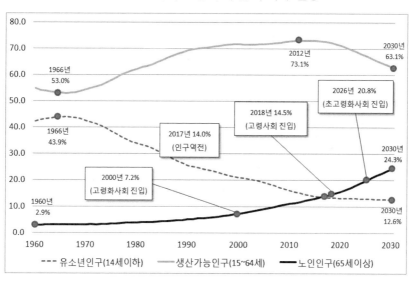

출처 : 통계청, 「장래인구추계」, 2011에서 재가공
　　주 : 인구역전－노인인구 비중이 유소년인구 비중 상회.

2) 통계청, 「장래인구추계」, 2011.

예비 병역자원의 부족

우리나라 청소년 인구 구성비는 최근 10년간 계속해서 감소하고 있다. 총 인구에서 9~24세 인구가 차지하는 비중은 23.3%('04) → 19.5%('14)로 3.8%p 줄어들고, 18세 이하 인구가 차지하는 비중은 24.9%('04) → 19.4%('14)로 5.5%p 낮아질 것으로 예상된다.

〈표 1〉 청소년 인구 및 구성비

(단위 : 천 명)

구 분	2004	2006	2008	2010	2012	2014
총 인구	48,039	48,297	48,607	49,410	50,004	50,424
0~18세	11,942	11,515	11,120	10,763	10,276	9,772
(18세 이하 구성비)	24.9%	23.8%	22.9%	21.8%	20.6%	19.4%
9~24세	11,185	10,848	10,494	10,465	10,197	9,838
(9~24세 구성비)	23.3%	22.5%	21.6%	21.2%	20.4%	19.5%

출처 : 통계청, 「장래인구추계」, 2011에서 재가공.
주 : 청소년은 청소년기본법 제3조 제1항에서 규정하고 있는 9세 이상 24세 이하 인구임.

대한민국 국민인 남자는 병역법에 따라 18세부터 병역의무가 발생하기 때문에 18세 남자 추계 인구 변화는 향후 병력 자원을 파악하는 중요한 기준이 된다. 18세 인구는 2022년도에 24만 961명으로 2012년 대비 35.1%가 감소할 것으로 예상되며, 2030년에는 18세 인구가 22만 6,416명으로 2012년 대비 60.9% 수준에 불과할 것으로 전망된다.

〔그림 2〕 연도별 18세 남자 추계 인구

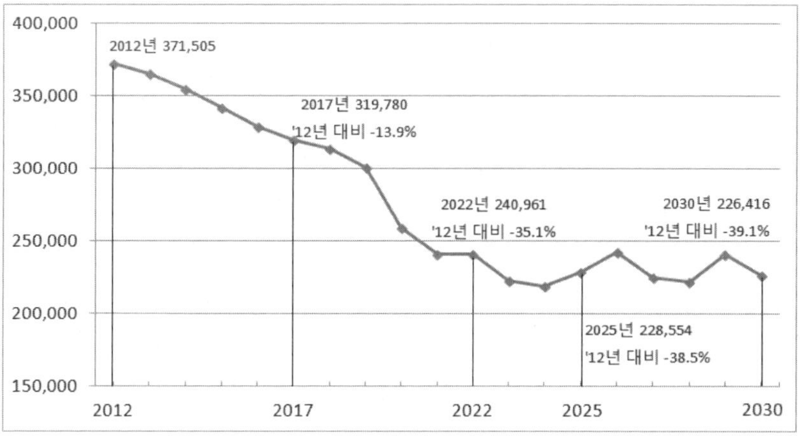

출처 : 통계청, 「장래인구추계」, 2011에서 재가공.

2. 병역자원 현황 및 병력 감축

병역자원 관리 현황

우리나라의 병역자원은 2014년 1월 1일을 기준으로 793.6만 명이며, 2011년 이후 감소하는 추세를 보이고 있다. 제1국민역, 현역입영대기, 사회복무소집대기, 사관후보생 등을 포함하는 징·소집대상은 141.1만 명으로 2004년 이후 최대 규모이다. 이에 반해 산업기능요원, 전문연구요원, 사회복무요원, 공중보건의 등 대체복무자는 7.4만 명으로 2004년 이후 최소 규모이며, 그 수가 줄어들고 있다. 지역·직장예비군, 전시근로소집, 예비군 추가편성 등 병력동원 대상은 645.1만 명으로 최근 들어 그 수가 계속 감소하고 있다.

<표 2> 병역자원 관리 현황

(단위 : 만 명)

구 분	2009	2010	2011	2012	2013	2014
계	826.2	796.3	813.0	804.5	801.2	793.6
징·소집 대상	130.2	133.2	127.7	136.7	134.7	141.1
대체복무자 (보충역 복무자 등)	8.6	8.6	8.9	8.4	8.0	7.4
병력동원 대상	687.4	654.5	676.4	659.4	658.5	645.1

출처 : 병무청, 「병무통계연보」, 각 연도(매년 1월 1일 기준).

병역자원 입영 현황

병역자원 입영 현황을 살펴보면 2013년 기준 25만 6,171명이 현역병 또는 모집병으로 입영하였다. 입영인원은 2011년을 최고점으로 해서 감소하는 추세를 보이고 있다. 특히 현역병의 경우 2011년 이후 입영인원이 매년 1만 명 이상 줄어들고 있다.

2013년 기준으로 군별 입영 현황을 살펴보면 현역병의 경우 육군이 99.7%(12만 4,987명)로 대부분을 차지했으며, 해군이 0.3%(549명)로 나타났다. 해병대와 공군의 경우 소요인원 전원을 모집병 형태로 선발한다. 해군도 몇 백 명에 불과한 상근인원을 제외하고는 모두 모집병으로 이루어진다. 모집병의 경우에도 육군이 8만 9,459명(68.5%)로 그 수가 가장 많다. 그 다음으로 공군(1만 9,326명, 14.8%), 해병대(1만 2,849명, 9.8%), 해군(9,001명, 6.9%) 등의 순으로 비중이 높게 나타난다.

〈표 3〉 병역자원 입영 현황(현역병＋모집병)

(단위 : 명)

구 분	2008	2009	2010	2011	2012	2013
계	222,429	257,900	268,764	281,969	274,324	256,171
현역병	132,484	134,643	147,695	150,827	139,842	125,536
모집병	89,945	123,257	121,069	131,142	134,482	130,635

출처 : 병무청, 「병무통계연보」, 각 연도(매년 12월 31일 기준).

병역자원 대체복무 현황

병역자원 대체복무는 군 소요인원의 충원에 지장이 없는 범위 내에서 정부부처 또는 정부가 지정한 기관 등에서 일정기간을 의무종사하면 병역을 마친 것으로 간주하는 제도이다. 대체복무 인원은 2013년 말 기준으로 총 7.4만 명이며, 공익근무요원(4.4만 명), 산업체 근무요원(2.5만 명), 공중보건의 등(0.5만 명)의 순으로 복무하고 있다.

공익근무요원 중에서 행정관서요원의 경우 보충역을 원칙으로 하며, 관공서 등에서 24개월간 근무한다. 예술체육요원의 경우 일정 수준 이상의 대회에서 소정의 순위 이상에 입상하여야 가능하다. 산업기능요원은 학사 이하의 학위 소지자만 해당하며, 현역의 경우 관련 분야 자격증 보유가 필수적이다. 산업기능요원의 복무기간은 현역이 34개월, 보충역이 26개월이다. 연구개발분야에 종사하는 전문연구요원은 현역의 경우 석사 이상의 학위가 필수적이며, 보충역의 경우 학사 이상이면 복무가 가능하다. 공중보건의, 공익법무관 등 특수업무 종사자의 경우 의사, 변호사 등 관련분야 자격증 보유가 필수적이다. 전문연구요원과 특수업무 종사자의 경우 복무기간은 36개월로 동일하다.

<표 4> 병역자원 대체복무 현황

(단위 : 만 명)

구 분			기본자격	복무기간	복무분야	복무 인원
공익근무 요원	행정관서요원		보충역	24개월	사회서비스 및 행정업무 지원	4.4
	예술 체육 요원	예술	국제대회 2위 이상(국제대회 없는 경우 국내대회 1위)	34개월	예술 및 체육	
		체육	올림픽 3위 이상, 아시안 경기 1위			
	국제협력요원		현역, 보충역	30개월	국제협력	
산업기능 요원	현역		학사 이하 & 관련분야 자격	34개월	광공업, 에너지, 건설, 수산, 해운, 농업, 방산 등	1.8
	보충역		학사 이하	26개월		
전문연구 요원	현역		석사 이상	36개월	학문, 기술연구	0.7
	보충역		학사 이상			
공중보건의, 공익법무관 등			관련분야 자격	36개월	자격 관련 업무	0.5
합 계						7.4

출처 : 국방부, 「2012 국방백서」, 2012 ; 병무청, 「병무통계연보」, 2013을 참고하여
저자 작성.

상비병력 감축계획

「국방개혁 기본계획」은 2005년 11월에 최초로 수립되었으며, 2006년
에 제정된 「국방개혁에 관한 법률」에 근거하여 매 2~3년 주기로 보완
하고 있다. 2005년 이후 현재까지 「국방개혁 기본계획」은 총 4회 발표
되었다. 제1차 기본계획이라고 할 수 있는 「국방개혁 기본계획(2006~
2020)」에서 정부는 우리 군이 제한된 국방재원하에서 첨단전력보다는
병력 위주의 군 구조를 유지함으로써 그 규모에 비해 실질적인 전투력

이 충분치 못한 실정이라고 지적하고 있다. 여기에서 정부는 68만 명의 병력을 첨단 무기체계 확보와 연계하여 2020년까지 50만 명 수준으로 정예화할 계획을 발표하였다.

2005년 국방개혁 초기에 68.1만 명이던 병력은 2009년 65.5만 명으로 육군 인원에 한해 2.6만 명을 줄였다. 「국방개혁 기본계획 2009~2020」에서는 총 병력 규모를 2020년까지 50만 명 수준으로 정예화하겠다는 계획을 재확인하였다. 이를 위해 전투업무 이외의 비전투 분야 인력을 최소화하고 유사조직 및 기능을 통·폐합할 방침을 밝혔다. 절약된 병력으로 전투부대의 완전성을 높여 전투능력을 향상시키겠다는 전략이다.

2009년 이후 2012년까지 군 병력은 육군을 중심으로 1.9만 명이 추가로 감축되었다. 「국방개혁 기본계획 2012~2030」에서는 총 병력 규모를 2022년까지 52.2만 명 수준으로 감축하겠다는 계획을 발표하였다. 2012년 말 기준으로 군이 유지하고 있는 상비 병력에서 육군 11.4만 명을 감축하고 해군과 공군은 현 수준을 유지하겠다는 것이다. 간부비율을 각 군별로 40% 이상으로 상향조정하고 전투부대 병력구조를 중·장기복무(대위~중령, 중사~상사) 간부 위주로 개선하여 전투력 발휘 보장을 위한 병력구조로 정예화한다는 계획이다.

「국방개혁 기본계획 2014~2030」은 2012년도에 발표한 기본계획의 방향과 거의 유사하다. 2013년 말 병력 규모는 2012년 대비 3천 명 감소한 63.3만 명이며, 총 병력규모를 2022년까지 52.2만 명 수준으로 감축하겠다는 계획을 다시 확인하였다. 간부 비율을 각 군별로 40% 이상으로 상향조정하겠다는 2012년의 기본계획 역시 구체적인 일정이 제시되었다. 국방부는 각 군별 간부 비율을 28.9%('12) → 31.7%('17) → 40%('25)로 확대하고, 숙련도와 전문성이 요구되는 직위에는 부사관을 위주로 간부를 증원하겠다고 밝혔다.

상비 병력을 감축하겠다는 계획은 우리나라의 출산율 감소에 따른 부득이한 측면이 있지만 그렇다고 해서 병력감축이 국방력의 후퇴를 의미하는 것은 아니다. 앞에서 언급한 바와 같이, 우리 군은 중·장기 복무가 가능한 간부 비율의 상향 조정을 통해 전투력 정예화를 목표로 하고 있다. 국립외교원에 따르면 현재 180만 명에 달하는 남북한의 병력 수는 통일 후 직업 상비군으로 재편되어 35만 명 수준으로 감축될 것이라는 전망을 내놓았다.3)

〈표 5〉 상비병력 감축계획

(단위 : 만 명)

구분	2005년	2009년	2012년	2022년
계	68.1	65.5	63.6	52.2
육군	54.8	52.2	50.1	38.7
해군	4.1	4.1	4.1	4.1
해병대	2.7	2.7	2.8	2.9
공군	6.5	6.5	6.5	6.5

출처 : 국방부, 「국방개혁 기본계획」(2006~2020, 2009~2020, 2012~2030, 2014~2030).

---

3) 국립외교원, 「2040 통일한국 비전 보고서 - 글로벌 리더 통일한국」, 2014.

3. 병역제도로서의 징병제와 모병제

징병제와 모병제의 개념

병역제도는 병력을 충원하는 데 있어서 법적 강제성이 존재하는지 여부에 따라 의무병 제도와 지원병 제도, 혼합형 제도로 구분할 수 있다. 의무병 제도는 개인의 의사와는 상관없이 국민에게 병역 의무를 부과하는 제도이다. 지원병 제도는 개인의 자유의사에 따라 국민이 국가와의 계약에 따라 병역에 복무하는 제도이다. 혼합병 제도는 의무병 제도와 지원병 제도를 결합하여 적용하는 제도라고 할 수 있다.

대표적인 의무병 제도와 지원병 제도는 각각 징병제와 모병제이다. 징병제는 국민 모두에게 병역 의무를 부과하는 국민개병주의에 입각하여 실시된다. 관련 법령에 따라 일정 연령 이상의 국민은 반드시 징병검사를 실시하고 군인으로 일정기간 복무해야 한다. 병역의무를 마친 이후에는 예비역으로 편성되어 전쟁 등 국가비상사태에 대비한 병역자원으로 충원된다. 모병제는 개인의 자유의사와 희망에 따라 군대에 지원하여 복무하는 제도이다. 최근 들어 군대에서도 고도의 전문지식과 숙련된 기술을 요구함에 따라 모병제에 대한 선호도가 증가하고 있다. 실례로 병무청에 따르면 육군, 해군, 해병대, 공군 등 군 모집병의 지원자 수는 계획인원 대비 4배 이상을 웃돌고 있는 실정이다.[4] 해당 모병 지원자 수는 211,679명('11) → 257,999명('12) → 362,300명('13)으로 그 수가 큰 폭으로 증가하고 있다.[5]

---

4) 아시아경제, 「군대도 재수해야 할 판, 입영지원 경쟁률 4대1」, 2013년 9월 12일 일자.
5) 병무청, 「병무통계연보」, 각 연도.

징병제와 모병제의 장단점

징병제와 모병제는 서로 상반된 특성을 갖기 때문에 징병제의 장점이 모병제의 단점이며, 모병제의 장점은 징병제의 단점이 된다.

징병제는 적령기 장정이 의무적으로 병역의무를 이행해야 한다는 점에서 국민들로부터 병역의 존엄성과 숭고성을 확보할 수 있다. 군의 단결이나 지휘통솔이 용이하고 충분한 예비전력 확보를 통해 병력 소요에 대해 신속한 대응이 가능하다. 아울러 낮은 비용으로 필수병력을 유지할 수 있다는 장점을 갖고 있다. 이에 반해 모병제는 국방을 일부 국민에게 의존함으로써 군의 사회적 대표성이 저하될 수 있으며, 병역의 자유선택에 따라 군에 대한 무관심이 초래될 가능성이 존재한다. 유사시 예비전력의 확보가 상대적으로 어려우며, 고비용 발생으로 인해 국가재정이 과다하게 소요될 가능성이 있다.

모병제는 병역의무에 대한 국민의 부담이 경감된다는 장점을 갖는다. 병역자원의 효율적 배분이 가능하며, 특수 분야의 숙련병 및 첨단기술병의 확보가 용이하다. 적성에 부합하는 병역선택 유도 등 동기유발을 통해 전투력 향상을 기대할 수 있다. 이에 반해 징병제는 병역부담으로 인해 학업, 생업 등에 어려움을 겪을 수 있으며, 특수 분야의 숙련병 확보가 어렵다. 의무복무로 인해 군복무 기피 현상이 발생할 수 있으며, 복무자의 경우 병역을 소극적으로 이행하려 할 가능성이 높다. 또한 병역자원 선발의 복잡성으로 인해 국민의 신뢰성 확보가 어렵다는 단점이 존재한다.

<표 6> 징병제와 모병제의 장단점

구 분	징병제	모병제
장 점	•병역의무 이행의 형평성 •병역의 존엄성, 숭고성 확보 •군의 병력소요에 신속 대응 가능 •저비용으로 필수병력 유지 가능	•병역의무에 대한 국민부담 경감 •병역자원의 효율적 배분 가능 •숙련병 및 첨단기술병 확보 용이 •개인의 선택에 따른 동기유발
단 점	•병역의무에 대한 부담(학업, 생업) •특수 분야의 숙련병 확보 곤란 •군복무 기피 및 소극적인 복무자세 •선병의 복잡성으로 신뢰성 확보 곤란	•군의 사회적 대표성 저하 •군에 대한 무관심 초래 가능 •유사시 예비전력 확보 곤란 •국가재정의 과다 소요

출처 : 김문성(1989), 김상봉·최은순(2010), 나태종(2012), 안석기(2005), 김두성(2003), 정주성 외(2003)를 참고하여 저자 작성.

4. 우리나라의 병역제도

군 창설

1945년 광복 이후 3년여의 미군정이 실시된 후 수립된 남한 최초 정부의 국방 분야는 미국 행정부와 군정당국이 계획한 내용을 승인하는 형식으로 발전했다. 우리나라 군사조직의 모체는 국방사령부였으며, 이후 정부 조직 편성과정에서 국방부로 변경되어 정부 수립과 동시에 국방기구의 모체가 되었다.[6] 국방사령부는 당시 미군정청이 원활한 군정 정책 추진과 치안질서의 유지를 목적으로 설치된 조직이었다.[7]

---

6) 나태종, 「한국의 병역제도 발전과정 연구」, 『군사』 84, 2012, 297~322쪽.
7) 국방부 군사편찬연구소, 「국방조직의 변천과정 고찰」, 『군사』 17, 1988, 221~262쪽.

1948년 11월 30일 법률 제9호로 공포된 「국군조직법」에 의하여 국방부가 설치되었으며, 이를 통해 우리나라의 군대가 본격적으로 시작되었다.

병역제도의 변천

1948년 정부 수립 이후 최초의 병역제도는 지원병제(모병제)였다.[8] 이승만 정부는 「국군조직법」(법률 제9호, 1948. 11. 30.)과 「국방부직제」(대통령령 제37호, 1948. 12. 7.)를 제정, 공포하여 지원병 제도를 채택하였다. 그러나 한국전쟁 직후 국가체제가 제대로 정비되지 않은 상황에서 모병제를 통한 군사력 제고는 사실상 어려운 문제였다. 특히 미군이 장차 본국으로 철수할 경우 모병을 중심으로 구성된 한국 정규군만으로는 안보위협에 대비할 수 없었다.

모병만으로는 병력소요에 대응할 수 없었기 때문에 예비 병력 확보를 위해 호국군을 창설한다. 대통령 긴급명령으로 시행된 「병역에 관한 임시조치령」(대통령령 제52호, 1949. 1. 20.)을 통해 병역을 현역과 호국병역으로 구분하고 복무연한을 2년으로 설정하였다. 호국군 역시 지원병제의 일종이었다. 이는 거주하는 지역의 부대에 소속된 상태에서 필수적 군사훈련을 받은 후 평소에는 생업에 종사하다가 필요시 현역으로 전환하는 방식으로 병역을 이행하는 형태였다.

1949년 8월 6일 「병역법」이 제정, 공포됨과 동시에 의무병제를 기반으로 하는 병역제도로 전환되었다. 「병역법」 제정을 통해 군사적 인력동원을 위한 법적 근거는 마련되었지만 곧바로 징집절차가 진행된 것은 아니었다. 미군정의 경비대 정원통제와 재정능력의 한계로 인하여 해당 법률은 1950년 8월 22일에 본격적으로 시행되었고 이후 강제징집에 착

---

8) 국방부 군사편찬연구소, 『한국전쟁사의 새로운 연구』 제1권, 국방부, 2001.

수한다.9)

2007년 7월 27일 「병역법」을 개정하여 유급지원병제를 명시함으로써 병역제도에서 모병제적 요소를 도입되었다. 2007년 10월 28일에 개정 병역법이 시행되면서 유급지원병을 모집하기 시작했으며, 2008년 1월 21일에는 최초로 유급지원병이 입영하였다.

우리나라의 현행 병역제도는 원칙적으로 국민개병주의에 따른 징병제를 채택하고 있다. 하지만 엄밀하게 말하자면 징병제를 위주로 하되 모병제적 요소를 가미한 혼합형 제도라고 할 수 있다.

〈표 7〉 우리나라 병역제도의 변천

구 분	모병제	징병제	혼합제
시 기	1948.11.30~1949.8.5	1949.8.6.~2007.10.27	2007.10.28.~현재
법적 근거	국군조직법	병역법	병역법 제20조의 2
주요 내용	•정규군+호국군 구성	•국민개병제 → 징집 •병역대체복무제도	•모병제 요소 도입 (유급지원병제)

유급지원병제

우리나라는 2008년부터 모병제적 성격을 가진 유급지원병제를 운영하고 있다. 유급지원병이란 각 군의 첨단장비 운용 및 전투력을 발휘하는 전문인력으로 병 의무복무기간 만료 후 하사로 연장 복무한다. 하사 임용 이후 일정 수준의 보수(월급 및 장려수당)를 추가로 받게 된다.

유급지원병제는 '국방개혁 2020' 추진을 위한 첨단전략 운용 전문 인

---

9) 전상인, 「한국전쟁과 한국사회 : 한국전쟁과 국가건설」, 『아시아문화』 16, 2000, 19
~56쪽.

력 확보와 병 복무기간 단축에 따른 숙련병 확보를 위해 도입되었다. 유급지원병은 18~28세까지의 병역 자원 중에서 고등학교 졸업 이상의 학위를 보유하고 신체등위 3등급 이상 판정자에 한해 지원이 가능하다. 공군의 경우 군 특성화고 졸업예정자를 대상으로 선발하며 별도의 민간 선발은 없다.

유급지원병을 도입할 경우 일반 부사관에 비해 낮은 비용으로 숙련 인력을 활용할 수 있으며, 부사관보다 인력 확보가 용이하다는 장점이 있다. 기술부대라고 하더라도 기술업무와 함께 야간 경계업무 등 부대 운영에 필요한 다양한 활동을 함께 병행하기 때문에 부대 운영 차원에서도 효율적이다[10].

유급지원병의 유형은 두 가지로 분류되며 유형 Ⅰ은 전투, 기술 숙련병이고 유형 Ⅱ는 첨단장비 운용 전문병이다. 유형 Ⅰ은 일반 의무복무기간 종료 후 6~18개월 동안 연장복무를 하며 연장복무 기간 동안의 직위는 하사로 임명된다. 2013년 기준 보수는 월 132만 원(봉급 102만 원+장려수당 30만 원)이다. 유형 Ⅱ는 입대 시부터 3년간 복무를 하며 이병부터 하사까지의 직위로 임명된다. 2013년 기준 보수는 월 192만 원(봉급 102만 원+장려수당 90만 원)이다.

---

10) 정주성, 「중장기 병역정책의 과제와 발전방향」, 『국방정책연구』 85, 2009, pp.9~45.

유형	유형-Ⅰ(전투 기술숙련 직위)	유형-Ⅱ(첨단장비운용 전문직위)
복무 기간	6~18개월 연장복무	입대 시부터 3년간 복무
임명 계급	하사(연장기간)	이병~하사
보수 ('13년 기준)	월 132만원 (봉급 102만원+장려수당 30만원)	월 192만원 (봉급 102만원+장려수당 90만원)
주요 직위	분대장, 기관총사수, 포수, 장갑차/차량정비, 전차승무원/정비	K-9 자주포 조종/정비, 다연장 운용/정비, 굴착기/크레인운전, 위성운영, 현무지휘통제장비수리

출처 : 국방일보, 「유급지원병 제도 안착」, 2013년 4월 24일 일자.

징병제와 모병제에 대한 논의

징병제와 모병제를 선택할 때는 효율성과 형평성이라는 가치가 서로 대립한다. 여기에서의 효율성은 인적자원 배분의 효율성을 말하며, 형평성은 국방의무 분담의 형평성을 의미한다.

모병제의 주요 가치는 효율성이라고 할 수 있다. Adam Smith[11]는 잘 규율된 상비군(지원병)이 민병군(징집병)보다 훨씬 우월하다고 지적하며, 그 이유에 대해 모병제가 경제학적 특화를 살릴 수 있어서 징병제보다 비교우위에 있기 때문이라고 설명하였다. Fisher[12]에 의하면 화폐적 비용은 병사에게 지불되는 보상이지만 사회적 실질비용은 자원배분의 왜곡, 민간 및 군사부문의 생산성 감소, 인적자본투자 등에 대한 의사결정의 왜곡으로 나타난다. 궁극적으로 화폐적 비용은 징병제가 모병제에 비해

---

11) Smith, A., 「An Inquiry into Nature and Causes of the Wealth of Nation」, Indianapolis : Liberty Fund, 1981(1776).

12) Fisher, 「The ocst of the draft and the cost of ending the draft」, American Economic Review, 59(3), 1969, pp.239~254.

적게 들지만, 사회적 실질비용은 징병제가 모병제에 비해 크다고 주장한다. 이러한 모든 비용을 고려했을 때 징병제의 비용이 모병제에 비해크다는 것이다. Friedman[13]은 징병제로 인한 국가인적자원의 비효율적배분을 'Barbarous Custom(야만스러운 관습)'이라고 혹평하기도 했다.

우리나라에서 징병제와 모병제의 효율성을 검토하고 모병제의 가능성을 검토한 대표적인 것은 원창희의 연구이다. 원창희[14]는 우리나라의징병제가 야기하는 사회적 비용을 산출하고 모병제 전환의 필요성과 가능성을 검토하였다. 일반 병사를 대상으로 병력시장모형을 개발하여 병력의 수요곡선과 공급곡선을 도출한 후 시장균형 병력 수와 임금 수를산출한 결과를 토대로 해당 분석을 수행하였다. 모병제의 경우 징병제와 비교해 볼 때 병력이 4분의 1 정도 감소하고 임금은 약 7배 높은 것으로 나타났다. 해당 연구에 의하면 모병제로 전환했을 경우 2.5조 원의경제적 이득을 볼 수 있는 것으로 나타났다. 김상봉과 최은순[15]은 모병제로의 전환에 따른 사회적 비용부담과 사회경제적 효율성 분석을 계량적으로 접근했다. 모병제의 경우 징병제에 비해 시나리오별로 연평균1조 7천억 원에서 3조 1천억 원까지 비용감소가 가능한 것으로 분석하고 있다. 이상목[16]은 연구결과 징병제가 모병제에 비해 국방부담의 형평성에 문제가 있을 뿐만 아니라 가용인력자원의 배분 측면에서도 비효율적이라는 점을 지적하며, 궁극적으로 모병제로의 전환을 제시하고 있

---

13) Friedman, M., 「Why not a volunteer army?」, New Individualist Review, 4(4), 1967, pp.3~9.
14) 원창희, 「병역징집제의 사회적 비용과 병역지원제도의 도입가능성」, 『경제학연구』
    40(2), 1992, 633~655쪽.
15) 김상봉·최은순, 「국방인적자원의 충원모델 전환에 따른 사회경제적 효율성 분석에
    관한 연구」, 『한국행정논집』 22(1), 2010, 55~83쪽.
16) 이상목, 「징병제와 모병제 : 경제적 관점에서의 비교분석」, 『국방연구』 43(2), 2000,
    131~151쪽 ; 이상목, 「병역제도의 형평성과 효율성에 관한 소고 : 비교 분석과 정책
    대안」, 제도연구, 4, 2002, 245~276쪽 ; 이상목, 「병역제도의 전환 가능성과 개선방안
    에 대한 소고」, 『규제연구』 14(2), 2005, 133~162쪽.

다.

기존의 국내 연구내용을 분석해 보면 현재 우리나라의 징병제가 형평성 논란을 불러일으키고 있다는 점을 알 수 있다. 모병제라도 소수 정예화하면 전력 손실은 없을 것이라고 예상하지만, 북한과 대치 중인 안보상황을 고려할 때 모병제 전환에 대해서는 부담을 갖고 있다는 점을 엿볼 수 있다.[17]

우리나라에서 징병제를 유지해야 한다는 주장도 여전히 강하게 존재한다. 징병제 유지에 대한 가장 큰 논리는 형평성이다. 우리나라는 '탈냉전 시대의 유일한 분단국가'와 '군대문화에 뿌리를 둔 산업화'가 손을 잡은 지정학적·문화적 특수성을 가지고 있다. 국민들은 '북한'이라는 존재가 한반도 평화에 심각한 위협이라는 인식을 공유하고 있다.

모병제 도입 시 중요하게 고려해야 할 사항은 군의 인적구성이 우리 사회를 얼마나 잘 대표할 수 있는가 하는 점이다. 군이 사회적으로 특정 계층 또는 특정 지역에 편중된다면 군에 대한 부정적 인식이 발생할 가능성이 높으며, 국민에게 신뢰를 얻기 어려울 것이다. Cooper[18]는 제1차 세계대전 당시 미국의 고학력 고소득 계층에 대한 징집면제제도에 대해서 그러한 예외조치가 기회비용 제거를 통해 효율성을 향상시키지만, 형평성에는 문제가 있었음을 지적하고 있다.

군복무 경험은 일반 남성들에게 성인식 또는 사회인으로 성장하는 통과의례로 간주된다. 한국갤럽의 조사에 따르면 성인 남성의 82.0%가 군복무 경험이 생활의 유용성에 도움이 된다고 응답했다.[19] 사회생활에서 군필자와 군미필자 간에 능력의 차이가 있다고 생각하느냐는 질문에

---

17) 김상봉·최은순, 전게서 ; 정주성, 전게서.
18) Cooper, R. V. L., 「Military Manpower Procurement : Equity, Efficiency, and National Security」, in Registration and the Draft, Martion Anderson ed., Hoover Press, 1982.
19) 한국갤럽, 「2011년 한국인과 군대문화(Gallup Report)」, 2011.

일반 성인의 46.8%가 그렇다고 응답하여 그렇지 않다는 응답(29.4%)에 비해 그 비중이 높게 나타났다.[20] 차이가 나는 능력으로는 '집단의 룰을 잘 이해하고 따른다'는 응답이 68.3%로 가장 많았다.

우리나라의 안보 특수성상 징병제에 대한 국민적 동의는 여전히 우세하다. YTN과 아산정책연구원이 공동 여론조사를 실시한 결과 우리나라 국민의 절반(49.5%)은 징병제를 유지해야 한다고 응답했다. 군필자만을 대상으로 한 조사결과는 징병제를 유지해야 한다는 비율이 59.2%로 보다 높게 나타났다. 해당 설문조사는 고성 GOP 총기사건 직후인 2014년 7월에 이루어졌다. 국방인력 부족, 군대 내 폭력 문화 등 징병제의 부정적인 측면이 드러난 사건임에도 불구하고 여전히 국민의 절반은 징병제를 지지하고 있었다.

〈표 9〉 징병제 vs. 모병제 설문조사 결과

구 분	징병제를 유지해야 한다	모병제로 전환해야 한다	잘 모르겠다 (무응답 포함)	합 계
군필자+미필자	49.5%	26.1%	24.4%	100.0%
군필자	59.2%	31.3%	9.5%	100.0%

출처 : YTN · 아산정책연구원, 「병역제도에 대한 인식조사 결과」, 2014. 7.

5. 해외 각국의 병역제도

(1) 이스라엘(징병제)

이스라엘은 대표적인 징병제 국가이자 여성도 병역의무를 지는 독특

---

20) 엠브레인이지서베이, 「군필자-미필자 간 능력차 존재」, 2013.

한 구조를 갖추고 있다. 이스라엘 군대의 명칭은 IDF(Israel Defense Forces)이며 1948년에 Defense Service Law에 근거하여 출범하였다.

이스라엘은 고등학교를 졸업한 18세 이상 인구에게 보편적인 징병제도를 실시해 왔다. 17세가 되는 학생들은 IDF의 신병모집센터에 출석하여 능력·적성·심리·신체검사, 인터뷰 등의 1차 심사를 받는다. 개인들은 심사결과 부여된 등급과 개인 인터뷰를 통해 부대를 선택하며, 검사결과 요구조건을 충족시키는 후보들에게 IDF 엘리트 유닛에 들어가기 위한 추가 시험 기회가 주어진다.[21] 입영을 선택하지 않으면 일반적으로 대학에 등록하지만, 군대를 마치고 대학에 가는 비율은 세계 어느 곳과 비교하더라도 이스라엘이 압도적으로 높다.

IDF는 의무복무자(The Compulsory Service), 직업군인(The Permanent Army Forces), 예비군(The Reserves)으로 구성된다. 의무복무자는 18세부터 입대하는 유대계 이스라엘인들로 구성되며, 남성은 36개월(30개월 법정기간 +6개월 연장기간), 여성은 24개월을 복무한다. 기독교인, 드루즈인, 이슬람교인 등 의무복무를 하지 않아도 되는 사람들은 대체병역제도(Volunteer)를 통해 복무한다.

특이한 것은 의무복무 기간 동안 남성 복무자의 약 2%만이 전투부대에서 근무한다는 점이다. 나머지 20% 병역 자원은 행정적인 역할을 수행하는데 전방과는 먼 주요 부대에서 복무한다.[22] 직업군인은 특수부대에 배치되거나 군사전문가로 복무하며 군대의 행정·기능적인 중추를 담당하고 있다.[23] 이스라엘은 현역군 중심의 다른 나라와는 달리 예비군이 전투력의 중요한 역할을 차지한다. 전체 병력 중에서 예비군이

---

21) 윤종록, 『창업국가』, 다홀미디어, 2010.

22) Boaz Arad, 「Israel Needs a Professional Army」, Jerusalem Institute for Market Studies, 2010.

23) Hanne Eggen Røislien, 「Religion and Military Conscription : The Case of the Israel Defense Forces」, Armed Forces & Society, 39(2), 2012, pp.213~232.

차지하는 비중은 72%이며 현역이 차지하는 비중은 28%이다. 2012년도를 기준으로 이스라엘의 총 병력은 17만 6,500명이고, 40~45세까지 근무하는 예비군은 약 44만 5,000명이다.[24]

이스라엘 사회에서 병역은 사회인으로 성장하는 중요한 통과의례이며 군 복무에 대한 국민의 책임 의식 역시 강하다.[25] 뿐만 아니라 이스라엘 병역제도가 국민들의 전반적인 지지를 얻고 있는 이유는 여성도 병역에 복무하는 등 형평성의 원칙이 강하게 적용되기 때문이다.

나아가 이스라엘 군대는 젊은 전문 인력을 키워내는 '국가적 인큐베이터' 역할을 수행하고 있다. 이스라엘 엘리트 군부대인 '탈피오트(Talpiot)'가 좋은 예다. 탈피오트는 '최고 중의 최고'를 뜻하는 히브리어에서 유래하였으며 과학기술 엘리트 장교 육성 부대의 명칭이다. 탈피오트 부대원들은 의무복무기간 3년 이외에도 6년을 추가로 복무해야 하기 때문에 총 복무기간이 9년으로 매우 길다. 하지만 최상의 군사교육을 받을 수 있으며, 제대 이후에도 엘리트 부대에서 쌓은 군사적 인맥이 향후 사회 진출에 큰 도움이 되기 때문에 입대를 위한 경쟁이 매우 치열하다.

이스라엘의 의무병역제도는 사회에서 '경력'으로 유용하게 인정된다. 병역생활이 사회와의 '단절'로 인식되는 우리나라와 비교했을 때, 현재 한국 병역제도에서 군복무에 대한 인센티브를 강화할 필요가 있다는 좋은 시사점을 준다.

(2) 독일(모병제)

독일은 제2차 세계대전 패전 후, 1949년 분단이 공식화되었다가 1990

---

24) 주이스라엘대사관, 「이스라엘 개황」, 2013.
25) Reuven Gal, 「A Portrait of the Israeli Soldier」, Greenwood Press, 1986.

년 10월 3일 베를린 장벽 붕괴와 함께 재통일되었다. 독일은 재통일 날인 10월 3일을 통합 연방군 창군일로 선포하며 '하나의 국가, 하나의 군대(Ein Staat, Eine Armee)'라는 기본 원칙을 천명하였다. 독일은 통일 후 과도하게 커진 병력 구조를 개편하기 위해 대폭적인 군 감축을 실시하였으며, 통일 당시 67만 명이던 군 병력을 10년 동안 80% 축소하는데 성공한다. 2014년 현재 독일의 군 병력은 18만 5,921명이다.[26] 이 중 직업군인은 17만 4,810명(94.0%), 자원복무병은 1만 1,111명(6.0%) 수준이다.

독일은 모병제로의 도입을 위해 복무기간을 단축했다. 연방군의 복무기간은 통일 직후 15개월에서 10개월까지 줄었으며, 2002년부터는 9개월로 단축되었다. 2011년 모병제 도입 직전까지의 의무병역·공익근무요원 복무기간은 6개월(최초 2개월은 훈련기간)이었다.

독일은 2011년 7월 기존의 의무복무제(징병제)가 폐지되고 자원복무제(모병제)가 도입되기까지 징·모병제가 혼합된 병역제도를 운영하였다. 현재의 독일군은 직업군인과 기간제 지원병으로 구성되어있다. 이 중 직업군인을 제외한 기간제 지원병은 17세에서 25세까지 인구 중 중졸 이상의 학력자(9년 이상 정규교육 수료자)를 대상으로 선발한다. 복무기간은 12개월에서 36개월이며, 최초 6개월의 훈련기간 종료 후 자대에 배치된다.

독일의 모병제 도입은 인구감소에 따른 선택이었다기보다는 탈냉전 이후 급격하게 변화된 국제정세와 시민의식의 성숙 등 사회적 요인이 주로 작용하였다. 하지만 독일의 모병제 전환이 순조롭게만 이루어진 것은 아니었다. 동·서독 통합으로 필요 대비 병역자원이 크게 늘어나 군감축에 대한 부담이 존재했으며 안보위협의 감소로 병역기피 시도 또한 늘어났다. 통일 독일에 대한 사회적 불안과 지속되는 병역 면탈 행위 때문에 징병제를 유지하자는 주장 또한 계속되고 있었다.

---

26) 외교부, 「독일개황」, 2014.

그러나 독일은 이러한 어려움에도 불구하고 체계적인 감군계획을 통해 모병제로의 전환에 성공했다. 1998년부터 국방부의 주도로 전직대통령을 위원장으로 하는 개혁위원회를 구성하여 국방개혁안을 수립·추진하였다. 이 과정에서 연방군의 현황 및 문제점을 파악하고 군 구조 개편을 위한 다양한 의견을 수렴하였다.[27] 점진적으로 징집병의 비중을 줄이는 대신 지원병 비중을 확대하였으며, 징병제는 존재하지만 실질적으로는 모병제에 가까운 형태로 제도를 전환하였다. 독일은 1990년 재통일한 후 2011년도에 징병제를 폐지할 때까지 20여 년의 노력을 통해 모병제로의 전환을 이루어낸 것이다.

(3) 대만(징병제+모병제)

대만 군대는 1924년 6월 16일 쑨원이 광저우(廣州)에서 황푸군사학교(黃埔軍校)를 설립하며 창군하였다. 대만인들은 해당 군대를 황푸건군(黃埔建軍)으로 부르며 6월 16일을 공식적인 건군일로 기념한다.[28]

징·모병제 혼합국가인 대만은 당초 2015년부터 모병제로 전면 전환할 계획이었으나 해당 도입 시기를 2년 연기하여 2017년 1월 1일부터 완전 모병제가 실시될 예정이다. 대만은 향후 전면적인 모병제 실시를 위한 과도기적 징·모병제 혼합기를 지나고 있다. 2013년 4월 현재 현역 규모는 약 27만 명, 예비군은 약 260만 명[29]이며, 징병과 모병 인원의 비율은 3 : 7 수준이다.[30]

대만의 모병제는 2008년 1월 馬英九 총통의 선거 공약으로 시작했다.

---

27) 윤성종, 「독일 국방분야 민간자원 활용 연구」, 『국방연구』 53(3), 2010, 151~174쪽.
28) 臺灣 國軍歷史文物館 홈페이지 (http://museum.mnd.gov.tw/Publish.aspx?cnid=1440&Level=2).
29) 臺灣 國防部, 2013年 國防報告書, 2013.
30) 외교부, 「대만개황」, 2013.

대만은 해당 공약에 근거하여 2008년 5월부터 2014년까지 체계적인 모병제 전환 계획을 세우고 이행을 시작했다. 2008년 5월부터 2009월까지는 모병제도를 연구·기획하며 사전 준비 업무를 수행하였고, 2009년 7월부터 2010년 12월까지는 병역법 및 관련법규를 수정하며 예산을 편성하였다. 마지막으로 2011년부터는 모병인원을 확대하며 모병제 도입을 위한 제도적 검증과 피드백을 강화하고 있다. 1단계 병력감축(2003~2006년)은 28만 6천 명, 2단계 병력감축(2006~2008년)은 27만 명(편제인원 25만, 유지인원 2만), 3단계 병력감축(2008~2014년)은 21만 명이다.

현재 징·모병제 혼합 단계에서 의무복역으로부터 제외되는 인구는 1994년 1월 1일 이후 출생자부터다. 1994년 1월 1일 이전 출생자는 18세부터 28세까지 현역병으로 복무할 수 있으며 의무복역기간은 12개월이다. 의무복역 제외 인구는 4개월 군사훈련 후 동원 예비군으로 편입된다. 대만 국적의 고등학교 졸업 이상자(중국, 홍콩, 마카오 출신은 호적상 대만에 20년 이상 거주해야 가능)가 지원병으로 입대하면 4년 동안 복무를 하게 된다.[31]

대만이 모병제를 추진하게 된 배경은 사회·인구구조 변화뿐만 아니라 오히려 징병제가 국가경제 성장이나 국방전력 향상에 제한 요인으로 작용했기 때문이다. 따라서 국민의 병역의무 부담을 낮추고 장기적인 국가발전을 도모하기 위해 2017년 모병제로의 완전 이행을 추진하고 있다. 대만 국방부는 전면적인 모병제 실시를 앞두고 모병인원 확보 및 우수 인재 유치를 위해 봉급 등 복지 혜택을 늘리려는 노력을 진행 중이다. 아울러 신장이나 연령 등 지원 자격을 완화하고 여군 모병인원을 증원하는 등 다양한 조치를 강구하고 있다.[32]

---

31) 외교부, 전게서.
32) 외교부, 전게서.

〈표 10〉 국내·외 병역제도 현황

구 분	한국	이스라엘	독일	대만
병역 형태	징+모병제	징병제	모병제	징+모병제
군 창설	1948년 11월, 국방부 설치 -국군조직법(법률 제9호 공포)	1949년 8월, 이스라엘 방위군 (IDF:Israel Defense Force) -The Defene Service Law에 의함	1990년 10월, 독일 연방군 창군 =서독연방방위군(Bundeswehr) +동독 국가인민군(Nationale Volksarmee)	1924년 6월, 황푸 군사학교(黃埔軍校)
모병제 전환시기	미정	-	2011년 7월	2017년 1월 1일
현역 규모	2012년 기준 : 636,000명 -육군 : 501,000 -해군+해병대 : 69,000 -공군 : 65,000	2012년 기준 : 176,500명 -육군 : 133,000 -해군 : 9,500 -공군 : 34,000	2014년 기준 : 185,921명 -육군 : 62,635 -공군 : 30,972 -해군 : 16,039	2013년 기준 : 270,000명 -육군 : 190,000 -해군+해병대 : 40,000 -공군 : 40,000
예비군 규모	683,300명	445,000명	1,200,000명	2,600,000명
지원연령	20~28세	18세~29세	17~25세	18~28세
복무기간	-현역 육군 : 21개월 -현역 해군 : 23개월 -현역 공군 : 24개월	남자 36개월, 여자 24개월	12~23개월	-94.1.1 이전 출생 : 현역 12개월 -94.1.1 이후 출생 : 동원 예비군 -지원병 : 48개월
지원자격	-18세 : 병적포함 -19세 : 징병검사 -현역 : 중졸 이상, 신체 1~3급	지역 거주민 (Ordinary Resident) -아랍계 제외	9년 이상 정규교육(중졸) 이수자	- 대만 국적(중국, 홍콩, 마카오 국적 : 20년 이상 대만 거주) - 고졸 이상
기타	* 모병제 요소 도입 -2008년, 유급지원병 최초입영	-여성도 징집대상 -병역수행은 시민의 핵심 의무 -엘리트 전투부대의 경쟁률 높음 (사회적 인정, 우수한 인맥)	-여군18,828명 (전체 직업군인10.1%)	* 모병제 추진배경 -사회·인구구조 변화 -징병제가 사회발전에 제약 -국민의 병역부담 감소

6. 우리나라 병역제도의 문제점 및 모병제로의 전환 검토

우리나라 병역제도의 문제점

우리나라의 병역제도는 일정 기간 동안 국가를 위해서 의무적으로 복무해야 하는 병사 개인에 대한 인센티브 구조가 취약하다. 우리나라에서 국방은 헌법상에 규정되어 있는 국민의 의무이다. 헌법은 제39조 제1항에서 "모든 국민은 법률이 정하는 바에 의하여 국방의 의무를 진다"고 규정하고 있으며, 병역법은 대한민국 남성으로 하여금 헌법 등에 따라 병역의무를 성실히 수행하여야 함을 명시하고 있다. 일부 보충역과 면제자를 제외하고 청년 대부분이 의무적으로 입대하는 현행 병역제도하에서는 병사들의 동기부여가 용이하지 않다. 앞에서 살펴본 바와 같이 군대에서의 경험이 향후 사회생활에 도움이 된다는 의견은 많다. 하지만 그것이 제대 후 입직 과정에서 개인의 성과에 대한 실질적인 기여를 의미하는 것은 아니다. 대부분의 경우 군대에서의 경력이 향후 사회진출에 연결되지 못하는 것이 현실이다.

정부 차원에서는 병역자원 부족으로 인해 고숙련 인력 활용과 관심병사에 대한 관리가 현실적으로 어렵다. 먼저 병역자원의 급격한 감소가 예상됨에도 불구하고 짧은 복무기간으로 인해 실제 숙련도가 높은 병력을 확보·활용하기가 쉽지 않다. 1953년 이후 지금까지 군 복무기간 단축은 총 14차례에 걸쳐 이루어졌으며, 2014년 현재 군 복무기간은 육군 21개월, 해군 23개월, 공군 24개월이다. 가장 최근에는 2010년 12월 21일 국무회의 의결로 육·해·공군 모두 3개월씩 단축되었다. 당시 국회, 재향군인회 등 사회 일각에서 과도한 복무기간 단축은 전투력 측면에서도 손실일 뿐만 아니라 병력 수급 차원에서도 2020년대에는 문제가 될 수 있다면서 우려를 표명했지만[33] 결국에는 복무기간 단축이 이루어졌다.

현행 병역제도하에서는 관심병사들에 대한 관리가 용이하지 않다. 관심병사에 대한 관리가 부실해지면 대형 사고로 연결될 가능성이 높다. 대표적인 사례가 2014년 6월 강원도 고성에서 발생한 육군 22사단 총기 사고이다. 당시 상당수 언론은 병력 부족 현상을 해당 사건의 주요 원인으로 꼽았다.[34] 병력 자원 부족으로 인해 무기를 소지하는 GOP 지역에 배치되어서는 안 될 병력이 투입되었다는 것이다. 군 당국은 관심병사의 구체적인 규모와 관심병사 사고율을 공개하지 않고 있다. 그러나 육군의 경우 40여만 명 중 5%(2만여 명) 안팎이 A·B급인 것으로 알려져 있으며, 총기 사건이 발생한 22사단의 경우 관심병사 비율이 전체의 8%를 넘는 것으로 나타났다.[35] 정원의 5~8%를 근무에서 제외하게 되면 원활한 작전 수행은 사실상 불가능해진다.

모병제로의 전환, 시대적 흐름

한반도라는 지정학적 특수성과 안보문제를 바라보는 국민들의 정치적 관점이 양극화된 상황에서 모병제로의 전환은 과연 가능한 이야기일까? 국내·외 상황을 살펴보면 모병제로의 전환은 이미 전 세계적으로 시대적 흐름이라는 사실을 알 수 있다.

과거 전쟁의 공간은 지역이나 시간, 기후처럼 물리적 요건에 의한

---

33) 정주성, 전게서.
34) 교통방송(2014. 6. 22.), 시사저널(2014. 7. 2.), 아시아경제(2014. 6. 22.), 조선일보(2014. 6. 23.), 한겨레(2014. 6. 23.), 한국경제(2014. 6. 22.), 헤럴드경제(2014. 6. 23.) 등
35) 조선일보, 「최전방 또 총기사고, 관심 병사에 총 주고 GOP(최전방 경계소초) 투입」, 2014. 6. 23.일자.

제약이 많았으며, 기술수준이 발달하지 못해 대규모 병력을 유지하는 것이 군사력의 중요한 요소를 차지하였다. 그러나 첨단 과학기술이 발전하고 인간의 활동 범위가 사이버 공간으로까지 확장되면서 정예화되고 첨단화된 군사력의 필요성이 대두되었다. 높은 수준의 첨단 군사 장비를 구비하는 것은 생화학적 테러 등 인간의 접근이 불가능한 위험 지역에서도 작전을 수행할 수 있다는 장점이 있다. 뿐만 아니라 질 높은 군사 장비를 통해서는 보다 신속하고 정확한 작전 수행이 가능하며 공격의 파괴력 또한 높일 수 있다.

국방부는 「국방개혁 기본계획」에서 2012년부터 2022년까지 11만 4천 명의 군 병력을 감축하고, 군 간부 비율을 40%까지 확대하겠다는 계획을 발표하였다. 한정된 예산을 가진 군사조직에서 국방기여도가 큰 첨단장비보다는 상대적으로 획득 비용이 낮은 노동력을 줄이는 편이 군사력 확충을 위해 효율적일 수 있다.[36] 효과적인 전쟁 수행은 복잡한 무기체계를 다루기 위한 고도의 훈련을 필요로 한다. 군대 내에서 단기간 동안 의무 복무를 하는 인력보다는 중·장기간 근무하는 숙련된 전문인력의 생산성이 높게 나타나기 마련이다. 모병제로의 전환이 요구되는 이유이다. 실제로 1960~2000년간 OECD 국가들 중 모병제를 도입한 국가들의 GDP 성장률이 징병제를 도입한 국가들에 비해 0.25%p 높았다.[37]

민주화와 시민의 성숙으로 인해 인권 개념이 강화되면서 모병제의 필요성이 증대되고 있다. 사회가 다원화되고 개인주의 경향이 심화되면서 군대의 상명하복식 명령체계가 원활하게 작동하지 못하는 경우가 빈번해지고 있다. 핵가족화 현상과 경쟁이 심한 교육 문화 등으로 인해

---

36) Vincenzo Bove & Elisa Cavatorta, 「From Conscription to Volunteers : Budget Shares in Nato Defence Spending」, Defence and Peace Economics, 23(3), 2012, pp.273 - 288.
37) Keller, K., Poutvaara, P., Wagener, A., 「Military Draft and Economic Growth in OECD Countries」, Defence and Peace Economics, 20, 2009, pp.373~393.

공동체 정신이나 연대의식이 사라지면서 군대 생활에 적응하지 못하는 병사가 현저하게 증가하고 있는 것이다. 요즘 병사들은 과거에 비해 타인에 대한 배려에 익숙하지 못하며, 이러한 이유 때문에 공동생활을 하는 군대 내에서 인권문제가 끊임없이 발생하고 있다. 문제에 대한 근본적인 해결책은 신체, 심리, 정서 검사를 통해 검증된 인력을 입영시키는 것이다. 모병제는 개인의 자발적인 의사에 의해 운영되기 때문에 군 생활에 대한 의지가 높고 모병 인력의 역량에 대한 심층적인 검사가 가능하다는 점에서 긍정적이다.

7. 경제전략으로서의 한국형 병역제도 운영

현행 병역제도의 효율적 운영(1단계) – 취업, 학업과의 연계 강화

최근 징병제의 문제점이 자주 노출되면서 모병제로 전환해야 한다는 견해와 모병제로의 갑작스러운 전환은 시기상조라는 견해가 충돌하고 있다. 병역복무자 개인의 특성이나 국방 예산의 제약 등을 고려해 보면 두 견해 모두 나름대로의 타당성이 존재한다.

병역제도의 개선을 논의할 때 가장 우선적으로 검토해야 할 사항은 현행 병역제도 하에서 병역 완수의 실익을 어떻게 높일 수 있는가 하는 문제이다. 우리나라 병사의 46.7%가 가장 큰 관심사항으로 '제대 후 진로문제(46.7%)'를 꼽고 있다.[38] 이를 위해서는 병역제도 운영 시 취업, 학업과의 연계를 보다 강화할 필요가 있다.

먼저 병역 복무자와 기업 간의 연계가 강화되어야 한다. 기술주특기

---

38) 국방부, 「2012 군인복지 실태조사」, 2012.

자가 제대할 경우 관련 분야 기업 취업을 지원하는 방안을 우선적으로 검토할 수 있을 것이다.

군대에서의 경험이 제대 후 입직과 경력 연속성에 도움이 될 수 있도록 방안을 모색하는 것이다. 복무경험이 제대 후 확실한 '자산(Asset)'이 된다는 사회적 인식과 이에 부응하는 보상은 성실한 병역의무를 수행하도록 하는 중요한 원동력이 된다. 뿐만 아니라 군대에서의 경험이 제대 이후의 삶에서 연속적이고 긍정적인 효과를 미칠 것이라는 확신은 개인이 가지는 병역의무 부담을 완화시키는 작용을 한다.

유대 사회의 경우 정치·사회적 지도자를 선출할 때 군 복무 중에 쌓은 경력을 필수조건으로 간주한다.[39] 우리나라와는 달리 군 복무 경험이 사회에서 성공하기 위한 통과의례인 것이다. 이스라엘 남성의 복무기간은 3년으로 다른 국가들에 비해 길고, 팔레스타인과의 잦은 분쟁과 인명피해로 인해 병역 위험도가 매우 높다. 그럼에도 불구하고 징병제도가 지금까지 유지되고 있는 이유는 군 복무로 인해 기대되는 사회적 보상이 3년의 군대 경험에 상응하기 때문이다.

병역제도를 통해 복무자의 학업 지속성을 보장할 수 있어야 한다. 대부분의 군미필 대학생들은 군 복무를 하게 될 경우 향후 입직을 위한 학업활동이나 능력개발이 중단되는 점을 우려한다. 군대 내에 있는 대학생 병력과 진학 관심 병력들을 위해 '군 학점 이수제'를 전국 대학에 확대 실시하는 방안을 검토할 필요가 있다. 군대에서 일과 시간 외에 자기계발 시간을 충분하게 확보할 수 있다면 병역 면탈 행위가 줄어들 가능성이 높다.

일정 수준 이상의 역량을 보유하고 있지만 군대 부적응으로 인해 관심병사로 분류될 가능성이 높은 인력에 대해서는 군 복무보다 오히려

---

39) 한동욱, 「유태인과 이스라엘의 생존·번영병법(Ⅱ)」, 『군사논단』 67, 2011, 228~259쪽.

산업 현장에 과감하게 투입할 필요가 있다. 우리나라는 현재 산업계 병역대체복무로 산업기능요원과 전문연구요원제도를 시행하고 있다. 해당 제도는 구인난이 심각한 중소기업의 인력 활용 측면에서 긍정적인 효과를 거두고 있으며, 국가 차원에서 경제적 파급효과 또한 높게 나타나고 있다.[40]

특히 유급지원병 제도를 특성화고 졸업생 중심으로 운영하는 방안을 적극적으로 강구할 필요가 있다. '(가칭) 군복무 장학생'제도를 신설하여 의무복무기간 종료 후 하사로 복무하면서 학사 이하의 학위를 함께 획득할 수 있는 제도를 마련하는 것이다. 고졸 취업난으로 인한 잉여 병역 자원을 흡수하면서도 제대 후 입직을 위한 교육을 병행할 수 있다는 점에서 긍정적인 대안이 될 수 있다.

모병제 비중 확대(2단계) – 징병제와 모병제의 신중한 과도기

모병제는 첨단 군사력 구비와 병력 정예화 측면에서 피할 수 없는 시대적 흐름이지만, 모병제로의 이행을 위해서는 국방 예산을 확보하는 것이 가장 어려운 문제이다. 현재 정부재정이나 GDP와 비교했을 때 국방비가 차지하는 비중은 감소 또는 정체되어 있다.[41] 우리나라 정부재정에서 국방비가 차지하는 비중은 34.7%('80) → 24.2%('90) → 16.3%('00) → 14.7%('10) → 14.3%('13)로 1980년에 비해 절반 이하로 떨어졌으며, 최근 3년간 그 비중이 감소하는 추세를 보이고 있다. GDP 대비 국방비 비중도 2.5%대로 최근 들어 정체되어 있다.

제한된 국방예산 안에서 유급지원병 제도의 급여수준을 결정하고 인

---

40) 노민선, 「중소기업 병역대체복무제도 개선방안 연구」, 중소기업연구원, 2014.
41) 국방부, 「국방비, 대한민국의 생존과 국민 행복을 지키는 원동력」, 2013 참고.

력규모를 조절하는 일은 매우 중요한 과제이다. 현재와 같은 취업난에서 적정 수준의 모병 임금을 책정하고 숙련도 향상 훈련과 병행한다면 사회적으로 실업인력을 흡수하고 개인에게는 사회경험을 쌓는 좋은 창구가 될 수 있다. 어려운 경제 상황과 취업난으로 인해 기간제 유급지원병제의 인기가 높은 러시아의 사례를 참고할 필요가 있다.

2022년도의 18세 남자 추계 인구는 2012년 대비 35.1% 감소할 것으로 전망되는 점을 고려할 때 상비병력의 규모를 25% 정도 줄이는 방안을 제시해 보고자 한다. 봉급, 급식, 피복 등에 대한 계급별 연간유지비는 2017년까지 병사 연봉 인상계획을 고려할 때 500만 원 정도 소요될 것으로 예상된다.[42] 산술적으로 계산해 보면 병사 5명을 줄이면 유급지원병 1명을 신규 확보할 수 있다는 결론이 가능하다.

상비병력 감축 제시안은 병역자원 감소 전망에도 불구하고 2022년 기준으로 장교, 부사관 등 간부의 수가 2012년 대비 3.5만 명 늘어나도록 구성되어 있다. 만약 적절한 수요 예측이 이루어지지 못할 경우 늘어나는 간부 수요를 공급이 충족시키지 못할 가능성이 존재한다. 이러한 문제해결을 위해서는 우선 전투 기술숙련 직위와 첨단장비운용 전문 직위로 구분되어 있는 유급지원병 복무 유형이 보다 다양해질 필요가 있다. 아울러 유급지원병 복무대상에 여성을 포함하는 '(가칭)여성지원병제'의 도입을 검토할 필요가 있다. 특수 분야에 대해서 '여성전문부대' 형태로 운영할 수도 있을 것이다. 이병에서부터 부사관까지 연속적인 병역 기간을 확보한다면 취업 과정에서 조직 적응력을 검증받는 유용한 방안이 될 수 있다. 다만 여성지원병제를 도입할 경우 부사관, 장교로의 경력개발이 가능해야 한다. 그렇다면 군 복무자에 대한 가산점 제도와 공공기관 채용목표제와 같은 이슈에 대해서도 긍정적으로 검토할 여지

---

42) 국방부, 전게서.

가 있을 것이다. 무엇보다 군대에서 특정 전문분야에 일정 기간 이상 복무한 인원에 대해서는 성별과 무관하게 제대 후 취업 연계를 활성화 해야 한다.

〈표 11〉 상비병력 감축 방안(2012~2022)

(단위 : 명, %)

연도		2012	2022 (국방개혁 기본계획)	2022 (제시안)
간부	장교	7.2만(11.3%)	7.0만(13.4%)	22.0만(44.4%)
	부사관	11.3만(17.8%)	15.2만(29.1%)	
병		45.1만(70.9%)	30.0만(57.7%)	26.0만(55.6%)
계		63.6만(100.0%)	52.2만(100.0%)	48.0만(100.0%)

모병제로의 전환 완료(3단계) - 국가비상시 징병제로의 환원

본 연구에서는 전면적인 모병제 전환 시점을 2030년으로 제시하고자 한다. 2030년도의 18세 남자 추계 인구는 2012년 대비 39.1% 감소할 것 으로 전망되는 점을 고려할 때 상비병력 규모를 37% 정도 줄이는 방안 을 제시해 보고자 한다. 3단계에서는 간부와 병의 규모를 모두 축소하 는 형태로 병역제도의 운영을 검토할 필요가 있다.

전면적인 모병제를 위해서는 병사들의 급여수준 현실화가 필요하다. 국가마다 상황이 다르기는 하지만 지나치게 적거나 많은 모병의 급여는 오히려 징병제보다 비효율적일 수 있다. 모병의 봉급이 낮을 경우 군대 에 대한 충성도가 저하되고 사회 저소득층이 대량으로 입대하여 군의 대표성이 저하될 가능성이 높아진다. 미국은 전면적인 모병제를 실시하고 있지만 군에 입대한 많은 인원이 히스패닉이나 흑인으로 구성되어 있다. 미국을 수식하는 대표적인 단어는 '인종의 용광로(melting pot)'이지만 오히려 군대라는 특수 환경에서 사회적 약자가 과대표 되는 경향이 있다. 특히 소득수준의 양극화가 심한 우리나라에서 모병의 낮은 처우는 군 입대 자체가 사회적 계급을 드러내는 표식이 될 가능성도 배제할 수 없다.

뿐만 아니라 과도하게 높게 책정된 군인들의 급여는 향후 연금 책정 등 국방 운영에 막대한 부담이 된다. 현행 징병제보다는 장기간의 복무지만 직업군인처럼 장기 재직할 인원이 아님에도 불구하고 과도한 급여 수준을 책정할 경우 전문 인력 양성이라는 목표보다 과도한 비용 부담을 감수해야 한다.

모병제를 통해 복무하는 인력은 자발적인 선택을 통해 군에 입대했기 때문에 의무복무자에 비해 군 조직에 적응하지 못할 가능성은 상대적으로 낮다. 하지만 모병제에서 중요한 것은 군 조직의 효율성과 생산성 제고이며, 이를 위해서는 병력들의 숙련도 향상이 필수적이다. 업무 전문성 향상을 위한 자기주도형 학습(SDL : Self Directed Learning)이 활성화되어야 한다. 전문성에 기반한 성과를 장려하고 이에 대한 나름대로의 인센티브 시스템이 존재해야 한다.

모병제로의 전환이 완료되었을 때 군대의 조직구성은 우리 사회를 잘 대표할 수 있어야 한다. 아울러 전쟁 등 국가위기가 발생하거나 발생할 가능성이 높을 경우 병력 동원이 용이한 방향으로 예비군 시스템이 작동할 수 있어야 한다. 이는 비록 병역제도는 모병제이지만 국가 비상사태 발생 시에는 언제든지 징병제로 환원될 수 있다는 것을 의미한다.

<표 12> 상비병력 감축 방안(2012~2030)

(단위 : 명, %)

연도		2012	2022 (제시안)	2030 (제시안)
간부	장교	7.2만(11.3%)	22.0만(44.4%)	20.0만(50.0%)
	부사관	11.3만(17.8%)		
병		45.1만(70.9%)	26.0만(55.6%)	20.0만(50.0%)
계		63.6만(100.0%)	48.0만(100.0%)	40.0만(100.0%)

모병제 전환으로 인한 잉여 병력 시설 활용

2012년 현재 63.6만 명 수준인 병역자원을 2030년 40만 명 수준으로 감군할 경우 20만 명이 넘는 인원을 수용했던 병력 시설을 효율적으로 사용해야 하는 과제가 존재한다. 일차적으로는 군사 시설을 개조하여 간부 및 모병 인력을 위한 복지시설, 교육시설로 활용하는 방안을 고려할 수 있다. 특히 군사시설 대부분이 지방에 위치하고 있으므로 교육 시설의 확충이 해당지역 소재 대학과의 발전과 연계된다면 향후 지역 균형 발전에도 많은 도움이 될 것이다. 더 나아가 복지, 교육시설로 수용하지 못한 여분의 병력 시설의 경우 민간 영역과의 계약 체결을 통해 활용도를 높일 수 있다. 뿐만 아니라 부지 매각 등의 방법을 통해 경제적 이익을 확보한다면 향후 복지사회를 대비하는 주요한 재정 자원이 될 전망이다.

8. 나가며

이제 '당위'로서의 병역이 아니라 '경제전략'으로서의 병역제도를 도모할 시점이다. 모병제로의 성공적인 이행을 위해서는 기존 징병인력의 제대 후 경제적 활용도를 높이고 모병인력의 효율적 인력 운용에 초점을 맞추어야 한다. 지금 우리나라는 어떠한 선택을 해야 할 것인가? 멀리 보고 크게 얻는 병역제도의 운영방안이 필요한 시점이다.

◈ 참고문헌

〈국내문헌〉

국방부(2006), 「국방개혁 기본계획(2006~2020)」, 국방부.

_____(2009), 「국방개혁 기본계획(2009~2020)」, 국방부.

_____(2010), 「2010 국방백서」, 국방부.

_____(2012a), 「2012 국방백서」, 국방부.

_____(2012b), 『2012 군인복지 실태조사』, 국방부.

_____(2012c), 「국방개혁 기본계획(2012~2030)」, 국방부.

_____(2013), 「국방비, 대한민국의 생존과 국민 행복을 지키는 원동력」, 국방부.

_____(2014), 「국방개혁 기본계획(2014~2030)」, 국방부.

국방부 군사편찬연구소(1988), 「국방조직의 변천과정 고찰」, 『군사』 17, 221~262.

_____(2001), 「한국전쟁사의 새로운 연구」 제1권, 국방부.

국립외교원(2014), 「2040 통일한국 비전 보고서 -글로벌 리더 통일한국」, 국립외교원.

김두성(2003), 『韓國兵役制度論』, 제일사.

김문성(1989), 『병무행정론』, 법문사.

김상봉·최은순(2010), 「국방인적자원의 충원모델 전환에 따른 사회경제적 효율성 분석에 관한 연구」, 『한국행정논집』 22(1), 55~83쪽.

나태종(2012), 「한국의 병역제도 발전과정 연구」, 『군사』 84, 297~322.

노민선(2014), 「중소기업 대체복무제도 개선방안 연구」, 중소기업연구원.

병무청(2009~2014), 병무통계연보」, 대전 : 병무청.

안석기(2005), 「한국 병역제도 전환논의와 바람직한 병역제도의 선택」, 한국국방연구원.

엠브레인이지서베이(2013), 「군필자-미필자간 능력차 존재」.

외교부(2013a). 「대만개황」, 외교부.

_____ (2014), 「독일개황」, 외교부.

원창희(1992), 「병역징집제의 사회적 비용과 병역지원제의 도입가능성」, 『경제학 연구』, 40(2).

윤성종(2010), 「독일 국방분야 민간자원 활용 연구」. 『국방연구』, 53(3).

윤종록(2010), 『창업국가』, 다할미디어.

이상목(2000), 「징병제와 모병제 : 경제적 관점에서의 비교분석」, 『국방연구』, 43(2).

_____(2002), 병역제도의 형평성과 효율성에 대한 소고 : 비교분석과 정책대안」, 『제도연구』 4.

_____(2005), 「병역제도의 전환 가능성과 개선방안에 대한 소고」, 『규제연구』, 14(2).

전상인(2000), 「한국전쟁과 국가건설」, 『아시아문화』 16.

정주성 외(2003), 「한국 병역정책의 바람직한 진로」, 한국국방연구원.

정주성(2009), 「중장기 병역정책의 과제와 발전방향」, 『국방정책연구』, 85(0).

주한이스라엘대사관(2013), 『이스라엘 개황』, 서울 : 주한이스라엘대사관.

통계청(2011), 장래인구추계.

_____(2013), 국제통계연감 합계출산율 1965~2050.

한국갤럽(2011), 「2011년 한국인과 군대문화(Gallup Report)」.

한동욱(2011), 「유태인과 이스라엘의 생존·번영방법(Ⅱ)」, 『군사논단』 67.

YTN·아산정책연구원(2014), 「병역제도에 대한 인식조사 결과」.

⟨국외문헌⟩

臺灣 國防部(2013), 「2013年 國防報告書」.

Arad. B.(2010), Israel Needs a Professional Army. Israel : Jerusalem Institute for Market Studies.

Bove. V. & Cavatorta. E.(2012), From Conscription to Volunteers : Budget Shares in Nato Defence Spending. Defence and Peace Economics, 23(3), 273－288.

Cooper, R. V. L.(1982), Military Manpower Procurement : Equity, Efficiency, and National Security in Registration and the Draft, Martin Anderson ed., Stanford : Hoover Press.

Fisher, A. C.(1969), The Cost of the Draft and the Cost of Ending the Draft.

American Economic Review, 59(3).

Friedman, M.(1967), Why Not a Volunteer Army?. New Individualist Review, 4(4).

Gal R.(1986), A Portrait of the Israeli Soldier. Greenwood Press.

Keller. K. & Poutvaara. P. & Wagener. A. (2009). Mlitary Draft and Economic Growth in OECD Countries. Defence and Peace Economics, 20.

Røislien. H. E.(2012), Religion and Military Conscription : The Case of the Israel Defense Forces. Armed Forces & Society, 39(2).

Smith, A.(1981), An Inquiry into Nature and Causes of the Wealth of Nation. Indianapolis : Liberty Fund.

〈언론기사 및 기타 참고자료〉

국방일보, 「유급지원병 제도 안착」, 2013년 4월 24일자.

교통방송, 「GOP 사고 예견 … 병력 부족으로 관심사병까지 투입」, 2014년 6월 22일자.

시사저널, 「유족들, 관심병사 관리 부실 의혹 제기」, 2014년 7월 2일자

아시아경제, 「군대도 재수해야 할 판, 입영지원 경쟁률 4대1」, 2013년 9월12일자.

_____, 「동부전선 총기사고, a급 관심사병 GOP 투입? 인력·예산부족」, 2014년 6월 23일자.

조선일보, 「최전방 또 총기사고, 관심兵士에 총 주고 GOP(최전방 경계소초) 투입」, 2014년 6월 23일자.

한겨레, 「전방근무 부담 덜 '경계시스템 과학화' 미루는 새 참극 터져」, 2014년 6월 23일자.

한국경제, 「'GOP 총기난사' 예견된 사고 … 관심병사까지 근무 투입」, 2014년 6월 22일자.

헤럴드경제, 「<사설> 또 총기사고, 병력자원 부족이 한 원인」, 2014년 6월 23일자.

臺灣國軍歷史文物館 홈페이지 http://museum.mnd.gov.tw/Publish.aspx?cnid=1440&Level=2)

숙련 인력 양성 및
활용 구조 개선을 위한
외국인 인력활용정책

박 동 열(한국직업능력개발원)

숙련 인력 양성 및 활용 구조 개선을 위한 외국인 인력활용정책

1. 들어가며

최근 산업기술의 진보, 생산인력 구조의 변화, 지식기반산업으로의 전환 구조로의 변화 등으로 인하여 노동시장에서는 단순기능 일자리뿐만 아니라 고숙련 일자리에 대한 수요가 증가하고 있다. 우리나라 숙련기술기능 인력 양성 및 활용 체계는 이러한 요구를 충분히 반영하고 있을까?

기업 대상 조사 결과에 따르면 상용근로자 10인 이상 기업체 중 46.2%가 기업이 원하는 기술·능력을 갖추지 못한 근로자로 인하여 경영상 어려움을 겪고 있는 것으로 나타나, 현재의 국내 숙련기술기능 인력 양성 및 활용 체계가 개선되어야 함을 알 수 있다.

아직도 개발도상국이 우리나라의 직업교육훈련을 통한 숙련기술 인력 양성 및 활용 체계를 벤치마킹하고 있음에도 불구하고, 왜 이런 개선 요구가 대두되고 있을까?

많은 학자들이 다양한 관점에서 이유를 제시하고 있지만, 여기에서는 직업교육훈련 관점에서 숙련기술 인력 양성 및 활용 체계를 개선해야 하는 개선 배경을 제시하고자 한다. 우리나라는 '기능 관련 직업의 낮은 사회적 인식 → 열악한 사회·경제적 보상 → 기능 관련 직업 기피 → 기능 인력 부족 및 질적 저하 → 외국인 인력의 국내 활용 확대 → 외국인 인력의 장기 근무에 따른 숙련도 향상 및 임금 구조 혼란 → 국내 기능 인력의 저부가가치 노동 참여 및 외국인 인력과의 임금 경쟁' 등의 악순환적 고리가 형성되어 있으며, 이를 선순환적인 구조로 변경하기 위한 노력이 요구되고 있다.

제조업 분야의 경우, 예비 고숙련 기술 인력인 특성화 고졸 인력과 전문대졸 인력이 중소기업에 취업하는 상황에서 외국인 근로자와의 임금 및 기능 숙련도 관점에서 경쟁하게 되는 상황이 발생하고 있다. 특히 3D업종이지만 국가 산업 경쟁력의 기반이 되는 6대 뿌리산업의 경우에는 더욱 심각한 실정이다. 만약 숙련기술기능 인력 양성 및 활용의 악순환적 고리를 끊지 않는다면, 향후 10년 후에는 국가 산업경쟁력의 약화가 심각한 문제로 대두될 것이라고 생각된다.

이러한 문제의 해법으로 국내외 전문가들은 '한국의 산업경쟁력을 높이기 위하여 숙련된 외국인 인력을 한국사회로 포용하는 정책'이 매우 중요하다고 제시하고 있으며, 이러한 일환으로 정부에서도 6대 뿌리산업 분야에 한하여 전문대학과 연계된 프로그램 또는 학위를 이수한 경우 외국인 근로자에게 영주권 부여 방안을 모색하는 한편, 뿌리산업 육성 거점대학을 지정하여 뿌리산업 분야의 R&D 전문인력을 양성하는 방안도 병행하여 추진하고 있다.

이와 같이 숙련기술 인력 양성 및 활용 체계를 개선할 때, 호주의 사례를 검토할 필요가 있다. 호주는 AQF(Australia Qualification Framework) 전면 도입과 Working Holiday Visa 및 유학 비자 발급 증가 등을 통하여 호주 내 숙련 부족 인력('00년 20,000명 취업비자 → '13년 120,000명)을 적절하게 충원하여 호주 내 장기 인력 부족 분야(3D업종)에서의 부족

인력을 해소함과 동시에 교육 서비스 산업을 육성하는 정책을 추진하였다. 그 결과 전기시설분야(0.72), 철광석분야(0.82)의 부가가치 유발지수에 비하여 교육분야의 부가가치 유발지수는 0.94로 나타나, 교육 서비스 산업의 부가가치 창출도 타 산업분야에 비하여 크게 증가되었음을 알 수 있다.

최근 기업의 요구와 사회적 상황을 고려하여 국내 외국인 노동시장 규모, 숙련된 외국인 인력의 국내 정착 지원 정책 등이 고려되고 있으며, 현 정부에서 능력중심사회 구현의 일환으로 국가직무능력표준(NCS : National Competency Standard)기반 교육훈련·자격제도 도입 등을 추진하고 있다. 이러한 노동시장과 교육시장 상황을 고려하여 장기 인력부족 분야 또는 6대 뿌리산업 중심으로 OJT(on-the-job training) 형태로 양성된 외국인 숙련 인력의 국내 정착 방안을 모색해야 한다. 왜냐하면 과거 '고급두뇌유출'이 사회적 이슈가 되었듯이 외국인 숙련 인력을 통한 '숙련기술유출' 또한 국가 산업경쟁력 저하에 큰 영향을 미치게 될 것이기 때문이다.

또한 우리나라 직업교육을 통해 양성된 국내 예비 숙련 근로자의 노동시장 참여 여건이 마련되지 않은 상황에서 과연 중장기적으로 우리나라 기업이 경쟁력을 확보할 수 있는가에 관한 근본적인 문제도 제기될 수 있다.

결국, 우리나라 숙련 기술기능 인력 양성 및 활용 체계를 선순환 구조로 전환하기 위하여 외국인 인력활용정책 변화와 함께 내부 노동시장 전환 노력도 병행해야 한다. 다시 말해 단순 기능 분야에서는 적절한 임금 수준의 외국인 인력을 활용하는 한편, 숙련된 외국인 인력에게 직업자격과정 및 학위 과정 취득 기회와 영주권 취득 기회를 제공함으로써 외국인 숙련 인력이 한국 사회에 정착할 수 있는 여건을 만들어야 한다. 이와 함께 특성화고, 마이스터고 졸업 인력이 단순 직무보다는 중숙련 수준 이상의 직무를 수행할 수 있도록 유도하는 제도적 완충 장치도 마련되어야 한다.

2. 고숙련사회와 숙련기술인

고숙련사회에서의 개인, 기업, 사회적 차원에서의 고숙련의 의미를 알아보면, 개인적 역량 강화로서의 고숙련은 통합적이고 포괄적인 작업에 대해 지적·기술적·기능적 능력을 갖추고 체화된 기술과 지식을 갖춘 인력의 특성이라고 정의할 수 있다. 기업에서의 고숙련은 숙련의 정의에서 작업조직으로서 숙련의 개념과 연관된 개념으로 사용되는데, 지속적 학습을 통해 역량을 개발하는 능력으로 정의할 수 있다. 마지막으로 새로운 기술과 혁신에 대한 수용이 사회적 차원에서의 고숙련의 특성이라 할 수 있다. 이와 더불어 Philip Brown(2001)은 고숙련사회의 개념과 특성의 관계를 사회적 합의(consensus), 고숙련을 통한 경쟁력 확보, 역량(capability), 노동의 공급과 수요의 상호조정(coordination), 원활한 혁신기술과 고숙련의 유통(circulation), 협력, 사회적 포용성 등으로 제시하였다. 이를 바탕으로 고숙련사회는 사회적 차원에서 사회 구성원들이 고숙련 인력이 될 수 있도록 지원해주는 인력양성 및 활용시스템이 갖추어진 사회로 정의할 수 있다.

〔그림 1〕 고숙련사회의 구성 요소

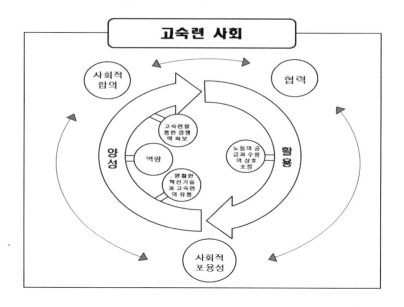

이와 같이 기능 인력의 양과 질, 특히 숙련기술인의 확보와 활용은 고숙련사회에서 국가와 기업의 경쟁력을 결정하는 주요 요소라고 할 수 있다(윤조덕 외, 2007).

과거 1960~1970년대 노동집약적 산업 중심의 경제성장기에는 기능공의 직무를 수행하는 생산직 노동자층이 중추적인 역할을 하였으나, 지식기반 산업으로의 중심 축 이동에 따라 기능 인력의 비중과 중요성은 2000년대 초까지 지속적으로 감소하였다. 1980~1990년대 산업의 중추였던 숙련기능 인력(중급기술자와 초급기술자)의 은퇴 시기가 왔지만 신규 유입되는 기능 인력은 양적으로 감소하여 왔고, 질적으로도 기술적 숙련도뿐만 아니라 종합적 인지능력까지 갖춘 숙련기술 인력 수준까지의 향상을 요구받고 있다. 더욱이 외국인 인력들이 단순노무직 또는 기능공의 일자리에 대거 진입하면서 단순기능 수준의 직무에서는 특성화고졸 인력의 경쟁력은 없다.

이를 개선하기 위하여 정부는 기존의 「기능장려법」을 「숙련기술장려법」으로 전면 개정(법률 제10338호, 2010. 5. 31) 하여 '기능인'을 '숙련기술자'로, '명장'은 '대한민국명장'으로 변경하였고, 숙련기술장려기본계획을 5년마다 수립·시행하는 등 기능인 경시풍조를 없애고 기능인을 적극 양성하기 위한 정책을 시행하고 있다. 한편, 산업통상자원부는 제조 및 서비스분야의 품질경영 활동을 지원하기 위한 '품질명장(제조)', '서비스 품질명장' 선정·지원(「품질경영 및 공산품안전관리법」) 하고 있으며, 교육부는 취업 후 일과 학습을 병행하여 마이스터(최고기술자, 기술전수자, 창업·경영자)로 성장하도록 마이스터고 육성과 스위스식 도제학교 도입 등을 추진하고 있으며, 개별 기업인 ㈜한국동서발전의 경우, 품질과 서비스 질, 경영개선에 기여해 온 분야별 전문가를 '동서명장'으로 선정하여 우수 기능인을 장려하고 있다.

하지만, 생산·제조 및 서비스분야에 한정, 기능 인력 장려에 초점을 두고 있는 한계와 함께 기술융합 가속화, 기능 인력과 기술자의 경계가 모호해지는 고숙련사회에서 숙련기술인 육성을 위한 국가적 차원의 통합적인 전략이 미흡한 상황이었다. 이러한 인식하에 현 정부에서는 산업별 국가역량체계(NQF)와 국가직무능력표준(NCS)에 기반한 숙련기술인 양성 및 활용 체계를 개선하기 위하여 노력하고 있다.

숙련 기술인의 수준을 정의하기 위하여 국가역량체제(NQF), 직업능력수준체계에서의 숙련 수준과 명장과 우수 숙련기술자의 숙련 기준 등에 기초하여 숙련도를 고숙련, 중숙련, 저숙련으로 구분하였고, 인력유형은 엔지니어, 기술인, 기능인으로 구분하여 숙련기술인의 범위를 조작적으로 규명하였다.

〔그림 2〕 숙련도와 인력 유형에 따른 숙련기술인 개념

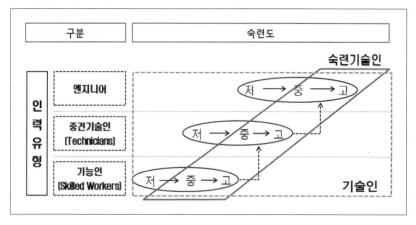

출처 : 박동열 외(2011), 「고숙련사회에서의 숙련기술인 육성 방안」에서 인용함.

한편, 경력개발 경로모형은 개인의 전 생애를 통한 직업생활 동안 일과 관련하여 승진 등의 직급 간 수직적 경력 이동과 부서 이동 및 이를 통한 수평적 경로 이동을 포함한 경력 변화의 연속적인 흐름을 나타낸 모형이다. 경력(career)이란 개인이 평생에 걸쳐 경험하게 되는 일의 총체로서, 일생에 걸친 발달과정을 개인 중심으로 직업영역의 이동과 직위수준의 변화의 배열을 파악한 것이 경력 경로이다(Savicks, 2002). 경력 경로를 파악하는 것은 구직자 및 직업전환자에게 다양한 경력 선택의 대안을 제시하고, 조직의 인사관리 수립뿐만 아니라 능력 중심 인사체계 정착화와 국가 차원에서의 기능장려 제도 등을 수립하는 데 중요한 요소이다. 따라서 제조업 분야의 숙련 기술인 경력 경로를 제시하면 다음과 같다.

〈표 1〉 기능직 입사자들의 경력 경로 형성단계 및 영향요인

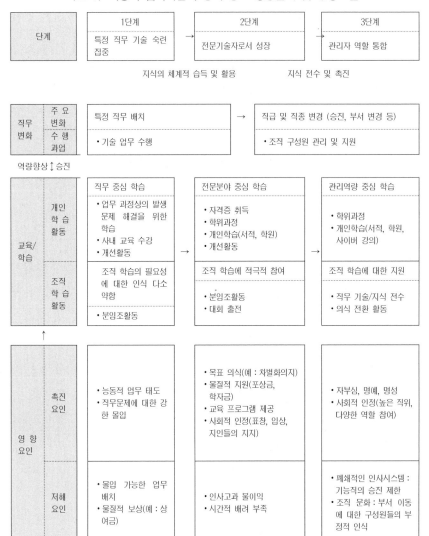

단계		1단계 특정 직무 기술 숙련 집중	→	2단계 전문기술자로서 성장	→	3단계 관리자 역할 통합
			지식의 체계적 습득 및 활용		지식 전수 및 촉진	

직무 변화	주요 변화	특정 직무 배치	→	직급 및 직종 변경 (승진, 부서 변경 등)	
	수행 과업	• 기술 업무 수행		• 조직 구성원 관리 및 지원	

역량향상 ↕ 승진

교육/ 학습	개인 학습 활동	직무 중심 학습 • 업무 과정상의 발생 문제 해결을 위한 학습 • 사내 교육 수강 • 개선활동	→	전문분야 중심 학습 • 자격증 취득 • 학위과정 • 개인학습(서적, 학원) • 개선활동	→	관리역량 중심 학습 • 학위과정 • 개인학습(서적, 학원, 사이버 강의)
	조직 학습 활동	조직 학습의 필요성에 대한 인식 다소 약함 • 분임조활동		조직 학습에 적극적 참여 • 분임조활동 • 대회 출전		조직 학습에 대한 지원 • 직무 기술/지식 전수 • 의식 전환 활동

영향 요인	촉진 요인	• 능동적 업무 태도 • 직무문제에 대한 강한 몰입	• 목표 의식(예 : 차별화의지) • 물질적 지원(포상금, 학자금) • 교육 프로그램 제공 • 사회적 인정(표창, 입상, 지인들의 지지)	• 자부심, 명예, 명성 • 사회적 인정(높은 직위, 다양한 역할 참여)
	저해 요인	• 몰입 가능한 업무 배치 • 물질적 보상(예 : 상여금)	• 인사고과 불이익 • 시간적 배려 부족	• 폐쇄적인 인사시스템 : 기능직의 승진 제한 • 조직 문화 : 부서 이동에 대한 구성원들의 부정적 인식

출처 : 박동열 외(2012), 「특성화고졸 기능직 입직자의 경력경로 유형과 경력경로 형성과정」에서 인용함.

분석된 숙련기술인의 경력 경로에 따르면, 초기에는 특정 직무 기술의 숙련도 향상에 집중된 교육훈련이 실시되지만 중간 단계부터는 현장 초급 관리자로서의 역량 향상이 필요함을 강조하고 있다. 다시 말해 국내 예비 숙련기술인 양성 시 앞에서 제시된 경력 경로에 따른 능력 중심 직업교육훈련이 이루어져야 함을 시사하고 있다.

3. 외국인 인력활용정책의 과거와 현재

외국인 인력정책의 과거 변화 동향

우리나라의 외국인 노동자는 1980년대 후반부터 한국으로 유입되기 시작하였다. 국내 소득수준의 향상은 3D업종에 취업하려는 사람들의 급격한 감소로 중소기업의 생산직 인력난을 가져왔으며, 1990년대 전후로 개최된 다양한 국제행사를 통한 한국의 위상 변화와 맞물려 자연스럽게 외국인 유입을 증가시키는 계기가 되었다. 당시 우리나라는 사실상 완전고용상태라고 볼 수 있는 실업률 2% 내외의 상황으로 대기업과의 임금격차 발생이라는 중소기업의 문제는 국내 노동자들에게 외면당하며 큰 인력난에 시달릴 수밖에 없었다. 이에 중소기업은 미등록 상태의 외국인 노동자들을 고용하기 시작하였으며 외국인 노동자의 합법적 수입을 요구하는 움직임을 보이기 시작했다.

중소기업의 인력난이 심화되고 불법으로 취업하는 외국인이 지속적인 증가세를 보이자 정부는 해외 인력에 대한 정책 수립의 필요성을 인식하고 정부 차원에서의 외국인 노동자 유입에 관한 논의를 본격적으로 시작하게 되었다. 그러나 정부 부처 간에도 기업 및 산업체 활성화와 국제교류 등을 주장하는 찬성론과 노동 및 출입국 관리 문제 등을 거론

하는 반대론이 팽배하였고, 노동력 부족에 시달리던 중소제조업체 등 사용자 단체는 외국인 노동자의 활용 허용을 요청한 반면 노동조합은 임금과 고용 안정을 위협한다는 이유로 반대 입장을 표명하는 등 사용자와 노동자 간 입장에도 이견을 보였다.

〔그림 3〕외국 인력정책 추이

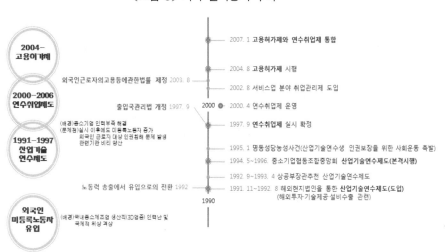

정부는 논의 끝에 1991년 11월 해외투자·기술제공·설비수출 관련 해외 현지법인을 통한 외국인 산업기술연수제도 도입을 결정하였다. 그러나 중소기업의 인력난 해소라는 본래 취지와는 달리 제도의 혜택이 해외투자 기업에 집중되었으며, 외국인 미등록 노동자는 더욱 증가하는 등 그 기능을 하지 못했다. 이어서 1992년 9월에는 중소기업이 외국인 연수생을 도입할 수 있도록 상공부 장관 추천 산업기술연수생제도를 추진하였으나 이 또한 뇌물 수수 사건 적발, 연수생 사후 관리 등의 문제로 1993년 4월 중단되었다.

사실상 산업체의 생산기능직 인력난 완화를 위한 산업기술연수제도가 본격적으로 실시되기 시작한 것은 1993년 중소기업협동조합중앙회가 산업기술연수생의 모집·알선·연수·사후관리를 담당하게 되면서부터였다. 당시 정부는 개발도상국과의 경제협력으로 추진되던 인력유입책의 하나로 외국인을 일정기간 한국의 중소기업에서 연수할 수 있도록 허용함으로써 중소기업의 인력난을 간접적으로 지원하기로 결정하였다. 중소기업협동조합중앙회를 통해 선발된 산업기술연수생들은 1994년 5월에 1차 입국을 시작으로 1996년 7월까지 이어졌으나, 중소기업협동조합중앙회의 독점적 운영에 따른 폐해와 외국인 노동자에 대한 인권침해 문제 등을 이유로 중단되었다.

산업기술연수제도는 원칙적으로는 단순기능직 외국인의 국내 취업은 허용하지 않고, 근로자 신분이 아닌 연수생 신분으로 사업체에 제공됨으로써 외국 인력을 편법적으로 활용하는 제도였다. 특히 1990년대 초반에는 외국인 불법 노동을 근절하기 위해 출입국관리법 위반으로 외국인 미등록 노동자를 단속하면서도 중소기업의 인력난 문제로 경영 상 차질을 빚을까 우려하여, 외국인 미등록 노동자를 일부 방치하는 상황을 지속시켰다. 이후 1990년대 중반에는 외국인 고용허가제 도입이 수차례 시도되었으나 기업의 인건비 상승 및 연수생 이탈 등을 이유로 이루어지지 않았고, 2000년 4월에 이르러 일정기간 연수 후 국가기술자격시험 통과 시 취업비자를 주고 합법적으로 취업을 허용하는 연수취업제 도입이 결정되었다. 그러나 연수취업제 역시 산업연수제의 변형에 불과하며 근로자를 연수생으로 위장하여 도입한다는 비난을 불러일으켰다.

산업기술연수제도는 외국인 미등록 노동자 수의 증가를 막기 위한다는 당초 목적도 거두지 못하였을 뿐[43] 아니라 기술연수라는 본래의 취지와는 달리 연수생을 저숙련 노동자로 이용하며 임금 착취, 감금, 폭행

---

43) 미등록 노동자 수는 1996년 129,054명에서 2000년 148,358명으로 증가(유길상, 2012).

등 인권유린의 문제를 발생시켰고 운영상 각종 비리를 양산시켰다. 극심한 노동과 저임금은 연수업체 이탈로 이어져 불법체류자를 증가시켰고, 또 다른 영세사업장에서 불법근로자로 근무하게 되는 악순환이 이어졌다. 이러다 보니 외국인 미등록 노동자가 합법적 산업연수생보다 더 많은 보호와 임금을 받고, 기업 또한 심사를 통해 연수생을 받기보다 불법체류자를 고용하는 것이 더 쉬워지는 등의 문제가 발생하였다. 이러한 문제는 학계와 시민단체를 중심으로 산업기술연수제의 폐지와 고용허가제 도입을 요구하는 사회운동을 불러일으켰으며, 외국 인력을 고용하려면 연수생이 아닌 근로자의 신분으로 대우하고 보호하면서 활용할 수 있는 제도가 마련되어야 한다는 국민적 공감대가 형성되기 시작했다.

정부는 2002년이 되어서야 외국 인력제도 개선 대책을 마련하고 임금 등 고용조건을 명시하기 시작하였으며 인력 확보가 어려운 일부 서비스 분야에 대해 취업을 허용하는 안을 제시하며 2002년 12월 서비스업 분야의 취업관리제를 도입하였다. 또한 산업연수생제도의 모순과 불법체류자 증가 문제를 해결하기 위해 2003년 6월 임시국회에서 「외국인근로자의고용등에관한법률」을 통과시키며, 2004년 8월 17일부터 외국인 고용허가제를 본격적으로 시행하기 시작[44]하였다. 고용허가제는 내국인 근로자를 구하지 못하는 기업이 외국인 근로자의 고용을 합법적으로 허가받고 외국인을 근로자 신분으로 고용할 수 있는 제도이다. 고용허가제의 기본방향은 크게 인력부족 업종·직종에 대해 적정규모의 외국 인력 도입, 내국인 구인 노력 의무 부과 등 내국인 고용보호 장치 마련, 송출비리 방지를 위해 투명한 외국 인력 도입절차 마련, 국내 취업 외

---

44) 기존의 산업연수생제도는 2006년까지는 고용허가제와 병행하여 시행하다가 고용허가제가 정착되면서 2007년 1월 1일부터 고용허가제로 통합.

국 인근로자에 대해서는 내국인 근로자와 동일하게 법적 근로조건 보호 등의 원칙을 견지하고 있다(이규용, 2004).

현행 우리나라의 외국 인력 도입정책은 2004년부터 실시된 고용허가제를 기본으로 한다. 유길상(2012)은 고용허가제의 원칙으로 보완성의 원칙, 차별처우금지의 원칙, 정주화 방지의 원칙, 송출비리 방지의 원칙, 산업구조조정 저해 방지의 원칙 등을 제시하였으며, 이를 자세히 살펴보면 다음과 같다. 첫째, '국내 노동시장 보완성의 원칙'은 외국 인력 도입정책의 가장 기본적인 원칙으로 국내 노동시장의 빈자리를 메우는 제한적 범위 내에서 외국 인력 도입정책이 이루어져야 함을 의미한다. 우리나라는 국무총리실 내 외국 인력정책위원회가 외국 인력 고용규모와 업종, 출신국가 등을 결정하며, 외국인 근로자 고용에 앞서 내국인 대상 구인기간을 의무화하여 내국인에게 우선적인 고용기회를 부여하고 있다. 둘째, '국적에 따른 차별처우금지의 원칙'은 사업주가 외국인 노동자에 대해 차별적 처우를 행할 수 없음을 의미하며, 이는 과거 산업기술연수 생제도, 취업연수제도 등을 거치며 발생한 외국인 노동자의 인권침해 문제를 되풀이하지 않기 위한 것으로 해석할 수 있다. 외국인 근로자는 내국인 근로자와 동일하게 「노동관계법」의 적용을 통해 기본적인 인권을 보장받게 된다. 셋째, '정주화 방지의 원칙'은 외국인 노동자의 정주화 방지를 위해 3년으로 취업 기간을 제한[45]하고 1년마다 계약을 갱신[46]하도록 하는 것이다. 넷째, '투명성 확보와 송출비리 방지의 원칙'은 외국인 노동자 선정 및 도입절차를 투명하게 하고 송출 비리를 방지하려는 것으로, 현행 고용허가제는 민간기관 개입을 배제하고 노동부 고

---

45) 2007년 도입된 방문취업제도에 따라 입국한 중국 및 구소련 지역 동포에 한해서도 5년 간 취업을 허용하고 있다.
46) 2009년 10월 관련법 개정을 통해 취업활동 기간 내 합의에 따라 자율적으로 결정할 수 있도록 하였다.

용지원센터 및 한국산업인력공단과 같은 공공기관에서 외국인 근로자 선정·도입을 맡게 하고 있다. 마지막으로, '산업구조조정 저해 방지의 원칙'은 외국인 노동자의 도입이 국내의 산업 및 기업구조조정에 악영향을 끼치지 않도록 하여야 한다는 것으로 외국 인력 도입의 궁극적 목적이 경쟁력 강화인 만큼 이를 통해 양적 인력 공급의 확대로 산출효과를 거쳐 산업연관효과를 높이고 이에 따른 일자리 창출을 촉진함과 동시에 우수인재 확보를 통해 생산성을 제고하는 등 다양한 긍정적 파급효과를 가져올 수 있음을 의미하여야 한다.

외국인 인력정책의 현재

고용허가제는 2004년 이후 나름 성공적으로 평가되고 있지만 여전히 정부의 외국인 인력 도입정책에 대해 보완을 요구하는 의견 또한 적지 않다. 현행 외국인 인력정책의 문제점을 살펴보면 다음과 같다.

노동시장 측면에서는 국내 취약계층을 위한 노동시장 잠식 우려와 함께 전문 인력 도입정책에 대한 부재 문제를 논할 수 있다. 중소기업의 인력난 해소를 위해 도입된 외국인 노동자 제도는 저임금 저숙련 근로자 자리를 외국인 노동자들이 차지하며 새로운 분리구조를 만들었다는 비판을 불러일으켰다. 특히 1990년대 후반에 들어서며 금융위기의 여파로 취업자 수가 급격히 감소함에 따라 외국 인력의 국내 고용 대체 문제가 본격적으로 거론되기 시작하였으며, 2004년부터 2005년까지의 기간 동안 고용허가제를 통해 유입된 외국 인력이 내국인의 고용수준에 미치는 단기적인 영향을 추정한 결과 외국인의 고용이 내국인의 실직 위험을 증가시키고, 특히 중졸 이하의 학력을 보유한 근로자가 비전문 외국인 근로자와 대체적인 관계를 보이는 것으로 나타났다(유경준 외,

2010). 현재 우리나라에 들어와 있는 외국인 근로자 대다수 또한 전문 인력이 아닌 비전문 인력[47])으로 국가경쟁력 강화에 실질적인 도움을 준다고 보기는 어렵다. 외국 인력의 유입으로 인한 저숙련 노동의 공급 증가는 숙련 인력의 소득을 약간 증가시켰지만 저숙련 일자리의 임금은 상대적으로 하락시킴으로써 오히려 소득격차를 확대시키는 효과가 더욱 크다고 할 수 있다(최경수, 2011). 결국 외국인과 보완적 관계 형성이 가능한 고숙련 내국인 종사자와 사용자는 이득을 보는 반면, 외국인과 대체적인 관계를 가지는 저숙련 내국인 근로자에게는 부정적인 영향을 미치는 것이다. 이러한 경향은 결국 예비 숙련 기술인을 양성하는 특성화고 마이스터고 등에도 부정적인 영향을 주어, 내국인 고졸 근로자들이 숙련 외국인 인력과 저임금 저숙련 직무에서 뿐만 아니라 중숙련 직무에서도 경쟁해야 하는 상황이 발생하고 있다.

고용허가제의 문제가 단지 비전문 외국 인력 도입에서만 나타나는 것은 아니다. 전문 인력의 정책에 대한 부재 또한 고용허가제에서 자주 지적되는 문제점으로 이는 전문 인력의 개념 정의가 이루어지지 않은 채 직종 분류로만 이루어지고 숙련성의 정도 또한 구분되어 있지 않은 데에서 기인한다. 유길상(2012)은 이러한 문제를 해결하기 위해 현행 비자 유형 중심에서 숙련도나 직무 특성에 따른 재분류 전환으로 전문성의 개념을 정립함으로써 정책목표의 구체적 접근을 가능하게 하여야 함을 강조하였으며, 더불어 전문 인력과 비전문 인력의 이분법적 사고를 지양하고 노동시장으로 유입되는 인력이라는 측면에서 종합적·체계적·전략적으로 외국 인력 도입·관리 시스템 구축이 필요함을 강조하였다.

---

47) 2013년 통계청 외국인 고용조사에 따르면 단순기능 취업 인력 47만 명, 전문직 취업 인력 5만 여 명으로 단순기능 인력에 편중되어 있음.

사회적인 측면에서 살펴본다면 현행 고용허가제하에서도 내국인 근로자와의 차별적 요소 및 인권유린문제, 불법체류자문제 등이 여전히 잔류하고 있음을 지적할 수 있을 것이다. 이러한 문제점은 초기 우리나라 해외인력정책이 근시안적인 관점에서 시작되며 파생되었다고 볼 수 있다. 1980년대 후반 중소기업 인력난 문제 해결을 위한 단기적 현안 중심의 문제해결식 접근은 산업기술연수생제도라는 명분하에 중소기업에 근로자를 지원하고 외국인 미등록 노동자를 단속하면서도 한시적으로 체류를 허용하는 모순된 제도 운영으로 이어지며, 결국 외국인 노동자들을 불법체류자로 전락시키고 관련 업체의 각종 비리 양산과 인권유린이라는 사회적 문제를 야기시켰다. 그러나 현행 고용허가제 또한 내국인 노동자와는 달리 근로 계약 업종이 제한적이고 사업장 이동을 제한받는 등 차별적 요소를 내포하고 있으며, 송출 방식에 있어서도 사용자가 외국인 근로자 명단에서 적격자를 선택하는 방식으로 외국인 근로자 당사자가 업무내용이나 사업장에 대한 이해가 부족한 상태에서 계약할 수 있다는 문제점을 안고 있다. 즉 고용허가제는 단어 그대로 사용자 중심에서 고용을 허가하는 제도로 외국인 노동자 입장에서는 여전히 차별적 요소들을 내포하고 있다.

4. 외국인 인력의 고용 동향

외국 인력의 경제활동참여 현황

2013년 5월 기준, 국내 상주 15세 이상 외국인은 112만 6천 명[48]이며

---

48) 2013년. 5월 말 기준 법무부 「등록외국인명부」와 「국내거소신고 외국국적 동포명부」의 15세 이상 외국인 수를 말함.

취업자는 76만 명, 실업자는 3만 3천 명, 비경제활동인구는 33만 3천 명으로 나타났으며 경제활동참가율은 70.4%, 고용률은 67.5%, 실업률은 4.2%로 나타났다. 외국인 취업자 수는 2013년 5월 「경제활동인구조사」 취업자 수(2,539만 8천 명)의 3.0% 수준이며, 외국인 고용률은 「경제활동인구조사」의 고용률(60.4%) 보다 7.1%p 높은 수준으로 나타났다. 이 중 외국인 남자 취업자는 50만 5천 명으로 전체의 66.4%를 차지했고, 여자 취업자는 25만 5천 명으로 전체의 33.6%를 차지했으며 남자의 고용률은 80.9%, 여자의 고용률은 50.8%로 나타났다(〈표 2〉 참조).

〈표 2〉 외국인의 경제활동상태 총괄

(단위 : 천 명, %)

구분		15세 이상 인구	경제활동 인구	취업자	실업자	비경제활 동 인구	경제활동 참가율(%)	고용률 (%)	실업률 (%)
경제활동인구조사		42,047	26,195	25,398	797	15,853	62.3	60.4	3
	남자	20,557	15,195	14,715	480	5,362	73.9	71.6	3.2
		(48.9)	(58.0)	(57.9)	(60.2)	(33.8)			
	여자	21,4901	11,000	10,683	317	10,490	51.2	49.7	2.9
		(51.1)	(42.0)	(42.1)	(39.8)	(66.2)			
외국인 고용조사		1,126	793	760	33	333	70.4	67.5	4.2
	남자	624	522	505	17	102	83.7	80.9	3.3
	(구성비)	(55.4)	(65.9)	(66.4)	(52.7)	(30.6)			
	여자	502	271	255	16	231	54.0	50.8	5.8
	(구성비)	(44.6)	(34.1)	(33.6)	(47.3)	(69.4)			

출처 : 「2013년 5월 고용동향」(2013. 6. 12. 공표, 통계청)에서 인용함.

2013년 기준 외국인 근로자가 근무하는 사업체의 종사자 규모별 외국인 취업자는 10~29인이 19만 5천 명(25.6%), 1~4인이 15만 6천 명(20.6%), 5~9인이 14만 8천 명(19.5%), 50~299인이 13만 명(17.1%),

30~49인이 10만 명(13.2%), 300인 이상이 3만 1천 명(4.0%) 순으로 나타났으며 대체적으로 소규모 사업체에서 많은 외국인 근로자가 취업하는 것으로 나타났다(〈표 3〉 참조).

〈표 3〉 사업체의 종사자 규모/성별 취업자 현황(2013년 기준)

(단위 : 천 명, %)

사업체의 종사자 규모별	2013년도		
	남자	여자	취업자
1~4인	68(13.5)	88(34.6)	156(20.6)
5~9인	96(19.0)	53(20.7)	148(19.5)
10~29인	148(29.3)	46(18.2)	195(25.6)
30~49인	78(15.3)	23(8.9)	100(13.2)
50~299인	94(18.7)	36(13.9)	130(17.1)
300인 이상	21(4.2)	9(3.6)	31(4.0)
계	505	255	760

출처 : 통계청(2012~2013) 외국인고용조사.

2013년 통계청 자료를 기준으로 근속기간별 외국인 취업자를 살펴보면 1년~2년 미만이 20만 8천 명(27.4%), 6개월 미만이 15만 9천 명(20.9%), 3년 이상이 15만 명(19.8%), 6개월~1년 미만이 13만 명(17.1%) 순으로 나타났으며, 한국에서의 동일직업 근무기간별 외국인 취업자는 3년 이상이 28만 2천 명(37.1%), 1년~2년 미만이 17만 6천명(23.1%), 2년~3년 미만이 13만 명(17.2%) 순으로 동일직업에 대한 외국인 장기근속자 비율이 높은 것으로 나타났다(〈표 4〉 참조).

〈표 4〉 근속기간 및 한국 내 동일직업 근무기간별 외국인 취업자

(단위 : 천 명, %)

구분	외국인 취업자	6개월 미만	6개월~1년 미만	1~2년 미만	2~3년 미만	3년 이상
근속기간 (구성비)	760 (100.0)	159 (20.9)	130 (17.1)	208 (27.4)	112 (14.7)	150 (19.8)
동일직업 근무기간 (구성비)	760 (100.0)	72 (9.5)	100 (13.2)	176 (23.1)	130 (17.2)	282 (37.1)

출처 : 통계청(2013) 2013년 외국인 고용조사 결과 보도자료.

외국인 근로자 임금 수준 및 내국인 근로자와의 비교

임금근로자의 월평균 임금수준별 외국인 취업자는 100만 원~200만 원 미만이 48만 3천 명(65.7%), 200만 원~300만 원 미만이 15만 9천 명(21.7%), 300만 원 이상이 5만 1천 명(6.9%) 등으로 나타났다(〈표 5〉 참조).

〈표 5〉 월 평균 임금수준/성별 임금 근로자

(단위 : 천 명, %)

월평균 임금수준별	2013년도		
	남자	여자	임금근로자
100만원 미만	11 (2.3)	30 (12.6)	42 (5.7)
100만원~200만원 미만	309 (62.5)	174 (72.2)	483 (65.7)
200만원~300만원 미만	133 (26.9)	27 (11.1)	159 (21.7)
300만원 이상	41 (8.3)	10 (4.1)	51 (6.9)
계	494 (100.0)	241 (100.0)	735 (100.0)

출처 : 통계청 2013년 외국인 고용조사.

내국인 근로자의 생산성, 임금, 총 고용비용(기숙사, 식사, 사회보험료, 인건비)을 100으로 하였을 경우 동종 또는 유사한 업무를 수행하는 외국인 근로자의 수준을 조사한 결과는 다음 〈표 6〉과 같다.

〈표 6〉 내국인 근로자와 외국인 근로자의 수준 비교표

		생산성(%)	임금(%)	총고용비용(%)
	전체	84.4	87.0	91.9
업종	IT전자	90.0	95.4	88.8
	자동차, 선박	76.5	81.9	82.0
	철강, 금속	87.4	85.8	90.2
	섬유제지	80.5	94.1	104.1
	석유화학	82.7	84.0	93.9
	음식료, 잡화	83.0	91.5	99.2
	일반기계	87.1	85.3	95.9
	건설업	75.8	85.3	88.3
	운수업	100.0	100.0	100.0
	유통업	88.0	100.0	100.0
	음식숙박업	93.2	81.8	79.1
	금융보험업	-	-	-
	기타	102.0	84.0	87.0

출처 : 대한상공회의소(2012), 외국인근로자 고용현황과 수요조사보고서.

내국인 근로자의 생산성을 100으로 하였을 경우 동종 또는 유사한 업무를 수행하는 외국인 근로자의 수준은 평균 84.4% 나타났으며, 내국인 근로자의 임금을 100으로 하였을 경우 동종 또는 유사업무를 수행하는 외국인 근로자의 수준은 평균 87.0%, 내국인 근로자의 총 고용비용을 100으로 하였을 경우 동종 또는 유사한 업무를 수행하는 외국인

근로자의 수준은 평균 91.9%로 내국인 근로자와의 수준 차이가 크지 않은 것으로 나타났다.

외국 인력 활용의 애로 사항

우리나라 소재 기업 303곳을 대상으로 외국인 근로자 고용 현황과 수요조사(대한상공회의소, 2012)에 따르면, 외국인 근로자를 고용하면서 가장 큰 애로사항의 경우는 고용기간이 제한되어 있다는 이유가 48.5%로 가장 높았고, 사업체 이탈율이 높다는 의견이 7.9%, 생활관습, 종교, 언어 등의 차이로 인력관리가 어렵다는 의견이 31.4%, 업무적응기간이 길고 생산성이 낮다는 의견 5.0%, 외국인 근로자들의 집단행동이 빈번하다고 응답한 기업은 2.0%, 숙식제공 등 각종 비용으로 인건비가 높다는 의견이 3.6%, 기타는 1.7% 나타났다.

〈표 7〉 외국인 근로자 고용에 따른 애로사항

애로사항	빈도(%)
고용기간이 제한	147(48.5)
생활관습, 종교 언어 등의 차이	95(31.4)
사업체 이탈률 높음	24(7.9)
업무 적응 기간이 길고 생산성이 낮음	15(5.0)
숙식제공 등 각종 비용으로 인건비 높음	11(3.6)
외국인근로자들의 집단행동이 빈번	6(2.0)
기타	5(1.7)
계	303(100)

출처 : 대한상공회의소(2012), 외국인 근로자 고용현황과 수요조사보고서.

외국 인력 고용쿼터 질문과 관련, 외국 인력을 채용하고 있거나 채용할 계획이 있는 15개 지역 총 305개 중소제조업체를 대상으로 조사한 결과, 응답자의 36.4%는 부족하다고 답했으며, 이들 기업은 쿼터를 6~13명 추가 확대해 주길 희망하는 것으로 나타났다.

외국 인력 고용허용인원 내 신규 고용 쿼터에 대해선 37.7%가 부족하다며, 5~11명의 추가 쿼터 확대를 제시하였다. 이에 현행 외국 인력 신청제도는 기업규모별로 고용허용인원을 설정하고 그 한도 내에서 신규고용허가서를 발급하고 있지만 이는 중소기업의 인력부족을 해소하는 데 충분치 않은 것으로 보인다.

또 고용허용인원과 신규 고용허용인원이 불충분하다고 답한 응답자 중 각각 94.1%와 72.7%는 쿼터폐지를 희망하고 있어 정부의 현행 외국 인력 쿼터의 개선이 필요한 것으로 나타났다.

외국 인력의 사업장 이동 횟수 제한 및 의무근무기간 연장 등을 통해 외국 인력의 잦은 이직에 따른 고용주의 부담 최소화하는 방안과 관련하여 근로계약 체결 후 3개월 이내 이직근로자가 37.6%에 달하는 등 입국 후 사업장 변경요청이 많아 근로계약체결의 의미가 없는 것으로 나타났다. 따라서 외국 인력의 잦은 사업장 변경으로 인한 업체 피해 최소화를 위해 현재 3회로 제한되어 있는 외국 인력의 사업장 변경 횟수를 1회로 제한하는 것이 필요하다.

외국 인력활용에 가장 큰 애로사항은 신청에서 활용까지의 소요 기간으로 나타나 외국 인력 고용 대기기간 단축을 위한 송출국과의 업무 협력 강화가 필요하다. 외국 인력 배정까지의 소요기간이 길다는 답변이 38.0%로 가장 큰 비중을 차지하였으며, 적정 배정 소요기간으로 85.3%가 1개월 미만을 희망하는 것으로 나타난 것으로 보아, 외국 인력 고용 대기기간이 긴 가장 큰 원인은 송출국의 행정처리 지연에 따른 것으로 파악된다. 따라서 기간 단축을 위해 송출국가와의 업무협조 강화 및 적절한 인센티브 부여가 필요하다.

정부가 지방소재 중소기업에 대해 외국 인력 고용허용 한도를 20% 상향한 상황에서 기업들은 외국 인력의 체류기간 연장을 희망하고 있는 것으로 나타났다. 지방소개기업이 가장 선호하는 우대조건은 외국 인력의 체류기간 연장(42.6%)이며, 고용허용인원 확대는 23.0%로 그 뒤를 이었다. 또 기업들은 채용한 외국 인력의 비자체류기간을 현 3년(최장 4년 10개월)보다 2년 연장한 5년(최장 6년 10개월)을 희망하는 것으로 나타났다.

5. 선순환적 숙련기술인력 구조 개편을 위한 외국인 인력활용정책 개편

선순환적 외국인 인력활용 체계로의 전환

고용허가제가 시작된 지 10년이 지난 현 시점에서 비전문 인력을 단순히 중소기업의 인력난 완화 수단으로서 접근하고 전문 인력은 무조건적으로 유치하고 보자는 근시안적 발상은 중장기적으로 기업은 물론 국가의 산업경쟁력 저하를 가져올 수 것이다. 외국 인력정책이 중소기업의 인건비 절감으로 경쟁력을 확보한다는 논리는 기업이 이를 통해 감소된 비용을 연구개발 혹은 인력개발에 투자하는 구조에서 가능한 것이다.

[그림 4] 선순환적 숙련기술인력 양성 및 활용 구조 개요

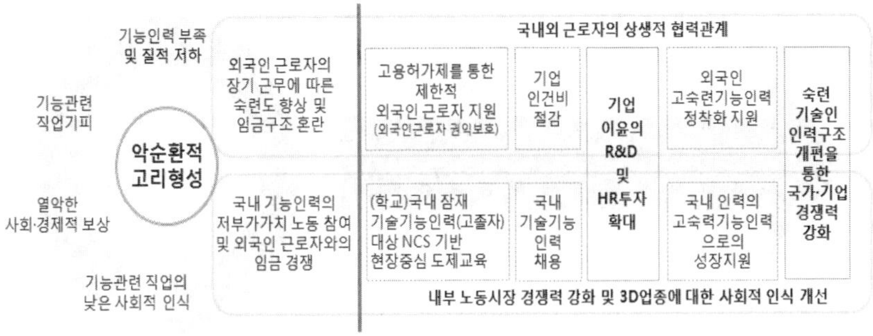

기능인력 부족 및 질적 저하		국내외 근로자의 상생적 협력관계					
기능관련 작업기피	외국인 근로자의 장기 근무에 따른 숙련도 향상 및 임금구조 혼란	고용허가제를 통한 제한적 외국인 근로자 지원 (외국인근로자 권익보호)	기업 인건비 절감	기업 이윤의 R&D 및 HR투자 확대	외국인 고숙련기능인력 정착화 지원	숙련 기술인 인력구조 개편을 통한 국가·기업 경쟁력 강화
악순환적 고리형성						
열악한 사회·경제적 보상	국내 기능인력의 저부가가치 노동 참여 및 외국인 근로자와의 임금 경쟁	(학교)국내 잠재 기술기능인력(고졸자) 대상 NCS 기반 현장중심 도제교육	국내 기술기능 인력 채용		국내 인력의 고숙련기능인력 으로의 성장지원	
기능관련 작업의 낮은 사회적 인식		내부 노동시장 경쟁력 강화 및 3D업종에 대한 사회적 인식 개선				

그러나 현재 외국인 근로자들을 고용하는 중소기업은 영세 제조업체가 대다수로 개인 사용자의 이윤을 추구하는 수준에서 그치며 투자로는 이어지지 못하고 있다. 이는 기업에서 확보가 어려운 3D업종의 인력 공급을 통해 경쟁력을 확보하겠다는 정부의 입장과는 상당히 괴리된 것으로 보다 종합적인 관점에서의 외국 인력정책에 대한 접근이 필요함을 시사하고 있다.

한편 정부는 2012년 우리 제조업의 근간이 되는 뿌리산업 육성을 통해 2017년까지 세계 6위의 뿌리산업 강국으로 발전시켜 나가기 위한 계획을 수립하였다. 뿌리산업은 주조, 금형, 소성가공, 용접, 표면처리, 열처리 등의 공정기술을 활용하여 사업을 영위하는 업종(뿌리산업진흥과 첨단화에 관한 법률 제2조)으로 전체 뿌리기업 중 중소기업이 차지하는 비율은 99.9%이다. 특히 자동차, 일반기계, 전기장비 등의 타 제조산업에 비하여 대기업(0개사, 0.0%)과 중견기업(17개사, 0.07%) 비중이 매우 작고, 10인 미만 소공인이 대다수(76.2%)를 차지하고 있다. 뿌리산업분야 인력수급을 살펴보면 젊은이들의 취업기피로 인해 외국인 근로자의 고용은 증가('05년 5.9% → '06년 7.5% → '07년 20.3% → '08년 25.8% → '09년 25.7% → '10년 23.5%) 하고 있으며, 전체 인력 중 40대와 50대가

63.0%를 차지하며 현장의 고령화라는 특징을 보인다. 임금은 월 213만 원 수준으로 타 제조업과 비교 시 가장 낮은 수준에 머물러 있으며, 산업재해율은 1.34%로 중소기업 평균(0.75%)보다 2배 가까이 높다49). 이러한 뿌리산업 육성을 위해 정부는 해당산업의 경우 상시 종업원 규모에 따라 신규 외국인 고용한도를 4~6명까지 늘릴 수 있도록 허용하고, 고용가능 총 인원의 20% 추가 고용도 허용하였다50). 또한 2014년 8월에는 국내 대학에서 외국인 유학생을 뿌리산업 기술 인력으로 체계적으로 양성하고, 뿌리기업에 장기 근무할 수 있도록 추진하는 방안을 발표하였다51).

하지만 이러한 제도의 시행은 제조업 시장에 새로운 국면으로 작용하며 내국인 근로자를 위협하는 요소가 될 수 있음을 지나쳐서는 안 된다. 외국인 근로자의 장기 체류 허용은 일부 중숙련 기능 인력 계층을 위협하며 제조업 분야 노동시장의 변화를 가져올 것이다. 이러한 변화는 중등직업교육을 마치고 기술·기능 인력으로 진입하려는 내국인 근로자에게 또 다른 진입장벽으로 작용할 수 있으며, 장기적으로는 내국인 근로자가 고숙련 기능인으로 발전해 나갈 수 있는 경로가 원천적으로 차단될 수 있다. 뿐만 아니라 일정 수준 이상의 숙련기술을 보유한 외국인 기술·기능 인력이 자국으로 돌아가게 되면 단순한 인력 손실의 문제에서 벗어나 기술 유출이나 국가 간 경쟁 심화의 원인으로도 작용할 수 있는 것이다.

외국인 근로자의 국내 노동시장 잠식은 더 이상 두고 볼 수 없는 문제이다. 외국 인력 유입 초기 저숙련 저임금 시장을 잠식하던 외국인 근로자 계층이 시간이 지날수록 일부 중숙련 기능 인력 계층까지 위협

---

49) 지식경제부, 2012년 12월 4일자 보도자료 재구성
50) 중소기업중앙회 외국 인력정보망 http://fes.kbiz.or.kr
51) 파이낸셜 뉴스, 2014년 8월 13일자 보도자료

하며 제조업 분야 노동시장의 근간을 흔들 수 있음을 간과해서는 안 된다. 이에 해외 인력정책에 있어 비전문 외국 인력은 엄격한 수요조사를 토대로 필요 인력만큼만 도입하는 방향을 고수하고, 국내 기술기능 인력에게는 학교 중심이 아닌 스위스식 도제교육과 같은 현장 중심의 교육과정을 제공함으로써 내국인 근로자가 경쟁력을 확보할 수 있는 체제를 구축해야 할 것이다. 또한 고숙련 외국인 전문 인력의 유출을 막기 위해 이들을 우리 사회에 편입시키기 위한 노력이 함께 이루어져야 할 것이다. 과거 우리의 외국인 근로자 정책이 근시안적인 문제해결식 접근으로 경제적·사회적 문제를 야기시켰음을 교훈으로 삼고 보다 장기적인 관점에서 정부와 기업이 힘을 모아 숙련기술인 인력구조 개편을 통한 기업 및 국가 경쟁력 강화라는 큰 비전하에 외국 인력정책의 구조적 문제를 해결해 나가야 할 것이다.

마지막으로 이러한 모든 정책 추진의 저변에는 국내외 근로자의 상생협력관계 구축이라는 인식이 자리잡아야 할 것이다. 외국인 근로자를 단순 근로자가 아닌 동료로 인정하고 그들 또한 고숙련 기술기능인으로 성장하여 정착할 수 있는 경로 개발을 통해 사회적인 문제를 해결함은 물론 국제화 시대 선진국으로 나아가는 발판을 마련할 수 있을 것이다.

선순환적 구조로의 개편을 위한 외국인 인력활용 개선 과제

앞에서 제시된 외국인 인력 활용 원칙은 크게 '국내 노동시장 보완성의 원칙', '국적에 따른 차별처우금지의 원칙', '정주화 방지의 원칙', '투명성 확보와 송출비리 방지의 원칙', '산업구조 조정 저해 방지의 원칙' 등이다. 이 중에서 국가와 기업 경쟁력 확보를 위하여 '정주화 방지의 원칙'에 관한 개선이 논의되고 있다. 다시 말해 장기근속 외국 인력의 숙련도가 향상되고 있는 상황에서 기업에서는 숙련 외국 인력 활용의 필요성을 적극 요구하고 있다. 이에 정부는 6대 뿌리산업 등에 한하여 숙련 외국 인력의 정주화를 고려하고 있으며, 내부 노동시장과의 보완성 관점에서 6대 뿌리산업 분야 R&D 인력을 내국 인력으로 양성함과 동시에 해당 분야 근무 환경을 지속적으로 개선하는 정책을 추진하고 있다.

최근 저출산 고령화 등으로 생산가능인력이 감소하는 상황에서 일부 산업 분야에 한하여 '숙련 외국 인력의 정주화' 방향은 긍정적이라고 생각된다. 다만 앞에서 제시한 국내 노동시장 보완성 원칙, 산업구조조정 저해 방지 원칙 등과 고려하여 조화롭게 추진되어야 한다. 이런 맥락에서 일−학습−자격의 유기적 연계를 위하여 추진되고 있는 국가역량체계(NQF)와 국가직무능력표준(NCS)은 선순환적 숙련기술인력 양성 및 활용 체계 개선과 외국인 인력정책 개편에 많은 시사점을 준다(〔그림 5〕 참조).

첫째, 성실 외국인 근로자 제도(2012. 7. 2)의 도입을 통하여 외국인 숙련 근로자를 활용하면서도 영주권을 부여하지 않는 형태로 운영되는 경우에는 과연 중장기적으로 우리나라의 산업경쟁력을 확보할 수 있는가를 고민해야 한다. 이런 관점에서 장기 인력부족 분야 또는 6대 뿌리산업 중심으로 숙련 외국인 인력의 활용 방안 모색과 함께 영주권 부여 조건으로서 국가역량체계(NQF)에 기반한 직업자격과정 및 학위과정 이수 기회를 제공함으로써 '교육서비스 산업 활성화 및 우수 숙련기술인 활용 체계'를 구축해야 한다.

〔그림 5〕 외국인 인력정책 개선방안

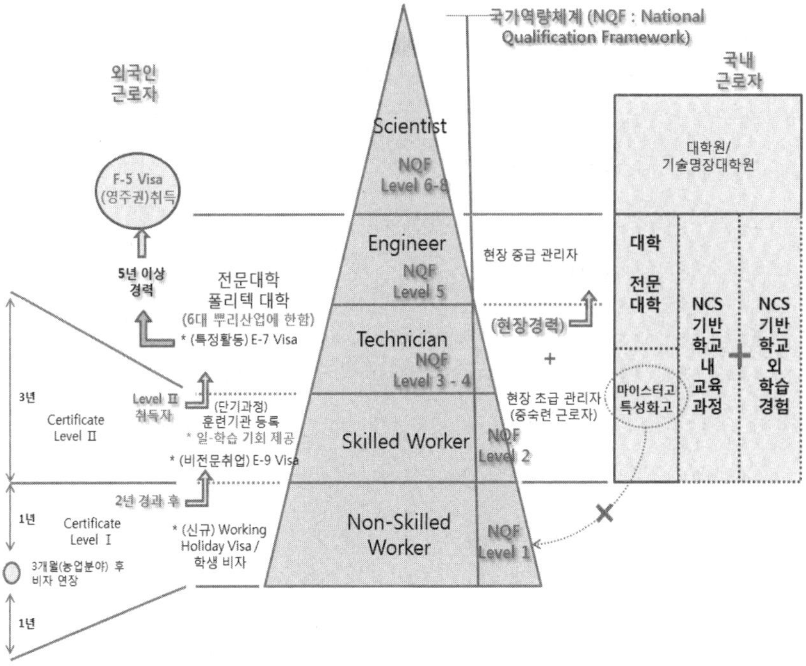

자료 : 박동열 외(2014). 「고교 직업교육의 내실화 방안 연구」, 인용함.

둘째, 특성화고졸 인력들이 저임금/저숙련/단순직무에 종사하지 않도록 유도할 수 있는 제도적 장치가 마련되어야 하며, 국가역량체계(NQF)와 국가직무능력표준(NCS) 기반 자격제도, 직무 기반 기업 인사관리제도 등의 개편이 이루어져야 한다. 이를 위하여 특성화고 교육도 중숙련 인력 양성과 숙련 향상을 위한 역량 교육으로의 전환이 전제되어야 한다. 또한 전문대학과 대학도 역량 교육과 실무 중심 교육으로의 전환이 필요하다.

한편, 선순환적 숙련기술인력 양성 및 활용 체계를 구축하기 위한 외국인 인력정책 개선 과제를 제시하면 다음과 같다.

첫째, 외국인정책위원회의 총괄 컨트롤 타워 역할 강화 및 교육부의 추가 참여를 고려해야 한다.

먼저 외국 인력정책과 관련된 다양한 정책들을 총괄하는 기능을 가진 외국인정책위원회에 교육부의 추가 참여가 필요하다. 특히 국가역량체계(NQF)과 국가직무능력표준에 근거한 자격 체계 등에 기반하여 외국인 인력의 자격과정 이수 유도 방안과 이에 기초한 영주권 부여 경로 추진 등이 고려된다면 외국인정책위원회 구성에 교육부 참여가 고려되어야 한다.

이와 함께 외국인정책위원회의 정책 수립을 지원하기 위한 일환으로 장기 인력부족 분야의 선정 및 해당 분야 노동시장 전망, 외국 인력정책 도입에 따른 사회적 비용효과 분석, 국내 숙련기술 인력 양성 및 활용 체계의 선순환 구조로 전환 등에 관한 연구 과제를 국무총리 산하의 정부출연연구소들이 공동 연구 사업으로 추진하는 방안이 고려되어야 한다.

둘째, 외국 인력제도는 전문취업(E-1~E-7)과 비전문취업(고용허가제와 방문취업제)으로 구분되지만, 숙련에 따른 전문취업과 비전문취업간의 구분이 명확하지 않다. 일반적으로 고숙련 기준을 교육수준, 직업 등으로 구분하고 있지만, 교육수준은 개별 국가마다 academic standard가 상이하기 때문에 적합하지 않으며, 직업 또한 개별 국가의 기업에서 요구하는 국가직무능력표준도 다르기 때문에 현 정부에서 논의되고 있는 산업별 국가역량체계(NQF)를 기반으로 하여 전문취업과 비전문취업을 구분하는 방안을 고려해야 한다. 특히 비전문취업을 미숙련인력과 숙련인력으로 구분하여 운영하되, 국가역량체계(NQF)에 기초하여 certificate level 1과 certificate level 2로 분류하여 운영하는 방안도 고려해 볼 만하다.

셋째, 숙련 외국 인력정책 수립 시 내부 노동시장과의 연계성 관점에서 타 정책 과제들과의 정합성을 판단해야 한다. 이규용 외(2008)에 따르면 평균 연봉이 3,000만원 미만인 중소기업의 경우 중소기업진흥공단 해외기술인력도입지원금(1,000만원)을 최대한 받게 되면 2,000만원 미만으로 전문기술 외국 인력을 고용할 수 있게 되고 이러한 임금 하향 조정은 내국 근로자의 취업 기피로 노동력 공백이 발생하고 그 공백을 전문기술 외국 인력이 채용되는 '악순환적 숙련기술 인력 양성 및 활용 고리'가 강화될 수 있다. 따라서 외국 인력 도입 허용 분야 및 규모는 노동시장 전망, 외국 인력 도입에 따른 비용효과분석, 외국 인력과 내부 노동시장간의 연계 분석, 인력 국가 간 상호 인력 교환 정책 추진 등을 고려해야 한다.

◈ 참고문헌

고혜원·이철순(2004), 「외국인 고용허가제 도입과정」, 『한국정책학회보』13(5).

김연구(2013), 「외국 인력 도입체계 개편의 필요성과 제도개선 방안」, 『KDI 정책포럼』제255호, 2013~04. 한국개발연구원

대한상공회의소(2012), 「외국인 근로자 고용현황과 수요조사 보고서」.

매일경제 1990.11.15일자 보도자료 「『인력시장개방』어떻게 해야 하나」.

박동열 외(2011), 「고숙련사회에서의 숙련기술인 육성 방안」, 한국직업능력개발원

박동열 외(2012), 「특성화고졸 기능직 입직자의 경력경로유형과 경력경로 형성과정」, 『농업교육과 인적자원개발』44(2).

박동열 외(2014), 「고교 직업교육 내실화 방안 연구」, 교육부.

설동훈(2009), 「한국사회의 외국인 이주노동자 : 새로운 '소수자 집단'에 대한 사회학적 설명」, 『사림』34:43~76.

외국인이주노동운동협의회(2009), 「고용허가제 시행 5주년 이주노동자 노동권 실태조사」, 5·18기념재단.

외국인정책위원회(2006), 「외국인정책 기본방향 및 추진체계」제1회 외국인정책회의 자료.

유경준·김정호(2010), 「외국 인력의 대체성과 통계 문제」, 『KDI 정책포럼』제226호, 2010~2006.

유길상 외(2012), 「외국 인력 도입 관리시스템 개편방안 연구」, 고용노동부

윤조덕 외(2007), 「국가경쟁력 제고를 위한 기능장려사업의 활성화 방안」, 한국노동연구원.

이규용(2004), 「고용허가제의 실시와 향후 외국 인력정책 방향」, 『노동교육』, 2004년 9월호. 한국노동교육원

이주인권연대(2010), 「방문취업제 국내 및 현지 실태조사 보고서 : 중국동포와 중국현지실태를 중심으로」.

임채완·김홍매(2011), 「한국의 국제노동력 송출 및 유입정책 분석」, 『한국동

북아논총』 제16권 제2호 통권59집

장현숙(2013), 「외국 인력 활용에 있어 애로 및 개선 방안」, 한국무역협회.

전영평(2009), 「한국 소수자 정책의 지형 : 정책상황의 유형화와 사례」, 『한국 행정논집』 21(3).

전영평·한승주, (2006), 「소수자로서 외국인 노동자 : 정책갈등 분석」, 『한국행 정연구』 15(2).

중소기업협동조합앙회(2003), 『외국인연수취업제는 이렇습니다 : 고용허가제는 어떤 문제가 있습니까』.

중소기업협동조합중앙회(2000), 『외국인고용허가제의 문제점』.

지식경제부(2012년 12월 4일자 보도자료), 「주력산업과 동반성장하는 뿌리산업 생태계 구축」

최경수(2011), 「외국 인력 및 이민 유입의 경제적 효과」, 『KDI 정책포럼』 제 239호, 2011~2009, 한국개발연구원

출입국외국인정책본부(2008). 『국적별 외국인 노동자 현황』.

통계청(2013. 6. 12.), 「2013년 5월 고용동향」

통계청(2012~2013), 외국인 고용조사 결과.

파이낸셜 뉴스 2014년 8월 13일자 보도자료 「산업부-법무부, 뿌리산업에 외 국인 유학생 취업 지원」

한국고용정보원(2014), EPS : 「외국인고용관리시스템」.

한승주(2010), 「외국인 노동자의 권리에 관련한 정책갈등」

한형서(2006), 「정부의 외국인 고용정책에 대한 변화와 개선방안」. 『한국거버 넌스학회보』 13(2).

Brown, P.(2001). Globalization and the Political Economy of High Skills, in Brown et al. (2001), q.v.

국가법령정보센터 www.law.go.kr

국가뿌리산업진흥센터 www.kpic.re.kr

중소기업중앙회 외국 인력정보망 fes.kbiz.or.kr

박근혜 정부의 대학구조개혁 정책의 쟁점과 개선 과제*

반 상 진(전북대학교)

* 이 글은 2013년도 정부재원(교육과학기술부 사회과학연구지원사업비)으로 한국연구재단의 지원을 받아 연구되었음(NRF-2013S1A3A2043601).

박근혜 정부 대학구조개혁정책의 쟁점과 개선 과제

1. 서론

박근혜 정부는 지난 대선과정에서부터 고등교육정책과 관련하여 반값등록금, 대학입시 간소화, 전문대 발전 전략, 지방대 육성방안 등을 4대 중점 과제로 설정하였다. 이에 교육부는 "대입전형 간소화 및 대입제도 발전방안"(2013. 10)을 발표하였고, 그 성과로서 전형방법 수를 축소하고 학생부 반영 비율을 확대[1]하였다고 발표한 바 있다. 반값등록금 정책도 소득연계 대학 반값등록금 지원을 확대하고(2012년, 34.0% → 2013년, 42.8%), 학자금 대출금리를 지속적으로 인하하여(2012년, 3.9% → 2013년, 2.9%) 어느 정도 성과가 있었다고 자평하고 있다. 그리고 전문대 발전전략으로서 특성화전문대학 육성사업을 전개하여 2014년에 총 70교에 2,696억 원 지원하겠다고 발표한 바 있다(교육부, 2014).

하지만 무엇보다도 현 정부는 지방대 육성 방안으로 지난 2103년 12월에 '지방대학 및 지역균형인재 육성에 관한 법률'(이하 '지방대학 육성법')을 제정하였다는 것이 특징이다. 지방대 육성을 위한 법적·제도적

---

1) 대학별 전형방법 수 : 6.76개('14학년도) → 4.15개('15학년도)
   학생부 반영 비율 : 44.5%('14학년도) → 54.6%('15학년도)

장치의 필요성은 이미 문민정부 이후부터 논의되어 왔지만, 현 정부 들어 이것이 가시화되었다. 그리고 대학가는 지역 간 대학발전의 토대를 점차적으로 마련할 수 있어 고무적으로 받아들이고 있다.

하지만 현 정부에서 교육적·사회적으로 논쟁되는 것은 대학구조개혁 정책이다. 교육부가 지난 2014년 1월 29일에 2023년까지 3주기로 나누어 대학 입학정원 16만 명을 줄이겠다는 대학구조개혁 추진계획을 발표하였고, 연이어 4월 30일 새누리당 김희정 의원이 「대학 평가 및 구조개혁에 관한 법률(안)」을 제출하였다. 정부가 추진하는 대학구조개혁 정책으로 설립별·지역별·대학규모별 대학의 격차가 더욱 심화될 가능성이 높기 때문에, 지방대 육성 관련 법제정의 정신이 훼손될 위기에 처해 있다.

현재 정부는 법적 근거가 없기 때문에 정원 감축을 위한 대학구조개혁을 직접적으로 추진할 수 없지만, 대학정원 감축을 대학특성화(등록금 정책, 대학지배구조) 사업과 연계시켜 추진하고 있다. 대학입학정원 감축 여부를 대학특성화 사업(CK사업, University for Creative Korea)과 연계시켰기 때문이다. 그리고 대학특성화 사업을 대학구조개혁과 각종 국가 시책과 연계시키기 위해 대학특성화 사업의 평가기준에 대학 구조개혁 종합추진계획 연계, 입학정원 감축 규모에 따른 가산점 부여, 등록금 부담 완화 정책과 연계, 국립대학의 총장직선제 개선 관련 완료 여부와 사립대학의 대학 평의원회 구성 여부 등 대학 거버넌스 체제 구축 여부를 반영하였다. 교육부가 지난 7월 1일에 발표한 대학특성화 사업(CK 사업) 최종 선정 결과, 2014년에 지방대학(CK-Ⅰ)은 80개 대학에서 265개 사업단이 최종 선정되었고, 수도권대학(CK-Ⅱ)의 경우 28개 대학에서 77개 사업단이 최종 선정되었다. 그리고 선정된 108개 대학들은 2014학년 입학정원 대비 2015학년에 2.6%, 2016학년에 6.0%를 단계적으로 감축하여, 2017학년까지 총 19,085명(7.3%)을 감축할 계획이며, 그에 따라 수도권 대학은 평균 3.7%를, 지방대학은 평균 8.7%를 감축하게 된다.

교육부는 이번 대학특성화 사업으로 인한 정원감축은 2014년 하반기에 추진할 대학구조개혁 평가에 직·간접적으로 영향을 미칠 것이라는 공식적인 입장을 보인 바 있다. 대학특성화 사업 결과에 따라 향후 대학입학 정원이 감축된다면 결국 중장기적으로 수도권·지방, 참여·미참여 대학 간의 격차가 심화될 것으로 추정된다. 결국 지금의 대학구조개혁은 정부 주도로 강력히 추진되고 있고, 그 파급 여파가 지방소재 대학과 중소 대학에게 심각한 영향을 미칠 것이다.

현 정부의 대학구조개혁은 저출산에 의한 학령인구 감소 현상에 대비하여 대학의 수와 정원을 줄여야 한다는 단순 축소지향적 대학구조조정 정책에 불과2)하다. 우리 대학의 근본적인 체질 변화를 위한 '진정한 대학구조개혁 정책'과는 다소 거리가 있다. 현재의 대학구조개혁이 추진된다고 해서 우리 고등교육이 당면하고 있는 대학서열주의, 학력학벌주의, 지역 간·계층 간 교육양극화 등 갖가지 교육적·사회적 문제가 해결되지 않고 오히려 그러한 문제점이 더욱 심화될 가능성이 높기 때문이다. 정부가 시대 흐름에도 맞지 않는 시장 의존적 신자유주의 교육개혁에 여전히 목매고 있음은 심히 우려되는 상황이다.

이러한 문제의식에 근거하여 여기서는 현 정부가 추진하고 있는 대학구조개혁 정책의 주요 내용과 현황을 정리하고, 대학구조개혁이 대학입학정원에 미치는 영향과 쟁점 사항을 분석한 후, 이에 대한 개선 과

---

2) '대학구조개혁'과 '대학구조조정'은 유사 개념으로서 학자마다 혼용하여 사용함으로써 개념 구분 없이 서로 혼란스럽게 사용되고 있다. 하지만 여기서 대학구조조정 (restructuring)은 조직의 효율성 가치를 강조하면서 대학의 통폐합 및 인원 감축 등 다운사이징(downsizing)에 초점을 둔 개념으로 정의한다. 한편 대학구조개혁은 조직의 효율성 제고를 위한 단순한 기구 축소가 아니라 대학의 원천적 기능을 활성화시켜 궁극적으로 대학교육의 질적 향상을 통해 경쟁력을 갖추는데 역점을 둔 대학의 근본적인 체질 변화에 초점을 둔 개념으로 정의한다.

제를 제시하고자 한다.

2. 박근혜 정부 대학구조개혁의 주요 내용과 현황[3]

박근혜 정부가 현재까지 추진하고 있는 대표적인 정책은 대학구조개혁이다. 교육부는 2014년 1월 29일에 2023년까지 3주기로 나누어 대학 입학정원 16만 명을 줄이겠다는 대학구조개혁 추진계획을 발표하였고, 이러한 정원 감축 중심의 대학구조개혁과 대학특성화(등록금 정책, 대학지배구조) 사업은 서로 연계하여 추진하고 있다. 여기서는 박근혜 정부의 대학구조개혁의 주요 내용과 현황을 정리해 보고자 한다.

1) 대학구조개혁의 주요 내용

(1) 대학평가 결과에 따른 단계적·차등적 정원 감축

교육부의 대학구조개혁 추진계획에 따르면, 대학구조개혁 평가의 대상은 예외 없이 모든 대학이고, 평가방식도 종전 정량지표 위주의 상대평가 방식에서 벗어나 정량지표 외에 정성지표를 도입하고 절대평가로 전환하고 있다. 또한 모든 대학을 평가결과에 따라 5등급으로 분류하고 등급별로 입학정원 감축, 정부재정지원사업 참여제한, 국가장학금 미지급, 학자금대출제한, 지속적 퇴출 유도 등 차등적인 구조개혁 조치를 취한다는 것이다(〈표 2−1〉참조).

그리고 평가영역 및 내용은 대학 운영과 교육과정 전반을 대상으로

---

3) 이 장은 반상진(2014). 「현 정부 대학구조개혁 정책의 문제점과 개선 방향」, 『한국대학, 무엇이 문제인가, 위기 진단과 실천적 과제』, 한국대학학회 창립 학술대회 발표논문의 일부 내용을 수정·보완하였음.

하되, 구체적인 안은 대학구조개혁위원회의 심의를 거쳐 확정할 계획이다. 당초에 평가영역 및 주요 내용은 공통지표 및 특성화지표로 구분하되, 대학과 전문대학의 평가지표는 별도로 설정하여 평가[4]한다고 되어 있다.

〈표 2-1〉 5개 등급별 구조개혁 조치

등 급	구조개혁 조치
최우수	정원 자율 감축, 정부 재정지원사업 참여
우수	정원 일부 감축, 정부 재정지원사업 참여
보통	정원 평균 수준 감축, 정부 재정지원사업 참여
미흡	정원 평균 이상 감축, 정부 재정지원사업 참여 제한, 국가장학금 Ⅱ유형 미지급, 학자금 대출 일부 제한
매우미흡	정원 대폭 감축, 정부 재정지원사업 참여 제한, 국가장학금 Ⅰ·Ⅱ유형 미지급, 학자금 대출 전면 제한, 자발적 퇴출 유도

주 : 1) 국가장학금 Ⅰ유형 : 「소득연계 차등지원」
　　 2) 국가장학금 Ⅱ유형 : 「대학자체노력(등록금 인하, 장학금 확충) 연계지원」
자료 : 교육부(2014. 1. 29), 「대학 교육의 질 제고 및 학령인구 급감 대비를 위한 대학 구조개혁 추진계획 발표」, 보도자료.

그리고 주기별 대학입학정원 감축 목표는 대학 입학정원을 2017학년

---

4) 당초 대학구조개혁 세부지표는 8월에 발표할 예정이었지만, 현재까지 교육부 장관 임명지연과 세월호 특별법 논의 등으로 지연되고 있음. 하지만 대학구조개혁 추진계획에서 제시된 예시를 보면 다음과 같음.

※ 평가지표 예시
　(공통지표) : 대학 발전계획, 학사운영, 창업, 교직원, 학생선발 및 지원, 교육시설, 대학(법인) 운영, 지역사회 연계 등 사회공헌, 교육성과 등 영역별로 구성
　(특성화지표) : 교육, 연구, 사회봉사, 평생교육, 산학협력, 국제화 등 각 대학이 가진 강점분야를 중심으로 한 특성화 성과 및 계획

도까지 4만 명, 2020년까지 5만 명 등 2023학년도까지 총 16만 명의 입학정원을 감축한다는 것이다. 이를 위해 2022년까지를 3주기로 나누어 주기마다 모든 대학을 평가하고, 평가등급에 따라 최우수 대학을 제외한 모든 등급에 대해 차등적으로 정원을 감축할 계획이라는 것이다(〈표 2-2〉 참조).

〈표 2-2〉 주기별 정원감축 목표(안)

평가주기	1주기('14~'16)	2주기('17~'19)	3주기('20~'22)
감축 목표량	4만 명	5만 명	7만 명
감축 시기	'15~'17학년도	'18~'20학년도	'21~'23학년도

자료 : 교육부(2014. 1. 29). 「대학 교육의 질 제고 및 학령인구 급감 대비를 위한 대학 구조개혁 추진계획 발표」, 보도자료.

「고등교육법」에 따라 학생정원은 대학이 자율적으로 결정하고 학칙에 반영토록 규정되어 있지만, 교육부는 지난 2014년 3월 "2015학년도 대학 및 산업대학 학생정원 조정계획(안)"에서 2014년부터 추진할 구조개혁 평가를 통해 목표정원(〈표 2-2〉)을 감축하되, 정부재정지원사업 등과 연계하여 감축을 유도한다고 발표한 바 있다. 특히 정부재정지원사업 평가과정에서 대학입학정원 감축 규모 및 조기 감축여부에 따라 가산점을 부여하겠다는 의지를 밝힌 바 있다. 그리고 정원 조정기준 위반 대학에 대해서는 엄정한 행·재정 제재 및 대학정보 공시에 게재함으로써 대학입학정원을 조정하지 않는 대학에 대한 직·간접적인 제재를 하겠다는 것이다.

(2) 대학구조개혁 관련 법적 근거 마련

교육부의 대학구조개혁 추진계획에서 밝힌 법적 근거를 마련하기 위해 지난 2014년 4월 30일 국회 교문위원회 소속이었던 김희정 의원이 「대학 구조개혁 및 평가에 관한 법률(안)」을 제출하였다. 형식상으로는 의원 발의이지만, 내용상 정부입법안이라고 보아도 무방하다. 이 법률안의 주요 내용을 정리하면 다음과 같다.

- ○ 대학평가위원회 설치 (법률안 10조)
- ○ 대학구조개혁위원회 설치 (법률안 제18조)
- ○ 모든 대학을 평가하여 대학구조개혁의 자료로 활용. 활용이란 평가에 따른 학생정원 감축·조정, 정부 재정지원의 제한 등(법률안 제17조)
- ○ 정원감축에 따른 재산 및 회계 특례(정원감축에 따른 기준 초과 유휴 교육용 기본재산을 수익용 기본재산으로 용도변경 허용 등) (법률안 제26조)
- ○ 학교법인 자진 해산 시 잔여재산의 전부 또는 일부를 공익법인·사회복지법인·직업능력개발훈련법인 등에 대한 출연 등의 방법으로 처분(법률안 제23조).

이 법안에 대해 임재홍(2014)은 법률의 목적과 수단 사이의 괴리, 잔여재산 귀속의 특례, 교육용 기본재산의 수익용 기본재산으로의 용도변경, 법률체계상의 문제 등의 문제점을 제기하고 있다. 이 법안은 진정한 대학구조개혁과는 무관한 대학평가에 의한 대학정원 감축 유도와 사학재단에게 특혜를 주는 등 다양한 문제점을 안고 있어 대학의 입장에서는 받아들이기 어려운 법안 내용이다.

결국 지난 이명박 정부와 달라진 것은 구조개혁 관련 법적 장치 마련과 정성평가까지 포함하여 절대평가로 전환한 평가방식의 변화, 평가결과에 의한 강제적 대학입학정원 조정으로 요약될 수 있다.

(3) 대학구조개혁과 대학특성화 및 국가시책과 연계

현 정부는 대학구조개혁은 법적 근거에 의해 추진하고 있으나, 교육부는 실제로 법적 근거가 없어도 대학입학정원을 직·간접적으로 조정하고 있다. 대학입학정원 감축 여부를 대학특성화 사업(CK사업, University for Creative Korea)과 연계시켰기 때문이다. 지난 6월에 평가가 마무리된 대학특성화 사업의 주요 내용을 정리하면 다음과 같다.

우선, 교육부에서 제시한 대학특성화 사업의 세 가지 유형은 다음과 같다.

① 대학 자율 유형 (60%)으로서 대학 스스로 여건과 지역적 특성 고려하여 자율적으로 특성화할 분야를 구축하는 유형이다.

② 국가 지원 유형 (25%)으로서 학문간 균형발전과 고등교육 국제화를 위해 인문, 사회, 자연, 예체능 계열 및 국제화 분야에서 특성화를 구축하는 유형이다.

③ 지역 전략 유형 (15%)으로서 지역사회에서의 새로운 부가가치 창출 및 지역경제 활성화를 위해 지역 산업과 긴밀히 연계된 특성화 분야를 구축하는 유형이다.

그리고 대학구조개혁을 강력히 추진하기 위해 대학특성화 사업과 각종 국가시책을 연계시키고 있고, 대학특성화 사업의 평가기준을 보면 더욱 극명히 들어난다. 첫째, 대학 구조개혁 종합추진계획과의 연계 영역이다. 대학구조개혁 계획과 연계하여 '15~'17학년도 정원 감축에 대해 100점 만점 중 최대 5점의 가점을 부여하고 있고, 감축 규모도 구조개혁 방안 1주기('15~'17학년도) 정원감축 목표(25,300명) 즉 7%를 기준으로 ±3% 범위내로 감축 비율과 가점을 정하고 있다(〈표 2-3〉 참조).

둘째, 입학정원 감축 규모에 따른 가산점 부여 영역이다. 정원감축 뿐 아니라 학과 통폐합 등 구조개혁 노력에 정성평가(2점)와 지난 3년간 정원감축 실적 및 학과통폐합 노력 등 평가 점수(3점)를 부여하도록 되어 있다.

셋째, 대학등록금 부담 완화 정책과의 연계 영역이다. 대학생 등록금 부담 완화를 위한 노력의 일환으로, 평가지표에 장학금 지급률(1점)과 등록금 부담 완화지수(3점)를 반영하고 있고, 국가장학금 Ⅱ유형 참여대학에 대해서도 가산점(2.5점)을 별도로 부여하고 있다.

마지막으로, 대학 거버넌스 체제 구축 관련 영역이다. 국립대학은 총장직선제 개선 관련 완료 여부를, 사립대학은 대학 평의원회 구성 여부를 평가 지표에 반영(2.5점) 하고, 유예 기간 후에는 지원액과 연계한다는 것이다.

〈표 2-3〉 입학정원 감축 규모에 따른 가산점 기준

감축시기 ＼ 감축규모	10% 이상	7% 이상 ~10% 미만	4% 이상 ~7% 미만
'16학년도까지 감축 목표의 80% 감축	5점	4점	3점
'16학년도까지 감축 목표의 60% 감축	4.5점	3.5점	2.5점

자료 : 교육부, 「2014년 수도권대학 특성화 사업 시행계획」, 13쪽; 「2014년 지방대학 특성화 사업 시행계획」, 15쪽.

이러한 대학특성화 평가지표는 특성화를 대학 자율에 맡기는 것이 아니라 대학에게 강제적인 구조조정을 요구하는 것이다. 그리고 대학특성화와 관련이 없고, 현재 쟁점이 되고 있는 등록금 정책과 대학거버넌스 관련 지표까지 투입함으로써 평가에 의한 재정지원이라는 미명 하에 교육부는 전방위적으로 대학을 통제하는 방식으로 전개하고 있다.

2) 대학특성화 평가 결과

교육부는 지난 2014년 2월에 대학특성화 사업 시행계획을 발표하고 4월 말까지 두 달간의 공모 기간을 거쳐, 전국 195개 4년제 대학 중 총 160개 대학에서 989개 사업단이 사업신청서를 제출하였으며, 5월부터 두 달 동안 정량평가를 비롯하여 1단계 대학 발표평가와 2단계 사업단 발표평가 및 공정성검증위원회 심의를 거쳐 최종 선정 사업단을 7월 1일에 확정·발표하였다.

〈표 2-4〉에서 보듯이, 대학특성화 사업(CK 사업) 최종 선정 결과, 2014년에 지방대학(CK-Ⅰ)은 80개 대학에서 265개 사업단이 최종 선정되었고, 수도권대학(CK-Ⅱ)의 경우 28개 대학에서 77개 사업단이 최종 선정되었다. 지방대학은 전체 126개 대학 중 80개 대학이 선정되어, 63%의 대학이 지원되는 반면, 수도권 대학은 69개 대학 중 28개 대학 (41%)이 선정되었다.

그리고 대학특성화 사업은 당초 2014년에 지방대학(CK-Ⅰ)에 2,031억 원, 수도권 대학(CK-Ⅱ)에 546억 원을 지원하여 5년간 총 1조 2,000억 원 이상을 투자할 계획이었지만, 최종 선정된 결과 지방대학에 1,945억 원, 수도권 대학에 540억 원으로 총 2,485억 원을 지원하게 되었다(〈표 2-4〉).

〈표 2-4〉 권역별·사업유형별 대학특성화 사업 지원 현황

권역		대학자율 사업단수	국가지원 사업단수	지역전략 사업단수	합계		
					학교수	사업단수	지원액
지방	충청	34	43	3	27	80	585억원
	대경강원	29	35	3	19	67	490억원
	호남제주	24	28	3	16	55	401억원
	동남	27	33	3	18	63	469억원
	소계	114	139	12	80	265	1,945억원
수도권	서울	25	23	-	18	48	332억원
	경기인천	15	14	-	10	29	208억원
	소계	40	37	-	28	77	540억원
전국	합계	154	176	12	108	342	2,485억원

자료 : 교육부(2014. 7. 1). '지방대학 육성 및 대학 특성화를 위한 「CK 사업」 선정결과', 보도자료.

이번 최종 선정된 대학특성화 사업의 학문분야별 분포를 보면 다음 〈표 2-5〉와 같다. 표에서 보듯이, 이번 대학특성화 사업에는 주력학과를 기준으로 인문사회 45%, 자연과학 21%, 예체능 9% 및 공학 23%의 비중으로 선정되었다. 교육부는 과거 취업률 등 정량평가 위주의 평가 방식에서 벗어나 지역사회 수요에 기반한 특성화 계획을 정성적으로 평가함에 따라, 기초학문의 약진이 두드러졌다고 분석하고 있다. 실제로 인문학 분야에 사학, 철학, 어문학뿐만 아니라, 고고미술사학 등의 사업 단이 선정되었고, 자연계열도 물리, 화학, 생물 등이 선정(교육부, 2014) 되었다는 점은 고무적이라고 평가된다.

최종 선정된 대학특성화 사업의 학문분야가 균형 있게 분포되었다는 점은 긍정적이지만, 대학특성화 사업 선정을 위해 개별 대학들은 강제 적으로 입학정원을 감축해야 했다는 사실은 정책 및 사업 추진과정의 정당성과 합리성 결여라는 문제점을 안고 있다.

〈표 2-5〉학문분야별 대학특성화 사업 선정 사업단 비율(주력학과 기준)

대분류	중분류	비중	대분류	중분류	비중
인문사회 (45.3%)	경영, 경제	12.6%	예체능 (8.8%)	무용, 체육	2.3%
	교육	5.6%		미술	4.7%
	법학	0.6%		연극,영화	0.3%
	사회과학	13.5%		음악,국악	0.3%
	언어, 문학	6.7%		응용예술	1.2%
	인문학	6.4%	공학 (22.5%)	건설	1.8%
자연과학 (21.1%)	농림, 수산	5.0%		기계	6.7%
	보건	2.3%		산업, 안전	1.2%
	생활과학	1.5%		재료	1.2%
	수학, 물리, 천문, 지구	2.6%		전기, 전자, 컴퓨터	8.8%
	약학	0.6%		화공, 고분자, 에너지	2.9%
	화학, 생명과학, 환경	9.1%	기타	N.C.E	2.3%

주 : 계열별 재학생 수(교육통계, 2013) : 인문사회 46%, 자연 : 12%, 예체능 10.6%, 공학 26%, 의학 4.8%, N.C.E : Not Classified Elsewhere.
자료 : 교육부(2014. 7. 1). '지방대학 육성 및 대학 특성화를 위한 「CK 사업」 선정결과', 보도자료.

실질적으로 이번 대학특성화 사업을 지원하기 위해서는 대학마다 자체 정원조정계획을 제출했어야 했고, 그 결과 선정된 대학의 입학정원 감축 결과는 다음 〈표 2-6〉과 같다. 표에서 보듯이, 선정된 108개 대학들은 2014학년 입학정원 대비 2015학년에 2.6%, 2016학년에 6.0%를 단계적으로 감축하여, 2017학년까지 총 19,085명(7.3%)을 감축할 계획이며, 수도권 대학은 평균 3.7%를, 지방대학은 평균 8.7%를 감축하게 된다. 이러한 추세라면 지방 소재 대학의 학생 규모는 계속 감소되어 추후 수도권과 지방과의 대학 규모의 불균형 현상이 심화될 것이라는 우려가 제기된다. 특히 호남권, 제주권, 충청권의 대학 규모가 점진적으로 감소되어 지역 간 불균형이 지방내에서도 문제점으로 제기될 가능성이 있다.

〈표 2-6〉 대특성화 사업으로 인한 정원감축 규모(안)

구 분	'14년 입학정원	'17년 입학정원	정원감축 규모
수도권	72,806	70,082	(△2,724, 3.7%)
지 방	188,935	172,574	(△16,361, 8.7%)
합 계	261,741	242,656	(△19,085, 7.3%)

주 : 1) 대학구조개혁 1주기 전체 감축 목표인 25,300명의 75%를 특성화로 감축.
 2) 권역별로 보면 서울권이 3.0%로 가장 낮고, 경기·인천권 5.1%, 부산·울산·경남(8.0%), 대구·경북·강원(8.3%), 호남·제주권(9.2%), 충청권(9.2%) 등임.
 3) 입학정원을 조정하지 않은 대학은 수도권 대학 중에는 건국대, 고려대, 동국대, 서울대, 연세대, 이화여대 등 6개교이고, 지방대학 중에는 송원대, 영동대, 전주교대, 포항공대 등 4개교임.
 4) 교육부는 이번 사업에서 2015~2017학년도 입학정원을 2014학년도 대비해 10% 이상 감축하면 가산점 5점을, 7% 이상~10% 미만은 4점, 4% 이상은 3점을 주기로 했음.
자료 : 교육부(2014. 7. 1). '지방대학 육성 및 대학 특성화를 위한 「CK 사업」 선정결과', 보도자료.

교육부는 이번 특성화 사업으로 인한 정원감축은 2104년 하반기에 추진할 대학구조개혁 평가에 직간접적으로 영향을 미칠 것이라는 공식적인 입장을 보인 바 있다. 이러한 교육부의 입장을 인지하고 있는 대학들은 상대적으로 불리한 지방대학이 수도권 대학보다 정원감축의 규모를 더욱 크게 잡은 것으로 판단된다. 이러한 추세로 대학입정원이 감축이 된다면 결국 중장기적으로 수도권·지방, 참여·미참여 대학 간의 격차가 심화될 것으로 생각된다.

3. 현행 대학구조개혁이 대학입학정원 변화에 미치는 영향

교육부는 이번 대학특성화 사업으로 인한 정원감축이 향후 대학구조개혁 평가에 직·간접적으로 영향을 미칠 것으로 판단하고 있기 때문에, 여기서는 대학특성화 사업 선정 결과를 토대로 향후 대학입학정원에 어떠한 영향을 미칠 것인지 실증적으로 분석해 보고자 한다.

1) 학령인구 변화에 따른 대학입학정원 변화 추이

이번 대학특성화 사업 선정 결과를 발표하면서 이 사업의 방향과 목적을 다음과 같이 설정하고 있다.

교육부는 CK사업을 통해 고등교육의 질을 높이고 학령인구의 급격한 감소에 대비한 대학의 자율적 정원 조정 및 감축을 통해, 특성화 대학으로의 체질 개선을 유도할 계획이다(교육부, 2014. 7. 1).

교육부가 CK 사업을 통해 대학의 자율적 정원 조정 및 감축을 시도한다고 되어 있지만 제기되는 문제점은 첫째, 대학 자율이 아니라 교육부 주도의 top-down 방식으로 진행되고 있다는 점이고, 둘째, 선정 결과에서도 알 수 있듯이 수도권 대학은 평균 3.7%를, 지방대학은 평균 8.7%가 감축됨으로써 지역 간 대학 규모의 격차는 더욱 심화될 가능성이 높다는 점이다. 그리고 셋째, 교육부가 일률적으로 모든 대학에게 단계적으로 입학정원 감축을 요구하고 있기 때문에, 선정 결과에 따라 수도권과 비수도권 대학 규모의 불균형은 물론 국·공립대학과 사립대학 간 규모의 불균형, 그리고 대규모 대학과 중소규모 대학 간의 불균형이 발생할 소지가 높다는 점이다.

대학 규모의 불균형에 대한 우려는 반상진 외(2013)의 연구 결과에서
도 제기된 바 있다. 이 연구에서는 대학입학 초과정원 규모를 ① '2013
년 이후 대학입학정원을 동결하였을 경우'와 ② '2004~2013년 기간의
전체 대학의 입학정원 평균 감축율(1.73%)을 반영하였을 경우'의 두 가
지 접근 방식으로 산출하였다. 그 결과([그림 3－1] 참조), 고3졸업생 수
는 2013년 63.2만 명에서, 2020년 50.0만 명, 2030년에는 40.5만 명, 그리
고 2040년에는 39.7명까지 감소할 것으로 예상되었다. 이를 대학정원과
비교해 보았을 때, 2013년의 대학정원 55.9만 명이 2040년까지 동결될
경우([그림 3－1－A]) 2020년에는 9.9만 명, 2030년에는 15.4만 명, 2040
년에는 16.2만 명이 초과되는 것으로 추정되었다. 한편 대학정원이
2004~2013년의 평균 감축 수준(1.73%)으로 매년 감소할 경우([그림 3－1
－B]) 2020년에는 3.5만 명, 2025년에는 4.4만 명, 2030년에는 1.1만 명이
초과되는 것으로 추정되었다.

[그림 3-1] 대학정원 초과 학생 수 예측

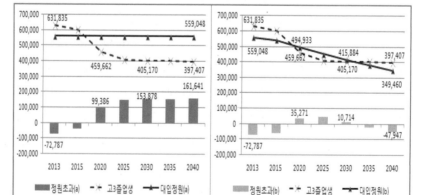

2013년 이후
대입정원동결(A)

대입정원 평균 감축률 반영
(2004-2013년)(B)

자료 : 반상진 외(2013), 「학령인구 감소에 따른 대학정원 조정 및 대학구조개혁 대
책 연구」, 『교육정치학연구』 20(4), 193쪽.

따라서 학령인구의 급격한 감소에 대비한 대학입학정원의 조정은 2013년 이후 대학입학정원을 동결하는 방식보다는 2004~2013년 기간의 전체 대학의 입학정원 평균 감축율(1.73%)을 반영하여 점진적으로 감축시킨다면 2030년에 대학입학정원과 고3 학생 수와 어느 정도 균형이 이루어진다고 할 수 있다. 하지만 교육부의 주기별 대학입학정원 감축 목표는 2023학년도까지 총 16만 명의 입학정원을 감축하는 것으로 되어 있어 추정통계에 대한 논란의 여지가 있는 것이 사실이다.

2) 지역별 대학입학정원에 미치는 영향 전망

앞서도 언급하였듯이, 이번 대학특성화 사업 선정 결과에서 주목할 부분은 수도권 대학은 평균 3.7%를, 지방대학은 평균 8.7%가 감축됨으로써 지역 간 대학 규모의 격차가 더욱 심화될 가능성이 높다는 점이다. 이러한 가능성도 반상진 외(2013) 연구 결과에서도 제기되고 있다. 〈표 3-1〉에서 보듯이, 2004~2013년 지역별 정원 감축률(수도권 : 2.01%, 비수도권 : 0.62%)을 적용해 2030년까지 입학정원 감축 규모를 추산한 결과, 수도권 대학 입학정원은 2013년에 207,659명에서 2030년에 186,948명으로 20,711명 감축되는 것으로 추정되었고, 반면에 비수도권 대학의 입학정원은 2013년에 351,389명에서 2030년에 248,661명으로 무려 102,728명 감축되는 것으로 추정되었다. 그에 따라 수도권 대학의 입학정원 비중은 2013년에 37.1%에서 2030년에는 42.9%로 증가하는 반면에, 비수도권 대학의 입학정원 비중은 2013년에 62.9%에서 2030년에는 57.1%로 오히려 감소하는 것으로 추정되었다.

〈표 3-1〉 학령인구 감소에 따른 수도권 · 비수도권 대학 연도별 입학정원 변화 추이

연도	고교 졸업자수 (A)	대학입학정원						초과 입학정원 (B-A)
		계(B)	수도권		비수도권			
			인원(C)	비율 (C/B)	인원(D)	비율 (D/B)		
2004	588,550	642,256	219,665	34.2	422,591	65.8		53,706
2010	633,539	571,842	206,045	36.0	365,797	64.0		-61,697
2011	648,468	568,691	205,088	36.1	363,603	63.9		-79,777
2012	636,724	567,989	207,734	36.6	360,225	63.4		-68,735
2013	631,835	559,048	207,659	37.1	351,389	62.9		-72,787
2020	459,663	503,620	198,867	39.5	304,754	60.5		43,957
2025	409,701	468,098	192,815	41.2	275,283	58.8		58,397
2030	405,172	435,609	186,948	42.9	248,661	57.1		30,437

주 : 1) 학령인구 : 통계청 시도별 장래 인구추계 자료 기준
    2) 고교 졸업자 수 : 교육부(2013). 2013년은 고3재학생 수, 2014년 이후 고교
       졸업자 수는 학령인구 증감률 반영
    3) 대학 입학정원 : 교육부(2013). 2013년 이후 입학정원은 대학 구조조정이
       본격화됐던 2005~2013년 입학정원 평균 감축률(수도권 : 2.01%, 비수도권 :
       0.62%) 적용.
자료 : 반상진 외(2013). p.195.

결국 2004~2013년 지역별 정원 감축률(수도권 : 2.01%, 비수도권 : 0.62%)을 반영하여 지역 간 입학정원 비중을 추정해도 수도권 대학의 비중이 증가하는 것으로 추정되는데, 이번 대학특성화 사업 선정 결과와 같이 수도권 대학은 평균 3.7%, 지방대학은 평균 8.7%를 감축시킨다면 고등교육기회의 지역별 불균형은 매우 심화될 것으로 예측된다.

3) 설립별 대학입학정원에 미치는 영향 전망

이번 대학특성화 사업 선정 결과에서 주목할 또 다른 부분은 교육부가 정원 감축을 모든 대학에게 요구하였기 때문에, 국·공립대학과 사립대학간의 비중이 어떻게 변화될 것이냐 하는 것이다. 한국의 경우 사립대학이 차지하는 비중은 2014년 기준으로 84.6%로서 세계에서 가장 높은 비중임은 이미 알려져 있다. 이번 대학특성화 사업이나 대학구조개혁 사업에서와 같이 입학정원을 감축하는 과정에서 국·공립대학과 사립대학의 특성을 반영하지 않고 일률적으로 정원 감축을 추진한다면 사립대 중심의 한국 고등교육구조는 전혀 개선될 가능성이 없다.

이러한 우려는 반상진 외(2013)의 분석 결과에서도 입증되고 있다. 〈표 3-2〉는 '2004~2013년 대학 설립별 연평균 입학정원 감축률(국공립대 : 1.43%, 사립대 : 1.53%)'을 적용하여 2030년까지 설립별 대학 입학정원 변화를 추정한 결과이다. 표에서 보듯이, 2013학년도 전체 366개 대학 중에서 국·공립대학 61개교(16.7%), 사립대학 305개교(83.3%)이었고, 2013학년도 대학입학정원 총 55.9만 명 중에서 국·공립대학 8.6만 명(15.4%), 사립대학 47.3만 명(84.6%)이었다. 이를 지난 10년(2004~2013년) 동안 입학정원 감축률을 적용하여 입학정원 감축 변화 추이를 분석한 결과, 사립대학의 비율은 2014년에 84.6%에서 2030년에 84.4%로 0.2% 정도 감소하고, 국·공립대학의 비율은 2014년에 15.4%에서 2030년에는 15.6%으로 0.2% 정도 증가하는 것으로 추정되었다. 결국, 지난 10년(2004~2013년) 동안 입학정원 감축률을 적용한다 하더라도 2030년에도 전체 대학 가운데 여전히 사립대학이 85% 정도 차지하는 것으로 추정된다. 이는 여전히 우리나라가 사립대학 과잉 구조에서 벗어나지 못함을 의미하고, 이번 대학특성화 사업 결과에서 보여주듯이 대학설립별 특성을 반영하지 못하면 사립대 중심의 고등교육구조는 전혀 개선되지 못할 것이다.

〈표 3-2〉 학령인구 감소에 따른 설립별·연도별 대학정원 감축 변화 추이

| 연도 | 고교 졸업자수 (A) | 대학 입학정원 | | | | | 초과 입학정원 (B-A) |
| | | 계(B) | 국·공립 | | 사립 | | |
			인원(C)	비율(C/B)	인원(D)	비율(D/B)	
2004	588,550	642,256	98,438	15.3	543,818	84.7	53,706
2010	633,539	571,842	83,564	14.6	488,278	85.4	-61,697
2011	648,468	568,691	83,031	14.6	485,660	85.4	-79,777
2012	636,724	567,989	86,115	15.2	481,874	84.8	-68,735
2013	631,835	559,048	86,044	15.4	473,004	84.6	-72,787
2014	618,622	550,578	84,815	15.4	465,763	84.6	-68,044
2015	599,894	542,236	83,604	15.4	458,632	84.6	-57,658
2020	459,663	502,387	77,803	15.5	424,583	84.5	42,724
2025	409,701	465,467	72,405	15.6	393,062	84.4	55,766
2030	405,172	431,263	67,381	15.6	363,882	84.4	26,091

주 : 1) 고교 졸업자 수 : 교육부(2013). 2013년은 고3재학생 수, 2014년 이후 고교 졸업자 수는 학령인구 증감률 반영.
　　 2) 대학 입학정원 : 교육부(2013). 2013년 이후 입학정원은 대학구조조정이 본격화됐던 2004~2013년 입학정원 평균 감축률(국공립대 : 1.43%, 사립대 : 1.53%) 적용.
자료 : 반상진 외(2013). 195쪽.

4) 시사점

교육부는 이번 대학특성화 사업과 대학구조개혁 정책과 연계시킴으로써 정부 주도로 정원감축을 진행하고 있다. 대학특성화 사업 선정을

위해 개별 대학이 입학정원 감축 계획을 제시하였고(수도권 대학 평균 3.7%, 지방대학 평균 8.7% 감축), 그 계획대로 추진된다면 교육부는 전국 6개 권역에 따라 학생 수와 학교 수에 비례하여 재원을 균형 있게 배분하였기 때문에, 지역산업과 사회의 특성에 맞는 지역인재가 양성될 수 있다고 기대하고 있다.

하지만 교육부가 제시하는 2023년까지의 16만 명 감축이라는 목표치의 근거가 모호하고, 이러한 추정통계에 대한 논란의 여지가 있는 것이 사실이다. 그리고 지방대학 평균 8.7% 감축에서 볼 수 있듯이, 수도권과 비수도권 대학의 특성, 국·공립대학과 사립대의 특성 등을 반영하지 않아 교육부의 축소지향적 대학구조개혁 방식이 가져다 줄 또 다른 부작용을 배제할 수 없는 상황이다. 반상진 외(2013)의 연구에서도 지적되었듯이, 학령인구 감소에 대비하기 위해 지금과 같은 단순하게 대학입학정원 감축에만 초점을 둔다면 향후 대학의 지형구조는 사립대 중심의 대규모 대학 비중이 증가하여 사립대의 과잉구조가 우려되고, 대학정원의 수도권 비중이 높아져 수도권 집중화 현상이 더욱 심각해 질 것이다.

특히 이번 대학특성화 사업을 통해 교육부는 모든 대학에게 단계적으로 입학정원 감축을 요구하고 있기 때문에, 선정 결과에 따라 수도권과 비수도권 대학 규모의 불균형은 물론 국·공립대학과 사립대학 간 규모의 불균형, 그리고 대규모 대학과 중소규모 대학 간의 불균형이 발생할 소지가 매우 높다는 점이다. 따라서 반상진 외(2013)의 연구에서 지적하고 있듯이, 2004~2013년 기간의 전체 대학의 입학정원 평균 감축율(1.73%)을 반영하여 점진적으로 감축시킨다면 2030년에 대학입학정원과 고3 학생 수와 어느 정도 지역적 균형이 이루어진다고 할 수 있다. 그럼에도 불구하고 사립대학 중심의 고등교육구조는 전혀 해결이 되지 않는 만큼 이에 대한 정부의 중장기적인 계획이 필요하다.

4. 박근혜 정부 추진 대학구조개혁의 문제점

교육부는 지난 2013년 8월에 "고등교육 종합발전 방안(시안)"을 발표
하면서 '모든 고등교육정책은 대학의 자율을 전제로 추진되며 동시에
범사회적으로 형성된 대학의 공공적 책무가 조화롭게 연계될 수 있도록
하겠다'라고 하였다. 교육부는 대학의 자율과 공공적 책무의 연계를 강
조하고 있는데, 정작 대학자율 관련 정책이 눈에 띄지 않는다는 것이
문제점으로 제기된다(반상진, 2014). 이번 대학특성화 사업을 추진하는
과정에서 모든 대학에게 입학정원 감축 계획을 요구하고 있는 것은 교
육부의 계획 설명과는 다르게 실질적으로는 강제적 성격이 강하다.

지난 이명박 정부에서 경험하였듯이, 대학개혁과정이 정부 주도의
top-down 방식으로 추진된다면 대학의 자율성을 위축시키고 긴장감을
조성시켜 자발적인 개혁 역량을 발휘하는 데에는 한계를 가져다 줄뿐만
아니라 대학의 저항과 갈등만을 증폭시켜 결국 개혁이 아닌 갈등 비용
만 증가된다. 이러한 맥락에서 현 정부의 대학구조개혁 추진계획이나
대학특성화 사업 추진이 지난 이명박 정부에서 추진했던 대학구조개혁
의 방향과 전략과 그 맥을 같이 하고 있어 매우 우려스러운 상황이다.
여기서는 현 정부의 대학구조개혁 정책에서 쟁점이 되는 문제점을 제기
하고자 한다.

1) 대학구조개혁 정책 추진 방향의 문제점

교육부는 지난 1월에 대학구조개혁 추진계획을 발표하면서, 대학구조
개혁의 필요성을 다음과 같이 언급하고 있다.

"······창의와 융합을 근간으로 하는 창조경제 구현을 위해서는 창의성과 도전정신을 갖춘 인재 양성이 핵심이며, 이를 위해서는 교육의 질 제고를 통한 대학 경쟁력 강화가 무엇보다 중요······아울러, 학령인구의 감소로 앞으로 10년 동안 대학 입학자원이 급격히 줄어들어 2023학년도에는 현재의 입학정원보다 16만 명이 부족할 것으로 전망······ 이를 방치하는 경우, 대학의 질적 수준과 관계없이 지방대학·전문대학 중 상당수가 존립이 어려워지고, 나아가 지역 간 균형발전 및 고등교육의 경쟁력 제고에도 심각한 문제가 야기······이에 따라 교육부는 대학의 양적 규모는 대폭 줄이면서, 교육의 질은 높여 대학 경쟁력을 제고할 수 있는 선제적이고 적극적인 구조개혁 방안을 마련하게 되었다(교육부, 2014. 1. 29).

여기서 우리는 정부의 대학교육관을 읽을 수 있다. 정부는 오랫동안 프레임에 갇힌 대학구조개혁 방향에서 벗어나지 못하고 있음을 알 수 있다. 대학구조개혁하면 대학경쟁력, 대학의 질을 내세우며 대학평가, 대학의 통폐합, 대학정원 감축 등 엘리트 지향적·축소 지향적 구조개혁만이 능사로 여겨져 왔다(반상진, 2014).

하지만 미래 사회는 엘리트 교육, 개인의 능력이 중요한 것이 아니라 집단창의성, 상호 협업능력, 소통능력 등 교육의 새로운 가치가 부각되고 있고, 그에 따라 개별 대학의 경쟁 패러다임에서 대학 간 연계·협력 패러다임이 강조되는 집단경쟁력의 시대(반상진, 2012)를 맞이하고 있지만 정부는 여전히 과거의 기능적 개혁 마인드에 머물러 있음을 지적하지 않을 수 없다. 한국의 대학구조가 네트워크 사회에 걸맞은 대학 간 상호 연계체제의 형태로 개편될 필요가 있음에도 불구하고, 대학구조개혁을 통해 새로운 패러다임 구축과 가치를 창출하려는 국가적 고민은 찾아보기 힘들다.

또한 정부는 학령인구 감소 현상에 대한 대비책으로 대학규모 축소라는 단순 구조조정을 마치 정답인 양 밀어붙이고 있다. 하지만 정부의 이러한 축소지향의 기능적 구조조정 방향이 과연 향후 노동시장을 정확히 전망하고 추진하는 것인지도 의문이다. Stiglitz(2012)는 "불평등의 대가(The Price of Inequality)"라는 저서에서 2008년 세계금융 위기가 촉발된 배경에는 미국 노동시장의 구조적 변화를 읽지 못했기 때문이라고 진단하고 있다. 그는 미국 노동시장이 숙련 노동과 미숙련 노동에 대한 수요와 공급의 미래 예측 부족으로 임금격차 심화가 불평등을 넘어 양극화에 이르렀음에도 불구하고, 미국은 국민들에게 고등교육 이상의 교육을 받을 수 있는 조치를 게을리 하였다는 점을 지적하고 있다.

한편 미국 교육부 산하 미래고등교육위원회(Commission on the Future of Higher Education)가 발표한 보고서 "A Test of Leadership(2006)"에 따르면, 향후 20년 내에 지식기반사회의 노동시장은 90% 이상이 고등교육을 이수한 인력들이 필요할 것이라 예견하고 있다. 미래 노동시장의 전망을 고려할 때 고학력자들을 단순히 줄이는 것이 능사는 아니라는 시사점을 주는 대목이다. 한편으로는 대학의 위기가 산업구조의 위기를 불러일으키고, 더불어 일자리 위기로 이어진다면, 현재의 대학구조개혁 방향은 산업 및 노동시장 구조에도 역기능적으로 영향을 줄 수도 있다(반상진, 2014).

따라서 정부는 축소지향의 기능적 구조개혁 방향에서 벗어나 노동시장의 전망과 대학발전의 뉴패러다임을 하루빨리 설정하여 대학구조개혁의 방향을 재설정해야 한다.

2) 대학구조개혁 정책 추진 방식의 문제점

우리나라는 지난 1995년 5·31 교육개혁 이후부터 대학개혁을 추진하기 위해 '대학평가에 의한 차등적 재정지원 방식'을 도입해 적용하고 있다. 이 방식이 처음에는 대학을 개혁의 장에 끌어 모아 국가 정책을 따르게 하는 데에 일정 부분 기여하였다. 하지만 지난 20여 년 동안 이 방식의 역기능에 대한 비판적 의견이 많다. 이번 대학구조개혁 정책이나 대학특성화 사업도 지난 정부들이 추진했던 대학평가에 의한 차등적 재정지원과 정원 감축 방식을 적용하고 있어 이에 대한 교육적·사회적 부작용의 우려가 높아지고 있다.

대학구조개혁 정책이나 대학특성화 사업이 평가에 의한 차등적 재정지원과 정원 감축 방식을 적용함으로써 제기되는 문제점은 다음과 같다 (반상진, 2014). 첫째, 교육부가 대학구조개혁 평가와 대학특성화 평가는 물론, ACE 사업, LINK 사업 등에 대학입학정원 삭감이나 학과통폐합 등의 강제함으로써 대학의 자율적 구조개혁은 현실적으로 어렵게 되었다. 실제로 지난 대학특성화 사업을 추진하는 과정에서 대학마다 강제적으로 단계적인 정원 축소, 학과 통폐합 방안을 제시하였고 국립대인 경우 총장직선제를 폐지하라는 등을 요구하는 상황이 전개되었다. 다시금 대학은 지표관리, 점수 따기 위한 소모전에 몰입하는 비정상적 상황이 확대되고 있는 것이다.

둘째, 대학평가의 공공성과 형평성, 신뢰성과 투명성이 담보되지 못한다면 교육부의 의도와는 관계없이 수도권과 비수도권, 대규모 대학과 소규모 대학, 일반대학과 전문대와의 격차 등 고등교육의 양극화는 더욱 심화될 것이다.

셋째, 교육부는 향후 10년 동안 단계적으로 16만 명의 대학정원 감축 목표치를 제시하고 있는데 이러한 자료의 신뢰성과 정확성 문제도 제기되지만, 앞서도 언급하였듯이 더 중요한 것은 이러한 단순 대학정원 감축이 향후 고등교육인력 수요, 공급체계, 급격한 노동시장의 여건과 패러다임 변화에 어떠한 영향을 줄 것인지 사전 심사가 이루어졌느냐 하는 점이다. 대학정원과 노동시장과의 긴밀한 연계성을 고려하지 않고 기능적인 정원 축소라면 향후 그에 대한 경제적 파급효과는 모두 정부의 몫이 될 것이기 때문이다.

넷째, 과거 정부에서는 사업별(NURI, BK21, 대학특성화 등)로 평가에 의한 차등재정지원 방식이 주도되었지만, 이명박 정부 이후부터는 모든 대학을 대상으로 "일괄 평가에 의한 대학구조개혁 방식"으로 추진하고 있다. 이는 개별 대학의 선택 사항이 아닌 정부주도의 전형적인 직접적인 통제 방식으로 향후 그 부작용이 심각할 것으로 우려된다.

다섯째, 이번 대학구조개혁 추진 방식은 박근혜 정부가 강조하고 있는 규제개혁 방향과도 역행하는 방식으로 추진되고 있다. 「고등교육법」에 학생정원은 대학이 자율적으로 결정하고 학칙에 반영토록 규정되어 있지만, 교육부는 2014년부터 대학구조개혁 평가를 통해 목표정원을 감축하고, 정부재정지원사업에 대학입학정원 감축 규모 및 조기 감축여부에 따라 가산점을 부여하겠다는 발상은 교육부의 규제이자 통제라고 볼 수밖에 없다.

마지막으로 평가지표의 타당성과 신뢰성 문제이다. 교육부는 평가영역 및 내용을 대학구조개혁위원회의 심의를 거쳐 확정하겠다고 하지만, 예시된 공통지표와 특성화지표를 보면 기존의 대학종합평가의 틀을 그대로 유지하고 있다. 평가를 통해 선정이 아닌 탈락의 개념으로 접근한다면 평가지표의 타당성과 신뢰성의 문제가 제기된다. 그리고 평가에 참여하는 평가자가 지난 이명박 정부에서와 같이 대학 외부인들 중심으로 추진된다면 그 또한 평가 결과를 수용하기 어려운 측면도 있다.

3) 대학구조개혁 정책의 부정적 파급효과

현 정부가 추진하고 있는 대학구조개혁 정책은 축소 지향적인 대학

구조조정이고, 대학경쟁력이라는 미명하에 엘리트 지향의 교육관에 기초하고 있다. 이러한 정책 지향이 지속되었을 때 가장 우려스러운 파급효과는 바로 대학의 지형 구조가 왜곡될 것이라는 점이다. 이번 대학특성화 평가 결과에서 보듯이, 2017학년까지 수도권 대학은 평균 3.7%를, 지방대학은 평균 8.7%를 감축하게 된다. 이러한 비율로 감축이 계속 진행된다면 우리의 대학 지형은 수도권 대학, 사립대학, 대규모 대학 중심으로 개편될 가능성이 높다. 앞서도 언급하였듯이, 2004~2013년 기간의 전체 대학의 입학정원 평균 감축율(1.73%)을 반영하였을 경우 대학입학정원이 고3 학생 수 감소에 맞게 조정될 수 있다. 하지만 대학의 입학정원 평균 감축율(1.73%)을 반영하여 입학정원을 조정한다고 하더라도 2030년까지 사립대학 비율(2014년 84.6% → 2030년 84.4%)은 변함이 없어 사립대학 과잉 구조가 유지되고, 수도권 대학 입학정원 비중은 2013년 37.1%에서 2030년 42.9%로 증가하고, 비수도권 대학 입학정원 비중은 2013년 62.9%에서 2030년 57.1%로 감소하여 고등교육기회의 지역별 불균형 심화로 이어질 가능성 높다(반상진, 2014). 결국 사립대 중심, 수도권 대학 중심, 4년제 일반대학 중심의 대학 불균형 구조는 대학서열주의, 대학 양극화 현상을 더욱 심화시켜 궁극적으로는 대학의 기반이 오히려 약화되는 부작용이 발생될 것이다.

둘째, 현재와 같은 정부 주도의 top-down 방식의 구조개혁 추진은 대학에 대한 행정권력 강화로 이어져 궁극적으로 대학의 자율성을 훼손시키는 결과를 초래할 것이다. 실제로 국립대의 경우 각종 사업평가를 통해 직접적인 통제가 더욱 강화되고 있는 실정이다. 현재 국립대학은 총장선출 직선제 폐지, 성과연봉제, 학장임명제, 대학운영성과목표제 등 대학의 근본적인 자율을 저해하는 지난 정부의 조치들로 갈등과 긴장이 고조되고 있음이 그 예이다(반상진, 2014).

셋째, 교육 및 학문 생태계 파괴의 가능성도 증가할 것이다. 평가에 의한 지원인 만큼 학문간 부조화 현상은 더욱 심화될 것이고, 그에 따른 학문 후속세대의 기반이 와해될 것이다.

넷째, 현재의 개혁 방식은 대학지원 중심이 아닌 대학규모 축소, 퇴출 중심의 구조개혁으로 중장기적으로 대학경쟁력을 오히려 약화시킬 것이다. 그리고 정부의 지원 의지도 불분명하고 매우 약하다. 교육부는 지방대 육성 및 대학특성화를 위해 5년 동안 1조 2천억 원을 지원하겠다는 계획을 발표하고 있지만, 지난 참여정부가 지방대 육성을 위해 5년 동안 2조 8천억 원, MB정부는 1조 8천억 원 정도를 지원하였다는 점을 고려한다면 박근혜 정부의 실질적인 의지가 의심스러운 상황이다(반상진, 2014).

5. 대학구조개혁 정책 개선을 위한 방향과 대책[5]

1) 대학구조개혁의 기본 방향

(1) 한국대학의 근본 문제 진단에 근거한 '처방적 대학구조개혁' 추진

지금까지 우리의 대학개혁은 정부 주도의 top-down 방식으로 추진되어 왔고, 그에 따라 정부는 대학을 위한 개혁 정책이 아닌 대학을 이끌어 가려는 주도적 개혁 정책이 주류를 이루어 왔다. 정부는 개혁이라는 미명하에 새로운 정책만을 계획하고 추진해 왔다. 대학개혁을 추진하는

---

5) 이 장은 반상진(2014), 「현 정부 대학구조개혁 정책의 문제점과 개선 방향」, 한국대학, 무엇이 문제인가, 위기 진단과 실천적 과제. 한국대학학회 창립 학술대회에서 발표한 논문의 일부를 수정·보완하였음.

과정에 정부와 대학은 전적으로 수직적 관계에서 진행되어 왔다. 따라서 정부는 고등교육체제가 안고 있는 근본적인 문제 해결보다는 새로운 정책으로 가시적인 정책 추진에만 몰두해 왔다. 이제 정부는 문제해결 없는 발전 전략은 제한적이라는 사실을 깊이 인식해야 한다. 우리의 고질적인 고등교육 문제는 학벌주의, 신자유시장적 경쟁논리(자율과 경쟁)로 인해 고착화된 대학의 서열구조, 이로 인한 과다한 교육양극화 심화, 극심한 사교육비 지출, 인구의 수도권 집중, 산업주의식 초중등교육(암기식·주입식교육), 심각한 교육경쟁에 의한 급증하는 청소년 자살률, 그리고 소수의 행정권력 남용으로 초토화된 대학의 자율성 등 수많이 문제점이 산적해 있다. 이러한 맥락에서 대학구조개혁은 이러한 대학 자체의 문제와 이를 둘러싸고 있는 교육문제 등을 근본적으로 해결하는 데 처방적 개혁에 초점을 두고 설계되고 추진되어야 한다.

(2) 대학발전의 뉴패러다임에 기초한 대학구조개혁 : 집단경쟁력과 공공적 가치 실현

현재 한국의 인구규모나 경제·사회체제로서는 국가발전의 임계점에 이를 수밖에 없는 상황이다. 이러한 상황에서 국가발전의 핵심동력인 대학의 대대적인 체질 변화를 통해 국가발전의 대변혁의 계기를 마련해야 할 시점이다. 이러한 상황에서 정부는 새로운 대발발전 패러다임을 구축해야 한다. 21세기는 엘리트 교육, 개인의 능력이 중요한 것이 아니라 집단창의성, 상호 협업능력, 소통능력 등을 통해 서로 배려하고 공유하는 교육철학(shared philosophy)이 중요하다. 이제 개별 대학의 경쟁 패러다임에서 벗어나 대학 간 연계·협력 패러다임과 집단경쟁력의 시대에 대비하여 대학구조개혁의 새로운 패러다임을 설계하고 추진해야 한다. 그리고 고등교육의 공공적 가치 실현이 개인과 국가·사회의 공동선을 실현하기 위한 필수적인 조건인 만큼 대학구조개혁가 궁극적으로 공공적 가치를 구현하는 방향으로 설계되어야 한다.

(3) 지속적·안정적, 대학 자율화에 기반한 대학구조개혁

각 대학마다 특성에 맞고, 각 대학의 여건과 문화 토양에서 수용될 수 있는 구조개혁이 이루어지도록 대학 스스로 구조개혁의 주체가 될 수 있는 자율성과 책무성이 주어져야 한다. 그리고 정부는 구조개혁의 지향점을 대학 간 차별적 특성화에 두고, 특성화를 위한 대학의 자율성을 최대한 보장해 주어야 한다.

(4) 대학의 지형구조과 체질 변화를 위한 대학구조개혁

정권마다 대학구조개혁을 강조하고 있지만, 정부의 정책적 차원에서의 대학구조개혁은 정치적 요인 때문에 지속적이고 예측가능하지 않기 때문에 대학은 혼란만 가중되고 있다. 대학구조개혁은 정책적 차원만이 아닌 법적 근거에 의해 추진되어야 중장기적으로 체계성·공정성·예측가능성·지속성을 가지고 추진될 수 있다. 현재 정부가 추진하고 있는 구조개혁 법안과는 다르게 대학구조개혁과 대학재정 지원에 대한 정부의 책무성을 강화하는 내용의 법적 근거를 마련할 필요가 있다.

(5) 대학균형발전, 노동시장 여건 전망과 연계된 대학구조개혁

대학정원 조정과 대학구조개혁이 연계되어 추진되어야 하지만, 2년제 대학과 4년제 대학의 균형발전, 국립대와 사립대의 균형발전, 수도권－지방 소재 대학의 균형발전, 대규모 대학과 소규모 대학의 균형발전 등을 고려한 합리적인 대학정원 조정 및 대학구조개혁의 틀을 구축하는 방향으로 추진되어야 한다. 그리고 대학정원 조정과 구조개혁의 전반적인 방향은 향후 고급인력 시장 규모의 전망을 근거로 설계되어야 한다.

2) 대학구조개혁을 위한 중장기 방안

이론적으로 대학정원 조정과 대학구조개혁을 동시에 추진하는 방법은 첫째, 현재의 대학정원은 고정하고 대학의 수를 감축하는 방법, 둘째, 현재 대학의 수는 고정하고 대학정원을 감축하는 방법, 셋째, 대학의 수와 대학정원을 동일하게 감축하는 방법 등이 있다. 하지만 이러한 대학 퇴출 중심의 구조개혁이나 단순 기술적인 대학정원 감축 정책은 향후 대학교육의 미래 전망뿐만 아니라 노동시장의 대개편을 고려한다면 한계가 있는 접근이다.

대학 퇴출 중심의 구조개혁이나 단순 규모 축소지향적 개혁에서 벗어나 향후 대학교육이 직면하게 될 새로운 패러다임 전환에 대비하고, 노동시장의 대개편에 적극 대응하기 위해서는 근본적인 대학의 지형구조과 체질 변화가 요구된다. 이를 위해 국립대 확대를 통한 대학교육의 공공성 확대, 수도권–지방 소재 대학의 균형발전(연계 협력체제 구축), 대규모 대학 정원 감축 및 대학교육여건 개선지원 등을 고려한 대학구조개혁의 틀 모색, 대학경쟁력과 질 제고의 기본 전제인 고등교육투자 확대, school-to-work, work-to-school, work-to-work 등 대학과 노동시장과의 연계 체제 구축 등 다양한 의제들이 제기된다. 여기서는 이러한 의제들을 고려하여 대학구조개혁을 위한 중장기 방안을 다음과 같이 국가 차원과 개별 대학 차원에서 제안해 보고자 한다.

【국가 차원】

(1) 정부의 교육관(고등교육관)과 역할 재정립

우리는 지금까지 정권마다 수많은 대학개혁 정책을 추진해 왔지만, 이들 대부분은 신자유주의 패러다임에 근거한 대학경쟁력, 대학의 수월성, 대학의 질적 제고 등의 가치에 초점을 둔 것이었다. 하지만 이러한 신자유시장적 경쟁논리(자율과 경쟁)가 대학서열구조를 고착화시켰고, 그에 따른 학벌위주 경쟁, 지역간·계층간 교육 양극화 심화, 좌절의 교육 현상 심화 등 갖가지 교육적, 사회적 문제를 발생시켰다. 사회적으로 인식되는 소수의 명문대학만이 존재함으로써 대학진학의 병목(bottle neck) 현상이 심각한 교육경쟁체제를 유발하여 왔다.

정부는 대학구조개혁이라는 구체적인 정책을 추진하기에 앞서 우리 고등교육체제의 근본적인 문제점을 개선하면서 새로운 교육패러다임을 모색하는 교육관을 재정립할 때이다. 현재의 인구규모나 경제·사회체제로서는 국가발전의 임계점에 이를 수밖에 없는 상황이다. 교육, 특히 대학교육은 지속가능한 국가발전의 핵심동력으로서 대학체제의 대대적인 수술을 통해 국가발전의 대변혁의 계기를 마련해야 할 시점이다. 고등교육이 성장 동력으로서 경제적 가치가 높아짐에 따라 향후 대학의 공공적인 기능이 더욱 확대될 전망이다. 세계은행(The World Bank, 2002 : 52)에서도 강조하였듯이, 저소득계층의 고등교육에의 접근 가능성을 높이고, 또 실질적인 고등교육 기회균등을 보장하는 것은 사회통합을 위해 여전히 유효한 정책이다. 실제로 지식기반경제 하에서는 학습능력에 따른 개인차가 기회의 차이로 연결됨으로써 교육·훈련 기회의 불평등은 사회적 불평등을 야기하고, 따라서 빈곤의 퇴치는 단순히 재정적·물리적 자원 배분의 문제가 아닌 지식의 문제로써 사회적 통합 실현의 관건이 된다. 인적자원에 대한 투자, 경제적 성장, 사회통합 간에 정적 상관관계가 존재하는 한 고등교육의 공공적 기능은 더욱 강화되어야 한다(반상진, 2008). 이를 위해 이미 일반화 단계에 접어든 우리의 고등교육은 서울대뿐만 아니라 모든 대학의 경쟁력 강화와 저변 확대로 고등교육의 공공적 가치 확대하여 고등교육의 경제적 가치를 전반적으로 증대시켜야 할 때이다.

아울러 대학발전의 뉴패러다임을 모색하여 사회적 합의를 도출할 필요가 있다. 개별 대학 간 경쟁 패러다임은 마감되고, 대학 간 연계·협력 패러다임과 집단경쟁력의 시대를 맞이하게 되었다. 따라서 우리의 대학도 21세기 network society에 걸맞은 대학 간 상호 연계체제의 형태로 개편될 필요가 있다. 미국, 프랑스 등 선진국은 이미 대학의 운영체제를 대학 간 상호 연계하는 일종의 리그(league system) 혹은 연합체제 형식(affiliated university system)으로 운영하여 왔음[6]이 그 예이다.

정부는 이제 과거 패러다임에서 벗어나 시대의 흐름에 걸맞은 교육관(특히 고등교육관)을 재정립해야 함과 동시에 정부의 진정한 역할에 대해서도 고민할 때이다. 정부가 갑의 입장이고 대학은 을의 입장에서 정부가 정책을 통해 대학을 일방적으로 이끌어 가는 역할은 후진적인 역할 분담이다. Stiglitz(2012)도 지적하였듯이, 노동시장(교육시장 포함)에서 정부의 가장 중요한 역할은 '게임의 기본적인 규칙을 정하는 것'이다. 법률이나 정책, 또는 프로그램이 지니는 가장 중요한 효력은 대개 분배 방식에 미치는 영향력이다. 따라서 정부의 역할은 교육 관련 법률이나

---

6) • 미국 주립대 중심의 Big Ten, Pac Ten 등 주립대학 연합체제 모형.
   • 미국 사립대 중심의 Ivy league 모형.
   • 프랑스 파리대학 모형과 스코틀랜드 8개 대학이 공동으로 물리학과 대학원과정 운영.
   • 유럽의 볼로냐 프로젝트 : 유럽의 고등교육 기본 요건을 규정, 유럽 어느 국가에서 수학하더라도 상호학력 인정.

정책을 수립하고 추진하는 과정에서 공정한 게임의 규칙이 작동되도록 하는 것임을 간과해서는 안 된다. 아울러 정부의 고등교육관이 대학구조개혁의 지향점을 제시해 준다는 관점에서 정부는 대학발전의 새로운 패러다임에 대한 논의와 사회적 합의를 이끌어내는 노력을 선행해야 한다.

(2) 대학의 기초체력 강화를 위한 대학균형발전 방안

우리나라의 경우 사립대학이 차지하는 비중이 83.3%(2년제 대학 97%)로서 세계에서 가장 높고, 2년제 대학보다는 4년제 일반대학 중심으로 고등교육체제가 운영되고 있음은 한국이 고등교육에 대한 국가의 공적 책무가 매우 미흡하다는 것을 보여주는 대목이다[7]. 이는 공적지원의 미흡으로 국공립대학의 비중이 너무 낮고, 그에 따라 상대적으로 고등교육의 공공적 가치가 미약하다는 것을 의미하며, 대학의 기초체력, 즉 저변이 매우 취약함을 보여준다(반상진 외, 2013). 또한 수도권 대학과 지방 소재 대학의 불공정한 경쟁구도와 대학 간 수직적 서열구조의 악순환으로 수도권 대학은 기형적으로 비대해지고, 상대적으로 지방 소재 대학은 황폐화되고 있다. 그리고 지방 소재 대학의 황폐화는 지역 우수인력 유출 → 지역 산업 침체 → 지역 일자리 부족 → 인구 및 산업 등 모든 부문의 수도권 편중 현상 심화[8]로 악순환 구조가 확산되고

---

7) 한국은 인구 10만 명당 대학 수는 3.98개교이고, 미국은 9.02개교로 2.5배 이상 많았고, 인구 100만 명당 대학생 수를 보더라도 한국이 31,664.4명으로서 미국의 41,946.3명보다 적었다. 하지만 인구 100만 명당 사립대학 재학생수를 보면 한국은 25,126.7명으로서 미국의 16,891명에 비해 많은 것으로 나타나 한국의 경우 사립대학의 규모와 차지하는 비중이 미국에 비해 매우 높음을 알 수 있다(반상진, 2010). 그러나 국·공립대학만으로 본다면, 한국이 미국에 비해 대학 수는 1/4, 대학생 수는 1/5 수준에 머물러 있다. 선진국인 미국 수준으로 가기 위해서는 한국이 국·공립대학의 규모를 오히려 증대시켜 고등교육의 기회를 더욱 확대시키는 것이 필요하다.
8) 수도권 : 국토 면적의 11.8%, 인구 49.3%(영국 런던권 35.2%, 미국 뉴욕권 15.3%, 일본

있고, 특히 지역 소재 대학 졸업생에 대한 일종의 사회적 낙인효과가 확산되어 지역 대학 졸업생의 취업난이 더욱 심화되고 있다(반상진 외, 2013).

이러한 상황에서 정부가 지난 2013년 12월 지방대 육성 관련 특별법을 제정한 것은 고무적이다. 이러한 법적 장치는 지역과 대학의 동시발전을 통해 교육적, 지역적, 계층적 양극화 해소를 꾀할 수 있고, 고등교육체제의 저변을 확대하기 위한 필수 조건이기 때문이다. 하지만 현재 정부가 추진하고 있는 학생정원 감축이나 통폐합 중심의 대학구조개혁 방식으로 인해 이 법의 정신이 훼손되고 있고, 구조적으로 지역 소재 대학의 상황을 더욱 약화시킬 뿐 경쟁력 강화에는 전혀 도움이 되지 않는다.

결국 대학의 기초체력 강화를 위한 대학균형발전의 방향은 2년제 전문대학과 4년제 일반대학의 균형발전과 국립대학과 사립대학의 균형발전, 지역대학과 수도권 대학의 균형 발전이라는 목표에 초점을 두고 추진되어야 한다. 이에 대한 정책 대안을 제시하면 다음과 같다. 첫째, 지역마다 특성에 맞게 연구명문 대학, 교육명문 대학, 종합폴리텍(직업·평생 부문) 대학으로 성장할 수 있도록 체계적으로 지원하여 대학의 지역적 구조를 재설계할 필요가 있다. 수도권 중심의 소수 명문대학체제에서 전국 단위의 다수의 명문대학체제로 전환한다면 왜곡된 대학입시 경쟁 완화는 물론 대학정원의 지역별 균등 배분, 지역별 교육적·경제적 균형발전을 꾀할 수 있기 때문이다. 지역 소재 대학발전을 위한 정부의 적극적 의지를 통해 고등교육의 기초체력 강화는 물론 지역에 유명 대학이 존재함으로 인해 학생의 수도권 몰입 현상을 완화할 수 있고, 대학정원의 지역적 배분으로 정책의 효율성을 제고할 수 있다.

도쿄권 26.7%), 100대 기업의 본사 91%, 공공기관 84%, 금융기관 예금 68%

둘째, 사립학교 중심의 직업교육체제를 국립대 중심의 전문대학체제로 구조 개편하는 방안이다. 이를 위해 정부는 단기적으로 전문대학에 대한 질 평가를 통해 구조개혁을 지속적으로 실시하는 한편, 우수한 전문대학 육성을 위한 재정지원과 부패 전문대학 및 부실 전문대학을 인수하여 준국공립대학화 하는 방안이다.

셋째, 국·공립대학의 비중을 높이고, 사립대의 비중을 줄이는 방법으로 대학설립 주체의 다변화를 통한 대학체제의 다양화와 특성화 방안이다. 사립대학에서 발생되는 문제점이 우리나라 전반적인 대학체제에 미치는 영향은 지대하다. 따라서 부실하고 부패한 사립대학의 경우 공적자원을 지원하여 법인과 정부가 공동으로 운영하는 이른바 "공영형 대학"을 설치·운영하도록 한다. 이러한 대학설립의 다변화(국·공립형, 사립형, 공영형 대학 등)하여 대학마다의 학풍을 만드는 특성화 전략이 요구된다. 이를테면, 교육중심, 연구중심, 직업중심, 평생교육중심 대학 등으로 학풍을 조성하도록 지원하고, 강대대학, 강중대학, 강소대학 등 대학규모의 특성화를 유도하는 방안도 고려해 볼 수 있다.

(3) 대학재정 지원을 위한 정부의 책무성 강화

대학투자는 대학발전의 필수조건이지만, 한국의 경우 대학에 대한 공적지원은 GDP 대비 0.7%(OECD 1.1%)로서 세계 22위권(경제 규모는 세계 9위권)에 머무르고 있는 실정이다(OECD, 2013). 더욱 중요한 것은 대학당 교육재정 수준이 매우 열악하다는 사실이다.

〈표 5-1〉에서 보듯이, 우리나라 국립대는 국내 사립대의 1/3 수준임은 물론, 미국 대학의 1/10 수준의 대학재정 규모이다. 그리고 한국의 사립대도 미국 사립대의 재정 규모의 1/5 수준에 머물러 있다. 실제로, 2010년 기준 연간 사립대학 예산 규모는 연세대 7,979억 원, 고려대

6,322억 원 등이었던 반면에, 미국의 경우 사립대인 하버드대 4조 1,721
억 원, 예일대 2조 9,223억 원이었고, 주립대인 UCLA 4조 2,749억 원, 위
스컨신대(매디슨) 2조 6,688억 원이었다. 이러한 수치가 의미하는 것은
대학경쟁력은 말로만 되는 것이 아니라 그에 걸맞은 투자가 전제가 되
어야 한다는 점이다.

〈표 5-1〉 대학별 재정규모 비교

(단위; 억 원)

대학명	대학재정 규모	대학명	대학재정 규모
서울대('10)	6,745	연세대('10)	7,979
경북대('10)	2,913	고려대('10)	6,322
부산대('10)	2,647	KAIST('10)	7,625
전남대('10)	2,624	POSTECH('10)	1,936
전북대('10)	2,203	하버드대('09, million)	$3,827.6 (41,721)
충남대('10)	2,197	예일대('10, million)	$2,681 (29,223)
충북대('10)	1,694	UCLA('09, million)	$3,921.9 (42,749)
강원대('10)	2,256	위스콘신주립대 ('09, million)	$2,448.4 (26,688)

주; 1) 국립대의 재정규모 = 일반회계+기성회계+발전기금 (세출예산).
　 2) 사립대의 재정규모 = 교비회계 세출예산.
　 3) 사립대는 본교 기준.
　 4) 미국 대학재정규모는 운영수입(operating revenue)의 합산임.
　 5) 현재 환율 1$=1,060 기준으로 환산된 수치임.
　 6) 미국 대학과의 비교를 위해 2010년 자료를 제시하였음.
자료; 국립대학별 통계연보(2010); 사립대 교비회계(통합) 자금지출서; 미국 각 대학
　　 홈페이지(financial report); 반상진(2012).

따라서 18대에 이어 19대 국회에서 계류 중인 고등교육재정교부금법
(안)이 제정되어 재정지원에 대한 국가의 책무성이 강화되어야 한다. 이

법안이 제정된다면 2배 이상의 정부대학투자 규모를 확보할 수 있다. 이 법안의 철학은 대학경쟁력 확보의 필수조건인 대학투자를 국가가 책임지겠다는 것이다. 대학발전을 위한 정부의 진정한 노력은 안정된 재정 확보에서 출발해야 하고, 궁극적으로 이러한 노력을 통해 국공립대학은 물론 사립대학의 기초 체력을 강화시킬 수 있다.

(4) 노동시장과 연계된 대학구조개혁

대학구조개혁은 단순히 규모 축소지향적 개혁이 아닌 대학의 지형구조과 체질 변화를 위한 개혁이 되기 위해 노동시장의 미래 전망과 연동하여 설계하고 추진되어야 한다. 하지만 현실은 학력학벌구조라는 비시장적인 기제가 작동하여 교육시장과 노동시장의 연계가 효율적으로 이루어지지 않는 것이 현실이다. 단적인 예로 대졸자의 50% 이상이 여성이지만 정작 사회 진출하는 여성취업자는 소수에 불과한 것이 현실이다. 대학생이 노동시장에 진입할 때 전공불일치 현상이 문제라고 지적하고 있지만, 다른 한편에서는 노동시장은 전공과 관계없이 종합적이고 다기능적인 소양이 요구한다고 주장하기도 한다. 그리고 정부가 선취업 후진학 제도를 만들어 대학진학보다는 마이스터고와 같은 고등학교를 졸업하여 우선적으로 취업하라고 권고하고 있다. 교육과 노동시장과의 연계성과 관계성을 설정하기 혼란스러운 상황이다.

일반적으로 지금까지 교육과 노동시장과의 연계를 논의할 때, 대학과 노동시장 학력과 임금소득, 대학 전공별 학교-노동시장 이행의 실태와 성과, 전공별·계열별 임금구조, 지방대학 졸업생의 노동시장 성과 등에 초점을 두고 그에 대한 대책 마련을 해온 것이 사실이다. 그에 따라 school-to-work, work-to-school, work-to-work 등 대학과 노동시장과의 연계 체제를 구축하려는 노력이 진행되어 왔다.

하지만 이러한 노력들은 대학졸업과 취업을 연결시켜 주는 인프라 구축에 초점을 둔 시스템 중심의 사고에서 벗어나지 못한 접근이라고 할 수 있다. 또한 대학이 사회나 산업체에서 실질적으로 요구하는 인재를 양성하지 못한다고 주장하면서 맞춤형 교육과정 도입 등 친기업적 대학교육체제를 요구하고 있다. 이른바 산업체는 '갑'이고, 학교는 '을'의 위치에서만 논의가 전개되고 있는 실정이다.

보다 근본적인 문제는 향후 노동시장의 체질이 어떻게 변모할 것이냐에 대한 미래 예측이다. 산업사회에서 지식기반사회로 전환되면서 지식집약적 산업이 증가한다고 하지만 어떠한 소양과 능력을 요구하고 있고, 이를 위해 대학에서 양성하는 노동공급은 어느 수준이여야 하는지에 대한 국가적 고민은 너무도 부족하다. 이러한 미래 전망 없이 학령인구가 줄어드니 대학정원이나 대학 수를 감축하자는 주장은 너무도 기능적이고 단기적인 접근이다. 따라서 정부는 미래 노동시장의 변화 전망을 좀더 중장기적으로 전망하고, 이를 토대로 대학정원 조정 및 대학구조개혁, 그리고 노동시장과의 합리적인 연계 틀을 설계하는 과학적 접근이 필요하다.

(5) 고등교육의 체질 개선과 집단경쟁력 강화를 위한 '한국형 대학연합체제' 구축

대학의 집단경쟁력 강화를 위한 한국형 대학협력체제[9]는 학벌주의와 대학서열주의 타파를 위한 지역 명문 대학 육성과 교육 양극화 해소를

---

11) "한국형"이라 명칭한 이유는 선진국과 같이 대학연합체제로 전환하여 자율적인 대학 운영체제(governing body)를 갖추는 것은 유사하지만, 다른 나라와는 다르게 궁극적으로 연합체제내에서 공동학위제와 학생선발의 공동 기준 설정 등 한국교육의 서열구조, 광적인 대학입시제도, 사교육 문제 등을 해결하기 위한 제도 보완이 도입되었기 때문임(반상진, 2012).

위한 대학의 공공적 가치 실현, 대학 간 연계·협력을 통한 대학발전의 시너지 효과, 지속가능한 국가발전의 핵심 동력으로 재개편하기 위한 대학체제의 대대적인 체질 변화, 대학 운영의 자율성·효율성·경쟁력 제고, 그리고 대학경쟁력 강화를 위한 국가의 책무성 강화를 기대할 수 있는 중장기적인 대안적 구조개혁 방안이라고 생각한다(반상진, 2012).

한국형 대학협력체제의 구축은 입체적이고, 단계적인 방식으로 접근하는 것이 필요하다. 우선 입체적인 접근이 의미하는 바는 한국형 대학연합체제가 작동하기 위해 고등교육재정교부금법 제정, 국가교육위원회 설치·운영, 그리고 지역대학발전지원법 제정이 동시에 진행되어야 한다는 것이다. 이러한 재정적, 법적 인프라 구축이 선행이 되어야 대학연합체제를 구축할 수 있기 때문이다.

둘째, 단계적 접근이 의미하는 바는 우선 국립대학을 3가지 유형(연구명문 국립대, 교육명문 국립대, 종합폴리텍 국립대(직업·평생 부문)으로 구분하여 연합체제 형태로 운영하여 그 체제가 정착이 되면 국립대와 사립대가 연합하는 대학연합체제를 구축하는 것이다. 결국 한국형 대학연합체제는 대학간, 대학 내 학문분야별 연계·협력체제로 재개편하는 것으로서 단계적으로는 국립대–국립대, 국립대–사립대 연합체제로 재개편하는 것을 의미한다. 이러한 대학연계·협력체제의 내용은 크게는 입학 및 학사체제의 공동 운영은 물론 공동학위체제로 운영하는 방안, 그리고 작게는 컨소시엄 형태로 교육 및 연구 활동을 연계하는 방안이다.

이러한 대학연합체제는 급격하게 전면 시행하는 것이 아니라 지방 10개 내외 거점대학을 중심으로 네트워크화하고, 선행 투자 통해 국공립대학의 경쟁력을 확보한 후 추후 점진적으로 하나의 연합체제 완성('국립대 공동학위제') 하고, 아울러 교육명문 국립대과 종합폴리텍 국립대(직업·평생교육 부문) 연합체제를 구축하여 다양한 고등교육기회를 확대하는 방안이다. 또한 장기적으로는 사립대의 자율 판단에 의해 연합체제에 진입함으로써 국·공립대와 사립대의 공생발전의 토대를 마련할 수 있다.

(6) 「대학발전지원법(가칭)」 제정

교육부의 대학구조개혁 추진계획에서 밝힌 법적 근거를 마련하기 위해 지난 2014년 4월 30일 국회 교문위원회 소속이었던 김희정 의원이 「대학 구조개혁 및 평가에 관한 법률(안)」을 제출하였다. 임재홍(2014)도 지적하고 있듯이, 이 법안은 대학평가 의한 강제적 대학정원 감축과 잔여재산 귀속의 특례와 교육용 기본재산의 수익용 기본재산으로의 용도 변경 조항 등 사학재단에게 특혜를 주는 내용을 담고 있어 진정한 대학구조개혁과는 무관하기 때문에 대학의 입장에서는 받아들이기 어려운 법안이다. 이에 대학사회에서는 대체 법안 마련의 필요성을 제기하고 있다.

이러한 상황에서 지난 2014년 7월 17일에 교문위 소속 정진후 의원의 대표발의로 「국립대학법(안)」이 국회에 제출되었다. 우리나라 국립대학은 그 설치에 관한 입법적 장치가 없는 상태이고, 대통령령인 설치령에 근거하고 있다. 설치령도 '서울대학교설치령'은 독자적으로 존재하고 있으나, 기타 국립대학은 국립대학이 아닌 '국립학교설치령'으로 국립의 초·중등학교까지 포괄하는 대통령령에 포함되어 있다. 이와 같은 별도의 설치령 운영은 국민의 평등권, 특수계급제도 불인정(헌법 제11조1항, 2항)이라는 헌법 정신에 위배되고, 위헌 소지의 여부가 있기 때문에, 국립대학 설치·운영에 관한 법적 장치의 필요성은 오래전부터 제기되어 왔다.

그리고 국교련에서는 국립대학의 법적 근거 마련을 위해 「고등교육법」 개정을 요구하고 있고, 사립대학은 사립대학 지원 관련 법안 마련을 위해 오래전부터 논의해 왔다.

하지만 대학의 장기적인 발전을 위해서는 국공립대학과 사립대학 모두를 포함하는 "대학발전지원법(가칭)"이 제정이 되고, 그 이후 세부적인 지원을 위한 법적 장치로서 국립대학법안, 사립대학지원법안 등이 제정되는 것이 법의 논리성에 적합하다고 판단된다. "대학발전지원법(가칭)"에 대한 세부적인 내용은 더욱 논의가 필요하겠지만, 현재 문제가 되고 있는 「대학 구조개혁 및 평가에 관한 법률(안)」의 대체 입법의 방향성으로 고민해 볼 여지가 있다고 생각한다. 따라서 대학 스스로가 자생 능력을 갖추고 진정한 구조개혁을 추진하기 위해 관련 법안 마련을 위한 노력이 필요한 시점이다.

(7) 단기적 방안; 단계적 대학정원 축소 방식에 대한 개선 방안

현행 대학특성화 사업이나 대학구조개혁 사업의 평가 방식의 문제점은 이미 앞서 언급하였고, 평가지표의 타당성과 신뢰성 문제이다. 대학구조개혁 평가영역의 예시된 공통지표와 특성화지표를 보면 기존의 대학종합평가의 틀을 그대로 유지하고 있고, 평가를 통해 선정이 아닌 탈락의 개념으로 접근하고 있어 평가지표의 타당성과 신뢰성의 문제가 제기된다. 그리고 평가에 참여하는 평가자가 지난 이명박 정부에서와 같이 대학 외부인들 중심으로 추진된다면 그 또한 평가 결과를 수용하기 어려운 측면도 있다.

이에 대한 개선을 위해 지금과 같이 정부(한국교육개발원에 위탁)에서 주도하여 평가 틀을 만드는 것이 아니라 대학구성원 중심으로 구성된 전문가 집단이 자체 개혁할 수 있도록 평가 방식의 정교화, 대학구조개혁 평가지표의 타당성과 신뢰성 확보, 평가자의 전문성 제고와 정당성 확보를 위한 방안이 모색되어야한다.

【대학 차원】

현재와 같이 정부 주도로 대학특성화(재정지원사업)와 구조개혁을 연동시켜 추진하고 있는 한, 개별 대학에서 대응하기란 현실적으로 한계가 있다. 그럼에도 불구하고, 개별 대학에서 중장기적으로 학풍 및 특성화를 위해 고려할 사항을 제시하면 다음과 같다.

(1) 규모의 경제를 고려한 대학구조개혁 탐색

개별 대학이 국·공립대학과 사립대학, 수도권대학과 지방대학, 연구중심대학과 교육중심대학, 4년제 대학과 전문대학, 기초학문대학과 응용학문대학 등 각자의 여건을 고려하여 해당 대학의 역할과 기능, 그리고 소재별로 다양한 대학을 육성하는 자체 노력이 필요하다.

이를 위해 개별 대학은 학부 교육과 대학원 교육, 연구의 동시생산을 통한 비용구조 분석과 교육과 연구의 산출요인에 근거한 비용의 규모의 경제를 고려하여 학생정원을 자체적으로 재조정하는 노력이 필요하다. 이러한 접근은 궁극적으로 대학의 특성화를 통해 학풍을 조성하는 데에도 필요한 필수적인 조치이기도 하다.

(2) 단과대학별, 학과(부)별 특성화(학풍) 전략 구축

한국의 대학들이 지니고 있는 가장 커다란 문제 중에 하나는 학풍이 없다는 사실이다. 따라서 개별 대학들은 단과대학별, 학과(부)별, 학문분야별로 자체적으로 특성화 전략을 모색하는 노력이 필요하다. 이는 정부로부터의 지원과는 관계없이 자체 역량을 발휘하여 자구적으로 노력하는 것이 바람직하다. 그래야 개별 대학이 자율적으로 색깔을 만들 수 있기 때문이다. 따라서 개별 대학은 자체 여건을 고려하여 대학의 위치를 다양한 기준에 의해 설정할 필요가 있다. 이를 테면, 대학의 지향점을 연구중심, 교육중심, 직업중심, 평생교육중심으로 설정할 것인지, 학문분야별로는 기초학문대학, 응용학문대학, 융복합중심 대학으로 설정할 것인지 자체 대학의 위치를 정립해야 한다. 그리고 대학 내 연구소의 연구역량 집중화(Umbrella model) 하는 방안, 다른 대학의 연구소, 정부 및 지자체 출연 연구소, 민간 연구소 등과의 컨소시엄 구축 방안 등을 마련하여 대학의 연구 역량도 자체적으로 육성해야 한다.

6. 결론

학령인구 감소에 의해 대학구조개혁의 필요성이 제기되었지만, 지금과 같이 모든 대학을 평가하고 그 결과로 입학정원을 감축하며, 그리고 단순히 몇 개의 대학을 통폐합시키는 방식은 근본적인 개혁 정책이 아니다. 오히려 고등교육체제를 수직적 서열 중심의 경쟁구도로 고착화시켜 체제 기반을 더욱 약화시킬 뿐이다. 지금의 대학 현실은 지방부터 대학체제의 근간이 흔들리고 있는 위기적 상황이다. 뿌리가 없는 성장과 발전은 사상누각에 불과하다.

따라서 대학정원 감축 및 대학구조개혁은 고등교육체제에 대한 정확한 현실 진단과 더불어 대학발전의 뉴패러다임과 그 맥을 같이 해야 한다. 한국의 경우 대학교육은 이미 일반화 단계에 접어들었고, 그에 따라 이제는 서울대뿐만 아니라 모든 대학의 경쟁력 강화와 저변 확대로 고등교육의 공공적 가치를 확대해야 하는 근본적인 체질 변화를 위한 개혁이 필요한 상황이다. 또한 21세기에는 개별 대학의 경쟁 패러다임이 아닌 대학 간 연계·협력 패러다임과 집단경쟁력의 시대이다.

이러한 맥락에서 지금까지 추진해 왔던 개별 대학 간 경쟁 패러다임의 효과와 한계점 여부를 정교하게 진단하고, 그에 대한 대안적 논의로서 대학간 연계·협력과 집단경쟁력의 패러다임에 대한 시대적 논의가 필요하다. 오늘날 국제경제 침체와 양극화 심화 현상을 극복하기 위해 국가간·조직간·개인간 연계·협력이 필요하고, 그에 따라 향후 대학은 상호 협력을 통해 문제해결과 새로운 가치를 창출하는 네트워트형 인재를 양성해야 하기 때문이다. 따라서 향후 고등교육의 개혁은 대학의 자율성을 보장하는 것은 기본이고, 대학 간 네트워크 및 협력 체제를 구축하여 "대학의 집단경쟁력"을 강화하는 방향을 모색할 필요가 있다. 이러한 대학의 집단경쟁력은 우리 사회의 고질적인 문제인 학벌주의와 대학서열주의 타파는 물론 교육 양극화 해소를 위한 대학의 공공적 가치를 실현하는 출발점이 될 것이다.

이러한 고등교육체제의 근본 문제 진단과 대학발전의 뉴패러다임에 대한 대응은 대학구조개혁의 지향점을 제시해 준다는 관점에서 우리가 깊이 고민해 볼 필요가 있다.

결론적으로 이 연구에서 제시하는 정부의 고등교육관 재정립, 대학의 기초체력 강화를 위한 대학균형발전 방안, 대학재정지원을 위한 정부의 책무성 강화, 노동시장과 연계된 대학구조개혁, 고등교육의 체질 개선과 집단경쟁력 강화를 위한 한국형 대학연합체제 구축, 대학발전지원법(가칭) 제정 등 국가차원에서뿐만 아니라 대학차원에서 고려할 수 있는 대학구조개혁의 대책 방안은 대학발전의 뉴패러다임에 부응하고 학령인구 감소에 따른 중장기적인 대학구조개혁 방안 마련에 시사점을 줄 것으로 기대한다. 이를 근거로 현 정부는 국공립대와 사립대, 수도권과 비수도권 대학들이 상생 발전하여 집단경쟁력을 확보할 수 있는 대학개혁의 우선순위에 대한 국가 비전과 개혁의 큰 그림을 제시하길 바란다.

◈ 참고문헌

교육과학기술부(2009.2), 「학령인구 감소에 따른 대학구조개혁 방안」(요약).

교육부(2013. 3. 28), 「행복교육, 창의인재 양성; 2013년 국정과제 실천 계획」, 2013년 교육부 대통령 업무보고.

교육부(2014. 1. 29), 「대학 교육의 질 제고 및 학령인구 급감 대비를 위한 대학 구조개혁 추진계획 발표」, 보도자료.

교육부(2014. 3), 「2015학년도 대학 및 산업대학 학생정원 조정계획」(안).

교육부(2014. 7. 1). 「지방대학 육성 및 대학 특성화를 위한 『CK 사업』 선정결과」. 보도자료.

제18대 대통령직인수위원회(2013. 3), 「제18대 대통령직인수위원회 제안 박근혜 정부 국정과제」.

반상진(2008), 『고등교육경제학』, 서울 : 집문당.

─────(2011a), 「교육경제학 연구와 고등교육; 국가 경제력에 근거한 고등교육 투자의 적정 규모 추정 연구」, 『교육재정경제연구』 20(1).

───── 외(2011b). 「지역발전을 위한 고등교육정책의 새로운 비전과 방안의 탐색」. 『교육정치학연구』, 18(2).

─────(2012), 「한국형 국립대 연합체제(Affiliated National University System) 구축 방안; 국립대 공동학위제 실현을 위한 단계적·입체적 접근」. 국립대 공동학위제 어떻게 실현할 것인가. 민주통합당 정책위원회, 교수학술4단체(교수노조·민교협·학단협·비정규교수노조), 국교련. 국회도서관 소회의실(7. 18).

─────(2013), 「교육정책 추진에서 나타난 중앙정부의 리더십과 거버넌스 분석 : 이명박 정부의 교육정책 갈등 사례를 중심으로」, 『교육정치학연구』, 20(4).

───── 외(2013), 「학령인구 감소에 따른 대학정원 조정 및 대학구조개혁 대책 연구」, 『교육정치학연구』, 20(4).

─────(2014a), 「국·공립대학 구조개혁의 쟁점과 과제」, 지식협동조합 좋은나

라 제7회 월례정책포럼 발표논문. 서울시청 시민청 워크샵룸(2014. 1. 24).

─────(2014b),「현 정부 대학구조개혁 정책의 문제점과 개선 방향」, 한국대학, 무엇이 문제인가; 위기 진단과 실천적 과제. 한국대학학회 창립 학술대회 발표논문, 덕성여자대학교.

변기용·신현석(2012),「대학구조개혁을 통한 대학의 발전방향」, 이명박정부에서의 대학구조개혁 정책의 진단을 중심으로. 2012년 한국고등교육정책학회 춘계학술대회.

신현석(2004),「대학구조조정의 정치학 : 역사적 분석을 통한 신제도주의적 특성 탐색을 중심으로」,『교육정치학연구』, 11.

─────(2012),「대학 구조개혁정책의 쟁점 분석과 과제」,『교육문제연구』, 42.

송기창·반상진(2012),「고등교육재원 GDP 대비 1.1% 확보 및 활용 방안(RR 2012-55-436)」, 한국대학교육협의회 지원 정책연구보고서.

─────(2013).「대학특성화 및 재정지원 확대와 교육행정의 과제」.「박근혜정부 교육정책 비전과 교육행정의 과제」, 2013년 한국교육행정학회 춘계학술대회 발표논문.

안민석(2009).「고등교육 재구조화 및 부실대학의 합리적 개선 방안」,『국회 정책자료집』.

유기홍(2012).「학령인구 감소와 대학정원 전망 시뮬레이션」,『2012년 국정감사 정책자료집』.

임재홍(2013).「반값등록금과 대학구조개혁; 교육 불평등 어떻게 해소할 것인가?」. 사회경제정책연구회 2013년 사회경제정책포럼. 국회의원회관 세미나실 (2013. 7. 17).

Stiglitz, Joseph E. (2012).『불평등의 대가(The Price of Inequality)』, 이순희 옮김, 열린책들.

The Secretary of Education's Commission on the Future of Higher Education(2006). *A Test of Leadership : Charting the Future of U.S Higher Education.*

이슈6

청년 고용률과
통합적 인력정책의 중요성

박 문 수(한국뉴욕주립대학교 기술경영학과)

청년 고용률과 통합적 인력정책의 중요성

1. 문제제기

생산가능인구 감소시대를 맞아하여 가장 고려해야 할 무엇인가를 고려할 때 빠질 수 없는 현상이 청년 고용률의 개선과 그에 따른 통합적 정책 운영이라고 할 수 있다. 생산가능인구가 감소되는 시대를 맞이한다는 논의의 전제는 양적 차원에서 생산인력의 감소를 의미한다. 양적 차원에서 생산 인력이 부족하다는 것은 하나의 현상으로 볼 수 있으며 질적 차원에서 부족한 청년층이 그나마 고용도 잘 되지 않는다면 미래 세대의 복합적 위험으로 다가올 수 있다. 청년층의 고용이 약화되면서 일하려는 청년층의 의욕이 상실되고 이와 함께 실질적으로 일할 사람도 부족해지면서 미래 성장을 위한 인적자원의 양과 질이 동시에 악화되는 이중의 문제에 봉착하며 이는 해결 불가능의 상황으로 치달을 수 있다는 위기의 시나리오가 만들어 질 수 있다. 따라서 이러한 미래 인적자원의 양질의 문제를 동시에 고려하기 위해서는 앞으로의 청년 고용률의 개선과 이를 대처하기 위한 통합적 정책 운영에 대한 심도 깊은 고민과 노력이 필요하다.

청년 고용률 개선을 위해 왜 통합적 정책이 고려되어야 할까? 청년 고용률 악화는 단순히 노동 경제의 이슈가 아니다. 교육, 노사문제, 기술주도형 경제와 자동화, 산업인력의 고숙련화, 높은 복지비용 등의 복잡다단한 현상이 연계되어 나타나는 복합 문제이다. 최근 10년간 정책당국에서도 청년 고용률 악화에 따라 청년인턴제, 중소기업 청년 고용보상제 등 다양한 정책 수단을 활용해왔으나 2000년대 중반 이후에는 청년 고용률은 하락세가 지속되고 있다(나승호 외, 2013). 청년층 고용은 여러 단기, 중기 정책을 써보았지만 복합적으로 얽힌 문제이기에 잘 개선되지 않고, 지속적으로 악화되는 경향이 나타나고 있는 것이다. 결국 통합적 정책 고려를 하지 않으면 안 되는 시점이 도래했다고 할 수 있다.

청년 고용률의 지속적인 악화 현상은 통합적 정책 고려의 필요성을 도출한다. 박근혜 정부 출범 이후 부처 간 협업에 대한 관심과 정책적 노력이 많은 것이 사실이다. 예를 들어 2014년 국가과학기술심의회 산하의 다부처공동기술협력특별위원회의 설립 운영과 같은 경우는 이러한 부처 간 협업과 협력사업에 대한 관심의 반영이라고 할 수 있다(정책브리핑, 2014. 6. 23). 청년 고용률 개선 역시 대표적인 부처 간 협력 정책이 필요하다고 할 수 있다.

청년층은 학생일 수도 있고, 재직자일 수도 있고, 취업준비생일 수도 있고, 직업교육을 받고 있는 훈련생일 수도 있거나 아르바이트를 하며 학비를 마련하는 휴학생일 수도 있다. 이러한 다양한 종사상의 지위는 청년층뿐 아니라 모든 계층에 적용될 수 있지만 청년층의 경우 중고등교육의 직접적인 수혜 대상이라는 점에서 교육정책과 직간접적인 연관관계를 가지게 된다. 또한 학교를 휴학하거나 졸업 이후 취업을 위한 직업교육을 받는 직업교육의 대상자이기에 직업훈련정책 및 고용지원정책의 직간접적으로 연관관계를 가진다. 또한 청년층은 대표적인 산업인력으로서 산업정책과 직간접적인 연관성을 가질 수밖에 없다. 청년층의 고용과 관련하여 노사 간의 협력은 중요한 이슈이다. 노사 간의 협력을 통해 청년층 고용을 늘리고, 청년층 고용을 유지시켜주는 것 역시 중요한 정책적 요소이다. 노사관계 정책 및 노동시장정책 등도 청년층 고용에 중요한 영향을 미치는 정책이다. 그 이외에도 기술혁신정책, 지역개발 정책 등이 모두 중요한 청년층 고용에 영향을 미친다고 할 수 있다.

본 연구에서는 복합적인 문제의 현상인 청년 고용률 악화와 그에 따른 통합적 인력정책의 중요성과 대안 모색을 주제로 논의해 보고자 한다.

2. 청년 고용률 현상과 통합적 인력정책의 중요성

생산가능인구 시대 가장 큰 위기는 무엇인가를 정확하게 진단하는 것은 실질적으로 불가능하다. 미래에 대한 완벽한 예측을 하는 연구자는 없다고 할 수 있다. 이러한 한계 때문인지 미래의 위기와 대처방안은 연구자별, 국가별, 정부부처별 다른 접근을 하는 것이 일반적이다.

어떤 정부부처에서는 인적자원의 양적 문제가 크다고 할 것이며 어떤 정부부처는 인적자원 질의 문제가 크다고 할 수 있다. 어떤 분야에서는 인력의 수급 미스매치를 강조하거나 교육정책의 한계를 강조하고, 산업계의 급격한 변화를 제기하거나 고용 및 취업역량의 약화 등 다양한 관점에서 생산가능인구시대의 인적자원의 한계를 이야기할 수 있다. 생산가능인구 감소시대는 산업의 변화도 인력 부문에 지대한 영향을 미치며 급격한 산업변화와 산업 분포 역시 인력의 중요한 영향을 미치는 것을 익히 알고 있다.

생산가능인구 시대의 예측되고 중요한 문제가 무엇인지 설정하는 것은 나열식으로 이야기할 수 있겠지만 결과적으로 이게 무엇이 가장 큰 문제인가를 논의하는 것은 쉽지 않고, 위기의 우선순위를 결정하는 것 역시 결코 간단치 않다. 그러나 이러한 복합적인 문제 중 현재의 관점에서 쉽게 개선되지 않는 문제는 무엇일까? 이론의 여지없이 청년 고용률 악화이다.

근본적으로 공급관점에서 우수한 인재를 다수 육성하는 양적의 문제와 수요 관점에서 기술혁신 속도가 빨라지고, 생산설비의 고도화와 자동화가 될수록 인력 수요가 감소하는 혁신주도형 경제체제하에서는 청년층의 고용률이 낮아진다는 문제에 봉착할 수밖에 없는 것이 현실이다.

이미 많은 연구에서 기술혁신과 고용 확대의 역관계에 대한 고민이 존재해왔다. 기술혁신과 고용확대의 딜레마 퍼즐에서 "고용의 종말론"과 같이 기술혁신이 확대될수록 더 많은 노동자들이 기계(기술혁신)에 의해 대체되는 상황이 발생할 것이라고 예측하는 논의는 많이 회자되어 왔다(제레미 리프킨, 2005). 어떻게 기술혁신과 발전에 발맞추어 인력이 발전해야 하는가에 초점하는 연구가 있어온 것이 사실이다. 심각한 것은 이러한 위기가 청년층에게 더욱 심각하게 투영되고 있다는 것이 문제이다.

청년층의 고용률 악화의 현상은 인력정책이 가진 장기적 시간 주기에 영향을 받는다. 일반적인 정책이 1~2년의 계획과 실행을 통한 성과 창출 후 3~4년의 성과 확산 주기를 가진다고 한다면 상대적으로 인력정책은 인력의 양성과 배출에서 짧은 시간에 이루어지기 어려우며 사회 경제적 제요소(교육정책, 산업정책, 고용정책, 직업훈련정책, 노동보호정책 등)가 다양하게 연관되어 있어 일관된 정책을 운영하기에도 상당히 어려운 것이 사실이다. 하지만 그 분절된 정책 운영과 한계는 고스란히 청년층의 고용률 악화에 부담으로 작용하는 것 역시 사실이다.

또 청년층 고용사정이 부진에서 벗어나지 못할 경우 교육시스템의 신뢰 붕괴, 일학습 기회 상실과 인적자원의 한계로 경제성장 잠재력이 악화되고 중장기적으로 미래 소득 및 세수 손실이 발생하는 등 다양한 부작용이 초래되며 결과적으로 미래 성장가능성을 악화시켜 이를 담보할 수 없는 상황까지도 고민해 볼 수 있다(나승호 외, 2013).

청년층 고용률과 관련되어 정책 국면이 다양하기 때문에 통합적 인력정책이 필요하다는 것은 재론의 여지가 없다. 학생 대상 청년층 고용 증진을 위한 정책만으로는 성공할 수 없고, 일종의 풍선 효과로서 비취학 청년인력의 고학력화를 촉진하는 결과를 낳을 수 있으며 청년층 고용 정보 확대만으로는 청년층의 정보 미스매치를 개선할 수 있지만 청년층의 기술 및 숙련 능력 개선이 되지 않고 장기적인 차원에서 고용률의 개선에는 큰 효과를 내기에 한계가 있을 수 있다. 통합적인 인력정책을 통한 일관성 있는 정책 조합이 중요하게 부각되는 요소이다.

이러한 복합적인 위기의 결과를 청년층의 고용률 감소(청년 취업 약화)에 초점을 두어 이러한 위기 상황을 야기하는 핵심적인 네 가지의 정책 국면을 검토하고, 이에 대한 통합적 정책방향을 찾고자 한다.

3. 청년층 고용률 현황과 4가지 정책 국면의 개요

학술적으로 볼 때 청년층 고용률이란 15세 이상 29세 이하인 전체 사람(A) 중 15세 이상 29세 이하인 사람 취업자(C)의 비율을 의미하며 취업자는 전체 대상인구 중 실업자와 비경제활동인구인 학생, 주부, 장기간 구직포기자 등을 제외한 숫자를 의미한다.

<표 1> 청년층 고용률 개념

15세 이상 인구*(A)			· 경제활동참가율 : B/A
경제 활동 인구 (B)		비경제 활동 인구**	· 고 용 률 : C/A
취업자 (C)	실업자 (D)		· 실 업 률 : D/B

자료 : 나승호 외(2013) 「청년층 고용 현황 및 시사점」, 『BOK 경제리뷰』 인용

　전체 인구 고용률은 동일한 관점에서 전체 인구 대비 취업자의 비율을 나타내며 청년 고용률은 전체 인구 고용률과 다른 경향을 보이고 있는 것이 사실이다. 최근 몇 년간 전체 인구 고용률에 비해 청년층 고용률이 크게 감소하는 추세가 나타나고 있다(통계청, 2014).

〔그림 1〕 전체 및 청년층 고용률 추이 　　〔그림 2〕 청년층 성별 고용률

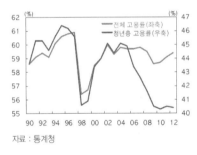

자료 : 통계청

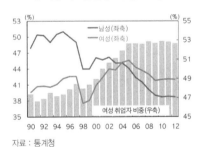

자료 : 통계청

자료 : 나승호 외(2013) "청년층 고용 현황 및 시사점", BOK 경제리뷰 그림인용

　위의 〔그림 1〕을 보면 2005년까지는 전체 고용률과 청년층 고용률이 유사한 증감 폭을 보이는 것을 확인할 수 있다. 2006년 이후 전체 고용률은 완만한 유지를 하는 반면에 청년층 고용률은 40%대 이하로의 지속적인 감소를 거듭하고 있다. 성별로 볼 때 청년층 남성의 고용률이 더 나빠지는 것이 특징인 것인 것을 〔그림 2〕에서 확인할 수 있다.

　아래 〈표 2〉를 보면 OECD 주요국과의 청년층 고용률을 비교해도 우

리나라의 수준이 크게 떨어지는 것을 확인할 수 있다. 우리나라는 40% 대의 고용률을 유지하고 있지만 OECD 평균은 50%이며 미국, 영국, 독일 등은 60%를 유지하고 있다. 우리나라의 청년층 10명 중 6명은 일을 하지 않거나 일을 준비하는 등 다른 이유로 일을 하지 않는다는 것을 의미한다.

〈표 2〉 주요국의 청년층 고용률 비교

한국	미국	영국	독일	일본	캐나다	OECD평균
40.4	55.7	60.2	57.7	53.7	63.2	50.9

주 : 1) 2012년 기준
자료 : OECD

이와 같이 우리나라 전체 고용률에 비해 중장년층의 고용률은 개선되고 있고, 청년층 고용률이 악화되는 것 역시 중요하고 심각한 문제이며 글로벌 비교를 통해서도 우리나라의 청년층 고용률은 상대적으로 매우 낮은 것으로도 분석되는 것도 청년층 고용률의 문제가 상대적으로 심각하다는 것을 반증하고 있다. 청년층 고용률의 악화는 생산가능인구 감소시대에 미래 세대의 취업 의지 감소와 청년층 고용역량 약화의 지속이라는 국면에서 더 중요한 요소이다.

현재 청년층 고용 약화라는 심각한 문제의 네 가지 국면은 중장기적 생산가능인구 감소라는 현상과 악순환적 매커니즘을 나타낼 수 있어 더 심각하다. 현재의 청년층 고용 약화의 사슬을 풀지 않는다면 중장기적으로 생산가능인구가 감소하는 2020~50년 이후의 상황은 출산 저하와 고령인구 확대 등의 복합적인 문제와 결합하여 미래 한국의 성장 가능성을 예측조차 할 수 없는 상황으로 치달을 수 있다. 청년층의 고용이 약화되면서 일하려는 청년층의 의욕이 상실되고 이와 함께 실질적으로 일할 사람도 부족해지면서 미래 성장을 위한 인적자원 양과 질이 동시에 악화되는 이중의 문제에 봉착하며 이는 해결 불가능의 상황으로 치달을 수 있다는 것이다.

[그림 3] 중장기적 관점에서 청년층 고용률 약화가 가져올 결과

청년층 고용률이 최근 지속적으로 약화되는 경향이 나타나는 근본적인 국면과 그에 따른 정책 상황 4가지를 검토해보자. 청년층 고용 약화를 가져오는 핵심 국면은 크게 4가지로 요약된다. 고학력 대졸자 양산형 교육정책, 수출주도형이면서 고용창출 약화형 산업 분포, 고학력 선호 사회문화, 이중노동시장을 용인하고 정규직에게 관대한 노동정책으로 요약될 수 있다. 청년층 고용 약화의 4가지 국면은 교육정책, 산업분포와 경향, 노동정책, 사회문화 인식으로 구분할 수 있으며 4가지의 국면, 하나하나가 모두 연관되어 현재의 청년층 고용 약화의 결과를 나타내고 있다고 판단된다.

〔그림 4〕현재 청년층 고용률 약화의 원인인 4가지 국면

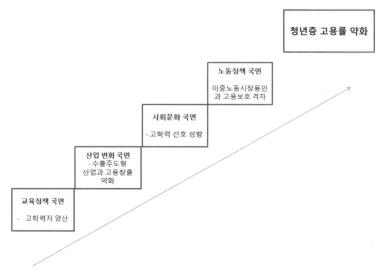

청년층 고용 약화라는 현재의 문제를 푸는 것이 중요하며 이를 통해서만 미래의 성장가능성을 생각해 볼 수 있을 만큼 중요하다. 이를 위해서는 청년층 고용 약화의 4가지 국면과 관련된 총괄적인 검토를 통해 미래성장동력 확보, 산업기술인력정책을 활성화라는 두 마리 토끼를 모두 잡을 수 있는 대안을 검토하는 것이 중요하며 이를 위해서는 통합적 인력정책이 중요함을 확인할 수 있다.

4. 청년층 고용률 악화 관련 정책 국면

1) 고학력 대졸자 양성형 교육정책의 문제와 비경제활동 청년층의 확대

청년층 고용률 악화와 관련하여 첫 번째로 고민되어야 할 정책 국면

은 고학력 대졸자 양성형 교육정책이라고 할 수 있다. 고학력 대졸자 양성형 교육정책을 통해 청년층의 비경제활동 인구는 최근 몇 년간 지속적으로 확대하고 있다. 대학설립 준칙주의에 따라 대학 등 고등교육 진학률이 크게 증가되면서 정규 교육기관 통학뿐 아니라 학업준비, 취업준비 등의 기간을 크게 증가시키고 있다. 대학 진학률의 폭발적인 증가는 대학설립 준칙주의와 대학정원 자유화 정책에. 기인하며 이는 대학 진학이 일반화되는 현상을 야기하고 있다.

〈표 3〉 대학진학률(%)

1990	1995	2000	2002	2004	2006	2008	2009	2010	2011	2012
33.2	51.4	68.0	74.2	81.3	82.1	83.8	81.9	79.0	72.5	71.3

주 : 1) 2010년까지는 대학합격자, 2011년 이후는 대학등록자 기준
자료 : 교육과학기술부

통계청(2013)에 따르면 청년층 비경제활동인구는 2000년 593만 명에서 2012년 536만 명으로 감소하였으나 고용률이 본격적으로 하락하기 시작한 최근인 2005년의 508만 명에 비해서는 28만 명 늘어났다. 청년층이 전반적으로 줄고 있는 상황에서 청년층 비경제활동인구만 증가하는 것은 대단히 이례적인 현상이며 청년층 고용률의 가장 중요한 문제라고 할 수 있다.

청년층 비경제활동인구의 결정적인 원인은 무엇보다 대학 등 고등교육 진학이 많아졌기 때문이다. 이러한 고등교육 진학률의 확대는 고등교육정책의 결과라고 할 수 있고, 대학설립 준칙주의, 대학 정원 확대의 양적 확대정책이 핵심적인 원인으로 지적될 수 있다.

아래 표를 보면 통계청에서는 최근 8년간의 청년층 비경제활동인구의 원인을 분석하고 있는데 가장 큰 원인은 정규교육기관 통학으로 고

등교육 취학이 가장 많은 것으로 분석되었다. 다음으로 육아가사, 쉬었음, 취업준비 순으로 나타난다. 최근 8년간 발전 추이를 봐도 2005년에 비해 2012년도에 정규교육기관 통학이 44% 증가하였고, 다음으로 취업준비, 쉬었음 등이 증가한 것으로 나타났다.

대졸 이상의 청년층 비경제활동인구의 원인을 좀 더 자세히 분석하면 다음과 같다. 가장 큰 원인을 보이는 것이 취업준비이며 다음으로 육아가사, 정규교육기관 통학, 학원 통학의 순으로 나타나고 있다. 최근 8년간의 추이에서도 취업준비, 정규교육기관 통학, 쉬었음 등이 늘어나고 있다.

통계 결과를 보건대 전체 청년층과 대졸 이상의 취업 적극세대의 비경제활동인구 증가의 공통적 원인은 고등교육 진학 확대와 고등교육 졸업 후 취업 지체로 볼 수 있다. 이러한 고등교육 취업 지체 현상은 쉬었음으로 대표되는 취업 포기자를 다수 양산하고 있음을 확인할 수 있다.

〈표 4〉 청년층 비경제활동인구의 원인(전체)

단위 : 만 명

	2005(A)	2006	2007	2008	2009	2010	2011	2012(B)	B-A
육아·가사	57.1	52.1	50.1	47.6	46.6	43.1	39.7	36.0	-21.0
정규교육기관 통학	348.9	366.9	382.5	391.4	393.9	392.1	390.8	393.4	44.5
학원 통학1)	26.4	25.6	24.7	26.2	25.0	26.1	24.3	22.1	-4.3
취업 준비	17.6	23.2	24.4	27.4	25.6	25.9	24.7	26.9	9.3
진학 준비	12.2	12.1	13.0	11.9	13.9	17.3	16.7	13.8	1.5
쉬 었 음	27.8	25.8	24.5	24.9	29.7	27.4	30.9	31.7	3.9
기 타2)	18.3	15.2	13.4	13.0	12.9	13.2	11.8	12.2	-6.1
NEET3)	57.7	61.1	61.8	64.2	69.2	70.7	72.3	72.4	14.8
합 계	508.3	520.9	532.5	542.3	547.7	545.1	539.0	536.1	27.7

주 : 1) 입시학원 및 취업을 위한 학원·기관 통학
　　2) 일시휴직, 심신장애, 군입대대기, 결혼 준비 등 포함
　　3) 취업준비, 진학준비, 쉬었음 등 포함

<table>
</table>

〈표 5〉 청년층 비경제활동인구의 원인(대졸)

〈대졸 이상〉									
육아·가사	9.6	8.5	8.2	7.8	7.9	7.9	6.8	6.7	-2.9
정규교육기관 통학	4.2	4.3	4.6	5.7	4.8	4.9	4.7	5.2	1.0
학원 통학1)	5.8	6.5	5.5	6.1	6.3	6.1	5.3	4.3	-1.5
취업 준비	8.3	11.2	13.5	13.4	11.7	12.2	12.3	13.7	5.4
진학 준비	1.4	1.3	1.4	1.3	1.5	1.8	1.7	1.4	0.0
쉬었음	2.3	2.3	2.6	2.9	3.4	3.5	3.7	3.9	1.6
기 타2)	1.6	1.4	1.0	1.3	1.1	1.1	0.9	1.0	-0.6
(NEET)3)	12.0	14.8	17.5	17.6	16.6	17.6	17.7	19.0	7.0
소 계	33.2	35.6	36.7	38.5	36.6	37.6	35.2	36.2	3.0

자료 : 김종성·이병훈(2012) 「대졸청년층 비경활상태 결정요인에 관한 종단연구」, 고용동향조사심포지엄.

고등교육 양적 확대는 사회적 지식의 확대와 고등교육 기회 확장이라는 순기능을 가지고 있는 반면 대졸 이상 학력 소지자의 고용 미스매치를 불러오는 역기능도 가지고 있다. 즉, 대학 진학률이 큰 폭으로 상승하면서 동 기간 중 청년층 고학력자의 노동공급은 크게 늘어났는데 이로 인해 노동공급은 늘어나고, 상대적으로 다음으로 이야기할 산업의 수요는 늘어나지 않아 청년층 일자리에 대한 수급 격차가 대폭 상승했다고 할 수 있다.

청년층 고용률이 악화되면서 결과적으로 취업을 대체할 수 있는 학원 통학, 취업 준비, 진학 준비, 대학교 졸업 이후에 대학원 진학 등의 취업하기 위한 대체 수단으로서의 원인의 증가도 청년 고용 악화의 중요한 현상이자 결과로서 검토해 볼 수 있는 주제이다.

2) 수출주도형 산업 확대 및 고용 창출능력 약화

두 번째로 청년층 고용 악화의 중요한 정책 국면으로서 산업 환경의 변화와 그에 따른 고용 수요능력 감소이다. 앞에서 투입 및 공급 관점의 청년층 고학력 고등교육 인력 배출의 확대를 논하였는데 이를 연장하여 배출된 고학력 청년층이 산업에서 흡수되고 활용되는 수급 매커니즘의 균형이 깨지고 있음을 확인할 수 있다.

2000년대 들어 경제성장이 수출·제조업 중심으로 이루어지면서 제조업이 전체 GDP에서 차지하는 비중은 2000년대 초반 22~23% 수준에서 2012년 중 28.5%로 큰 폭 상승하고 있다. 서비스업은 2000년대 초반 GDP대비 비중이 54% 정도였으나 2012년에는 51.7%로 하락하고 있다. 한국은행에서 나온 통계결과에 따르면 GDP에서 수출이 차지하는 비중을 의미하는 수출 의존도의 경우 2000년대 초반 30% 수준에서 최근에는 50%를 상회할 만큼 빠른 속도로 상승하고 있다.

〔그림 5〕 제조업·서비스업의 GDP대비비중　　　〔그림 6〕 수출의존도

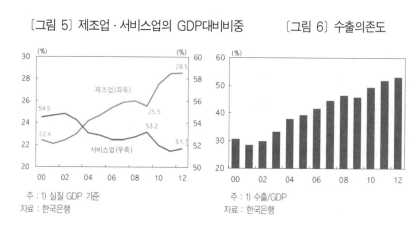

자료 : 나승호 외(2013) 「청년층 고용 현황 및 시사점」, 『BOK 경제리뷰 표』 인용.

이러한 수출 및 제조업의 비중이 확대국면은 경제성장에 있어서는 긍정적 영향을 주는 것이 사실이다. 상대적으로 수출과 제조업은 우리나라 근간 및 뿌리산업으로서 매우 중요한 것 역시 사실이다. 다만 고용 관점에서 보면 유발되는 경제의 일자리 창출 능력은 점차 저하되고

있는 것도 현실적으로 사실이다. 아래 [그림 7]을 보면 수출과 이는 수출 및 제조업부문의 고용창출효과가 여타 부문에 비해 상대적으로 작다는 것을 확인할 수 있다. 구체적으로 산업별 취업유발계수를 보면 제조업이 서비스업이나 건설업 등에 비해 낮은 취업유발을 하는 것을 확인할 수 있고, 수출에 비해 소비/투자 부문이 취업유발계수가 높은 것도 확인할 수 있다.

[그림 7] 산업별 취업유발계수

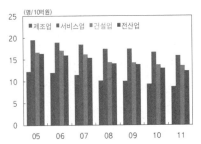

[그림 8] 최종수요항목별 취업유발계수

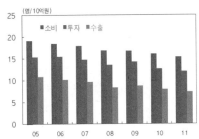

자료 : 한국은행(2010). 「우리나라의 취업구조 및 노동연관 효과」.

수출주도형 제조업 산업 확대는 청년층 고학력 인력의 취업보다는 외국인 노동자의 비율을 높이거나 외주화, 자동화 등을 통해 원가절감과 공정 개선에 집중하게 되는 현상을 나타내게 된다.

사업주의 경우 당장의 경영성과를 위해 인력 충원이 어렵다면 단기적으로는 외국인 노동자의 비율을 높이거나 외주화 등의 대책을 세우겠지만 중장기적으로는 자동화 비율을 높여 내부화할 가능성이 높다. 이에 따라 우리나라의 생산공정의 자동화 비율은 지속적으로 증가하는 것이 사실이다.

상대적으로 국제경쟁력이 있고, 고용창출효과가 낮은 수출·제조업 위주로 산업이 재편되면서 양질의 일자리 창출이 제약되고 이로 인해 청년층이 대부분 신규진입 노동시장에서 일종의 병목현상이 일어나고 있는 것으로 해석할 수 있다. 반면 대학 진학률이 큰 폭으로 상승하면서 동 기간 중 청년층 고학력자의 노동 공급은 크게 늘어났는데 이로 인해 우리 경제 전체적으로 양질의 일자리에 대한 수급 격차는 심화되고 있는 것이 사실이다.

3) 고학력 선호형 사회문화의 확대와 산업현장 인력 부족 심화

세 번째로 청년층 고용률을 악화시키는 원인은 사회문화적 요인이다. 청년층의 고용문제가 심화될수록 많이 제기될 수밖에 없는 문제가 우리나라 등 한자문화권에서 강조되는 고학력, 장원급제형 시험 준비 문화이다. 고려시대 이후 장원급제를 통해 관리와 선비 등의 고급 인력으로 발전할 수 있었던 역사적 배경이 그대로 전수되는 상황이 발생하고 있다.

고학력 선호형 사회문화는 첫 일자리부터 좋은 일자리를 구하기 위해 학력을 더욱 높이려 한다든가 혹은 구직탐색 및 취업준비기간이 길어진다 하더라도 자발적인 미취업상태에 머무르려 하는 고학력 청년층의 양을 확대하는 문제가 발생한다. 아울러 고학력 인력(청년층의 70% 이상)의 미취업상태 지속에 따라 산업현장에서 인력이 부족해지고, 외국인 노동자 활용빈도가 높아지는 등의 산업현장의 인력 수급의 문제가 동시에 발생하는 것은 어쩌면 당연한 결과이다.

고학력임에도 불구하고 상당기간 실업상태로 있어 사실상의 구직 포기자가 되는 이유로는 이들이 양질의 일자리(decent job)를 얻기 위해 인적자본에 더욱 투자하기로 결정했거나 이미 상당히 투자했으나 그들의 눈높이에 맞는 좋은 일자리를 찾지 못했기 때문이다. 앞의 표에서 청년층 비경제활동인구의 원인으로서 이러한 일종의 고학력 악순환 현상이 발생되며 더 나은 취업을 위해 고학력에 투자하고, 어학연수에 투자하고, 사교육에 투자하지만 취업은 늦어지고, 다시 다른 차원의 교육에 투자하지만 현장에 필요한 혁신 인력으로는 성장하지 못하는 비효율이 심화되고, 불균등한 사교육 고등교육시장만 확대하는 상황이 발생한다.

고학력 선호형 사회문화와 악순환이 심화되었을 때 나타날 수 있는 가장 심각한 문제는 개인의 직업지위가 세대 간 계승되는 사회적 이동성의 약화현상이다.

김영화·김병관(1999), 방하남·김기헌(2001)의 연구에 따르면 우리나라에서 세대 간 사회적 지위세습이 강화되고 있음을 보여주고 있는데 이는 투자지속형 고학력 선호 사회문화를 견딜 수 없는 다수 개인이 투자를 멈추고, NEET족(취업 포기족을 일컫는 용어)으로 전락하거나 임시직 등으로 낮은 수준의 일자리에 만족하는 상황이 발생되며 이는 사회적 이동성을 낮추는 문제를 발생시킨다.

1970~80년대 한국경제의 눈부신 발전의 가장 큰 원동력으로서 국내외 연구자들이 가장 먼저 꼽는 이유는 '잘살아 보세'라는 구호와 같이 한국전쟁 이후 계급이 붕괴되고, 열심히 일하면 높은 임금과 사회적 보상을 기대하는 높은 사회적 이동성에 대한 열망과 노력으로 인한 사회적 현상을 가장 많이 제시하였다. 하지만 이러한 고학력 게임의 악순환이 우리나라의 가장 큰 장점을 약화시킨다는 문제에 봉착하며 인력정책의 선순환 고리를 끊는 무서운 요인으로 발전하고 있는 것이 사실이다.

4) 이중노동시장 심화와 청년층의 숙련 미스매치 심화

네 번째로 이중노동시장의 심화와 청년층의 노동시장 이동성 약화가 중요한 원인으로 분석될 수 있다. 예를 들어 노동시장 이동이 자유롭다면 노동시장에 새로이 진입한 청년층은 미취업기간 중의 숙련퇴화(skill obsolescence) 등을 우려하여 근로여건 등에 구애받지 않고 가능한 한 빨리 일자리를 얻으려 할 것이다. 하지만 우리나라의 노동시장은 노동시장이 양호한 근무여건과 고임금으로 대변되는 1차 시장(primary)과 열악한 근무여건과 저임금으로 대변되는 2차 시장(secondary)으로 분단(segmentation)되어 있다. 시장간 이동에 제약이 있다면 당장 저임금 일자리에 취업하는 대신 장래 고용의 질을 향상시키기 위해 학력 수준을 높이거나 자발적으로 미취업상태에 머물러 있을 가능성이 높은 상황이다.

결과적으로 이중노동시장의 존재는 앞서 언급하였던 대로 청년층으로 하여금 첫 직장 선택 시 신중한 태도를 취하게 함으로써 노동시장 진입 시기를 늦추는 역할을 한다. 비경제활동인구를 증가하거나 경제활동인구로의 전환을 늦추는 역할을 한다고 할 수 있다. 노동시장 이중구조 하에서는 1차 시장과 2차 시장 간의 이동이 자유롭지 않아 노동시장에 최초로 진입하는 시점에 2차 시장에서 근무를 시작하면 향후에도 1차 시장에 진입하지 못할 가능성이 높기 때문이다. 1차 시장 진입에 실패한 청년층의 경우 2차 시장에 진입하기보다는 1차 시장 진입을 위해 자발적인 비경제활동 상태를 감수하게 되고 이는 고학력 청년 NEET가 늘어나는 원인으로 작용하게 되는 것이다.

이중노동시장의 존재뿐 아니라 청년층 고용률 악화에 영향을 미치는 요인은 청년층 숙련 미스매치 현상이다. 앞에서 교육관점에서 고학력 인력 양산이라는 공급관점의 문제와 수요 관점의 수출, 제조업 중심의 인력 수요 약화라는 미스매치를 분석하였다. 이러한 미스매치와 함께 개인의 역량관점에서 보면 숙련 공급과 산업체의 숙련 수요의 관점에서 접근하여 숙련 미스매치가 일어날 수 있다. 실제 교육에서 공부한 내용과 산업체에서 활용하는 지식과 아이디어가 달라서 만들어지는 미스매치 현상이라고 할 수 있다.

IMF Working Paper(2014) 「한국경제의 경제 활성화를 위한 노동시장 활성화방안」이라는 보고서에 따르면 숙련 미스매치를 수치화하여 분석 하였는데 숙련 공급차원에서 교육수준을 지표화 하여 1=low(less than high school), 2=semi (high school graduates), and 3=high skill (bachelor's degrees or higher)으로 수치화하였다. 숙련 수요차원에서 산업별 숙련집중 도를 지표화 하였으며 이는 아래 표와 같이 3단계 수준(NC, R, NM)에서 지표화 하였다. 구체적으로 고급숙련업무(NC), 중간숙련업무(R), 매뉴얼 수준초급업무(NM)로 구분하였다.

⟨표 6⟩ 직업차원 숙련 단계

KSCO Occupation Code	Occupation title	Non-routine Cognitive (NC)	Routine (R)	Non-routine Manual (NM)
1	Managers	x		
2	Professional and Related Workers	x		
3	Clerks		x	
4	Service Workers			x
5	Sales Workers		x	
6	Skilled Agricultural, Forestry and Fishery Workers		x	
7	Craft and Related Trade Workers		x	
8	Equipment, Machine Operating and Assembling Workers		x	
9	Elementary Workers			x

자료 : IMF(2014) 표 인용.

우리나라의 숙련 미스매치 현상을 분석한 아래 그림을 보면 그러나 우리가 예상한 것과는 달리 노동시장 숙련 미스매치 현상은 2005년 이 후로 지속적으로 완화되는 추세에 있다. 숙련 미스매치 지표(SMI, SKILL MISMATCH)는 공급-수요를 빼는 형태로서 지표화 하였기 때문에 양의 증가는 공급(교육지표)의 수준이 높다는 것을 의미한다. 공급과 수요가 어느 정도 매칭 되어가는 추세를 보여주고 있다. SMI (SKILL MISMATCH)1은 아래 설명과 같이 60개 산업 기준으로 분석하였고, SMI2는 9개 직업군을 기준으로 분석한 것을 의미한다.

〔그림 9〕 숙련 미스매치 지표

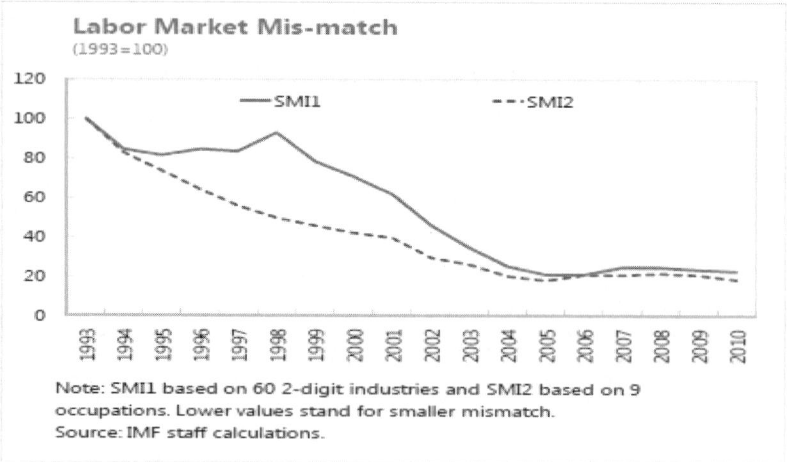

Labor Market Mis-match
(1993=100)
120
100
80
60
40
20
0
SMI1
SMI2
1993
1994
1995
1996
1997
1998
1999
2000
2001
2002
2003
2004
2005
2006
2007
2008
2009
2010
Note: SMI1 based on 60 2-digit industries and SMI2 based on 9 occupations. Lower values stand for smaller mismatch.
Source: IMF staff calculations.

자료 : IMF(2014) 표 인용.

상대적으로 아래 그림을 보면 청년층의 숙련 미스매치는 전체 숙련 미스매치와 달리 2005년 이후로 지속적으로 증가하는 것을 확인할 수 있다. 또한 이러한 현상과 함께 청년층 고용률과 정확한 역의 관계를 보이고 있다. 청년층의 숙련 미스매치가 높으면 (교육부문이 고공급되어 수요보다 초과되면) 청년층 고용률은 크게 감소하고, 반대로 청년층의 숙련 미스매치가 낮으면(교육 저공급되거나 수요가 확대) 청년층의 고용률은 높아지는 현상을 반영하고 있다.

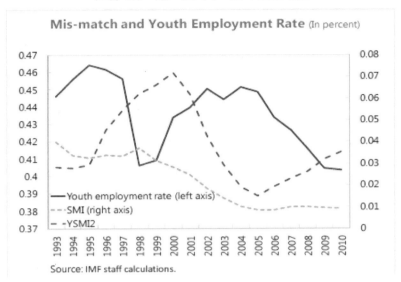

Mis-match and Youth Employment Rate (In percent)

Source: IMF staff calculations.

자료 : IMF(2014) 표 인용.

이러한 결과는 청년층의 고용률 향상을 위해서는 숙련 미스매치, 즉 교육의 공급과 노동시장의 수요가 적절히 매칭되는 정책적인 활동과 방법이 중요하다는 것을 확인할 수 있다.

이러한 현상은 교육, 산업, 노동정책의 혼합적인 노력이 강화되면 청년층 고용률의 확대가 가능할 수 있다는 가정을 보여주고 있으며 이에 대한 논의는 IMF보고서에서 통계적으로 검증하고 있다.

5. 교육정책, 산업정책과 노동정책 등 통합적 인력정책의 중요성

이제까지 청년 고용 약화의 4가지 국면을 분석하였다. 청년 고용 약화를 극복하기 위해서는 이상의 논의와 같이 교육정책, 산업정책, 노동정책을 정책적으로 일관성 있게 검토하고, 체계적이고 통합적으로 정책혼합을 하는 것이 중요하다.

일관성 없는 일부 정책은 전체적인 정책성과의 약화를 가져올 수 있는데 예를 들어 교육정책이 고학력 일변도의 정책으로 가게 되어 양적 확대가 지속된다면 산업정책과 노동정책의 변화에도 불구하고, 청년 고용확대라는 정책성과는 창출하기 어려울 것이며 교육정책과 산업정책이 양적 축소와 내수 동반성장 등의 정책을 확대할 지라도 노동정책이 이중노동시장을 그대로 방치한다면 여전히 정책성과를 거두기 어려울 것이다. 이러한 정책 혼합과 개별 정책의 발전과정에 대해서는 좀더 신중하고 체계적인 검토를 통해 확인해 보아야 한다.

청년층 실업대책은 정부지원을 통한 채용장려 등 단기적인 실업률 감축에 집중하기보다는 장기적인 관점에서 산업, 교육정책과의 조율 및 노사 간 대타협을 통해 '괜찮은 일자리'를 지속적으로 만들어 청년층의 노동공급 유인을 제공하고 고용률을 제고하는데 역점을 둘 필요가 있다. 이중 노동시장을 완화하기 위한 정규직의 노동보호의 완화, 연공급 위주의 임금제도의 개선, 비정규직 훈련 강화 등이 중요한 정책적인 노력인데 이러한 이중노동시장과 양극화를 완화하는 것은 청년 고용률을 높이는 또다른 고리로서 활용될 수 있다.

특히 인구감소를 통한 자연스러운 고용률 확대에 대한 기대는 적어도 앞으로 2020년까지는 없을 것으로 보이며 교육정책과 산업정책, 노동정책을 개선하지 않으면 청년층 인구 감소로 인한 자연스러운 청년 취업 약화의 현상은 2020년까지는 없으며 국지적 차원에서 청년 인구는 증감을 반복하여 2025년 이후에나 급격한 감소를 보인다. 따라서 선제적인 생산가능인구 감소시대에 맞춘 청년 고용률 대책은 필요한 것으로 판단된다.

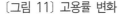

[그림 11] 고용률 변화

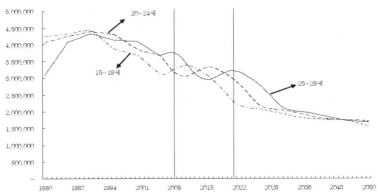

주 : 수직선은 25~29세 인구가 국지적 정점을 지나는 2008년과 2020년을 가리킴

자료 : 통계청(2014) 경제활동인구 조사.

무엇보다 청년 고용악화의 장기비용은 결국 인적자본의 상실에 기인
하므로 인적자본에의 효율적인 투자가 실업의 사회적 비용을 줄이는 관
건이며 소득분위별 교육격차가 갈수록 심화되면서 저소득층의 청년들이
상대적으로 실업에 더 취약해질 가능성 높다. '성장지향적 재분배정책
패키지'을 통해 일부 계층의 학력인플레를 해소하고 저소득층, 저학력층
등 취약층 청년실업을 완화할 필요가 있다. 저소득층에 대한 교육, 직업
훈련 지원, 장학사업 등을 통해 인적자본 축적을 도모하고 성장잠재력
을 강화하는 전략이 필요하다.

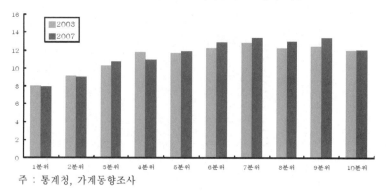

〔그림 12〕 소득 분위별 소비지출 중 교육비 비중

주 : 통계청, 가계동향조사

6. 정책함의

본 연구는 청년 고용 악화 현상을 진단하고, 이를 통한 통합적 인력 정책의 중요성을 강조하는 내용으로 함축된다. 간략하게나마 통합적 인력정책의 정책 대안을 제시해 보고자 한다.

첫째, 기업과 학교 간 교육내용 미스매치 완화를 위한 지속적인 협력과 대화가 필요하다. 본 연구에서 많이 강조되는 학교 교육과 현장간의 차이를 줄이기 위한 사회적 논의의 확대인데 이를 위해서는 공급차원에서 학교의 커리큘럼을 수정하고, 현장실습 등의 실무형 교육을 확대하는 방법도 있을 것이고, 수요차원에서 NCS와 같이 표준화된 직무를 만들어서 학교에서 활용하고, 교육하기 편하게 하는 제도적인 노력도 가능할 수 있으며 지속적으로 산업 업종차원에서 학교-현장의 칸막이를 줄이는 협의회를 확대하는 것도 필요하다. 이러한 지속적인 노력이 필요한데 독일의 조합주의형 조정과 미국의 자유주의형 조정에 대한 논의가 있지만 공통적인 것은 사회적 문제라고 인정하고 많은 논의와 미스매치의 갭을 줄이기 위한 노력을 한다는 것에 있다.

이러한 기업과 학교 간 교육내용, 방법에 대한 사회적 대화를 이끌 핵심적인 컨트롤타워가 필요하다. 정책부처의 다변화와 분절화는 통합적 인력정책을 이끄는 데 한계가 있다. 통합적 인력정책을 관리할 수 있는 글로벌 수준의 컨트롤타워가 수립, 운영되어야 할 것이다. 현재의 고등교육(교육부), 연구개발인력(미래부), 고용 및 취업(고용노동부), 산업인력(산업부) 등으로 분화된 형태로는 통합적인 인력정책을 위한 실질적인 사회적 대화에는 한계가 있는 것이 사실이다.

둘째, 학교 교육을 넘어서 직업교육훈련의 확대 강화이다. 직업교육훈련의 확대는 학교와 현장을 잇는 중요한 연결고리라고 할 수 있으며 고등교육에서 배우지 못한 현장 기술을 실무적으로 습득하는 것은 매우 중요하다는 것을 확인할 수 있다. 하지만 우리나라는 직업교육의 기능이 매우 약화되고 있고, 취미 및 범용한 교육들이 난립한 것 역시 사실인데 직업교육훈련기관의 활성화 또는 직업교육기능과 고등교육기능을 동시에 진행하는 기관(예, 폴리텍대학 등)에서 선도적으로 현장기술과 학교 교육의 미스매치를 줄일 수 있는 프로그램을 개발 확대하는 것도 중요하다고 판단된다.

셋째, 청년층 고용 기회 확대를 위한 교육 및 훈련 기회 확대와 기업의 채용기준 변화 노력이다. 학교에서 배운 것만으로 현장에서 모든 역량을 발휘할 수 없는 것이 현실이며, 학교의 전공과 연계된 취업이 높지 않은 것이 현실이다. 고용 기회를 확대하기 위해서는 다양한 교육 및 훈련 기회를 접할 수 있도록 지원하는 것 중요하다고 할 수 있다. 대표적인 제도가 직장체험 및 현장실습 프로그램 등이며, 이러한 다양한 교육 및 훈련 기회의 접촉은 고용 기회를 확대하는 데 장점이 될 수 있을 것으로 판단되며 교육의 다양성 차원에서 필요하다고 할 수 있다.

스펙이라는 현상이 청년 고용률을 높이거나 낮춘다고 단정할 수는 없으나 분명한 것은 대기업의 청년 취업이 몰리는 현상을 설명하고, 대기업이 몰리는 학생들을 고르는 복잡한 채용기준이 스펙으로 귀결된다고 할 수 있다. 인위적으로 교육 인력을 줄이든 늘리든 기업의 채용 기준의 변화가 중요하다는 것을 확인할 수 있다.

넷째, 취업 탐색 정보 제공이며 학교 교육과정에서 취업을 탐색하는 경험을 하는 것은 다양한 차원에서 진행될 수 있다. 전공과 관련된 기업에서 실습이나 체험을 할 수도 있고, 관련된 기관이나 기업의 관계자가 직접 강의를 할 수도 있다. 이러한 IN-BOUND & OUT-BOUND의 취업 탐색 경험은 학교 교육과정에서도 학생의 성취도 등의 동기 유발에서 긍정적인 영향을 미칠 수 있다.

◈ 참고문헌

김종성·이병훈(2012), 「대졸청년층 비경활상태 결정요인에 관한 종단연구」, 『고용동향조사 심포지엄』, 한국고용정보원.

김영화·김병국(1999), 「한국 산업화 과정에서의 교육과 사회계층 이동」, 『교육학 연구』 제37권 제1호.

나승호 외(2013), 「청년층 고용 현황 및 시사점」, 『BOK 경제리뷰』

방하남·김기헌(2001), 「변화와 세습 : 한국사회의 세대 간 지위세습 및 성취구조」, 『한국사회학』 제35권 제3호.

정책브리핑(2014), 「다부처공동기술협력특별위원회 개최」 보도자료

제레미 리프킨, 이영호 역(2005), 『노동의 종말』, 민음사.

통계청, 각 연도 경제활동인구조사.

통계청, 각 연도 가계동향조사.

한국은행(2010). 「우리나라의 취업구조 및 노동연관효과」, 『계간 국민계정』 2010년 제3호 통권 제42호.

IMF(2014), Strategies for Reforming Korea's Labor Market to Foster Growth, IMF Working Paper.

OECD(2014), OECD Employment Outlook.

기술의 첨단화와
교육훈련 양극화

이 정 재(한국과학기술기획평가원)

기술의 첨단화와 교육훈련 양극화

1. 들어가며

미래의 직업훈련은 어떠한 모습일까? 어제도, 오늘도 그리고 내일도 우리 사회는 지속적으로 변화하고 있다. 생산성 제고는 세계 경제의 화두가 된지 오래다. 저출산, 고령화 추세는 인구 및 노동시장의 구조를 근본적으로 변화시키고 있다. 이러한 환경변화는 우리사회의 많은 부분은 변화시킬 것이다. 직업훈련도 예외가 될 수 없다.

경제성장 모델은 요소투입형에서 기술혁신형으로 진화하고 있다. 주요 선진국들은 글로벌 시장에서 자국의 경쟁력 제고를 위한 신기술 개발, 생산성 제고 등 기술 첨단화에 주력하고 있다. 연구개발 및 혁신활동이 강조되고, 생산현장에서는 자동화시스템 도입이 지속적으로 증가하고 있다. 연구개발 활동 증가에 따라 새로운 지식 산출은 더욱 가속화되고 있다. 시장은 지속적으로 새로운 지식에 대한 학습을 요구하고, 학습 주기도 짧아지고 있다. 단순노동에서 지적노동에 대한 수요도 확대되고 있다. 직업훈련의 내용도 변화할 것이다.

저출산, 고령화에 따른 생산가능인구 감소는 필연적으로 우리 사회의 인력 활용성을 높이고자 할 것이다. 인력 활용성 제고를 위해서는 사회 전반에 걸쳐 체계적인 경력개발 시스템이 뒷받침되어야 한다. 경력개발에 있어서 지속적인 교육은 필수조건이 될 것이며, 미래의 직업훈련은 그 중심에 있을 것이다. 이는 현 직업훈련 패러다임의 근본적인 변화를 야기할 것이다. 특정 계층을 중심으로 한 직업훈련이 아닌 전 근로자 계층을 대상으로 한 직업훈련으로 국가 교육체계의 중요한 역할을 차지할 것이다.

본고에서는 우리 사회의 주요 환경변화를 살펴본다. 노동시장의 직종별 분포 변화를 중심으로 관련된 노동시장의 구조 및 특성 변화도 살펴본다. 이를 토대로 미래 직업훈련의 변화를 전망하고, 관련 정책적 시사점을 고찰한다.

2. 환경 변화(미래 사회 변화)

경제성장 패러다임의 변화 : 기술혁신형 성장

세계 경제성장 패러다임은 요소투입형에서 기술혁신형 성장으로 점진적으로 진화하고 있다. 요소투입에 따른 생산성 향상이 한계에 도달하면서 기술혁신을 통한 생산성 제고 노력이 주요 국가들을 중심으로 확대되었다. 〔그림 1〕에서 1981~2005년 한국과 주요국의 총요소 생산성의 산출성장에 대한 기여율은 한국(3.89%) 미국(14.58%), 일본(7.39%), 프랑스(22.35%), 독일(21.65%), 영국(15.23%), EU10(14.15%)으로 나타난다.[1]

---

1) 총요소생산성에 의한 생산성 향상은 생산함수의 이동으로 나타나게 되는 데 이러한 이동은 일반적으로 기술진보(technological progress)로 해석되며, 이보다 넓은 의미로도 해석될 수 있음. 즉 기계설비의 개선, 노동력의 질적 개선, 노사관계의 개선, 경영혁신 등의 효과를 반영한다고 볼 수 있음. 따라서 총요소생산성의 증가는 생산과정의 전반적인 효율성향성을 나타낸다고 볼 수 있음 (생산성본부, 2013)

주요국의 경우 총요소생산성 기여율이 일정수준에 도달하여 성장동력이 총요소생산성 증가에 바탕을 두는 생산성 주도형 경제성장인 반면, 한국의 경우 총요소생산성 기여율이 낮아, 주요국에 비해 상대적으로 경제성장이 요소투입형임을 보여준다.

〔그림 1〕 주요국 총요소생산성 전 산업 산출기여율분석 (1981~2005 평균)

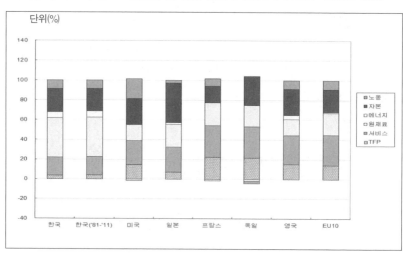

출처 : 2013 총요소생산성 국제비교(생산성본부).
주 : 산출기여율 = (TFP 및 투입증가율/산출증가율)*100.

1990년대 초반 미국의 노벨 경제학상 수상자 폴 크루그먼 교수는 '아시아 경제 기적의 신화'라는 논문을 통하여 한국 등 아시아 성장모델은 요소투입형으로 요소투입의 한계가 나타나면 침체될 수 있다고 지적하였다. 이는 1997년 아시아 경제위기를 통하여 실증되었다.

기술혁신형 성장모델에서는 기술혁신을 통한 생산성 제고가 핵심 요소이다. 글로벌 시장의 경쟁 심화는 생산성 제고 수요를 확대하고, 이에 대응하기 위한 연구개발, 기술첨단화 등 기술혁신 활동을 촉진한다. 기술혁신 활동의 결과는 시장 경쟁력 확보와 수익 창출로 이어진다. 시장 경쟁력 유지를 위해서는 지속적인 기술혁신 활동이 필요하다.

지식산출 가속화 : 기술발전 촉진

경제성장 패러다임이 기술혁신형 성장모델로 전환되면서, 연구개발 투자 등 기술개발을 촉진하는 활동이 지속적으로 확대되고 있다. 2000 년 이후로도 주요국의 총 연구개발투자는 지속적으로 확대되는 추세를 보이며, 중국과 한국의 증가율이 상대적으로 높다(〈표 1〉).

〈표 1〉 주요국의 총연구개발투자 연평균 증가율 (2000~2012년)

구분	미국	중국	일본	독일	한국	프랑스	영국	러시아	대만	캐나다
연평균 증가율(%)	2.5	19.4	1.8	3.0	10.6	1.8	1.3	5.8	8.4	1.2

출처 : OECD, Main Science & Technology Indicators 2014−1.
주 : 연평균증가율은 불변가격(PPP 달러)을 기준으로 산출.

기술개발 촉진 활동에 따른 성과도 지속적으로 확대되고 있다. 1981 년 이후 세계 논문 수를 추이를 보면 지속적인 상승 추세를 보이고 있으며, 2000년에 들어 상승 추세가 가속화되다 최근에 와서 다소 주춤하는 현상을 보이고 있다([그림 2]). 특허도 유사한 경향을 보이고 있다. OECD PCT 출원도 지속적인 상승 추세를 보이고 있으며, 2009년 글로벌 경제위기 때 잠시 주춤하다 최근 상승세가 높아지는 경향을 보이고 있다([그림 3]).

〔그림 2〕세계 논문 수 추이 (1981~)

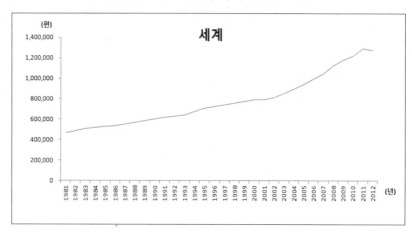

출처 : 2013 과학기술논문분석(미래부).

〔그림 3〕OECD PCT 특허 출원 추이 (1981~)

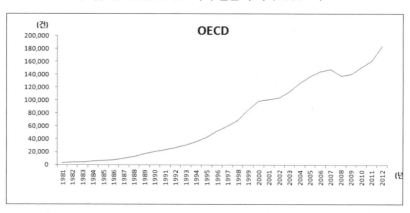

출처 : OECD, Main Science & Technology Indicators 2014−1

저출산, 고령화 : 인구 구조의 변화

선진국을 중심으로 저출산, 고령화 추세는 지속될 전망이다. 우리 사회의 인구 구조는 근원적으로 변화하고 있다. 특히 한국은 최저 출산율 국가로 그 현상이 더욱 두드러지고 있다([그림 4]). 이러한 변화는 인구 구조만의 변화가 아니라 우리 사회 전반에 걸쳐 폭넓은 변화를 야기할 것이다. 소비시장의 변화, 노동시장의 변화, 국가 경쟁력의 변화 등 다양한 측면에서 많은 변화가 전망된다. 특히 노동시장에서는 노동력 감소에 따른 생산성 제고가 사회적 이슈로 더욱 부각될 것이다. 신규 인력양성 중심의 기존 인력정책 패러다임은 한계에 봉착하고, 인력활용 중심의 새로운 인력정책 패러다임이 부각할 것이다.

[그림 4] 한국의 성 및 연령별 인구분포 전망 2010년, 2030년, 2060년

(단위 : 천 명)

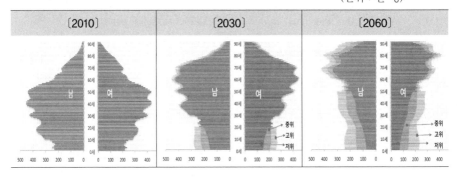

출처 : 변순천 외(2013) 재인용 / 통계청, 장래인구추계 (2010 인구주택총조사).

기술첨단화에 따른 직업의 변화

기술 발전에 따라 산업 구조가 변화하고 있다. 기존 산업이 사라지고 새로운 산업이 생성되고 있다. 반도체 메모리 기술이 발전함으로써, 과거에 없던 새로운 산업 및 관련 시장이 형성되고, 반면 영상 필름 관련 산업은 시장에서 점점 사라지고 있다. 이러한 산업 구조의 변화는 관련

일자리의 변화도 야기할 것이다.

[그림 5] 정보기술 발달에 따른 미국 일자리 변화 전망

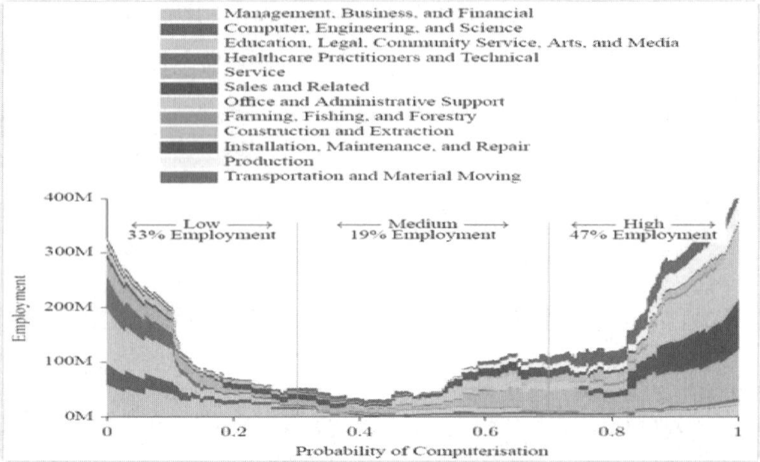

The probability of computerization (0 =none; 1=certain) for the U.S. Bureau of Labor Statistics 2010 occupational categories, along with the share in low, medium and high probability categories. The probability axis can also be seen as a rough timeline, where high-probability occupations are likely to be substituted by computer capital relatively soon. Note that the total area under all curves is equal to total U.S. employment. (Credit: Carl Benedikt Frey and Michael A. Osborne)

출처 : Frey and Osborne(2013).

기술첨단화는 노동시장의 직업구조도 변화시킬 것이다. 산업 체질 개선 일환으로 기술력으로 대체 가능한 일자리는 점진적으로 사라질 것이다. 최근 영국 옥스퍼드대학교 조사보고서에 따르면 미국 일자리 절반이 향후 20년 걸쳐 전산화로 인해 소멸될 것으로 전망하고 있다([그림 5]). 직업을 저위험(33%), 중간위험(19%), 고위험(47%)로 유형화하고, 고위험 직업은 10~20년 사이 사라질 위험이 높다고 전망하고 있다. 고위험 유형에 속하는 직업으로는 서비스직, 판매직, 단순 사무직 등이 있다. 반면 저위험 유형에는 비즈니스 · 금융, 과학 · 엔지니어링, 교육 및 예술, 의료 등 분야의 직업들이 해당한다.

3. 한국 노동시장의 변화

노동생산성과 노동인구의 변화 : 고용 없는 성장

2000년 이후 우리나라의 노동생산성[2]은 지속적으로 증가하여 왔으며, 2010년 이후 다소 주춤하는 추세를 보이고 있다([그림 6]). 노동생산성의 증가는 동일한 투입으로 더 많은 산출을 얻거나, 또는 동일한 산출물을 보다 적은 투입으로 얻는 것을 의미한다. 산업별로는 제조업이 타 산업에 비해 높은 증가세를 보이고 있다. 기술발전과 더불어 설비투자, 자동화 등으로 인한 생산성 향상과 연계된 결과일 것이다.

우리나라 근로자 규모 추이는 전 산업 관점에서 지속적인 증가세를 보이고 있다. 반면 제조업의 경우는 2000년대 이후 근로자 규모가 큰 변동이 없는 답보 상태를 보이고 있다([그림 7]). 오히려 전체 근로자 대비 제조업 종사 근로자의 비중은 감소하고 있는 추세를 보이고 있다. 제조업의 경우 노동생산성은 증가하나 근로자 규모는 증가하지 않는 고용 없는 성장을 보이고 있다. 이는 기술 발전에 따라 제조업의 노동생산성은 증가할 수 있으나, 우리나라 제조업에서의 일자리 창출 전망은 그리 희망적이지 않음을 보여준다.

---

2) 노동생산성지수 = 산출량지수(산업생산지수)/노동투입량지수*100

〔그림 6〕 1인당 노동생산성 추이 (2000~)

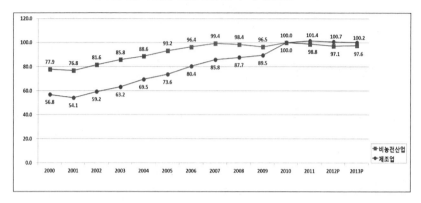

출처 : 한국생산성본부 생산성통계(비농전산업 : 농·임·어업, 공공 행정, 국방서비스,
가사서비스업을 제외한 전 산업).

〔그림 7〕 근로자 규모 추이 (1993~)

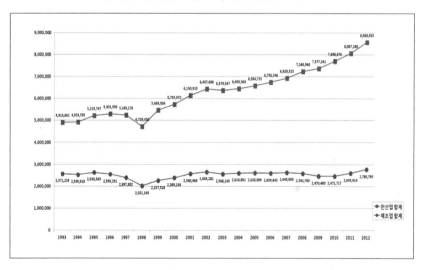

출처 : 국가통계포털(kosis.kr) (고용형태별근로실태조사).

근로자 연령분포의 변화 : 고령자 비중의 증가

최근 10년간 전 산업에 걸쳐 청년층 근로자의 비중은 축소되고, 중년 층 비중은 증가하는 추세를 뚜렷하게 보이고 있다. 전 산업에 걸쳐 20 대 근로자의 비중은 지속적으로 감소하여 2002년 29.2%에서 2012년 19.4%로 축소되었다. 제조업의 경우도 2002년 27.8%에서 2012년 18.8% 로 낮아졌다. 반면 40대 이상 근로자의 비중은 증가하여 2002년 36.2% 에서 2012년 47.6%로 증가되었다. 제조업의 경우도 유사하게 2002년 36.5%에서 2012년 48.0%로 확대되었다. ([그림 8, 9])

〔그림 8〕 근로자 연령분포 변화(전 산업) (2002~)

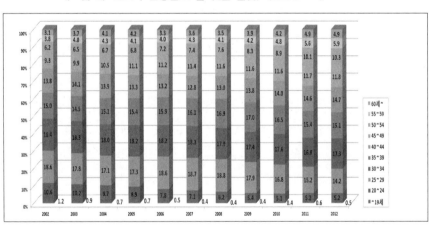

출처 : 국가통계포털(kosis.kr) (고용형태별근로실태조사).

〔그림 9〕 근로자 연령분포 변화(제조업) (2002~)

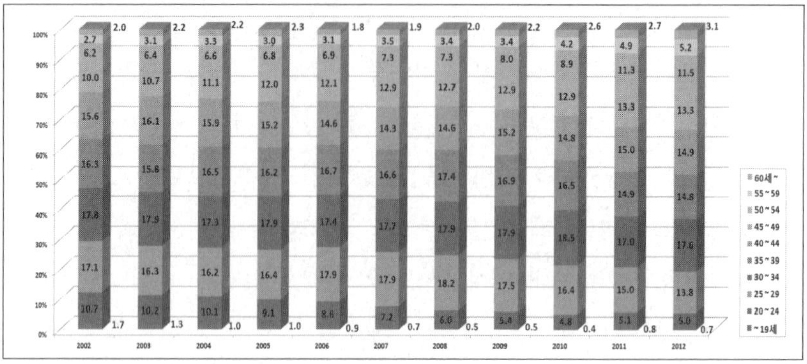

출처 : 국가통계포털(kosis.kr) (고용형태별근로실태조사).

근로자 학력분포의 변화 : 고학력 비중의 증가

근로자의 고학력 추세도 지속되었다. 지난 20년간 전 산업에 걸쳐 대졸 이상의 비중은 큰 폭으로 증가하였다. 구체적으로 1993년 17.8%에서 2002년 38.4%로 2배 이상의 비중이 증가하였다. 고졸 이하의 비중은 지속적으로 감소하였다. 제조업 경우도 유사한 경향을 보이고 있다. 다만 제조업에서는 고졸 비중이 상대적으로 크며, 일정 수준(50%대 초반)을 지속적으로 유지하는 특징을 보인다.(〔그림 10, 11〕)

〔그림 10〕 근로자 학력분포 변화(전 산업)(1993~)

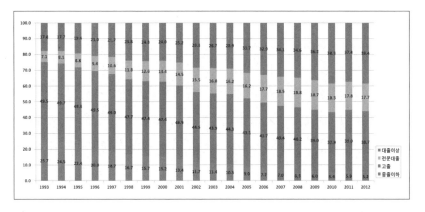

출처 : 국가통계포털(kosis.kr) (고용형태별근로실태조사).

〔그림 11〕 근로자 학력분포 변화(제조업)(1993~)

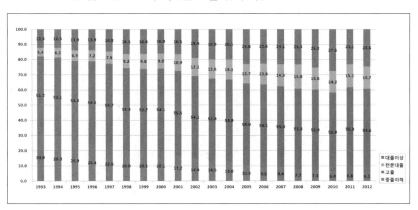

출처 : 국가통계포털(kosis.kr) (고용형태별근로실태조사).

직종분포의 변화 : 기능직 감소, 서비스 종사자 증가

근로자의 직종 분포도 변화고 있다. 한국표준직업분류에 따라 지난

20년간 직종별 근로자 비중 분포를 살펴보면 대부분의 직종에서 큰 변화를 보이지 않는다. 다만 기능직(장치, 기계조작 및 조립종사자, 기능원 및 관련 기능 종사자)과 관리직은 비중이 감소하는 추세를 보이고 있다. 반면 서비스 종사자(판매직 포함)와 전문가 및 관련 종사자는 증가 추세를 보이고 있다. 특히 최근에 서비스 종사자의 비중이 상대적으로 크게 증가세를 보이고 있다. 기능직 비중의 감소는 기술 발전에 따라 기술력에 의해 노동력이 대체되는 현상을 반영하는 것으로 보인다. 전문가 및 관련 종사자의 증가는 고학력화 추세와 연계된 현상으로 해석된다. ([그림 12])

〔그림 12〕 근로자 직종분포 변화 (1993~)

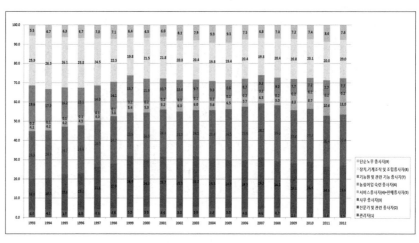

출처 : 국가통계포털(kosis.kr) (고용형태별근로실태조사).

교육과 시장수요 미스매치 확대

과거 선진국을 모방하는 추격형 경제성장 하에서는 앞선 기술을 이해하고 모방할 수 있는 역량을 시장에서 요구하였다. 교육과정에서 관련 지식 습득만으로도 시장의 수요에 대응할 수 있었다. 그러나 현재 추격형 경제성장을 벗어나 선도형 경제성장으로 거듭나는 시점에서 지식의 습득만이 아니라 지식을 효과적으로 활용하여 선도적으로 신기술(제품) 개발, 생산성 제고 등으로 연계하는 역량이 요구되고 있다.

최근 한국과학기술기획평가원에서 수행한 '이공계 인력의 경력다변화기술 및 창의성 수준조사'에 따르면 기업에 취업한 이공계 신입직원들의 역량은 전반적으로 시장 수요와 차이가 있는 것으로 조사되었다. 조사는 지식측면과 경력다변화기술[3](transferable skills)측면으로 구분된다. 경력다변화기술로는 팀워크 기술, 협상 기술, 문제해결 능력, 의사소통 기술, 리더십 등이 있다. 지식측면에서는 전반적으로 시장 요구수준과 부합되나, 직무 분야의 기초 및 핵심지식에 대한 역량이 시장 기대치에 비해 낮다. 기초 및 핵심지식의 이해는 새로운 지식을 창출하는데 필수적인 요인이 된다. 경력다변화기술 측면에서는 모든 관련 세부 기술이 시장 기대치 비해 부족하다. 교육과정을 통하여 지식의 경우 일정 수준 습득하고 있으나, 경력다변화기술의 경우 습득 수준이 전반적으로 부족한 것을 의미한다고 할 수 있다. ([그림 13, 14])

대기업과 중소기업 모두 유사한 결과를 보이고 있다. 즉 대기업 취업자와 중소기업 취업자에 따른 차이는 보이지 않는다. 다만 경력다변화기술에 있어서 대기업의 경우 팀워크 기술, 창의력, 문제해결 능력 순으로 기대수준이 높고, 중소기업의 경우 문제해결 능력, 팀워크 기술, 창의력 순으로 기대수준이 상대적으로 높다. 즉 대기업과 중소기업 공통적으로 팀워크 기술, 창의력, 문제해결 능력에 대한 수요가 가장 크다고 할 수 있다. 앞으로 우리나라의 교육체계에서 직무분야의 기초 및 핵심

---

3) 다양한 분야와 상황에서 활용할 수 있는 기술.

지식 습득과 더불어 팀워크 기술, 창의력, 문제해결 능력 등을 적극 배양시킬 수 있는 방안 검토가 필요할 것이다.

〔그림 13〕 대기업 신입 이공계 인력의 지식 및 스킬 수준 및 격차

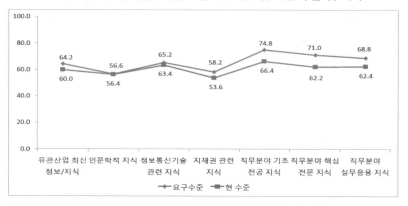

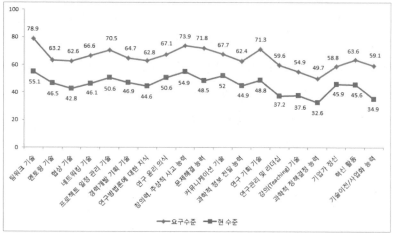

출처 : KISTEP(2012, 2013) : 이공계 인력의 경력다변화기술 및 창의성 수준조사.

〔그림 14〕 중소기업 신입 이공계 인력의 지식 및 스킬 수준 및 격차

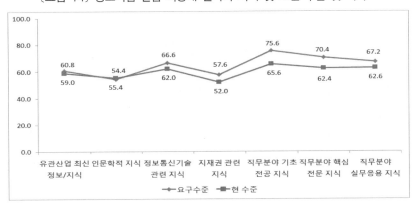

〔그림 14〕 중소기업 신입 이공계 인력의 지식 및 스킬 수준 및 격차

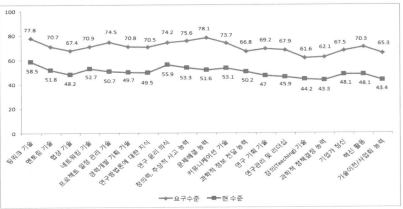

출처 : KISTEP(2012, 2013) : 이공계 인력의 경력다변화기술 및 창의성 수준조사.

4. 직업훈련 변화 전망

우리는 앞서 언급된 다양한 미래 변화에 마주하고 있다. 기술개발 지속, 미래 일자리의 변화, 생산가능인구의 감소, 고용 없는 성장, 근로자 특성변화(고령화, 고학력화, 기능직 감소–서비스직 증가, 직무역량 미스매치 등) 등은 향후 노동시장의 구조를 근본적으로 변화시킬 것으로 전망된다. 이러

한 변화는 직업훈련을 직·간접적으로 변화시키는 주요 동인으로 작용할 것이다([그림 15]). 동 절에서는 상기의 미래변화를 토대로 미래 직업훈련 변화 방향을 직업훈련 수요, 대상, 목적의 측면에서 전망한다.

〔그림 15〕 미래변화와 직업훈련

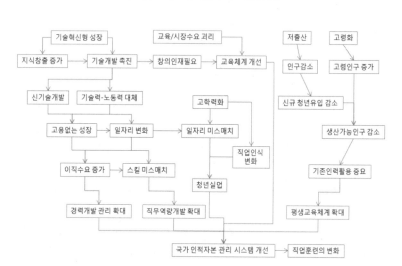

직업훈련 수요의 변화 : 단순기능과 고숙력 및 전문지식 중심으로 양극화

기술 발전과 생산성 제고 노력은 노동시장 일자리 수요를 지속적이며 근본적으로 변화시킬 것이다. 앞서 언급된 바와 같이 정보기술의 발전은 미래의 미국 일자리 구조를 크게 변화시킬 것으로 전망된다. 정보기술로 대체 가능성이 높은 일자리는 점진적으로 감소할 것이며, 대체 가능성이 낮은 일자리는 지속적으로 유지될 것이다. 이러한 노동시장 일자리 변화는 직접적으로 직업훈련 수요 변화를 동반할 것이다. 일자리가 줄어드는 직업에 대한 직업훈련 수요는 감소할 것이며, 일자리가 늘어나며 직업훈련을 통한 인적자원 공급이 필요한 직업에 대해서는 직업훈련 수요가 증가할 것이다.

장기적으로 직업훈련 수요는 단순기능과 고숙련 및 전문지식으로 양극화 될 것이다. 많은 기능직은 기술력으로 대체되어 관련 직업훈련 수요는 급감할 것이다. 다만 기술력으로 대체가 가능하나 경제적 관점에서 대체가 유리하지 않는 기능직에 대한 직업훈련 수요는 명맥을 유지할 것이다. 반면 기술력으로 대체가 어려운 고숙련 및 전문지식 관련 직업에 대한 직업훈련 수요는 지속될 것이다. (〔그림 16〕)

〔그림 16〕 기술의 발전에 따른 직업군의 변화

기술력 - 직업 대체 경제성	높음	기술력으로 대체 (단순기능직, 중숙련직)	존속 (고숙련직)
	낮음	존속 (단순기능직)	존속 (지식기반 전문직)
		낮음	높음

기술력 - 직업 대체 난이도

이러한 직업훈련 수요의 변화는 관련된 직업훈련 내용 및 방법의 변화도 동반할 것이다. 직업훈련 내용은 수요 변화에 맞추어 단순기능직, 고숙련직, 지식기반 전문직 대상으로 특화될 것이다. 직업훈련 방법도 단기과정을 중심으로 단순기능 습득, 단편지식 학습 등의 틀을 벗어날 것이다. 고숙련직 및 지식기반 전문직에 대한 직업훈련은 주기적이고 지속적인 훈련 과정이 필요하다. 이를 위한 직업훈련 방법도 다양한 형태로 등장할 것이다.

직업훈련 대상의 변화 : 청년 중심에서 전 계층 근로자의 확대

기존 직업훈련 대상은 취업과 연계된 청년층을 중심으로 추진되고 있다. 앞으로 노동인구의 고령화 추세와 병행하여 고령자의 직업훈련이 확대될 것이다. 생산가능인구 감소에 따라 고령층 인적자본의 체계적 활용이 경제발전의 필수 요인으로 등장할 것으로 전망되기 때문이다. 청년 실업 해소 등을 위한 청년층 직업훈련은 지속적으로 유지될 것이다. 또한 고령자가 지속적으로 경제활동에 참여할 수 있도록 다양한 경력개발을 위한 직업훈련이 활성화 될 것이다. 특히 동종 업종에서 지속적으로 활동하기 위한 기능 및 지식 심화와 관련된 직업훈련과 타 직업으로 이직을 위한 직업훈련도 활성화 될 것이다. 최근 근로자의 직업훈련 참여율을 보면 40~50대 이상에서 참여율이 상대적으로 크게 증가하는 현상을 관찰할 수 있다〈표 2〉. 향후 국가 차원에서 전체적으로 인력 활용의 최적화를 도모하는 과정에서 직업훈련 대상에 고령자 확대는 필연적이다.

〈표 2〉 임금근로자의 연령별 직업교육훈련 참여율

(단위 : %)

조사시기	연령				
	20대 이하	30대	40대	50대	60대 이상
07.8	24.7	29.7	26.6	19.6	8.2
08.8	25.6	31.7	29.2	22.0	10.3
09.8	28.2	35.8	32.6	29.0	16.2
10.8	28.9	35.1	34.4	28.6	17.0

출처 : 김미란 외(2010) / 경제활동인구조사 근로형태별 부가조사(통계청).

직업훈련 목적의 변화 : 산업화 수요 대응 → 고용안정성 제고 → 인적자본 활용 제고

직업훈련의 목적은 시장의 수요에 따라 변천되어 왔다. 초기 경제발전 단계에서는 산업화 과정에서 필요한 인력수요에 대한 적시 대응을 목적으로 직업훈련이 전개되었다. 최근에는 경제성장 속도가 줄고, 시장의 고용 상황이 과거에 비해 악화되면서 실업자 및 사회취약계층의 고용안정성 제고를 주요 목적으로 직업훈련이 추진되고 있다. 향후 직업훈련의 목적은 특정 계층의 고용안정성 제고 측면을 넘어 전 계층을 대상으로 한 국가차원의 인적자본 활용도 제고 측면으로 확대될 것이다. 이는 앞서 논의된 바와 같이 저출산, 고령화로 인한 생산가능인구가 감소함에 따라 체계적 인적자본 활용은 국가 경쟁력 유지와 직결된다. 노동인구의 고령화가 심화됨에 따라 고령 재직자뿐만 아니라 전 근로자의 다양한 경력경로 개발 관점에서 직업훈련이 새로이 조명될 것이다. 이는 직업훈련에 대한 정부개입 논리가 시장실패 관점에서 국가의 지속적 발전 관점을 확대로 이어질 것이다. 결과적으로 직업훈련에 대한 정부개입 범위 확대에 대한 사회적 요구가 커질 것이다.

5. 맺으며(정책 제언)

앞서 언급된 직업훈련 변화 전망에 능동적으로 대응하고, 국가차원의 전략적인 인적자본 활용을 위해서는 향후 국가 직업훈련 체계에 변화가 필요할 것이다. 현 직업훈련 체계는 시장실패 완화를 주요 목적으로 한다. 시장실패가 발생하는 부분적인 부분에 중점을 두기 때문에 전체적인 관점에서 미래 변화에 능동적으로 대응하기에는 한계가 있다. 이러한 관점에서 미래 직업훈련 체계 구축에 있어 다음의 사항을 생각해 본다.

정부개입 영역의 확대(범국가적 인적자본 관리 거버넌스 구축)

국가의 지속적인 발전을 위해서는 인적자본 관리는 필수 조건이다. 1960년 이래 한국 경제의 고속성장 배경에는 유능한 인적자본 양성 및 활용 정책이 있다. 반면 최근 15년간 성장률 하락에는 외환위기, 금융위기 등의 영향도 있지만, 보다 근원적으로 교육의 공정경쟁 실패로 적절한 국가 인적자원 관리가 되지 않아 경쟁력이 하락되고 있다는 의견도 제기되고 있다(김세직, 2014).

인적자본 관리는 장기적인 시각을 가지고 지속적으로 추진하여야 하며, 성과는 일정 시간이 지난 뒤에 확인할 수 있어 미래를 대비한 선제적인 정책 대응이 필요하다. 특히 저출산, 고령화에 의해 인력공급 한계가 예견되는 시점에서 기존 인력을 보다 체계적으로 활용할 수 있는 국가차원의 인적자본 관리 거버넌스 구축이 필요할 것이다.

이러한 관점에서 현실의 시장실패 만이 아니라 미래에 예견되는 시장실패도 고려하여 직업훈련에 대한 정부 개입영역의 확장이 필요하다. 현재 실업자 및 취약자에 중점을 둔 직업훈련 관련 정책 범위를 재직자를 포함한 전 계층으로 확대하여야 할 것이다. 현재 재직자를 대상으로 하는 정부 정책이 실행 중이며, 이들 정책은 재직자 중 고용안정성 및 직업훈련에 취약한 그룹을 중심으로 지원하고 있다[4]. 또한 직업훈련에

---

4) 현재 재직자 지원 사업으로 '근로자직무능력향상', '내일배움카드', '근로자직업능력개

있어 정부와 민간의 역할 분담 과정에서 재직자 직업훈련은 전반적으로 민간 기업이 부담하고 있다. 앞으로는 민간 영역에 있어서도 해당 기업 차원이 아닌 국가 인적자본 관리 차원에서 재직자의 경력개발을 촉진할 수 있는 직업훈련이 가능하도록 정부의 관심과 개입 확대가 필요할 것이다. 우선적으로 국가 인적자본 관리 차원에서 전 계층을 대상으로 체계적으로 직업 훈련 현황에 대한 실태조사를 정례화하고, 이를 토대로 한 관련 정책수립 및 실행이 필요할 것이다.

〔참고〕現 직업훈련에 대한 정부개입 부문 : 5개의 영역

1. 학교에서 노동시장으로서의 진입 실패자 : 비진학 미취업 청년
2. 노동시장 중도탈락자 : 실업자, 고용조정대상자
3. 노동시장 진입에 어려움이 있는 자 : 장애인, 무기능 취약계층 등
4. 교육훈련시장에서 시장실패 분야 : 중소기업 근로자, 비정규직, 영세자영업, 중고령자, 외국인 근로자, 재소자, 3D 및 첨단분야 직종
5. 직업훈련 인프라 구축 : 교육훈련 정보의 제공, 소프트웨어 개발, 직업훈련교사의 양성과 재교육, 교육훈련 시설·장비 등

출처 : 나영선 외(2012).

직업훈련의 제도적 기반 강화

IMD 세계경쟁력 보고서에 따르면, 우리나라 민간 기업에서 직원교육에 대한 인지도는 상승하고 있으나(한국 22위), 여전히 주요국에 비해 낮은 상황이다. 기업에서 직원교육에 대한 관심도가 높은 나라는 저출산으로 인구감소가 예상되는 국가로 스위스, 독일, 일본 등이 해당한다.

발훈련' 운영 중(고용노동부).

반면 미국, 프랑스는 인구감소에 대한 영향이 적을 것으로 예상되는 국가는 상대적으로 직원교육에 대한 관심이 낮다. (〈표 3〉)

〈표 3〉 기업에서 직원교육의 중요도

구분	스위스	독일	일본	덴마크	스웨덴	대만	한국	미국	프랑스
순위	1	2	3	6	12	18	22	32	40
점수	7.94	7.79	7.78	7.51	6.77	6.21	6.00	5.76	5.32
출산율	1.54	1.43	1.40	1.73	1.88	1.11	1.25	2.01	2.08

출처 : IMD(2014), World Competitiveness Yearbook / World Factbook (www.cia.gov)

〈표 4〉 기업에서 직원의 동기부여

구분	스위스	독일	일본	덴마크	스웨덴	대만	한국	미국	프랑스
순위	1	9	6	2	10	11	49	18	46
점수	7.94	7.49	7.56	7.87	7.24	6.89	4.57	6.56	4.77

출처 : IMD(2014), World Competitiveness Yearbook.

기업의 직원교육 중요도가 높은 나라일수록 기업에서 직원의 동기부여도 높게 나타난다. 단 한국은 예외이다. 한국은 직원교육 중요도와 직원 동기부여와의 연계성이 매우 낮다. 직원 동기부여에 영향을 미치는 요인은 다양하게 있으나, 직원교육도 동기부여의 주요한 요인임은 분명하다. 이를 토대로 볼 때 한국의 직원교육은 직원의 동기부여에 영향을 주지 않을 정도로 교육에 대한 개인별 만족도가 낮다고 해석할 수 있다. 따라서 직원교육이 개인의 경력개발에 도움이 되며, 국가차원 인적자본 관리에 효과적이도록 관련 제도적 기반을 확대하여야 한다. 이를 위한 구체적인 방안으로 직업훈련 필수시간 지정, 직업훈련 선택 자율성 확대, 훈련비용 지원 및 세제 혜택 등을 고려할 수 있다.

직업교육과 직업훈련의 융합(고등교육체계 하에서의 직업훈련 확대)

현재 기본적으로 직업교육은 정규적인 고등교육체계 하에서 직업훈련은 비정규적 과정 내지 민간 훈련기관을 중심으로 이루어진다. 앞서 언급된 바와 같이 미래 직업훈련 변화(수요, 대상, 목적의 변화)에 대해 현 직업훈련체계는 능동적으로 대응하기에는 한계가 있다. 민간 훈련기관 독자적으로 미래의 변화를 감당하기에는 역부족이다. 정규 고등교육체계가 직업훈련에 적극 참여하여야 한다. 전 계층을 대상으로 보다 전문적이고 지속적인 직업훈련을 제공하기 위해서는 정규 고등교육체계의 활용이 필요하다.

현 고등교육체계 내에서보다 체계적으로 직업훈련을 실행하는 방안으로 평생교육체계5)가 보다 확대되어야 한다. 다만 현 평생교육체계는 시장수요를 반영한 직업훈련보다는 개인적인 기호 활동에 다소 중점을 두고 있다. 향후 보다 실천적인 직업훈련을 담보할 수 있는 형태로 발전되어야 할 것이다. 또한 대학도 특성화 과정을 통하여 특화된 분야별로 직업훈련에 보다 전문화된 대학으로 거듭나야 될 것이다.

---

5) 2013년 교육부가 발표한 「전문대학 육성방안」에는 저출산·고령화에 따른 산업인력의 구조적 변화로 증가하는 재직자 및 전직자 등의 평생직업교육 수요에 부응하기 위한 평생직업교육대학 육성을 제안하고 있음

스킬 배양 직업훈련 확대

앞으로 직업훈련은 국가차원에서 체계적 인적자본 관리 관점에 추진하는 것이 바람직하다. 특정 기능지식의 전달 및 숙달을 넘어 지속적인 직무역량을 제고하는데 주안점을 두는 것이 바람직하다. 현상의 심도 있는 이해를 위한 전공기초 지식과 어떠한 직무를 수행하든 공통적이며 핵심적으로 요구되는 역량을 제고하는데 초점을 맞추어야 한다. 앞서 지적된 바와 같이 최근 산업계의 기대치에 많이 못 미치는 신입직원의 역량은 전공기초지식과 경력다변화기술(transferable skills)이다. 이를 원천적으로 보완하는 것이 국가 인적자본관리의 중요한 걸음이 될 것이다.

◈ 참고문헌

김미란 외(2010), 「직업능력개발 관련 통계 활용 및 개선 방안」, 한국직업능력
　　개발원.

김세직(2014), 「경제성장과 교육의 공정경쟁」, 『경제논집』 53권 1호, 서울대 경
　　제연구소

나영선 외(2012), 「기술인력 양성을 위한 직업훈련제도」, 고용노동부, 한국직업
　　능력개발원.

미래부 (2013), 2013 「과학기술논문분석」, 미래부.

변순천 외(2013), 「과학기술인력정책의 패러다임 변화와 미래 발전방향」, 한국
　　과학기술기획평가원.

생산성본부 (2013), 2013 「총요소 생산성 국제비교」, 생산성본부.

KISTEP (2012, 2013), 「이공계 인력의 경력다변화기술 및 창의성수준 조사」,
　　한국과학기술기획평가원.

Frey and Osborne (2013), 「The Future of Employment : How Susceptible are Jobs To
　　Computerisation?」, Machines and Employment Workshop, Oxford University.

IMD (2014), IMD World Competitiveness Yearbook, IMD.

OECD (2014), Main Science & Technology Indicators 2014－1, OECD.

한국생산성본부 생산성통계.

국가통계포털(kosis.kr).

중소제조기업
인력 위기와 대응방안

김 선 우(과학기술정책연구원)

중소제조기업 인력 위기와 대응방안

1. 서론

제조업은 경제의 뿌리(펀더멘탈)이다. 산업혁명 이후 제조업은 경제 성장의 원동력이었으며, 중산층의 소득 증가를 위한 핵심적인 역할을 수행하여 왔다. 현대경제연구원(2013)은 우리나라에서 제조업의 현재 위상과 중요성을 다음과 같이 정리하고 있다. 우선, 경제 내 공급창출을 주도하여 서비스업의 수요를 견인한다. '11년 제조업 총산출액 1,790조원 가운데 수출이 603조원으로 직접적 수출 수요의존도가 33.7%에 달한다. 반면 서비스업 수요는 소비 의존도가 절반을 차지하고 있다. 둘째, 성장잠재력 확충의 주된 수단이다. 미래 성장잠재력은 자본축적에 달려 있고, 자본의 형성은 오직 투자로만 가능한데 '11년 기준 총설비 투자에서 제조업 설비투자가 차지하는 비중은 57%에 달하고 있다. 셋째, 고용의 질은 안정적이고 장기적인 특성을 갖으며 고용유발효과가 크다. 제조업의 정규직 근로자 비중은 85.6%인 반면 서비스업은 64.7%에 불과하다. 또한 '11년 기준 제조업에서 한명의 고용이 창출되면 다른 산업에 2.4명의 고용이 유발된다. 넷째, 기술경쟁력 제고로 경제 고도화를 주도하고 있다. '11년 전체 연구개발 투자액 대비 제조업 연구개발 투자액 비중은 87.5%이다. R&D투자에 따른 성과에서도 전체 국내 특허건수의 약 77%가 제조업에 등록되어 있다. 다섯째, 높은 생산성 파급효과를 통해 경제 전반의 효율성을 선도하고 있다. '01~'07년 제조업의 연평균 부가가치 증가율 6.6% 중 총요소 생산성(TFP)의 성장기여도가 4.0%포인트에 달한다. 반면 서비스업은 마이너스를 기록하였다.

제조업의 미래가 불투명하다. 지금까지 제조업은 우리 경제 성장의 견인차 역할을 담당해 왔으나 최근 성숙단계에 진입하면서 여러 문제점에 노출되고 있다. 〈표 1〉에서 보는 바와 같이 중소제조기업이 지난 50년 간 규모적으로 성장한 것은 사실이나 최근 들어('01년 이후) 생산액과 부가가치 등이 감소하고 있음을 알 수 있다.

<표 1> 중소제조기업 50년 통계

(개, 명, 억원 %)

구분	1963	1970	1980	1990	2001	2011
사업체수	18,310	24,114	30,823	68,872	105,088	114,651
중소기업 (비중)	18,073 (98.7)	23,406 (97.1)	29,779 (96.6)	67,679 (98.3)	104,406 (99.4)	114,020 (99.4)
대기업 (비중)	237 (1.3)	708 (2.9)	1,044 (3.4)	1,193 (1.7)	682 (0.6)	631 (0.6)
종사자수	401,981	861,041	2,014,751	3,019,816	2,627,250	3,030,441
중소기업 (비중)	266,822 (66.4)	421,558 (49.0)	1,000,044 (49.6)	1,864,189 (61.7)	1,990,688 (75.8)	2,323,439 (76.7)
대기업 (비중)	135,159 (33.6)	439,483 (51.0)	1,014,707 (50.4)	1,155,627 (38.3)	636,562 (24.2)	707,002 (23.3)
생산액	1,669	13,345	362,791	1,773,088	5,750,923	15,600,915
중소기업 (비중)	977 (58.5)	4,037 (30.3)	115,709 (31.9)	757,130 (42.7)	2,822,854 (49.1)	7,264,432 (46.6)
대기업 (비중)	692 (41.5)	9,308 (69.7)	247,082 (68.1)	1,015,958 (57.3)	2,928,069 (50.9)	8,336,483 (53.4)
부가가치	615	5,498	118,566	709,245	2,183,011	5,015,507
중소기업 (비중)	325 (52.8)	1,566 (28.5)	41,683 (35.2)	314,318 (44.3)	1,127,263 (51.6)	2,373,824 (47.3)
대기업 (비중)	290 (47.2)	3,932 (71.5)	76,883 (64.8)	394,927 (55.7)	1,055,748 (48.4)	2,641,683 (52.7)

주 1. 종사자 5인 이상 사업체 기준.
　 2. 중소기업은 '75년까지 종사자 200인 미만, 그 이후는 300인 미만 기준.
자료원 : 중소기업중앙회(각 연도), 『중소기업 위상지표』(원자료 : 통계청, 『광업·제
　 조업조사』).

또한 [그림 1]에서와 같이 다수의 제조업체들이 성장 한계에 부딪혀 수익성 및 안정성이 하락하고 있다. 수익성 지표를 나타내는 중소기업의 매출액영업이익률은 대기업 보다 낮고, 비율이 낮을수록 안정적인 기업경영을 나타내는 지표인 금융비용부담률(금융비용/매출액)은 여전히

대기업보다 1%P 이상 높은 상황이다.

[그림 1] 대기업과 중소기업의 수익성 및 기업경영 비교(제조업 기준)

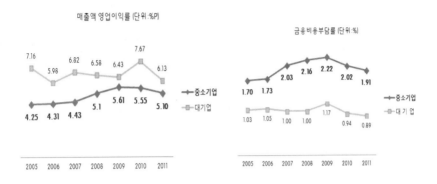

자료 : 중소기업중앙회(2014), 2013 중소기업위상지표.

생산가능인구 감소시대를 맞는 현재, 성장의 한계에 다다른 제조기업들의 경영활동과 일자리 문제를 우리사회 문제와 연결시켜 보면 [그림 2]와 같다. 기업의 원가절감과 이윤극대화 활동은 생산공장을 해외로 이전시키고, 저임금의 외국인 노동자 고용을 늘이며, 비정규직을 증가시키고, 조기퇴직자를 양산하는 등 안정적이고 좋은 일자리를 감소시킨다. 이는 청년실업을 증가시키며 다양한 사회적 갈등과 양극화를 부추겨 99%의 중산층은 몰락하게 되고 1%의 자산가의 소득만 증대시키는 결론에 이른다.

〔그림 2〕 기업활동과 인력수급을 둘러싼 한국사회의 문제

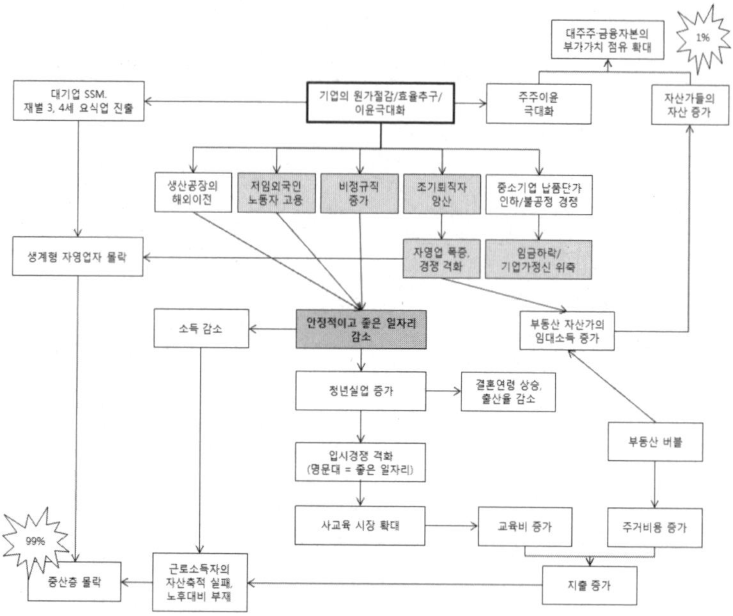

본고에서는 중소제조업의 위기를 사람 관점 즉, 인력수급의 실태 측면에서 살펴보고자 한다. 그리고 중소제조업의 인력수급난이 더욱 심화될 수밖에 없는 위기요인들을 살펴보고, 그에 대한 대응방안을 거시적 차원에서 제시하고자 한다.

2. 중소제조기업 인력수급 실태

생산직 · 연구직 인력 부족률이 높다. 인력 부족률을 직종별로 살펴보면, 기술직(4.06%), 단순노무직(3.24%), 연구직(3.14%)의 인력 부족률이 높으며, 사무관리직(0.93%), 서비스종사자(1.67%) 등의 부족률은 상대적으로 낮다.

<표 2> 중소제조업 직종별 인력구성 및 부족률('13년)

(단위 : 명, %)

| 구 분 | 전 체 | 사무 관리직 | 연구직 | 생산직 | | | 서비스 종사자 | 판매직 |
				기술직	기능직	단순 노무직		
현 인 원	2,086,116	585,677	110,677	205,655	558,652	560,247	15,680	49,528
부족인원	55,489	5,503	3,587	8,705	17,226	18,748	267	1,452
부 족 률	2.59	0.93	3.14	4.06	2.99	3.24	1.67	2.85

주 : 인력부족률=부족인원/(현인원+부족인원)×100.
자료 : 중소기업중앙회·중소기업청(2013), 중소기업실태조사.

이를 연차별로 보면 생산직이 전반적으로 부족률이 높아지고 있고, 연구직 부족률은 연차별 변동은 있으나 높은 부족률을 유지하고 있다. 전반적으로 기술개발인력에 대한 인력부족이 높은 가운데 연차별로 부족률이 심화되고 있다.

<표 3> 중소제조업 직종별 인력 부족률 추이

(단위 : %)

| 구 분 | 전 체 | 사무 관리직 | 연구직 | 생산직 | | | 서비스 종사자 | 판매직 |
				기술직	기능직	단순 노무직		
2009	2.36	1.08	4.63	2.60	2.96	2.66	1.77	2.26
2010	2.51	0.93	3.65	3.06	3.30	2.86	2.14	2.83
2011	3.01	1.47	5.43	4.74	3.89	2.99	0.66	2.53
2012	3.03	1.49	4.40	4.76	3.08	3.68	1.33	3.51
2013	2.59	0.93	3.14	4.06	2.99	3.24	1.67	2.85

자료 : 중소기업중앙회·중소기업청(각년도), 중소기업실태조사.

규모별·직종별로 구분하여 살펴보면, 부족률은 소기업의 경우 기술직(4.78%), 연구직(3.93%) 등 고급기술 인력에 대한 부족이 큰 것으로 나타난 반면, 중기업의 경우 기능직(2.19%), 단순노무직(1.92%) 등 생산기술 인력에 대한 부족이 큰 것으로 나타났다. 소기업 가운데서도 10인 미만의 연구·기술직에 대한 부족률이 높으며, 중기업 가운데서도 100인 이상의 생산기술 인력에 대한 부족률이 높다.

〈표 4〉 규모별·직종별 인력 부족률('13년)

(단위 : %)

| 구 분 | 전 체 | 사 무 관리직 | 연구직 | 생 산 직 | | | 서비스 종사자 | 판매직 |
				기술직	기능직	단순노무직		
전 체	2.59	0.93	3.14	4.06	2.99	3.24	1.67	2.85
소기업	3.10	1.10	3.93	4.78	3.44	4.13	2.23	4.23
중기업	1.61	0.53	1.67	1.86	2.19	1.92	0.36	0.93
5~9인	3.77	1.25	5.98	6.08	4.23	5.41	–	7.22
10~19인	3.44	1.17	3.77	5.38	4.01	4.52	1.58	4.97
20~49인	2.40	0.90	2.90	3.06	2.48	3.35	3.23	2.04
50~99인	1.97	0.75	2.10	2.65	2.58	2.18	0.74	1.74
100~199인	1.68	0.52	1.74	1.54	2.42	2.02	–	0.37
200~299인	0.51	0.08	0.52	0.13	0.70	0.86	–	0.54

자료 : 중소기업중앙회·중소기업청(2013), 중소기업실태조사.

또한 시장별·기술수준별로 살펴보면 연구개발 인력의 수급애로가 가장 큰 기업은 수출기업으로 기술수준과 상관없이 부족률이 10% 이상을 기록하고 있다. 보유기술 수준별로는 중간기술 보유기업의 부족률이 높게 나타났으며, 학력별로는 석·박사 등 고급연구 인력이 10% 이상의 높은 부족률을 보이고 있다.

<표 5> 유형별 연구개발인력 부족률

		하이테크 보유 기업	중간기술 보유 기업	범용기술 보유 기업	합계
내수 기업	B2B 기업	평균 부족률= 6.412 ①박사부족률=15.039 ②석사부족률=10.552 ③학사부족률= 6.530 ④기타부족률= 5.893	평균 부족률= 5.600 ①박사부족률=12.586 ②석사부족률=10.544 ③학사부족률= 5.501 ④기타부족률= 4.143	평균 부족률= 6.575 ①박사부족률=12.459 ②석사부족률=11.994 ③학사부족률= 6.535 ④기타부족률= 4.045	평균 부족률= 6.193 ①박사부족률=13.284 ②석사부족률=11.053 ③학사부족률= 6.184 ④기타부족률= 4.683
	B2C 기업	평균 부족률= 7.252 ①박사부족률=12.931 ②석사부족률=12.275 ③학사부족률= 7.139 ④기타부족률= 5.119	평균 부족률=11.539 ①박사부족률=20.222 ②석사부족률=12.381 ③학사부족률=11.364 ④기타부족률=10.943	평균 부족률= 5.299 ①박사부족률= 7.017 ②석사부족률=10.910 ③학사부족률= 5.694 ④기타부족률= 1.626	평균 부족률= 8.247 ①박사부족률=15.089 ②석사부족률=11.901 ③학사부족률= 8.166 ④기타부족률= 6.923
수출기업		평균 부족률=10.099 ①박사부족률=18.776 ②석사부족률=14.531 ③학사부족률= 9.579 ④기타부족률= 8.821	평균 부족률=13.429 ①박사부족률=32.052 ②석사부족률=15.812 ③학사부족률=11.818 ④기타부족률= 4.167	평균 부족률=10.314 ①박사부족률=25.000 ②석사부족률=12.769 ③학사부족률= 4.307 ④기타부족률= 9.034	평균 부족률=11.295 ①박사부족률=25.105 ②석사부족률=14.226 ③학사부족률= 8.418 ④기타부족률= 7.078
전체		평균 부족률= 6.734 ①박사부족률=14.987 ②석사부족률=11.065 ③학사부족률= 6.792 ④기타부족률= 5.956	평균 부족률= 7.041 ①박사부족률=15.387 ②석사부족률=11.124 ③학사부족률= 6.821 ④기타부족률= 5.324	평균 부족률= 6.567 ①박사부족률=13.011 ②석사부족률=11.916 ③학사부족률= 6.280 ④기타부족률= 4.005	평균 부족률= 6.782 ①박사부족률=14.493 ②석사부족률=11.365 ③학사부족률= 6.626 ④기타부족률= 5.128

주 : 짙은 음영은 부족률 10% 이상, 옅은 음영은 평균이상 의미.
자료 : 김선우·홍성민 (2012).

중소제조업이 인력확보에 어려움을 겪는 이유로는 '지원자가 없음'이 가장 크다. 중소제조업의 부족인력 확보에 대한 주요 애로를 조사한 결과, 취업지원자가 없음(59.9%), 근무여건 열악(43.8%), 직무능력을 갖춘 지원자 없음(41.9%)으로 나타났다. 직종별로 연구직과 기술직은 지원자 중 '직무능력을 갖춘 자가 없음' 응답비율이 각각 50.3%, 49.6%로 가장 높게 나타난 반면, 기능직과 단순노무직은 '취업지원자 없음' 응답비율이 각각 58.9%, 61.4%로 가장 높게 나타났다. 이는 연구기술직은 질적 미스매치가, 단순·기능직은 양적 미스매치가 큼을 보여준다.

<표 6> 직종별 부족 인력 확보 애로사항

(단위 : %)

구 분		연구직	기술직	기능직	단순노무직
취업지원자 없음	59.9	43.0	38.6	58.9	61.4
지원자 중 직무능력을 갖춘 자가 없음	41.9	50.3	49.6	44.2	21.8
근무여건 열악(임금, 작업환경)	43.8	32.8	40.7	35.0	44.2
해당 직종·업체의 장기발전 가능성이 없음	9.9	4.9	10.7	7.6	7.2
타사업체와의 인력유치 경쟁	7.4	9.1	9.0	7.4	4.7
회사 주변의 문화·복지시설 부족	6.2	4.4	8.4	3.1	2.3
구직자에 대한 정보제공이 부족	10.6	9.4	7.0	10.4	6.6
출퇴근 불편	11.0	6.6	8.1	6.5	14.6

주 : 복수응답으로 합계가 100.0 초과.
자료 : 중소기업중앙회 · 중소기업청(2013), 중소기업실태조사.

　　연도별로도 인력확보 문제의 3대 원인 즉, 취업지원자 없음, 지원자 중 직무능력을 갖추자가 없음, 근무여건 열악 등은 지속적으로 심화되고 있다(〈표 7〉 참조). 산업기술인력 수급조사에서도 미충원인원이 발생하는 사유로는 '해당 직업에 구직 지원자 수가 적어서'가 가장 높고, 다음으로 '직무수행에 요구되는 숙련을 갖춘 구직자가 적어서', '직무수행에 요구되는 경험을 갖춘 구직자가 적어서', '급여수준이 낮아서' 등의 순으로 나타났다.

〈표 7〉 중소제조업의 연도별 직종별 부족 인력 확보 애로사항

(단위 : %)

구분	2009	2010	2011	2012	2013
취업지원자 없음	43.1	56.1	51.9	52.1	59.9
직무능력 갖춘 지원자 없음	40.0	35.9	37.8	39.6	41.9
근무여건 열악	43.0	38.3	42.9	49.0	43.8
장기발전 가능성이 낮아서	11.9	7.4	11.5	11.3	9.9
타사업체 인력 유치 경쟁	4.8	5.5	5.8	5.2	7.4
구직자에 대한 정보 제공 부족	13.8	13.4	7.5	13.0	10.6
회사 소재지 지역 여건	25.3	21.0	25.7	–	–
회사 주변 문화 복지 시설 부족	–	–	–	8.1	6.2
출/퇴근 불편	–	–	–	15.0	11.0
소계	181.9	177.6	183.1	193.3	190.7

주 1 : 복수응답으로 합계가 100.0 초과.
주 2 : 2009~2011년 애로사항 문항과 2012~2013년 애로사항 문항간 차이가 있음.
자료 : 중소기업중앙회·중소기업청(각년도), 중소기업실태조사.

생산직의 수요가 점차적으로 감소하고 있으며, 이직률이 높게 나타나고 있다. 중소제조업의 직종별 이직율 및 입직률은 생산직이 다른 직종에 비해 높게 나타나고 있다. '13년 기준 중소제조업의 근로자 현인원은 2,086,116명이며, 기업체당 평균 인원은 19.0명으로 지난 5년간 이 규모를 유지하고 있다. 직종별 구성비는 생산직이 63.6%로 가장 많으며, 사무관리직이 28.1%, 연구직이 5.3%, 판매직이 2.4%, 서비스종사자가 0.8%이다. 지난 5년간의 트렌드로 볼 때 연구직과 사무관리직 비중이 늘고 있으며, 기술직과 단순노무직 비중이 감소하는 추세이다.

〈표 8〉 중소제조업 직종별 근로자 수 비중

(단위 : 명, %)

구 분	전체	사무 관리직	연구직	생산직			서비스 종사자	판매직
				기술직	기능직	단순 노무직		
2009	2,087,541	26.5	3.4	11.3	23.7	31.2	0.7	3.2
2010	2,069,724	24.8	4.0	10.1	18.3	37.6	0.9	4.3
2011	2,087,898	27.8	4.7	8.9	21.0	33.6	0.8	3.2
2012	2,122,822	27.2	4.3	8.6	27.3	28.9	0.9	2.8
2013	2,086,116	28.1	5.3	9.9	26.8	26.9	0.8	2.4

자료 : 중소기업중앙회 · 중소기업청(각 연도), 중소기업실태조사.

〈표 9〉 중소제조업 인력현황 및 인력 부족률

(천 명, %)

구분		2005	2006	2007	2008	2009	2010	2011	2012
종사자수		2,184	2,201	2,208	2,162	2,088	2,070	2,088	2,123
(구성비)	생산직	(70.1)	(69.5)	(69.1)	(71.6)	(66.2)	(66.0)	(63.5)	(64.8)
	사무관리직	(20.5)	(22.3)	(23.7)	(22.1)	(26.5)	(24.8)	(27.8)	(27.2)
업체당 평균 인원(명)		19.6	19.7	19.1	18.9	17.6	18.6	18.6	18.9
인 력 부족률	전체	4.4	3.8	3.9	2.7	2.4	2.5	3.0	3.0
	− 생산직	5.0	4.4	4.7	3.2	2.8	3.0	3.5	3.6
부 족 인 원	전체	99	87	90	60	50	53	65	66
	− 생산직	80	71	75	52	39	42	49	51
이직률		19.3	15.0	14.8	10.9	17.7	10.0	18.0	13.3

주 : 생산직은 기술직, 기능직, 단순노무직 포함 비중임.
자료 : 중소기업청, 『중소기업인력실태조사』(2002~2008년), 중소기업중앙회, 『중소기업실태조사』(2009년 이후).

한편, 중소제조업 생산직에서 최근 1년간 이직한 인력은 약 32만 명으로 이직률은 15.1%로 나타났다. 직종별 이직률은 단순노무직(21.9%),

기능직(16.7%), 기술직(13.2%) 등 생산직이 높게 나타난 반면, 사무관리직, 연구직, 서비스종사자 이직률은 상대적으로 낮게 나타났다.

〈표 10〉 중소제조업의 직종별 이직율

(단위 : 명, %)

구 분	전 체	사 무 관리직	연구직	생 산 직			서비스 종사자	판매직
				기술직	기능직	단 순 노무직		
현 인 원	2,125,694	590,297	110,745	211,204	568,521	578,838	15,885	50,204
이직인원	320,983	54,238	10,363	27,820	94,926	127,029	1,442	5,166
이 직 률	15.1	9.2	9.4	13.2	16.7	21.9	9.1	10.3

주 1 : 이직률=이직인원/'12년 5월 현인원×100 ; 입직률=입직인원/'12년 5월 현인원×100.
주 2 : ('12년 5월 기준) 현인원=현인원−입직인원+이직인원.
자료 : 중소기업중앙회 · 중소기업청(2013), 중소기업실태조사.

중소제조업에서 이직한 이직자의 주요 사유는 임금수준 불만족이 48.0%로 가장 높고, 작업환경 불만족 24.3%, 타업종 근무선호 24.0%, 유사중소기업 스카우트 10.5% 등의 순으로 나타났다.

〈표 11〉 이직의 주요 원인

(단위 : %)

구 분	대기업의 스카우트	유사 중소기업 스카우트	타 업종 근무선호	진 학	경영상의 이유로 감원	작업환경 불만족	임금수준 불만족
전 체	1.6	10.5	24.0	1.3	9.5	24.3	48.0
소 기 업	1.4	9.5	23.4	1.2	10.1	24.7	48.3
중 기 업	3.0	17.3	27.3	1.9	5.6	21.7	46.2

주 : 복수응답으로 합계가 100.0을 초과.
자료 : 중소기업중앙회 · 중소기업청(2013), 중소기업실태조사.

연도별로 살펴보면, '임금수준 불만족'이 최근 5년간 이직의 원인으로 급격히 증가하였으며 '작업환경에 대한 불만족'이 높아지는 상황이다. 이에 반해 '경영상의 감원'이나 '타업종 근무선호'는 줄어들고 있다.

〈표 12〉 연도별 이직의 주요 원인

(단위 : %)

구분	대기업의 스카우트	유사 중소기업 스카우트	타 업종 근무선호	진 학	경영상의 이유로 감원	작업환경 불만족	임금수준 불만족
2009	0.6	8.3	30.0	–	34.4	14.0	27.0
2010	0.8	8.1	36.9	–	14.1	26.5	34.9
2011	1.5	12.7	32.1	–	12.1	17.2	38.8
2012	0.8	15.2	26.7	1.3	12.3	21.4	40.5
2013	1.6	10.5	24.0	1.3	9.5	24.3	48.0

주 1 : 복수응답으로 합계가 100.0을 초과.
주 2 : 진학항목은 2012년부터 추가됨.
자료 : 중소기업중앙회 · 중소기업청(2013), 중소기업실태조사.

중소제조업 일자리가 노후화되고 있다. 산업단지공단에서 최근 실시한 인력실태조사('14.3) 결과에 따르면, 산업단지 입주기업의 25%는 생산인력의 부족을 겪고 있는 것으로 나타났다. 더 심각한 문제는 40대 이상의 취업자가 52.3%에 달하는 반면 20대는 13.9%, 30대는 33.8%에 불과하였다. 조사에 응답한 기업의 64%는 필요한 인력의 연령대가 20~30대라고 밝혔는데, 이는 실제 고용인원과 채용희망 인력 간의 불균형으로 볼 수 있다.

또한, 베이비부머 세대6)의 교체와 관련하여 2008년 글로벌 금융위기

---

6) 한국전쟁 후 1955~1963년에 태어난 베이비부머는 714만 명에 달하는 대한민국 최대의 인구집단이다. 1970년대 고도성장기 때 사회생활을 시작해 엄청난 자산을 축적했고 1997년 외환위기를 슬기롭게 극복하면서 우리나라 경제의 중심축을 담당했다.

와중에 퇴직 연령이 되어 버렸고 매년 15만 명 가까이 직장을 떠나야만 하는 상황에 처해 있다. 그들이 희망하는 은퇴시점은 평균 65세인데 현실에서는 54세에 주된 직장을 떠나고 있다. 현재 벤처기업의 CEO 연령도 점차 고령화되고 있다. 50대 이상의 벤처 창업주 비율이 40%가 넘는다.

⟨표 13⟩ 벤처기업의 창업주 연령분포

(단위 : 개사, %)

조사연도	응답자 수	20대 이하	30대	40대	50대	60대 이상
2008	1,000	0.3	13.9	49.5	30.0	6.3
2009	2,058	0.1	11.8	50.2	32.5	5.4
2010	2,072	0.3	9.7	47.0	37.1	5.9
2011	2,088	0.5	9.5	47.6	36.0	6.4
2012	2,034	0.2	11.4	46.4	34.4	7.6

자료 : 중소기업청·(사)벤처기업협회(각 연도), 벤처기업정밀실태조사.

한편, 고졸 CEO의 교체기로 약 20%를 차지하는 생산위주의 중소기업들의 변화대응력 확충이 절실하다.

⟨표 14⟩ 벤처기업의 창업주 학력분포

(단위 : 개사, %)

조사연도	응답자 수	박사	석사	대졸	고졸	기타 (중졸 이하)
2008	1,000	10.9	21.6	51.7	13.3	2.5
2009	2,058	13.0	18.7	51.0	15.0	2.3
2010	2,072	10.1	18.5	53.2	15.6	2.6
2011	2,088	9.4	18.2	53.0	15.9	3.5
2012	2,034	9.4	17.8	52.4	18.3	2.1

자료 : 중소기업청·(사)벤처기업협회(각 연도), 벤처기업정밀실태조사.

3. 중소제조업 위기요인

앞선 중소제조업의 인력난은 다음의 요인들로 인해 더욱 가속화될 전망이다. 우선, 대기업과 중소기업간 생산성 및 연봉의 격차가 심화되고 있다. 둘째, 연구역량의 부족으로 더 이상의 기술변화 추격이 어려운 상황이다. 셋째, 수·위탁관계 중소기업이 증가하고 있고, 개도국의 성장에 따른 자립형 중소기업이 감소하고 있다. 넷째, 한계기업이 늘고 있다. 다섯째, 소상공인 중심의 기업체 수만 증가할 뿐 중소기업이 파편화되어 경쟁만 가열되고 있다. 이 5가지 위기요인들에 대해 보다 구체적으로 살펴보면 다음과 같다.

중소기업-대기업간 생산성 및 연봉 격차가 더욱 커지고 있다. 중소기업의 1인당 부가가치 생산성은 대기업의 1/3에도 못 미치고 있으며, 대기업과 중소기업간 격차는 '05년부터 크게 확대되어 왔다. 또한 제조 중소기업 1인당 부가가치가 대기업과 비교하여 그 격차가 커지고 있다.

〔그림 3〕대기업-중소기업 1인당 부가가치 생산성 격차

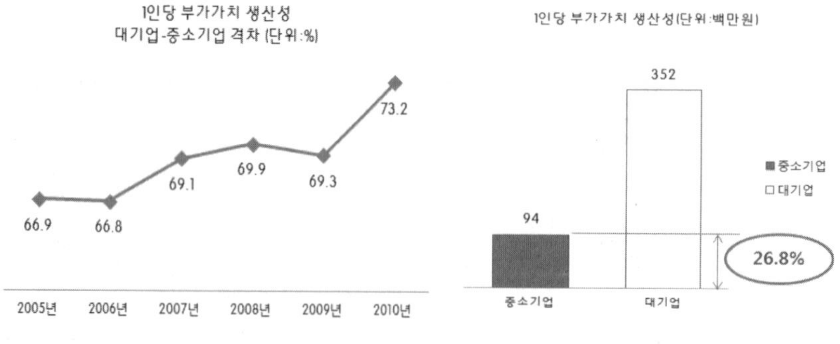

1인당 부가가치 생산성
대기업-중소기업 격차 (단위:%)

66.9 66.8 69.1 69.9 69.3 73.2

2005년 2006년 2007년 2008년 2009년 2010년

1인당 부가가치 생산성(단위:백만원)

352

94

■중소기업
□대기업

26.8%

중소기업 대기업

자료 : 중소기업중앙회(2014), 2013 중소기업위상지표.

제조업 1인당 연간급여액에서도 대기업과의 격차가 확대되어 '10년 기준 중소기업의 종사자 1인당 연간급여액은 대기업의 절반도 안 되는 46.9% 수준으로 나타났다.

〔그림 4〕 대기업-중소기업 연간급여 격차

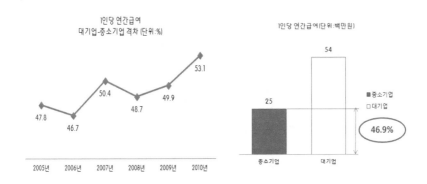

자료 : 중소기업중앙회(2014), 2013 중소기업위상지표.

연간급여액은 특히 기업규모별, 고용형태별로 크게 차이가 나고 있다 (〔그림 5〕 참고). '12년 기준 대기업 정규직의 연봉은 5,417백만 원, 소기업(5인 미만) 비정규직의 연봉은 1,230만원으로 4.4배가 넘게 차이를 보인다.

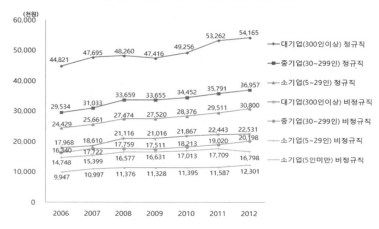

〔그림 5〕 기업규모별·고용형태별 평균 연봉

자료 : 통계청, 국가통계포털 (고용형태별 근로실태조사).

〈표 16〉에서 보는 바와 같이 1990년 중소기업의 노동생산성 즉 종사
자 1인이 창출하는 부가가치는 대기업의 51.5% 수준이었으나 1997년에
는 41.4%로 급감하였다. 이러한 격차 확대는 대기업의 부가가치 창출이
높아져서라기보다는 인력 감축에 기인한 것으로 볼 수 있다.

〈표 15〉 대기업 및 중소기업의 1인당 부가가치 증가율

구분		1990~1997			1999~2009		
		전체	대기업	중소기업	전체	대기업	중소기업
연평균 증가율	부가가치	13.9%	13.5%	14.3%	7.0%	6.7%	7.3%
	종사자	−2.6%	−4.9%	−1.2%	0.9%	−0.4%	1.5%
	1인당 부가가치	16.9%	19.3%	15.7%	6.0%	7.2%	5.8%
생산성 격차 (대기업 =100.0%)		('90) 51.5% → ('97) 41.4%			('99) 37.9% → ('97) 33.2%		

주 : 여기에서 중소기업은 통계적 일관성 유지를 위하여 10인~299인으로 정의.
자료 : 중소기업중앙회(2014), 2013 중소기업위상지표 (원자료 : 통계청 광공업통계
　　　조사보고서).

연구역량 부족으로 더 이상의 기술변화 추격이 어려운 상황이다. 중소제조업의 기술경쟁력 즉, 기술수준, 기술개발 성공률, 제품화(상품화) 성공률은 정체되었거나 하락하고 있다. 중소기업 기술수준은 지난 10여 년 간 73~77% 사이에서 정체되어 있다. 또한 기술개발 성공률이나 제품화(상품화) 성공률은 계속 감소하고 있다.

〔그림 6〕 기술개발 중소제조업체의 기술수준 및 기술개발 실적

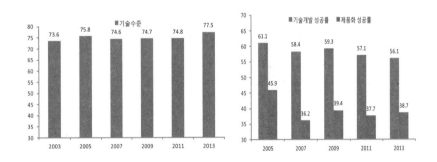

주 : 기술수준은 세계시장에서의 기술수준과 비교(세계최고=100)하여 조사함
자료 : 중소기업청·중소기업중앙회 (각 연도), 중소기업기술통계조사

국내 기업의 절대다수를 차지하는 중소기업의 경우 그 규모에 비해 연구개발 관련 활동이 매우 저조하다. 국내 기업 323만개 중 99.9%가 중소기업이라고는 하지만 이 중 부설연구소 운영 중소기업은 1% 미만이며 기술혁신형 중소기업은 0.5% 수준이다.

[그림 7] 중소기업 기업부설연구소 증가추이 및 기업부설연구소 비중

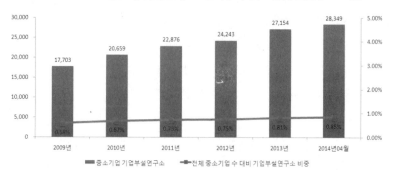

주 : 2014년 기업부설연구소 비중 계산 시 전체 중소기업 수는 2013년 기준 활용
자료 : 한국산업기술진흥협회 홈페이지(재가공)

선진국과의 기술격차도 크다. 막대한 정부 R&D자금이 투입되고 있지만 좀처럼 좁혀지지 않고 있다. [그림 8]에서 보는 바와 같이 GDP 대비 민간 R&D지출은 2.53%로 높은 편이나 중소기업이 차지하는 비율은 24.98%에 불과하다. 또한 기술수입금액을 기술수축금액으로 나눈 기술무역 수지배율은 1이하에 머물고 있어 핵심기술의 해외 의존도가 여전히 높다.

[그림 8] 민간 R&D 투자에서 중소기업이 차지하는 비율 (2009)

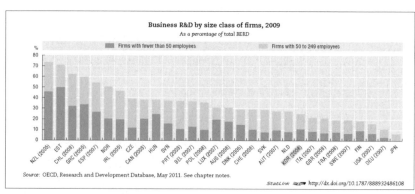

자료 : OECD(2011 : 81)의 Business R&D by size class of firms, 2009

OECD(2011)의 기업규모별 혁신수준에 관한 보고서에 따르면, 우리나라 대기업은 전체의 84.6%가 각각 제품 및 공정혁신(21.8%), 제품/공정 및 마케팅/조직혁신(60.5%), 마케팅/조직혁신(2.3%)을 수행하였다고 답한 반면에, 중소기업은 전체의 37.1%만이 각각 제품 및 공정혁신(21.2%), 제품/공정 및 마케팅/조직혁신(14.8%), 마케팅/조직혁신(1.1%)을 수행하였다고 답하였다. 이러한 수치는 대기업의 경우 조사 대상국 전체에서 상위(11위)에 랭크된 반면에 중소기업(37.1%)은 러시아(6.1%), 칠레(24.1%), 폴란드(26.2%), 헝가리(27.2%), 슬로바키아(34.55)와 함께 하위에 위치하고 있다.

자체 기술개발의 애로사항이나 실패요인도 기술역량의 한계로 나타난다. 〈표 16〉에서 자체 기술개발의 애로사항으로서 '기술개발 자금부족'의 원인은 감소하는 반면, 기술인력 확보의 문제, 기술정보 획득의 문제, 기술개발 능력 및 경험부족 및 기초기술의 부족 등의 원인이 증가하고 있다.

〈표 16〉 기술개발 중소제조업체 자체 기술개발 애로사항

(단위 : %)

조사 연도	기술개발 인력확보 곤란,이직	연구설비 기자재 부족	기술개발 자금부족	기술정보 부족 및 획득곤란	기술개발 능력 및 경험부족	국내 기초기술 부족	기술개발 기간 장기화	기타
2009	25.1	17.1	33.7	9.3	5.5	2.9	6.4	–
2011	26.1	17.4	30.0	12.9	5.8	2.7	4.4	0.7
2013	24.6	13.7	29.6	14.3	6.4	6.7	3.8	1.0

주 : 기타요인으로는 지재권 보호 어려움 등.
자료 : 중소기업청·중소기업중앙회(각년도), 중소기업기술통계조사.

또한 기술개발 실패요인으로서 '기술개발 자금부족'이 높은 비율이기

는 하지만 지속적으로 증가하는 원인으로 인력부족 및 이직의 문제, 선행조사 없이 기술개발 수행(타기업에서 먼저개발도 같은 맥락), 정부규제 등이 나타났다.

〈표 17〉 기술개발 중소제조업체 기술개발 실패요인

(단위 : %)

조사 연도	기술개발 자금부족	기술개발 인력부족 이직	경제여건 변화로 개발필요성 저하	타기업 에서 먼저개발	정부규제 (제도변 경 등)	특허기술 선행조사 없이 기술개발수행	기술개발 관련설비 및 장비 부족	기타
2009	36.2	19.8	20.9	8.6	1.5	3.3	9.7	—
2011	25.3	22.6	24.0	7.4	1.6	4.4	12.4	2.3
2013	28.4	24.3	17.7	9.2	4.1	6.6	9.0	0.7

주 : 기타 요인으로는 기술정보 유출(기술탈취 등).
자료 : 중소기업청·중소기업중앙회(각년도), 중소기업기술통계조사.

수·위탁기업의 증가와 개도국의 성장으로 자립형 중소기업은 감소하고 있다. 우선, 대기업 부도시 수·위탁 기업이 연쇄 도산될 수 있다. 우리나라 수급기업체 비율은 '12년 50.3%로 수·위탁 거래형태의 중소기업 비중이 높고 그 비율이 지속적으로 증가하고 있다.

<표 18> 수·위탁 거래형태별 구성비 추이

(단위 : %)

구 분	위탁기업	수급기업	수위탁 거래 없음
'08	8.4	47.9	43.7
'09	8.9	43.2	47.9
'10	6.0	45.5	48.5
'11	3.1	46.2	50.7
'12	2.6	50.3	47.2

자료 : 중소기업중앙회·중소기업청(2013), 중소기업실태조사.

수급기업의 거래단계는 1차 수급기업이 47.2%, 2차 수급기업 39.8%, 3차 이상 수급기업이 13.0%이며, 기업규모별로는 중기업은 모기업과 1차 거래관계가 많고, 소기업은 2차 이상의 수급기업체 비중이 상대적으로 많다.

<표 19> 수·위탁 거래형태별 구성비 추이

(단위 : %)

거래단계	1차	2차	3차 이상
수급기업	47.2	39.8	13.0
소기업	46.3	40.0	13.7
중기업	58.4	37.6	4.0

자료 : 중소기업중앙회·중소기업청(2013), 중소기업실태조사.

이러한 구조는 대기업 도산시 가치사슬 상의 중소기업에게 큰 위험 요인으로 작용하며, 이미 그러한 경험이 있다. '13년 말 웅진, STX에 이어 동양, LIG 등이 법정 관리에 들어가자 이에 납품하는 중소기업들이 위기에 처했다. 외환위기가 발생하기 직전인 1997년 초 한국의 30개 기업집단이었던 한보, 진로, 기아 등이 부도가 나고, 재계 서열 4위였던 대우그룹이 공중 분해되면서 관계사들이 줄줄이 부도를 맞았고 이 사태는 금융위기의 도화선이 되었다.

한편, 중국 등 개도국 기업의 성장은 자립형 중소기업을 더욱 위축시킬 전망이다. 2007년 초 이건희 삼성 회장이 샌드위치론[7]을 들고 나온 이후 또다시 이 상황에 몰리고 있다. 중국은 무서운 속도로 첨단제품 분야에서 한국 업체를 추격하는 수준까지 뒤쫓아 왔으며, 일본 기업들은 'Japan is Back' 슬로건을 앞세워 민·관이 손잡고 세계시장 공략을 추진 중이다. 반면 우리나라 제조업들은 거센 반기업 정서에다 각종 규제에 묶여 좀처럼 전진하지 못하는 형국이다.

한국무역협회 국제무역연구원에 따르면 2012년 한국의 세계 수출시장 점유율 1위 품목 수는 64개다. 전년(61개)보다 소폭 늘었지만 2009년 73개보다는 크게 줄었다. 반면 중국의 세계 시장 1위 품목은 2012년 기준 1,485개로 세계 1위다. 이에 따라 한국산 제품의 세계 시장 점유율은 지난해 3.1%로 2000년보다 0.4% 포인트 올라가는 데 그쳤다. 이에 비해 중국의 지난해 세계 시장 점유율은 12.1%로 한국보다 4배 가까이 높다.

중국 기업들이 급속도로 큰 요인으론 막대한 자국 내 시장과 정부의 효과적인 산업육성책을 꼽을 수 있다. 중국 지도부의 확고한 개혁·개방 정책과 과학중시 정책은 기업의 혁신능력을 북돋고 있다. 현재 중국은 세계적으로 3위 안에 드는 특허신청건수를 보유한 특허강국으로 2011년에만 특허출원건수가 43만5000건에 달했다. 중국 정부는 매년 GDP 대비 2% 수준의 예산을 R&D에 할당하고 있다.

---

7) '중국은 쫓아오고 일본은 앞서 가는 상황에서 한국은 두 나라 사이에 낀 샌드위치 신세이다'

일본 업체들의 약진도 눈에 띈다. 엔저와 일본 정부의 강력한 경제 부흥책(아베노믹스)에 힘입어 부활의 조짐을 보이고 있다. 일본 자동차 3사의 미국 시장 점유율은 2011년 30.1%에서 지난달 말 32%로 높아졌다. 같은 기간 8.9%에서 8.1%로 떨어진 현대·기아차와 대조적이다.

중국에 밀리고 일본에 치이는 제조업 문제는 이런 '샌드위치 위기'를 뚫고 나갈 돌파구가 별로 보이지 않는다. 한국 대표 제조업의 경쟁력이 줄줄이 추락하고 있지만 이렇다 할 대책이 없고, 생산성은 경쟁국에 비해 크게 떨어지는데 비싼 임금과 땅값 등 고비용 구조는 여전하다. 기업 경영을 '갑·을 프레임'으로만 진단하고, 기업 활동을 옥죄는 규제는 부지기수다.

이는 중소기업 수출이 점차 줄고 있는 것과 상응한다. 중소기업 수출이 지난 '11년 기준 우리나라 총 수출액의 18.3%로 비중이 계속 감소하고 있다. 글로벌 시장 진출과 기술경쟁력 제고에 따른 중소기업의 질적 성장은 정체되어 있다.

〔그림 9〕 중소기업 수출액 vs. 총수출 대비 중소기업 수출비중

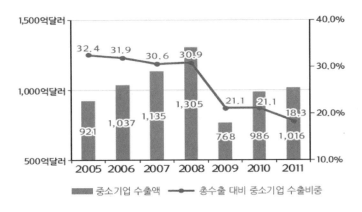

자료 : 중소기업중앙회(2014), 2013 중소기업위상지표 (원자료 : 지식경제부, 중소기업청 「수출입실적」, 한국모역협회 「무역통계」).

번 돈으로 대출이자도 못 갚는 이른바 **한계기업**8)이 늘어가고 있다. '12년 기준 2,965개가 한계기업이고, 80%는 중소기업이지만 대기업도 537개에 이른다. 이는 7개 국내 기업 중 1개가 한계기업이라는 뜻이다. 그것도 2009년 2,019개에 비해 3년 만에 무려 50% 가까이 늘었다.

〔그림 10〕 한계기업 수 및 비중

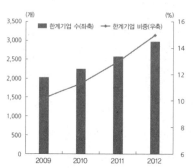

주 : 비중은 한계기업 수/외부감사 대상기업 수
자료 : 한국은행(2014), 금융안정보고서

〔그림 11〕 만성적 한계기업의 현황

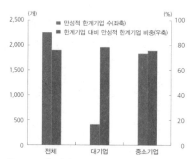

주 : 2012년 기준
자료 : 한국은행(2014) 금융안정보고서

기업규모별로 보면 중소기업 한계기업 수가 2,428개로 대기업(537개)에 비해 4.5배 많은 상황이다. 기업규모별 한계기업 비중에 있어서도 중소기업(15.2%)이 대기업(14.1%)보다 높은 수준을 보였다. 제조업의 경우 자동차를 제외한 조선, 화학, 철강 등의 업종에서 한계기업 비중이 상승하였다.

---

8) 3년간 연속적으로 영업이익이 부담해야 할 이자비용에 못 미치는 기업으로 정의됨. 이 자보상배율이 1에 못 미침

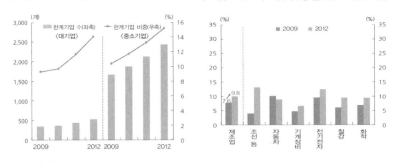

〔그림 12〕 규모별 한계기업 수 및 비중   〔그림 13〕 제조업 업종별 한계기업 비중

주 : 비중은 한계기업 수/외부감사 대상 기업 수 / 자료 : 한국은행(2014), 금융안정 보고서.

중소기업이 파편화되어 있다. 즉, 소상공인의 비중이 너무 높아 글로 벌 환경변화에 자본, 인력 측면의 대응이 어렵다. 중소기업이 사업체 기준으로 할 때 99.9%, 법인 수 기준으로 할 때 99.1%에 해당한다.

〔그림 14〕 중소기업 현황 (전산업 '11년 기준)

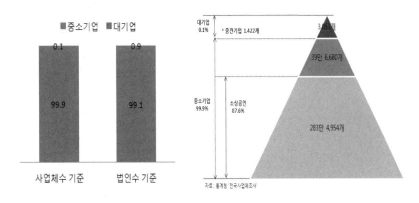

자료 : 통계청, 전국사업체조사.

그런데 중소기업 중 소상공인9)이 88%로 대다수를 차지하고 있으며, 5인 미만의 기업에 대해서 우리는 어떠한 자료조차 갖고 있지 못한 상황이다. 이렇게 영세한 규모(자본, 인력 등)에서는 경쟁만 가열되어 수익성을 낮추고 글로벌 기술변화에 대응하기 어렵게 한다.

〔그림 15〕 중소기업 현황 (1인 이상 제조업, '11년 기준)

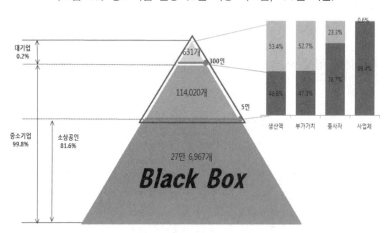

---

9) 소상공인 기준은 광업, 제조업, 건설업, 운수업의 경우 10인 미만이며, 이외 업종은 5인 미만임.

4. 중소제조기업 붕괴 가능성

중소제조기업의 인력수급 위기요인을 정리하면 다음과 같다. 지원자가 중소제조기업의 비중이 산업단지에 입주한 생산기업들의 25%에 달한다. 기술개발 투자가 없는 중소제조업체 및 기업부설연구소가 없는 기업은 더 이상의 기술 추격은 어려울 것이다. 30인 미만의 소기업의 이직률이 매우 높다. 수급기업(52.9%) 가운데 2차 이상의 벤더가 52.8%이며 중소제조업체 7개 중 1개는 한계기업이다. 벤처기업의 40%는 50대 CEO, 20%는 고졸출신 CEO로 베이비부머세대 은퇴, 고졸 CEO 교체로 위기는 가속화될 것이다.

이를 종합해 볼 때 '11년 기준 중소제조업 391,536개 가운데 앞서 설명한 위기요인과 인력수급 문제를 고려해 보면 경쟁 가능한 기업군은 약 30%이다.

〔그림 16〕 경쟁가능 중소제조기업 규모 예측

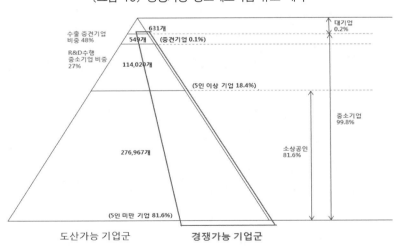

5. 대응방안

첫째, 新제조업 모델을 구축해야 한다. 제조업은 지금까지의 '물건을 만들어 파는 업(제조)'이 아니라 '좋은 물건을 만들어야 할 뿐만 아니라 고객의 구매를 촉진하고 이용성을 제고하는 업(제조+서비스)'으로 혁신해야 한다. 그러기 위해서 우리 제조업은 핵심 제품기술의 부족뿐만 아니라 제조 효율성을 높이는 공정 기술, 마케팅·조직 기술, 서비스 기술 등 거의 모든 면을 강화해야 한다. 최근 융합이라는 거대한 트렌드가 가치 있다고 본다. 제조업을 매개체로 각자 강점이 있는 다른 분야와 융합한다면 시너지를 배가할 수 있다.

단기적으로 '제조업의 스마트화'를 추진할 필요가 있다. 제조업 경쟁력 세계 5위, IT 발전 지수 1위인 우리나라는 두 분야의 성공적 융합을 통해 제조업을 한 단계 업그레이드해야 한다. 제조업 스마트화의 골자는 산업자동화 즉, '지능형 공장'으로의 진화인데 생산성 향상에 있어 빼놓을 수 없는 부분이지만 일자리 문제와 상충되지 않아야 한다.

독일 정부는 2006년 '국가 하이테크 비전 2020'을 마련하여 그들의 강점인 생산 기술과 IT분야를 결합해 제조업 위기를 극복할 전략을 마련하였으며 특히 2012년 2,990억 원을 들여 사물인터넷, 3D 프린팅, 사이버물리시스템, 스마트팩토리 등을 활용해 국가 차원의 기술표준을 만드는 '인더스트리 4.0' 추진계획을 발표했다. 미국은 2012년 2월 대통령 국가과학기술위원회가 '국가첨단제조방식 전략 계획'을 세웠고, 같은 해 7월 '미국 제조업 재생계획'을 발표했다. 여기 맞추어 전국 15곳에 신기술 및 양산 기술개발, 제조인력 육성, 지방중소기업 지원을 위한 '제조혁신위원회(IMI)'를 꾸렸다. 또한 법인세 인하와 '리쇼어링(공장이 다시 미국으로 회귀하는 현상' 지원 등을 통해 제조업 르네상스를 도모하고 있다. 일본은 사실상 제조업 경쟁력 강화를 목표로 하는 '아베노믹스'를 추진하고 있다. 2013년 6월 '일본재흥전략'을 수립하고 그 핵심에 '첨단 설비 투자 촉진'과 '과학기술 혁신 추진' 등 제조업 강화 내용을 넣었다. 또 설비 투자액도 2008년 글로벌 금융위기 이전인 연간 평균 70조엔 (2012년 약 63조엔)으로 확대할 방침이다. 중국도 '12.5 국가 전략성 신흥산업발전계획'을 추진하며 첨단 제조 강국으로 변화를 꾀하고 있다.

둘째, **글로벌 역량 확보가 필요하다.** 오늘날 자동차 1대를 생산하는 데 50개국이 각각 부품을 공급하고 있다. 기업이 상품 기획·생산·판매에 이르는 가치사슬의 전 과정이 한 나라 안에서가 아니라 글로벌 차원에서 이루어지게 되었다. 글로벌 가치사슬망의 확대라는 무역환경에 변화에 우리는 다음과 같은 노력이 요구된다.

우선, 지속적인 무역자유화를 추진할 필요가 있다. 우리나라는 지난 1967년 관세 및 우역에 관한 일반협정(GATT) 가입 및 1980년 무역투자 자유화 정책, 그리고 지난 10여 년간 50개 국가와 자유무역협정(FTA)을 타결하는 등 개방정책을 꾸준히 추진해 왔다. 그 결과 GVC(global value chain) 참여율이 1995년 40%에서 2009년 62%로 G20국가 중 가장 높은 국가가 되었다.

그리고, 규제개혁을 통한 비즈니스 환경을 획기적으로 개선할 필요가 있다. 특히 서비스 산업은 제조업의 생산성 증대에 기여할 뿐만 아니라 자체적으로도 고용을 창출해 GVC에서 핵심적인 역할을 한다. 그러나 한국은 수출에서 서비스 산업의 부가가치가 차지하는 비중이 37%로 G20 국가의 평균인 42%에 비해 낮다. 정부는 서비스산업의 경쟁력 제고를 위해 금융·물류·소프트웨어 등 서비스 부문의 규제개혁을 적극적으로 추진할 계획이다.

또한, GVC에 참여하기 위해서는 기업의 고부가가치 창출을 위한 혁신역량이 중요하다. 제품 기술뿐만 아니라 공정기술, 서비스 기술 등 차세대 제조업 모델에 맞춰 필요한 기술 개발 및 인력 양성 등을 할 필요가 있다. 담당 부처별로 개별적으로 발표되는 정책보다는 국가 차원의 단일 정책 수립이 필요하다.

셋째, 혁신CEO가 배출되어야 한다. 나락의 포드를 살려낸 멀러리처럼 기술, 자기희생, 자극 중심주의로 제조업을 이끌 혁신 CEO가 필요하다. 미국 포드자동차의 前 CEO 앨런 멀럴리는 2006년 9월부터 8년여에 걸쳐 포드를 이끈 인물로 모두가 회생 불가능이라고 여겼던 포드를 부활시켰다. 멀럴리 리더십의 요체는 크게 세 가지로 제시되어 있다(한국경제, 2014.8.7. 시론). 우선, 혁신과 융합의 아이디어가 번뜩이는 기술제일주의다. 포드는 멀럴리 재직 중에 대변신했다. 항공공학을 전공하고 보잉사에서 디지털기술을 접목시킨 여객기 개발을 주도한 엔지니어답게 멀럴리는 기술혁신을 통해 포드를 변화시켰다. 크기는 줄이되 연비를 획기적으로 높인 엔진을 개발하고 친환경 모델을 잇따라 내놓았다. 마이크로소프트와 손잡고 스마트폰과 자동차를 연동시키는 한편 중·소형차에도 터치스크린 인터페이스를 탑재했다.

다음으로, 자기희생과 솔선수범주의이다. 포드 본사 지척에 자택을 마련하고 초인적인 근무를 마다하지 않은 멀럴리는 경제 위기가 발발하자 각종 급여를 자발적으로 삭감했다. 경영난이 악화돼 정부 지원을 받게 되면 자신의 임금을 1달러로 줄이겠다고 서약했다. 수십 대에 달하던 임원용 비행기를 한 대만 남기고 매각했다. 이런 조치를 통해 직원들에게 구조조정의 당위성을 설득할 수 있었다. 이와 관련, 멀럴리는 애

스턴 마틴, 랜드로버, 볼보를 매각했다. 판매량이 저조한 모델을 퇴출시키고 생산라인을 폐쇄하여 제품 경쟁력을 높였다.

마지막으로 자국 소비자 으뜸주의다. 멀럴리는 "왜 우리는 2등 고객 취급을 받아야 하느냐"는 미국 소비자들의 불만을 해소했다. 포드는 오랜 기간 나라마다 소비자 취향이 다르다는 이유로 상이한 모델을 판매해왔다. 이 때문에 미국 소비자들 사이에서 국내 모델보다 해외 모델이 낫다는 의혹이 불거졌다. 멀럴리는 이런 인식에 종지부를 찍고자 세련된 디자인을 적용한 포커스와 피에스타 등 중소형차 신모델을 해외시장뿐만 아니라 미국에도 판매했다. 과거 포드를 외면했던 젊은층을 중심으로 한 자국 소비자들로부터 열렬한 호응을 이끌어냈다.

멀럴리 리더십과 같은 혁신적인 CEO가 필요하다. 급격한 원화 절상과 후발주자들의 추격으로 인해 최근 들어 불안한 모습을 보이는 한국의 제조업체들이지만 멀럴리의 포드처럼 리더가 어떻게 하느냐에 따라 분위기 반전이 가능하다. 무엇보다 파격적인 기술개발, 조직원을 감동시킬 수 있는 자기희생, 자국 소비자를 중시하는 정책이 근간이 된 대혁신이 절실하다.

넷째, 제조업 부흥을 위한 **정부의 리더십 발휘가 필요하다.** 미국의 오바마 대통령은 취임 초기부터 미국 제조업의 부활을 외치면서 꾸준하고 일관된 정책을 유지하고 있다. 제조업과 공장이 돌아오지 않으면 경제성장의 뿌리인 고용이 늘지 않는다는 판단으로 '첨단 제조기술 전략'을 짜고 실행에 옮겼다. 우선 2012년 7월 '미국 제조업 재생 계획'을 발표하고 이를 지원할 인프라를 구축했다. 제조혁신기구(IMI)를 전국에 15개 설치하고 제조 지식을 공유하는 전국 네트워크, 제조혁신네트워크(NNMI)도 만들었다. 2015년까지 범부처별로 추진하는 연구개발 과제에 첨단 제조업을 최우선 지원 분야로 하도록 권고하기도 했다. 오바마 대통령이 제조업 역량을 강화하고 자국 기업을 줄줄이 유턴시키는 것은 한국에 있어서 위기라고 할 수 있다. 선진국의 기술력이나 창조혁신 전략은 한국보다 훨씬 높은 수준이다. 이 역량이 제조업 강화로 연결되면 한국과 기술격차는 더욱 커질 수밖에 없다.

우리나라도 '융합형 신제조업을 향한 제조업 혁신 3.0 전략(2014.6)'을 수립하였으나, 후속 대책과 전략은 아직 나오고 있지 않고 범부처 차원에서 추진되고 있지 않다. 대통령이 리더십을 갖고 세제, 교역, 기술, 인력 등 각 분야에서 종합적으로 추진해야 하는데 부처 단위에서만 움직이고, 또 기업과 유기적인 협력관계가 구축되지 않아 총체적인 혁신에 한계가 있을 수 있다.

우선은 규모의 경제 촉진으로 난립된 경쟁 해소할 필요가 있고, 신생 제조업체가 등장할 수 있는 '시장 개발 정책'이 필요하다. 필요하다면 해외 시장에서의 제조업 창업을 지원하는 정책도 검토할 필요가 있다.

여섯째, 산업 패러다임 전환을 이해하여야 한다. 이제는 아이디어만 있다면 발명가는 기업에 의뢰 없이 스스로 제품을 만들 수 있는 시대가 왔다. 이미 시장엔 잉크 대신 플라스틱을 분사해 물건을 찍어내는 3차원 프린터가 줄줄이 출시돼 있다. 또 재료를 설계도대로 깎아주는 레이저 커터도 있고, 물체를 현실과 최대한 가까운 이미지로 컴퓨터에 옮겨주는 3차원 스캐너도 나와 있다.

'메이커스(Makers)'의 저자 크리스 앤더슨은 이를 가리켜 "초기 산업혁명과 비슷한 일이 오늘날 벌어지고 있다"고 평가했다. '롱테일 법칙'의 창시자로 유명한 그는 최근 벌어지고 있는 '제조의 디지털화'에 주목하고 새로운 산업혁명의 물결이 밀려오고 있다고 진단했다. 대표적 사례가 세계 최초 오픈소스 자동차 제조사 '로컬모터스'다. 미국 애리조나주에 있는 이 공장은 연간 자동차를 2,000대 이하로만 생산한다. 직원 수도 40명에 불과하다. 하지만 이곳에서 생산된 자동차 한 대의 평균 가격은 7만달러(약 7,700만원)에 달한다. 이 회사는 소비자와 전문가가 모인 커뮤니티에서 자동차를 설계한다. 외부 전문가와 일반 대중이 협력하는 '크라우드 소싱' 방식이다. 부품은 세계 각지에서 조달하고, 차를 사는 고객이 조립에 직접 참여한다. 40명의 직원만으로도 이 기업이 승승장구하는 이유다.

일곱째, 제조업의 경쟁력 강화도 **생태계 차원에서 접근해야 한다**. 최근 산업계의 경쟁 트렌드가 기업 간 경쟁에서 기업 생태계간 경쟁으로 변화하고 있다. 애플의 앱스토어와 구글의 안드로이드 간 경쟁을 볼 때에도 미래에는 기업생태계간 경쟁이 보편적 트렌드로 정착될 것이다. 중소제조업도 특정기업이 아닌 기업생태계의 경쟁을 강화해야 한다. 기업 간 싸움이 아니라 생태계간 싸움으로 시장 환경이 바뀌고 있다. 정부는 생태계 지원 구축을 위해 노력해야 한다.

〔그림 18〕 연구 종합

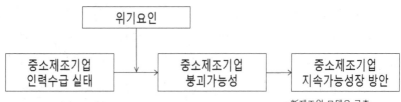

- 생산성 및 연봉 격차 심화
- 연구역량 부족으로 기술추격 어려움
- 자립형 중소기업 감소(수급기업↑,수출↓)
- 한계기업 증가
- 파편화된 중소기업

```
            위기요인
```

| 중소제조기업
인력수급 실태 | → | 중소제조기업
붕괴가능성 | → | 중소제조기업
지속가능성장 방안 |

- 생산직, 연구직 부족률 ↑
  (중기업-생산직, 소기업-연구직 부족)
  (특히, 수출기업의 연구직 부족 ↑)
- '지원자 없어' 인력확보 어려움
- '임금불만족'으로 인한 이직률 ↑
- 일자리 노후화

- 新제조업 모델을 구축
- 글로벌 역량 확보
- 혁신CEO 배출
- 정부의 리더십
- 산업 패러다임 전환 이해
- 생태계 차원 접근

◈ 참고문헌

가재산 외(2008), 『중소기업, 인재가 희망이다』, 삼성경제연구소.

국가과학기술심의회 (2013), 「민간 R&D투자 활성화 방안(안)」 제3회 1호 심의
사항 (2013.10.18).

김선우·홍성민 (2012), 「중소기업 유형별 연구개발인력 수요 현황 분석과 시
사점」, 『STEPI Insight』 100호.

대한상공회의소·지속가능경영원(2009), 『장수기업에서 배우는 위기극복전략』.

중소기업중앙회(2014), 『2013 중소기업위상지표』.

중소기업중앙회·중소기업청(각년도), 『중소기업실태조사』.

한국과학기술기획평가원(2013), 『2012년도 연구개발활동 조사보고서(요약)』.

한국산업기술진흥협회 홈페이지, http://www.koita.or.kr

한국은행 (2014), 『금융안정보고서』.

황도연(2011), 「제조업 패러다임의 변화 : 제품-서비스 통합」, 『과학기술정책』
제 20권 1호, 과학기술정책연구원.

한국경제연구원(2013), 「제조업이 살아야 경제가 산다 : 제조업의 역할 재조명」,
『경제주평』 통권 554호 (2013.8.30).

OECD(2011), Business R&D by size class of firms, 2009, Research and Development
Database.

OECD(2011), Innovation strategies by firm size, 2006~08, Eurosata(CIS-2008) and
national data sources.

매일경제, 「美 제조업 오바마가 앞장서 살려내 한국도 리더십 발휘 경쟁력 키
위야」(2014년 8월 8일).

매일경제, 「애플·인텔도 미국 'U턴' 新제조업 부활… 한국은 '엑소더스'」
(2014년 8월 8일).

서울경제, 「〔위기의 제조업 돌파구를 찾아라〕 따로 노는 정부·대기업·중기
정책 패키지로 생태계 지원을」(2014년 7월 24일).

시니어조선, 「시니어 창업 전 생각하기」(2013년 10월 17일).

이투데이, 「〔멈춰버린 기적〕 말뿐인 "강소기업 육성"대기업 공세…中企는 고

사상태」(2014년 7월 23일).

파이낸셜 뉴스, 「다시 제조업을 말하다 … (전문가 진단) 제조업 다시 살리려
면」(2014년 7월 31일).

파이낸셜 뉴스, 「다시 제조업을 말하다 : 中 재탕 삼탕 정책. 경쟁국 제조업
혁명 속 한국만 허우적」(2014년 7월 28일).

한국경제, 「'멀럴리 리더십' 필요한 한국 제조업」(2014년 8월 7일).

한국경제, 「'차이나 임팩트' … 샌드위치 신세 한국의 제조업」(2014년 8월 11
일 교육/입시/NIE H).

한국경제, 「늙어가는 산단 … 근로자 절반이 40대 이상」(2014년 5월 20일).

한국일보, 「제조업 4.0시대 〈상〉 제조업도 스마트다」(2014년 3월 26일).

이슈 9-1

능력중심사회 실현을 위한 교육시장과 노동시장의 개혁과제

김 주 섭(노동연구원 선임연구위원)

능력중심사회 실현을 위한 교육시장과 노동시장의 개혁과제

1. 서론

새 정부 들어 직업교육훈련 체제 개편 정책이 강력하게 추진되고 있다. '능력중심사회 만들기'라는 정책슬로건 하에 추진되고 있는 직업교육훈련 개편 정책은 한국사회에 뿌리 깊게 자리 잡고 있는 '학력중심 관행'의 부작용이 더 이상 방치할 수 없는 수준에 이르렀다는 정책판단에 근거한 것으로 보인다.

1995년 대학설립 준칙주의의 실시에 따라 대학의 설립이 보다 자유롭게 되었고, 당시의 고도 경제성장에 따른 고급 인력의 공급부족 현상은 대학진학률의 급격한 상승을 야기하였다. 이러한 현상의 지속으로 2000년대 들어와서는 대학진학률이 70%를 상회하기 시작하였으나, 1998년 IMF 사태 이후 한국경제는 중저성장 시대로 돌입하게 됨에 따라 대졸자 노동시장에서의 과잉 노동공급 현상이 나타나게 되었다.

한국의 고학력 현상은 두 가지 측면에서 문제를 야기하고 있다. 첫째는 양적인 측면에서 고학력자의 과잉노동공급이고, 둘째는 대학교육이 현장직무를 제대로 반영하고 있지 못하는 질적인 미스매치의 문제이다. 사실 이러한 문제가 지난 10여년 이상 지속되어 왔음에도 불구하고 그간 이 문제에 대한 근원적인 해결을 위한 개혁정책이 제대로 입안되어 추진된 적은 없다고 보아야 할 것이다.

박근혜 정부에서의 직업교육훈련 개혁 정책은 교육시장과 노동시장의 불일치를 해소하기 위한 근본적인 문제를 다루고 있다는 점에서 상당한 의미를 부여할 수 있겠으나, 개혁정책의 범위와 깊이가 넓고 깊기 때문에 장애요인 또한 해결하기 만만치 않은 것으로 보인다. 여러 가지 정책이 추진되고 있으나, 여기서는 가장 핵심적인 정책인 국가직무능력표준(NCS)개발 및 국가역량체계(NQF) 도입의 내용과 쟁점에 대해 설명하고 이들 정책을 성공적으로 추진하는 데 있어서 임금체계 개편 등의 노동시장 개혁과제가 동시에 추진될 필요성에 대해 살펴보고자 한다.

2. 직업교육훈련 체제 개편의 배경

박근혜 정부 들어와 '능력중심 사회 만들기'가 핵심 국정과제로 선정되면서 한국의 직업교육훈련 체제에 대한 전면적 개편이 강력하게 추진되고 있다. 사실 1990년대 이후 들어 선 이전 정부에서도 '(학력이 아닌) 능력으로 평가되는 사회 만들기'를 위한 정책은 꾸준히 구안되어 추진되어 왔다. 과거 DJ정부 시절의 '신지식인 육성 정책', 지난 MB 정부에서의 '열린 고용정책' 등은 모두 한국사회를 학력중심 사회에서 능력중심 사회로 변화시키기 위한 정책의 일환으로 보아야 할 것이다. 이렇듯 매 정권마다 능력중심 사회 구축이 핵심적인 사회정책 중의 하나로 설정되고 있다는 사실은 한국사회가 지나친 학력 중심사회임을 반증하고 있다.

아래 〔그림 1〕은 1990년 이후 대학진학률의 변화추이를 보여주고 있다. 1990년대 중반까지만 하더라도 대학진학률은 30%를 약간 상회하는 수준에서 안정적인 모습을 보여주고 있으나, 1995년 '대학설립 준칙주의'의 시행과 더불어 대학설립이 자유화됨에 따라 1990년대 중반이후 대학진학률은 가파른 상승세를 보이게 된다. 아래 그림에서 특히 주목하여야 할 부분은 2년제 대학(전문대학)에 비해 4년제 대학으로의 진학률이 전체 대학진학률 상승을 주도하고 있다는 점이다. 전통적으로 전문대학은 직업교육기관으로 분류되고 있다는 점을 감안할 때, 이 시기 대학진학률의 상승은 상대적으로 직업교육의 양적 쇠퇴를 의미한다고 볼 수 있다.

2000년대에 들어오면서 대학진학률은 70%를 넘어서게 되어, 이 분야 부동의 세계 1위를 고수하고 있다. 그러나 불행하게도 대학진학률이 급격하게 상승하는 시기는 경제성장이 중저성장 패턴으로 돌아선 시기와 거의 일치한다. 이에 따라 대졸자 일자리 부족현상이 심화되고, 다른 한편으로는 중소기업에서의 기술·기능 인력의 부족현상이 공존하는 인력수급상의 미스매치 현상이 만성화되기에 이른다.

과도한 고학력화로 인하여 발생하는 부작용은 여러 가지 형태로 나타나고 있다. 사교육 시장의 비대화와 이로 인한 가계지출의 증가는 저출산의 주요한 원인으로 지목되기도 하며, 다른 한편으로는 학령인구 비중의 증가로 청년층의 노동시장 진입이 지체되어, 고용률 저하의 원인이 되기도 한다. 또한 일자리 미스매치의 주요 원인인 구직자의 눈높이 문제도 고학력화와 직접적인 연관성이 있다고 할 수 있다.

청년층의 고학력화가 그 자체로 잘못된 현상이라고 말할 근거는 없다. 더욱이 한국경제의 비약적 발전은 우리나라 국민들의 높은 교육열과 우수한 인적자원이 그 바탕을 이루고 있다는 것이 국내외 전문가들의 공통된 분석 결과인 점에 비추어 볼 때 국민들의 높은 향학열은 오히려 권장하여야 할 사항일 수도 있다. 다만 문제는 배움의 열기가 지나치게 특정시기의 정규교육과정에 집중되어 있으며, 교육과정 역시 산업현장에서 필요로 하는 직무와의 연관성이 적어 정작 대졸자들이 산업현장에서 직무에 투입되어 생산성을 발휘하기 위해서는 적지 않은 재교육 비용이 소요되는 현실에 있다.

〔그림 1〕 대학진학률 추이

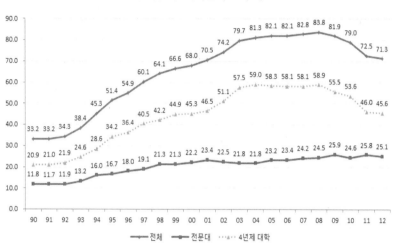

주 : 2011년 대학진학률의 기준이 변경됨. 이전에는 합격자 기준이었으나 2011년부터는 4월 1일 대학등록자 기준으로 전환됨.

2013년 교육부가 발표한 「2012 국가평생교육 통계조사」 발표에 따르면, 한국의 평생학습 참여율[1]은 35.6%에 지나지 않아 OECD 평균인 40.4%에 비해 4.8% 낮은 것으로 나타났으며, 성인 1인당 평균 직업관련 비형식교육 참여시간은 12시간으로 OECD 평균인 18시간에 비해 2/3 수준인 것으로 조사되었다. 이러한 조사결과는 생애주기 관점에서 인적자본 투자의 불균형성을 여실히 보여 주고 있는 것으로 해석할 수 있을

---

1) 1년에 한번 이상 평생학습에 참여한 비율.

것이다. 다른 한편, 2009년 경총이 100인 이상 기업 483개를 대상으로 조사한 결과에 따르면, 4년제 대졸 신입사원이 입사 후 실무에 투입되는 데 평균 19.5개월이 걸리고, 이에 따른 1인당 재교육비용은 6천88만4천 원에 이르는 것으로 나타났는데, 이러한 조사결과는 대학교육과 현장직무와 괴리가 얼마나 심각한가를 잘 보여주고 있다.

이렇듯 산업현장과 괴리된 대학교육 과정이 운영되고 있음에도 불구하고 여전히 고졸 청년 10명 중 7명 이상의 청년들이 대학진학을 하고 있는 이유는 무엇인가? 여러 가지 이유가 있을 수 있겠으나, 한국사회에서 본인의 능력을 입증하기 위해서는 학위취득 이외의 다른 대안이 별로 없다는 점이 주요한 이유 중의 하나이다. 국내의 관련 연구를 종합하면, 학위를 대체할 수 있는 대체 신호기제로서의 자격(qualification)은 입직 시 다소 유리하게 작용하기는 하나 자격의 임금효과는 거의 없는 것으로 나타났으며, 직업훈련의 효과 역시 미미한 수준에 머무르는 것으로 분석되고 있다.

더구나 한국 노동시장은 대기업과 공공부문을 중심으로 하는 1차 노동시장과 중소사업장을 중심으로 하는 2차 노동시장 간에 상당한 임금격차를 보이고 있다. 2012년 고용노동부 사업체노동력조사 결과에 따르면 5~299인 규모 중소기업 노동자가 지난해 받은 월평균 임금은 10년 전보다 105만 9천 원 증가한 283만 4천 원인 반면, 대기업 노동자의 월평균 임금은 10년 새 179만 5천 원이 오른 442만 4천 원으로 집계됐다. 대기업 대비 중소기업 노동자의 임금수준은 2002년 67.5%에서 2010년 59.9%까지 하락했다가 지난해 64.1%로 소폭 상승하여 10년 전에 비해 임금격차는 3.4% 더 벌어진 것으로 조사되었다.

대기업이 주로 대졸자를 선호하는 현실과 지난 10년간 대·중소기업 간 임금격차가 확대되어 왔다는 사실, 그리고 학위를 대체할 만한 다른

사회적 기제가 제대로 작동하고 있지 못하다는 사실은 동 기간 대학진
학률이 매우 높은 수준을 유지하고 있는 이유를 잘 설명하고 있다.

3. 직업교육훈련체제 개편의 주요 내용과 쟁점

지난 10 수년간의 정책 경험을 통해 우리는 학력 중심사회에서 능력
중심사회로의 이행을 위해서는 캠페인 정책이나 고졸 채용 장려 정책
등과 같은 미봉책으로는 일정한 한계에 부딪칠 수밖에 없다는 점을 학
습하였다. 이전의 정책들에도 불구하고 학력 중심사회의 문제점이 여전
하다는 점이 이를 반증하고 있다. 정책 추진에 많은 난관이 있겠으나,
학교교육과 노동시장의 양적·질적 불일치를 해소하고, 학력에 의한 보
상격차를 완화하기 위해서는 보다 근본적인 개혁정책이 필요한 시점이
다.

이러한 배경에 비추어 볼 때 박근혜 정부에서의 '능력중심사회 만들
기' 정책이 학교교육과 노동시장 제도의 폭 넓은 개혁을 내용으로 하고
있다는 점에서 일단 방향 설정에 있어서는 긍정적이라고 평가된다. 박
근혜 정부의 직업교육훈련 개혁정책의 주요 내용은 다음과 같다.

국가직무능력표준 및 학습모듈 개발

NCS는 산업현장에서 각 직무를 수행하기 위해 요구되는 지식 및 기
술 정도, 태도 등을 국가가 표준화·체계화하여 공표하는 것을 말하며,
NQF는 국가가 NCS를 기반으로 학력, 자격, 현장경험 등을 등가화하여
개인의 직무역량 수준을 공인하여 주는 것을 말한다. 즉 NCS는 우리나
라에 존재하는 전체 12,000여개의 직업에서 필요로 직무를 855개로 표

준화하여 이를 위탁개발하고, 그것을 국가가 공인하는 것이다.

국가직무능력표준 개발 현황은 아래 〈표 1〉에 나타나 있다. 아래 표에서 보는 바와 같이 국가직무능력표준은 2002년부터 개발에 착수하였으며, 2013년 12월말 현재 581개의 국가직무능력표준이 개발 완료되었다. 개발 초기 년도인 2002년부터 2012년까지 11년 동안 331개의 국가직무능력표준이 개발되어, 연 평균 30개가 개발되어 왔으나, 박근혜 정부에서 국가직무능력표준의 개발과 활용이 국정과제로 채택됨에 따라 2013년에 들어와서는 개발에 박차를 가하기 시작하여 2013년 한 해에만 250개의 국가직무능력표준이 개발되기에 이른다.

〈표 1〉 NCS 개발 현황

연 도	기개발 직무분야 개수(a)	개발단가(백만원) (b)	금액(a×b) (백만원)	비고 (공단 외 개발 분야)
2002	20	34	680	0
2003	24	30	690	1
2004	33	24.5	807	1
2005	25	33.2	831	1
2006	43	15.7	675	2
2007	51	15.8	807	0
2008	13	51.2	665	2
2009	10	66.5	665	10
2010	41	21.6	887	20
2011	37	41.3	1,528	6
2012	34	66.1	2,248	0
소 계	331	36.4	12,048	
2013	250	61.6	15,400	패키지 포함
합계	581		27,448	

개발단가는 연도별로 많은 편차를 보이고 있는데, 2006년과 2007년에 개발단가가 특히 낮은 이유는 당시에 개발비용 절감의 필요성이 제기됨에 따라 개발주체인 산업인력공단이 NCS의 일부를 자체개발한 데 기인한다. 한편 2008년에 들어와서는 NCS의 개발보다는 NCS 활용에 역점을 두었으며, 이에 따라 산업인력공단 자체개발에서 점차로 외부위탁 개발을 늘려나가게 되는데, 이는 업종별 협의체등 산업계 전문가들로 구성된 단체나 협회 등은 개발주체인 동시에 활용 주체가 될 수 있을 것으로 판단되므로, 이들 산업계 전문가의 참여를 높이는 것이 NCS의 활용에 보다 유리할 것으로 판단하였기 때문이다. 또한 2013년에 개발단가가 높은 이유는 외부 위탁기관(업종별 협의체 등)의 NCS 개발 시 활용 패키지를 부가적으로 개발하는 것이 의무화되었기 때문이다.

아래 〈표 2〉는 향후 NCS 개발 계획을 보여주고 있다. 앞서도 언급하였다시피 현 정부 들어 NCS 개발 및 활용이 국정과제로 채택됨에 따라 2013년에 이어 2014년에는 모든 직종에서의 개발을 완료하는 것을 목표로 개발에 박차를 가하고 있으며, 계획대로 2014년에 251개의 NCS가 개발되면 총 822개의 직무표준이 개발 완료되어, 거의 대부분의 직종에서 NCS가 개발될 것으로 예상된다. 2015년 이후 매년 40개씩의 신규개발을 계획하고 있는 이유는 추가적으로 발생하는 직무에 대한 개발계획으로 2014년까지의 개발로 사실상 모든 직무에 대한 국가표준이 완성되는 것으로 보아도 무방한 것으로 판단된다.

따라서 2015년 이후부터는 신규개발보다는 기개발된 NCS에 대한 보완작업이 NCS 사업의 주를 이루게 될 것으로 보인다. 특히 우리의 경우 매우 긴 기간에 걸쳐 NCS가 개발되어 왔기 때문에 개발 당시에 비해 직무의 성격이 변화한 경우도 많을 것으로 예상되며, 다른 한편으로는 2013년과 2014년에 개발된 NCS 직무분야의 경우에는 NCS가 단기간 다량 생산되어 개발주체에 따라 NCS 개발의 수준에 있어서 많은 편차를 보일 가능성도 배제할 수 없다. 특히 NCS개발의 선진국이라 할 수 있는 영국, 호주 등의 경우와는 우리나라는 산업계 전문가들이 기업 단위를 넘어선 업종단위에서 직무표준을 만들어 본 경험이 일천하기 때문에, 1차 개발에 있어서 많은 시행착오가 있을 수 있다는 점은 감수하여야 할 부분인 것으로 판단된다.

〈표 2〉 향후 NCS 개발 계획

구분	향후 개발대상 직무분야 갯수	개발단가 (백만원)	금액 (백만원)	비고
2014	241(신규)	61.6	14,845.6	신규
	286(보완)	50	14,300	보완
2015	40(신규)	61.6	2,464	분류체계 개편내용 반영
	150(보완)	50	7,500	
2016	40(신규)	61.6	2,464	
	150(보완)	50	7,500	
2017	40(신규)	61.6	2,464	
	150(보완)	50	7,500	
합계	361(신규)	61.6	22,237.6	
	736(보완)	50	36,800	

NCS 개발의 기본 목적이 직업교육훈련의 교과과정을 산업현장에서 실제 사용되는 직무를 최대한 반영하여 개편하는 것이기 때문에, NCS 개발에 있어서는 많은 현장전문가들이 동원되었다[2].

---

2) 개발을 담당하고 있는 산업인력공단 관계자에 따르면, 2013년에만 총 25,000명 이상의 현장 전문가가 NCS개발에 직·간접적으로 간여하였다고 한다.

학교 교육현장에서는 이렇게 개발된 NCS를 기반으로 학습모듈을 개발하여 이를 특성화 고등학교 및 마이스터 고등학교, 그리고 전문대학의 교과과정에 적용할 계획이다. 폴리텍 대학 등에서의 직업훈련과정 또한 가급적 빠른 시일 내에 NCS기반으로 전면 개편할 예정이다.

학습모듈 개발은 2012년부터 시작되어 아직은 개발이 미진한 상태이기 때문에, 학습모듈의 구체적인 활용은 이루어지고 있지 않은 실정이다. NCS 학습모듈은 NCS를 교육훈련에 안착시키기 위하여 교수자와 학습자가 학습모듈을 통해 학습내용과 절차, 결과에 대해 공유하고 상호 주도할 수 있도록 하기 위하여 개발하고 있으며, 특성화고 또는 전문대학 등 교육기관에서 기본적인 교재로서의 역할 및 교육과정 개편 시 활용하기 위하여 개발하고 있다. 기업에서 주문하는 직무능력을 교육훈련 현장에 전달함으로서 학습의 방향과 측정 가능한 성취목표를 명확히 하고, 숙달 정도를 평가할 수 있도록 NCS 학습모듈이 가이드라인으로서의 기능 및 역할을 제시하는 것이 학습모듈 개발의 궁극적 목적이라 할 것이다.

〈표 3〉기 개발된 모듈교재 (2013년 8월 현재)

연도	기개발 직무분야 (세분류)	모듈명	개발단가 (백만원)	금액 (백만원)	비고
2012	사출금형설계 등 16개 세분류	도면해독 등 50종	2.5	125	
2013	기계요소설계 등 25개 세분류	설계검증 등 80종	2.5	200	
소계	41개 세분류	130종	2.5	325	

주 : 2013년 학습모듈 개발 목표는 55개 NCS세분류 단위에서 504개의 학습모듈을 개발하는 것이 목표이며, 현재 90%정도의 개발목표 달성.

학습모듈 개발이 완료된 시점에서 학습모듈에 대한 수요는 아래의 〈표 4〉에서 보는 바와 같다. 표에서 보는 바와 같이 학습모듈은 특성화고, 전문대, 대학 및 직업훈련기관 등에서 활용될 것으로 예상되며, 이들 기관의 전체 학생 수는 '12년 기준으로 보았을 때 3백 6십만 명이 넘을 것으로 예상된다.

〈표 4〉 분야별 수요예상

구분		기관 수 (학교, 기업 등)	학과 수 (훈련과정)	학생	비고
학교 교육	특성화고	499	7,829	223,068	
	전문대	142	6,601	769,888	
	대학	189	11,124	2,013,958	
직업훈련		6,390기관	–	3,606,406명	'12년 기준

* 학교교육은 2012년 교육통계임.
* 직업훈련생 현황 : 2013 직업능력개발사업 통계연보(산업인력공단) 참조.

한편 학습모듈의 개발절차는 아래의 〔그림 2〕와 같다. 전체 12단계의 개발절차는 크게 보아 계획－준비－검토－개발－보완 등 5개 단계로 구분되는데, 이러한 절차를 통해 산업계 전문가의 의견과 교육·훈련 전문가의 전문적 의견이 조정되고 융합되는 과정을 거치게 된다.

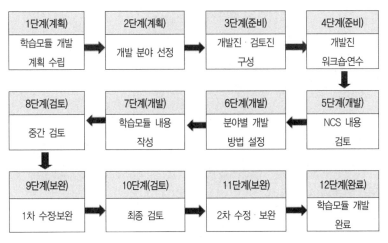

[그림 2] 학습모듈 개발 절차

1단계(계획) 학습모듈 개발 계획 수립	2단계(계획) 개발 분야 선정	3단계(준비) 개발진·검토진 구성	4단계(준비) 개발진 워크숍연수

8단계(검토) 중간 검토	7단계(개발) 학습모듈 내용 작성	6단계(개발) 분야별 개발 방법 설정	5단계(개발) NCS 내용 검토

9단계(보완) 1차 수정·보완	10단계(검토) 최종 검토	11단계(보완) 2차 수정·보완	12단계(완료) 학습모듈 개발 완료

학습모듈 개발진과 검토진의 구성 현황을 보면, NCS 학습모듈 개발 진은 교육·훈련 전문가, 산업체현장전문가, NCS 개발 참여진 등 약 503명으로 구성되며, NCS 학습모듈 검토진은 NCS 워킹그룹 심의위원회 (76개 중분류)를 활용하여 약 267명으로 구성되고 있다.

국가 역량체계(NQF) 도입과 작동원리

NQF의 작동원리

NCS 개발과 함께 논의되고 있는 정책방안 중의 하나가 NQF(National Qualification Framework)도입에 관한 것이다. NQF란 어느 하나의 직무를 수행하기에 필요한 지식, 기술, 소양 등의 직무역량의 내용을 담고 있는 각각의 NCS를 그 수준(level)과 유형(type)으로 분류하여 한데 모아 놓은 것으로, 각각의 5역량을 구성하고 있는 1) 복합 요인(factor)을 파악하고, 2) 개별 요인 간의 상호 등가성 및 개별 역량 간의 상호 등가성을 파악하여, 3) 그 등가성을 국가가 개입하여 정한 것을 말한다. NCS가 산업현장의 직무역량을 파악하여 기술한 실체(reality, system)인 반면, NQF는 개별 NCS의 작동 원리를 정한 개념틀(concept, frame)이다. 즉, NCS가 직무(노동시장) 구조를 나타내는 hardware인 반면, NQF는 그 구조를 움직이는 software라고 할 수 있다.

직무능력 구성 요인에는 정규 학력 이수(교육년 수), 훈련 이수(형식 및 무형식), 경력, 자기학습 등이 있고, 이를 명시적으로(explicitly) 표현해주는 signal에는 수료증, 학위증(졸업증명서 및 성적증명서), 훈련 이수증, 자격증, 경력증명서 등이 있다. 어느 한 직무를 수행할 수 있는 능력(직무역량)은 다양한 역량의 조합(mix)으로 표시할 수 있는데, 이 역량 조합은 그 직무를 수행할 수 있는 최소 역량 수준을 충족하여야 한다. 이 경우 다양한 조합이 나타날 수 있는데, 역량 요인 간의 상호 등가성은 이 다양한 조합 간의 등가성을 의미한다.

예 : **선박 용접 직무**

- 용접 전공 특성화고등학교 졸업
- 일반고등학교 졸업 + 1년 용접 직업훈련
- 중졸 혹은 고중퇴 + 용접 기능사 자격증
- 6개월 직업훈련 + 용접 기능사 자격증
- 1년 용접 직업훈련 + 용접 경력 2년

한 직무의 역량은 최소 역량 수준이므로 하나의 역량 조합에서 각 요인은 다른 요인이 채워주지 못하는 역량을 채워줄 수 있는 최소 역량 수준이 된다. 가령 위의 예에서 용접기능사 직업훈련을 1년을 이수한

자가 현장 용접 경력 2년만 있으면, 자격증이나 특성화고 졸업장을 가진 자와 동등한 직무역량을 가진 것으로 인정되고, 채용, 임금, 승진 등의 인사관리 측면에서 불이익을 받지 않게 된다.

NQF 구축으로 하나의 직무에 필요한 직무역량이 역량요인들의 다양한 조합으로 표현되고 시장에서 그 등가성을 인정받는다면, 근로자 및 기업 모두 직무역량 중 어느 한 요인에 대해서만 집중 투자(예를 들면 학력 스펙 쌓기)를 할 필요가 없게 되고, 이는 곧 학력 중심사회에서 능력 중심사회로 전환을 의미한다. 또한 NQF는 최소 직무 역량의 조합을 보여주기 때문에, 경제 주체가 역량 구성 요인의 각각에 대해 적정 투자를 할 수 있고, 이는 곧 과잉 스펙 쌓기라는 낭비를 제거하는 효과를 가져 올 것으로 기대된다.

현재 우리나라에서도 요인 간 상호 등가성의 인정 방식은 다양하게 존재하고 있는데, 대부분 자신과 다른 요인을 자신의 요인체계(factor system) 내에 어떻게 편입시킬 것인가(internalize)에 초점을 두고 있다. 좀 과장해서 말하면, 자기 요인의 구성 내용을 보다 다양하게 만들어, 스스로 하나의 완결 체계를 구축하고자 하는 의도에서 등가성을 인정하고 있는 것이다. 학력시스템 내에는 학력을 취득(혹은 부분 인정)하는 다양한 방식이 있는데, 학력 취득이 가능한 방법으로는 정규 학교 졸업, 국가의 검정고시, 독학사제도 등이 있고, 부분적으로 학력을 인정하는 방법에는 국가의 학점은행제, 대학의 학점인정제 등이 있다. 그리고 학력의 부분 인정제도인 학점은행제 혹은 학점 인정제를 통해 자격증, 훈련 이수, 현장경력(실습 등) 등이 학력시스템과 연계되어 있다. 국가기술자격시스템 내에는 학력과 경력 혹은 타자격증 등이 응시자격 인정, 자격시험 일부 면제, 자격 인정 등의 방식으로 자격제도와 연결되어 있다. 경력시스템 내에는 학력, 훈련 및 자격의 경력인정(호봉 등의 임금 산정이나 승진 소요 연한 산정 등)이 광범위하게 이루어지고 있다. 그런데, 현재 부분적으로 이루어지고 있는 각 시스템 간의 인정의 문제점은,

 1) 상호 인정이 아닌 일방 통행형 인정,
 2) 인정 범위의 적합성 취약(가령 자격증의 학점 인정 수준, 현장 경력의 학점 인정 수준 등),
 3) 복수 인정 방식의 등가성 근거 취약(가령 검정형인 독학사제도와 과정이수형인 학점은행제)

등의 문제점이 노출되고 있어, NQF를 통해 이를 치유해야 한다는 과제를 안고 있다.

NQF 구축에 있어서의 국가 개입의 정당성

현재 우리나라 노동시장에서 학력-자격-훈련-경력 등의 각 시스템은 서로 독자 시스템을 유지하려는 경향이 강해 타 시스템에 대해 높은 벽을 쌓고 있다. 즉, 시스템 간 상호 인정의 범위가 협소하고 인정의 수준 역시 인색하다. 이로 인해 노동공급자는 각 시스템에서 요구하는 스펙을 쌓기 위해, 즉 직무역량의 최소 조합이 아니라 최대 조합을 구축하기 위해 시간과 돈을 투자할 수밖에 없게 되고, 노동공급자의 스펙 경쟁으로 스펙이 능력의 지표가 되고 있는 실정이다. 기업 역시 손쉽게 스펙 중심의 관리체계를 구축하고 있어, 스펙 쌓기의 악순환을 강화하고 있다. 이러한 상황이 노동시장의 자율적 조정으로 해결되기에는 조정 기간이 너무 길고, 더욱이 직무역량 공급시스템의 독점성으로 자율 조정의 가능성이 매우 낮다고 판단된다. 또한 직무역량 간 상호 인증 방식은 개별경제 주체가 개발·운영하기에는 비용이 많이 들고, 사용 시 배타성이 없어 시장실패가 나타나는 social infrastructure 성격이 크다. 이와

같이 각 시스템간의 상호 인정에 시장실패가 발생하고 있기 때문에 이를 치유하기 위한 제도인 NQF의 개발과 운영에 국가의 개입이 요청된다.

일-학습 병행제 실시

일학습 병행제는 산업현장에서 요구하는 실무형 인재를 기르기 위해 기업이 취업을 원하는 청년 등을 근로자로 채용[3]하여, 학교 등 교육기관과 함께 일터에서 체계적인 교육훈련을 제공하고, 교육훈련을 마친 자의 역량을 국가(또는 해당 산업계)가 평가하여 자격(또는 연계학교의 학력) 등으로 인정하는 제도를 말한다.

일학습 병행제도는 학교교육의 측면에서는 실제 노동시장 요구에 부합하는 교육훈련을 공급함으로써 교육훈련과 산업현장과의 괴리를 해소하고, 기업 측면에서는 기업 스스로 원하는 현장실무형 인재를 양성하며, 근로자 측면에서는 일과 현장학습을 동시에 행함으로써 현장실무를 익힘과 동시에 자격과 학위를 취득할 수 있다는 장점을 지니고 있다.

2014년 2월 현재 104개 기업이 선정되어 일학습 제도를 시행하고 있으며, 여기에 참여한 학습근로자 수는 710명에 이른다. 정부의 목표는 일학습제를 확산시켜 2017년까지 1만개 기업이 일학습 제도에 참가시킬 것을 목표로 하고 있다.

기업이 정부의 지원을 받으며 일ㆍ학습 듀얼시스템에 의한 교육훈련 프로그램을 운영하려면 아래와 같은 요건을 모두 충족하여 정부(한국산업인력공단, 이하 "공단"이라 한다)로부터 듀얼프로그램으로 인증을 받아야 한다. 듀얼시스템에 의한 교육훈련 프로그램과 유사ㆍ동일한 교육훈련의 경우에도 정부로부터 듀얼프로그램으로 인증을 받지 않은 경우

---

3) 이들 근로자를 학습근로자라고 한다.

에는 정부지원 대상에 포함되지 않는다.

첫 번째 조건은 인력수요자인 기업이 주도하여 교육훈련 프로그램을 설계·운영하여야 한다는 것이다. 즉, 일과 학습을 병행하는 교육훈련일지라도 교육훈련기관이 중심이 되어 훈련과정을 설계·운영하는 경우에는 지원 대상에서 제외된다. 둘째, 교육훈련 후 담당할 직무가 전문적·기술적 직무로서 이를 정상적으로 담당하기 위해서는 상당한 시간(또는 기간)의 교육훈련을 필요로 하는 직무에 대한 교육훈련이어야 한다. 이 규정에 따라 단순 직무, 적응 교육 등 직무에 대한 전문적·기술적 교육훈련 없이 담당할 수 있는 직무 또는 상당한 시간(또는 기간)의 교육훈련 없이 담당할 수 있는 직무에 대한 교육훈련 역시 지원 대상에서 제외된다. 셋째 일과 학습을 병행하되 이 둘은 명확히 구분되고, 체계적으로 연계되어야 한다는 것이다. 예컨대 일 또는 학습만으로 구성되거나, 일과 학습으로 구성되어 있으나 두 가지가 명확히 구분되지 않은 경우는 지원 대상에서 제외된다. 다만 일과 학습의 비율은 기업 현실에 맞게 설계 가능하다. 또한 일과 학습을 모두 포함하고 있으나 교육훈련 내용 및 시기로 보아 양자가 긴밀히 연계되지 않은 경우도 지원 대상에서 제외된다. 넷째 교육훈련 참여대상자는 학력수준 등에 관계없이 기업이 고용을 원하는 자이면 누구나 참여 가능하나, 근로자로 채용된 상태에서 교육훈련을 받는 것을 원칙으로 한다. 이런 점에서 일학습 병행제는 원칙적으로 근로자가 아닌 상태에서 교육훈련이 이루어지는 채용예정자훈련 및 현장실습과 차이가 있다. 또한 일학습 병행제는 양성훈련의 일종이므로 재직자 향상훈련을 일과 학습을 병행하는 형태로 실시하는 경우에도 지원 대상에서 제외된다.[4] 다섯째 교육훈련 기간은 6개

---

4) 구직자 또는 청년취업희망자(학생)를 근로자로 채용한 후에 교육훈련이 이루어지므로 형식적으로는 재직자 향상훈련처럼 보이나, 신규채용 인력에 대한 교육훈련이므로 실제로는 양성훈련의 성격이 있음.

월~4년으로 장기이어야 한다. 모범적인 현장실습 인턴십 사례 등과 일과 학습을 병행하는 교육훈련의 경우에도 교육훈련기간이 6개월 미만이면 지원 대상에서 제외되고 교육훈련 기간이 4년을 초과 하는 경우에도 지원 대상에는 포함되지 않는다. 여섯째 교육훈련 평가는 교육훈련 기간 및 교육훈련 종료 후에 실시하고, 평가결과가 일정수준 이상이 되면 수료증, 자격, 학력 등을 부여하며, 해당 기업은 그에 합당한 인사·처우 등 대우를 하여야 한다. 교육훈련 결과를 학력과 연계하고자 할 때에는 계약학과 등으로 학교와 연계하여 교육훈련 프로그램을 운영하거나 학점은행제와 연계하여야 한다..

〈표 5〉 기존 현장실습 및 인턴십과 차이

구분	현장실습	인턴십	한국형 일·학습 듀얼시스템
대상	고교·대학 최종학기	주로 대학	전 국민 (의무교육을 수료한 모든 국민, 단 재학생의 경우는 별도의 단서조항에 의거)
참여자 신분	학생	기간제 근로자	근로자에 준함
정규교육과정과 연계	○	×	△ (반드시 연계할 필요는 없음)
계약 당사자	학생-학교-기업	학생-기업	학습근로자-기업
프로그램 주도	학교	기업	기업
훈련기간	1개월~3개월	1~3개월 (비교적 장기)	6개월~4년 (장기)
일과 학습의 체계적 연계	×	×	○
취업과의 연계	대체로 ×	기업재량	훈련과정 종료 후 → 평가시험 합격 → 계속고용·훈련과정 종료 후 → 평가시험 탈락 → 계속고용 여부 기업재량

한편 듀얼프로그램 수료결과 인정방식에 따른 유형은 다음의 두 가지로 분류된다. 첫째는 '자격형'이다. 이 유형은 NCS 기반의 듀얼프로그

램 인증기준에 따라 국가수준의 자격과 연계한 현장실무 중심의 듀얼프로그램을 인증 받아 운영하는 형태이다.

이 유형에 있어서의 학습근로자에 대한 평가는 1차 평가와 2차 평가로 구분되어 실시되는데, 1차 평가는 기업이 자체적으로 프로그램에 대한 성취도 평가를 실시하고, 2차 평가는 공단 또는 국가에서 지정받은 해당 산업 분야의 사업주단체·협회 등이 직무능력을 평가하게 된다.5) 한편 1차 평가 합격자에게는 당해 기업 자체적으로 듀얼프로그램 이수증을 부여하고, 2차 평가 합격자에게는 한국산업인력공단 이사장 또는 한국산업인력공단과 해당 분야 산업계 공동으로 수여하는 수료증을 수여하게 된다.

〔그림 3〕 듀얼프로그램 수료결과 인정방식 유형

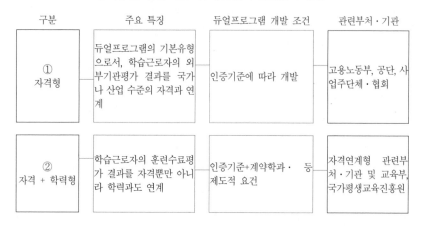

구분	주요 특징	듀얼프로그램 개발 조건	관련부처·기관
① 자격형	듀얼프로그램의 기본유형으로서, 학습근로자의 외부기관평가 결과를 국가나 산업 수준의 자격과 연계	인증기준에 따라 개발	고용노동부, 공단, 사업주단체·협회
② 자격 + 학력형	학습근로자의 훈련수료평가 결과를 자격뿐만 아니라 학력과도 연계	인증기준+계약학과· 등 제도적 요건	자격연계형 관련부처·기관 및 교육부, 국가평생교육진흥원

듀얼 프로그램의 두 번째 유형은 '자격 + 학력형'이다. 이 유형은 자격 및 기존 학력제도와 연계해서 운영하는 방식으로 듀얼프로그램 인증기준과 함께 계약학과 등 관련 제도 요건을 준수하여 Off-JT와 S-OJT

---

5) 2차 평가 불합격자는 1년 범위내 총 2회까지 재응시 기회를 부여한다.

를 구성한다.[6]

이 유형에서의 학습근로자 수료 평가 역시 1차 평가와 2차 평가로 구분되는데, 1차 평가는 훈련근로계약 기간의 80% 경과시점부터 기업의 자체평가로 실시하고, 그 결과를 지역 듀얼지원센터에 통보한다. 또한 계약학과 참여 기업의 1차 평가는 대학 등과 병행평가 실시가 가능하다. 1차 평가를 합격한 학습근로자를 대상으로 2차 평가는 훈련근로계약기간 내에 국가에서 지정한 해당 산업 분야 사업주단체 등이 직무능력을 평가한다.[7]

한편 1차 평가 합격자에게는 당해 기업 자체적으로 듀얼프로그램 이수증을 부여하고[8], 2차 평가 합격자에게는 고용노동부 장관과 해당분야 산업계가 부여하는 국가자격을 부여할 예정이다.

전문대학의 평생직업능력개발 기관으로의 개편

학령인구의 감소로 우리나라의 대학은 이미 공급과잉 상태에 있어 대학구조조정은 더 이상 미룰 수 없는 시대적 과제이며, 특히 고등직업교육기관으로서의 역할을 담당하고 있는 전문대학은 더 이상 신규고졸자만을 입학자원으로 하여서는 생존 자체에 위협을 받을 상황에 직면하고 있다. 이러한 상황에서 전문대학은 세 가지 개혁과제를 수행할 예정이다.

첫째는 '특성화 전문대학'으로의 전환이다. 교육부는 2017년도까지 현재의 전문대학 중 100개 학교를 특성화 전문대학으로 개편하여 선택

---

6) 계약학과 등의 적용을 받기 위해서는 Off-JT와 S-OJT 시간 편성 비율, 듀얼프로그램에 대한 시설·설비·교수 등 요건 반영 필요
7) 2차 평가 불합격자는 1년 범위 내 총 2회까지 재응시 기회를 부여한다.
8) 계약학과는 해당 학교의 학점 부여

과 집중을 통한 교육의 질 확보에 나선다는 계획이다. 둘째는 기존 전문대학의 '평생직업교육대학'으로의 전환과 재직자 특별전형, 계약학과 확대 등 선취업·후진학을 위한 노력이다. 재직자 특별전형은 2010학년도에 3개 학교가 실시한 것을 필두로 매년 확대되어 2013년에는 70개교에서 4,462명을 대상으로 특별전형이 이루어진 바 있다. 셋째는 교육과정의 다양화이다. 수업연한 자유화(1년~4년)를 통하여 직업교육과정의 다양성을 꾀하는 한편, NCS 기반 모듈 조합방식으로 다양한 비학위·학위과정의 통합운영을 실시하고, 전문대학과 "특성화고+지역산업계+지역사회"간 연계를 강화하는 것이다. 대학구조조정과 전문대학의 평생직업교육기관으로의 개편정책은 능력중심사회 구축을 위한 과제이자 동시에 대학의 생존을 위한 불가피한 정책방향이라고 본다.

선취업 후진학 제도의 활성화

선취업 후진학 제도는 2012년 7월 "선취업 후진학 및 열린고용 강화방안"이 발표된 이후로 현 정부에서도 중점을 두어 추진하고 있는 정책과제이다. 위 방안에서는 청년층 고용사정 악화의 원인이 되는 과도한 진학열기, 현장과 괴리된 교과과정 운영, 기업의 스펙중시 고용관행 등을 개선하고자 현장중심 직업교육 공고화, 고졸취업 분위기 확산, 후진학 생태계 활성화, 열린 고용 인사관리 확산 등을 골자로 하는 내용의 정책방안이 제안·추진되었고, 이후 MB정권 하에서 대표적인 청년 고용정책의 하나로 자리매김하게 되었다.

선취업 후진학 제도는 청년층의 조기노동시장 진입을 촉진하고, 개인의 직무역량을 강화하는데 있어 긍정적인 제도임에는 이론의 여지가 없으나, 제도 추진상의 몇 가지 문제점도 지적되고 있다. 첫째, 인증체계가 미흡하다는 점이다. 예컨대 산업체 재직근로자가 필요한 교과목만을 이수하고 학점을 인정받는 경우에 해당 학점을 인증하기 위한 인증서가 있어야 할 것인데, 현재는 이러한 인증이 이루어지지 않아 학위를 취득하고자 하는 경우 불필요한 추가과목을 수강하여야 하는 일이 발생하고 있다는 점이 지적되고 있다.

둘째, 기업의 요구가 제대로 반영되고 있지 못하다는 점이다. 현재 후진학 제도는 기업과 대학을 연계하는 제도가 대부분을 차지하고 있는데, 중소기업 기술사관 육성사업의 경우 전문대학이 주도하는 사업단에서 자체 결정함으로써, 여전히 공급자 위주의 사업운영의 가능성이 상존하고 있다(김철희 외, 2013). 또한 2012년 현재 총 18개 사업단 중 기계분야가 7개 사업단, IT분야가 5개 사업단으로 구성되어 있어 인력양성의 편중성을 보이고 있다는 점도 문제점으로 지적되고 있다. 사업단 협력은 특성화고-전문대학을 중심으로 이루어져 있으며, 협약기업과의 연결고리가 약한 상태이다. 이 결과 근로자로서의 직무능력 향상과 성공적인 취업이 제대로 이루어지고 있지 못한 측면이 있다. 이러한 문제점을 해소하기 위해서는 무엇보다도 협약기업의 적극적인 참여와 협력이 필요하다고 하겠다.

셋째, 특성화고 졸업 후 취업 시 병역문제가 성공적인 제도운영의 장애요인으로 작용하고 있다. 남성 고졸자가 취업하게 되면 군대 문제로 인하여 경력단절이 발생하게 되고, 이러한 경력단절로 인해 기업에서는 고졸자의 채용을 꺼리게 되는 현상이 나타나게 되며, 근로자 측면에서도 경력단절로 인한 생산성 저하 현상을 경험하게 된다는 점이다.

군복무로 인한 경력단절 문제를 완화하기 위해 맞춤특기병제의 확대, 산업기능요원 우선배정, 군입대자 계속고용 기업에 대한 고용장려금 등의 정책방안이 논의되고 있으나, 군대 문제에 관한 한 정부차원에서의 본질적 해결책 마련은 어려울 것으로 보이며, 이 문제 역시 기업들의 인사관리 관행을 선진화하는 것이 우선되어야 할 문제이다.

주요 쟁점

NCS 및 학습모듈 개발과 관련하여 가장 많이 제기되는 문제는 개발 속도에 관한 문제이다. 정책방향성에는 공감하나 너무 서두르는 것이 아니냐는 비판이 다수 존재하는 것이 사실이다. 특히 NCS 및 학습모듈을 적용의 대상이 되는 학교와 기업에서 이러한 의견이 많은 것으로 보인다.

우선 NCS의 개발과 관련해서는 두 가지 전략이 있을 수 있다고 본다. 첫째는 단계적 개발전략이다. 이 전략에 따르면 우선 개발이 용이한 업종에서 NCS의 개발과 활용을 수행한 후, 이 경험을 바탕으로 여타 업종에서의 NCS 개발 및 활용을 시도함으로써 일괄개발이 가질 수 있는 문제점을 극복하는 방안이다. 이러한 개발전략의 장점은 일괄개발에서 나타날 수 있는 부작용, 즉 난개발로 인한 예산낭비를 줄이고, 앞선 개발업종에서의 개발경험을 활용함으로써 여타 업종에서의 NCS 개발에 있어서는 질적으로 보다 나은 NCS개발을 꾀할 수 있다는 점이다. 이러한 방식의 단점은 NCS개발의 홍보효과가 미미하게 되고, 따라서 산업현장에서의 수용성이 떨어질 수 있다는 점이다. NCS가 2002년부터 단계적으로 개발되어 왔으나, 산업현장에서 크게 주목을 받지 못한 것도 여러 가지 원인이 있을 수 있겠으나, 단계적 개발 전략이 가지는 한계가 드러난 것으로 해석될 수 있다.

둘째는 현행과 같은 단기 일괄개발 전략이다. 전체 업종에 대해 일괄적으로 조기에 개발을 완료함으로써 산업계의 자원을 집중하여 활용함으로써 개발 종목간의 일관성을 유지하고, 교육계와 산업계에 충격효과를 극대화함으로써 개발의 효과성을 극대화시키고자 하는 전략이다. 이 전략은 앞의 단계적 개발전략과는 정반대의 장단점을 가지고 있다.

현재로서는 어떠한 개발전략이 우세한 전략인가를 객관적으로 판가름하기는 어렵다. 다만 NCS개발과 관련해서는 이미 2014년 개발계획이 완료되어 있어, 이를 돌이킬 수 없다는 현실을 감안할 때 현재의 전략이 성공적으로 수행되는데 필요한 부가적인 노력이 어떠한 것이 있을까에 대한 방안을 구안해 내는 것이 필요한 상황이라고 판단된다.

단기에 집중적으로 개발을 완료함으로써 가질 수 있는 잇점 중의 하나는 전체 개발 종목을 대상으로 종목 간 비교가 가능하다는 점일 것이다. 전반적으로 개발이 우수한 종목과 그렇지 못한 종목 간의 비교를 통하여 2015년부터는 보완작업에 착수하여야 할 것이며, 우수한 종목에 대해서는 활용전략을 세워 기업활용에 적극 매진하는 것이 필요할 것으로 보인다.

NCS가 일괄적으로 개발된다고 해서 학습모듈 역시 모든 종목에 걸쳐 일괄적으로 개발하여야 하는가에 대해서는 재고의 여지가 있다고 본다. 학습모듈개발의 우선순위를 설정하기 위해서는 먼저 학습모듈을 사용할 특성화고, 마이스터고, 전문대학 등 학교에서의 학과와 NCS의 매칭테이블이 작성되어야 하며, 이를 통해 학습모듈이 개발될 경우 즉시 활용이 가능한 종목에 대해 우선적으로 학습모듈을 개발하는 것이 타당할 것으로 판단된다.

학습모듈 개발에 있어서는 현재의 학과분류 상의 매칭 여부만이 아니라, 개별 학과에서의 학습모듈 활용가능 여부가 확인될 필요가 있다고 본다. 개별 학과에서의 사정에 따라서는 기존 교재를 그대로 사용할 것을 원하는 경우도 있을 수 있으므로 학습모듈에 대한 수요파악도 필요할 것으로 판단된다.

이러한 점들을 고려할 때 현재 2015년까지 개발 완료할 예정으로 짜여진 예산계획은 개발범위와 개발추진 일정을 재검토하여 새롭게 구성하는 것이 타당하다고 판단된다.

또 다른 중요한 문제제기 중의 하나는 국가직무능력표준(NCS)의 수용가능성에 관한 문제이다. NCS의 수용가능성과 관련해서 제기되는 본질적 문제는 다음과 같다. NCS가 산업현장의 직무를 반영한 표준이라 하더라도 개별기업마다 문화와 업무방식이 다른데 과연 표준화된 NCS가 현장에서 수용 가능할 것인지, 그리고 이에 기반한 학습모듈이 개별 기업에서의 현장성을 담보할 수 있을 것인지의 문제이다. 특히 우리나라의 경우 기업의 형성과정에서부터 소수 대기업을 중심으로 하청, 재하청 중소기업이 구성되어 있는 구조이며, 따라서 개별기업을 넘어 업종별 직무표준이나 업종별 인적자원개발의 역사가 일천하기 때문에 NCS의 수용가능성 문제가 대두되는 것은 당연한 일이다.

이에 대한 해답을 구하기 위해서는 산업현장에서 통용되는 직무숙련의 성격에 대하여 이해할 필요가 있다. 직무숙련(job skill)은 크게 두 가지로 구분될 수 있다. 그 하나는 일반숙련(general skill)이며, 다른 하나는 기업특수적 숙련(firm-specific skill)이다. 양자는 숙련의 통용성(transferability)의 여부에 의해 그 성격이 나누어지는 데, 일반숙련의 경우 한번 습득하면 어느 기업에서나 통용될 수 있는 숙련을 의미한다. 예컨대 직무수행에 필요한 어학이라든지 의사소통능력 등이 이에 속한다. 이와 달리 기업특수적 숙련은 특정 기업에서만 통용될 수 있는 숙련을 말한다. 특정 기업에서만 사용되는 아주 특수한 성격의 숙련으로서 이러한 숙련은 교육훈련을 통해 습득해 보아야 다른 기업에서는 전혀 사용될 여지가 없게 된다.

이러한 기준에서 볼 때, NCS에서 개발되는 직무표준은 모두 일반숙련에 해당한다고 볼 수 있다9). NCS에서의 직무수행능력은 필수직업능력, 선택직업능력 그리고 산업공통직업능력으로 나누어진다. 필수직업능력은 해당 분야에서 특정 직무를 수행하기 위해 필요한 직업능력으로 해당 직업에 진입하기 위해서 반드시 갖추어야 하는 직업능력이고, 선택직업능력은 해당 분야에서 기업 간 업무범위, 장비 등의 차이점에 대한 유연성을 부여하기 위한 직업능력으로 해당 직업에 진입하기 위해 반드시 갖추어야 할 직업능력은 아니나 기업체의 특성에 따라 갖추어야 하는 직업능력이며, 산업공통직업능력은 해당 분야에서 직업 혹은 직무에 관계없이 공통적으로 갖추어야 하는 능력이다.

통용성의 기준으로 본다면 필수직업능력과 산업공통직업능력의 경우 업종 내 모든 기업에서 통용될 수 있는 직업능력이라 볼 수 있으며, 선택직업능력은 업종 내 일부 기업에서만 통용될 수 있는 직업능력이다. 따라서 NCS가 계획대로 개발이 된다면, 원론적으로는 업종 내 기업 간 통용성 문제로 인하여 활용이 되지 않을 가능성은 그리 크지 않다고 볼 수 있다.

그렇다면 우리나라의 기업현실에 비추어 NCS의 수용가능성에 전혀 문제가 없는 것인가? 그렇지 않은 요소가 몇 가지 있을 수 있는데 그것은 다음과 같이 요약할 수 있다. 첫째, NCS개발 단계에서의 문제이다. 전술한 바와 같이, 우리의 경우 업종별 직무표준 작성의 경험이 전무하기 때문에 업종별 직무표준의 작성에 있어서 업종대표성을 지닌 전문가의 섭외, 업종 내 기업 간 이견조절기능의 부재 등 개발단계에서 많은 어려움을 겪을 가능성이 크다.

둘째, NCS에 대한 오해가 있을 수 있다. NCS는 단지 표준이며, 표준

---

9) 산업특수적 숙련(industry specific skill)이라는 용어로 설명할 수도 있겠으나, 통용성(transparency)의 기준으로 일반숙련과 기업특수훈련의 이분법으로 본다면 일반숙련으로 분류되는 것이 타당하다고 본다.

이라는 것의 본래 성격상 개별기업에서의 활용에 있어서는 개별 기업의 특성에 맞게 변형시킬 필요가 있다. 따라서 NCS를 아무런 변형 없이 그 자체로 활용하려 할 경우 수용가능성이 떨어질 수 있을 것인데, 이러한 문제점을 완화하기 위해서는 정부의 추가적인 노력이 필요할 것으로 보인다. 업종별 NCS활용매뉴얼 작성 및 보급, 활용 우수사례 보급, 홍보 강화 등이 필요할 것으로 판단된다.

셋째, 우리나라가 직무노동시장이 발달되지 못하여 NCS의 수용가능성에 일정한 한계로 작용하고 있는 것은 부인할 수 없는 사실이다. 우리나라의 경우 채용단계에서부터 개인의 직무능력보다는 그 외적인 요소, 즉 학력, 인성, 그 외의 일반 역량 등을 중심으로 평가하고, 기업에서의 업무분장에 있어서도 직무에 따른 명확한 업무분장과 직무수행의 수월성에 대한 평가에 기반 한 보상체계가 아닌 연공급에 기반하고 있는 경우가 많다. 따라서 직무역량을 키울 유인이 부족한 것이 사실이다.

그러나 이를 뒤집어 생각하면 국가차원의 직무표준의 개발 및 보급이 직무노동시장의 활성화에 기여할 수 있는 여지가 매우 크다는 것을 의미할 수 있다. 사실 우리나라에서 직무노동시장이 발달하지 못한 이유 중의 하나는 노동시장에서의 인프라가 미비된 것도 커다란 이유 중의 하나라고 볼 수 있다. 예컨대 특정 직무에 대한 시장평균임금이 얼마인지에 대한 임금정보도 부재한 상태이고, 업종별로 직무의 구성이 어떻게 되어 있는지, 그리고 그러한 직무의 수행에 필요한 능력이 무엇인지 등에 대한 정보도 제대로 갖추어져 있다고 보기 힘들다. 직무노동시장이 잘 발달된 미국과 영국 등의 선진사례에서 볼 수 있듯이 이들 나라에서는 정보인프라와 직업정보 등이 우리보다 월등 앞서 있음을 볼 수 있는데, 직무노동시장의 활성화를 통한 노동시장 효율성 증대를 위해서는 이러한 노동시장의 정보인프라에 대한 투자확대가 필요한 시점이라고 판단된다.

종합적으로 보았을 때 우리나라에서 NCS의 수용성에 일정한 한계가 있는 것은 부인할 수 없는 사실이나, 이것이 극복 불가능한 본질적인 한계는 아닌 것으로 판단되며, 노동시장 정보인프라 및 기업에 대한 홍보 등 추가적인 지원을 통해 NCS의 수용가능성을 높일 수 있을 것으로 판단되며, 이렇게 함으로써 노동시장 효율성을 강화하는데 일조할 수 있을 것이다.

4. 결론 및 도전 과제

다소 생소한 개념의 정책들로 구성되어 있으나, 면밀하게 분석해보면 위의 노동시장 개혁정책들은 매우 중요한 의미를 내포하고 있다. NCS와 NQF가 성공적으로 안착될 경우, 학위를 대체하는 사회적 기제가 작동하게 되어 굳이 직업적 성공을 위하여 대학에 진학하는 수요가 상당부분 해소될 것으로 기대된다.

그러나 이러한 정책들이 성공을 거두기 위해서 가야 할 길은 고산준령의 험난한 길이다. 무엇보다 가장 어려운 난관은 산업계의 협조를 이끌어 내어 이를 체계화하는 것이다. NCS의 개발 단계에서부터 산업현장에서 통용되는 직무의 형태와 수준을 정확하게 파악하여 개발에 반영해 줄 수 있는 대표성과 전문성을 지닌 전문가나 단체가 충분하지 않다. 또한 NCS의 개발과 활용에 있어서 개별기업에서 적극적인 의지를 가지고 이들 제도를 활용하여야 할 것인데, 이 또한 개별 기업 입장에서는 이들 제도를 적극적으로 활용할 인센티브가 별로 없다고 판단할 수도 있다.

보다 본질적으로는 현 정부에서 내걸고 있는 '능력중심사회 만들기'

의 지향점은 '학력중심사회'에서 '능력중심사회'로의 사회개혁인데 반하여 이러한 사회개혁을 'NCS-학습모듈 개발', '일-학습 병행제 실시' 등 사업차원에서 실현하려고 하다 보니 지향과 수단의 괴리현상이 발생할 수 있다는 점이다. 즉 '능력중심사회 만들기'라는 사회개혁 의제(agenda)는 직업교육훈련의 개편 뿐 아니라, '고등교육에 대한 강력한 구조조정', '직무노동시장의 활성화'를 포함한 노동시장 개혁 등 보다 광범위한 분야에서의 정교한 개혁프로그램을 포괄하여야 하고, 이들 프로그램은 상호 연계를 가지고 전략적으로 추진되어야 할 사안이라는 점이다. NCS와 학습모듈 개발 그 자체만으로 교육시장과 노동시장 불일치 완화, 노동시장 효율화에 기여, 더 나아가 능력중심 사회 구축이 달성되는 것은 아니고, 여타 유관 제도가 같이 변화되어야 NCS와 학습모듈 개발의 성과가 더욱 극대화 될 수 있다. 즉 본 사업의 성과확대를 위해서는 제도 간 정합성 확보가 중요한 과제라는 것이다. 예컨대 현재 진행되고 있는 대학구조조정 정책의 성공적인 정착은 본 사업의 성과에도 커다란 영향을 미칠 것이 자명하다. 한편으로는 부실한 대학의 학과를 구조조정 함으로써, 고등학교 졸업자들을 노동시장에 조기에 진입시키도록 유도하고, 다른 한편으로는 직무노동시장 활성화를 통해 노동시장 조기 진입자의 직무역량 향상이 제대로 보상을 받음으로써 대졸자에 비해 전혀 손해가 없는 경제적 혜택을 받게 된다면, '학벌이 아닌 능력중심 사회' 구축이 가속화 될 수 있다고 여겨진다.

또 다른 예로서 노동시장에서 임금정책의 변화도 본 사업의 성과에 커다란 영향을 줄 것으로 예견된다. 현재 우리나라 많은 기업이 연공급을 시행하고 있어 노동시장 고령화로 인한 기업의 부담이 증가되고 있는 형편이다. 이에 따라 임금체계 개편에 대한 논의가 한창 진행 중인데, 이러한 논의 가운데는 직무급으로의 임금체계가 바람직하다는 전문가 의견이 대다수를 접하고 있다. 직무급으로의 임금체계 개편은 NCS개발 및 학습모듈 개발의 효과를 증대시킬 것이 자명하다. 왜냐하면 직무급으로의 임금체계 개편은 직무에 대한 보상체계를 확립한다는 것을 의미하게 되므로, 직무향상에 대한 개인과 기업, 그리고 예비근로자인 학생의 수요를 증대시킬 것으로 예상되기 때문이다.

이러한 관점에서 여기서는 다음과 같은 네 가지 점을 제안하고자 한다. 첫째는 추진체계의 개편이다. 현재의 교육부-고용노동부 중심의 'NCS운영위원회'틀을 벗어나 보다 상위의 추진체계를 구축하여 '능력중심사회 만들기'에 필요한 제도개선 사항의 로드맵을 새로이 정립하는 것이 필요하다고 본다. 둘째는 성공사례의 발굴이다. 업종 혹은 개별 기업에서의 NCS도입과 활용, 그리고 일-학습 병행제등 능력중심 제도의 성공사례가 축적되면 이들 제도가 자연스럽게 확산될 수 있을 것이다. 셋째는 산업계 중심의 NCS 활용·확산체계 확립을 통한 자발적 유지·관리 시스템의 정착이다. NCS와 학습모듈 개발이 궁극적으로는 산업계 주도로 이루어져야 제도의 순기능이 극대화될 수 있음은 많은 국내외 사례 등을 통해 확인된 바 있다. 마지막으로 사회적 합의에 대한 준비가 필요하다고 본다. 직무능력표준이 직무에 대한 보상과 연동되지 않는다면 활용에 한계가 있을 것임은 자명한데, 보상체계 개편은 사회적 합의가 전제되기 때문이다.

이슈 9-2

통상임금 · 근로시간단축 등이 일자리에 미치는 영향과 과제

이 상 희(한국산업기술대 지식융합학부)

통상임금·근로시간단축 등이 일자리에 미치는 영향과 과제

1. 최근 노동법·정책 이슈와 문제

최근 우리 고용노사관계 환경을 보면 수년마다 한번 제기 될 만한 이슈가 몇 개씩 겹쳐서 발생되고 있다. 2013년 한해를 달구었던 통상임금 소송, 금년 초부터 본격적으로 전개된 휴일근로의 연장근로 산입을 담은 근로시간단축법안, 생각보다 빨리 처리된 60세 정년연장, 오래전부터 사내하도급 불법파견 문제로 촉발된 사내하도급근로자보호법 제정 추진 등(이하 '통상임금·근로시간 단축 등'으로 표현)이 그러하다. 이들 통상임금·근로시간단축 등 이슈는 모두 경제체제와 산업현장에 적지 않은 영향을 줄 수 있는 것으로 파악된다. 특히 무엇보다도 임금이슈(임금경쟁력)로 귀결되는 것이라 할 수 있다.

임금경쟁력은 산업경쟁력에서 중요한 비중을 차지한다. 이 때문에 통상임금·근로시간단축 등과 같은 임금에 영향을 주는 이슈 처리시 근로조건 보호 방안 차원을 넘어 고용유지의 전제로 되는 기업 경쟁력도 고려될 필요가 있다고 하겠다. 특히 우리나라는 생산가능인구 감소가 예상되고 있는 노동시장 전망에 따라 향후 가급적이면 중장년층의 일자리를 오래 지속시킬 대책이 필요하게 된다. 우리나라는 다른 국가보다 심한 임금의 연공성 등에 비추면 중장년층의 일자리 지속의 전제 조건 중 핵심이 인건비로 일컬어지는 임금경쟁력이라 할 수 있다. 이 때문에 통상임금·근로시간 단축 등 이슈의 처리 시 산업경쟁력은 물론 일자리에 미치는 영향 등에 대한 다각적인 계산을 따져보지 않을 수 없다.

더욱이 우리나라 노동시장의 특징 중 하나는 이른바 노동시장의 양극화 내지 이중노동시장 구조가 심화되고 있다는 점이다(〈표 1〉). 어느 국가이든 부문별 노동시장의 근로조건 격차는 조금씩 있기 마련이지만, 우리나라의 이중노동시장 구조의 특징은 기업규모 간(대기업 vs. 중소기업) 격차를 주로하면서 고용형태(정규직 vs. 비정규직)와 노조프리미엄(유노조 vs. 무노조) 등의 영향을 받아 심화되고 있다. 그런데 통상임금·근로시간단축 등 이슈가 임금이슈라는 점을 생각하면 이들 이슈가 이중노동시장 구조의 심화와 직간접적으로 연관될 것이고, 이 경우 도대체 어떠한 영향을 미칠 수 있는지에 대한 검토가 중요하다고 하겠다.

〈표 1〉 한국노동시장의 부문별 격차

(단위 : 만 원, %)

	중소기업 비정규직 무노조		대기업 정규직 유노조	
	남자	여자	남자	여자
월평균임금	129.46 (37.27)	93.34 (26.87)	347.39 (100)	244.40 (70.35)
퇴직금	10.78	10.04	99.87	100
상여금	13.52	13.54	99.28	98.07
근로자 비율	17.07	20.92	5.97	1.59

자료 : 경제활동인구조사 부가조사 원시자료(2009년 8월).

이처럼 통상임금·근로시간단축 등 최근 노동시장의 주요 이슈는 우리나라가 반드시 유념해야 할 생산인구감소 시대의 노동시장 대책은 물론, 이중노동시장 구조 완화와도 밀접히 관련하기 때문에 해당 이슈의 해법 모색에서도 이 점이 고려되어야 한다. 특히 이들 이슈는 각각 개별적으로도 굉장한 이슈로 등장하고 있지만 전체를 모으면 폭발적인 이슈로 작용하기 때문에 산업경쟁력 뿐만 아니라 일자리 생태계에 적지 않은 영향을 줄 것으로 전망된다. 이 때문에 통상임금·근로시간단축 등 주요 이슈에 대한 각각이 가지는 영향과 과제를 모색함과 아울러 이들 주요 이슈를 단기간에 한꺼번에 처리해야 하는 국면에 처한 환경을 고려하면 주요 이슈를 일괄 처리할 수 있는 방안도 모색해 볼 필요가 있다.

2. 통상임금 소송

1) 통상임금 소송 개요

2013년 전국의 산업현장은 통상임금 소송이라는 회오리 속으로 빠져들었다. 통상임금은 기업에서 종종 발생되는 연장근로, 야간근로, 휴일근로 시 가산임금 계산 단위 기능을 하여 왔고, 이 때문에 거칠게 표현하자면, 통상 월급주기에 맞추어 지급되어 오던 기본급과 매월 정기적인 소득으로 파악되는 것만을 통상임금으로 파악하는 간단한 실무와 해석이 있어 왔다. 가령 대법원 1996.2.9. 선고 90다19501 판결 이전의 대법원의 입장과 1988년 1월 14일 통상임금 산정지침과 같은 고용노동부의 입장이 그러하다. 후술하는 바와 같이 대법원은 1996년 2월 9일 일자 판결을 통해 통상임금 산정범위를 확대하였지만 고용노동부의 입장은 그 후에도 일관하여 유지되었다.

그러나 대법원은 통상임금의 범위를 판단하는 과정에서 통상임금의 계산적 기능보다 법원 자신의 판단 기준인 정기성과 일률성 그리고 고정성이라는 문언적 해석에 몰입하기 시작하여 왔다(조준모·이상희, 2013). 구체적으로 처음에는 일률성을 전종업원에 대한 일률성 → 일정한 기준에 달하는 전원의 일률성으로(대법원 1993. 5. 27. 선고 92다20316 판결), 그 다음에는 정기성을 1임금지급기로서 1월마다 정기성 → 1월을 넘더라도 규칙적인 정기성으로(대법원 1996. 2. 9. 선고 90다19501 판결), 그리고 최종적으로 고정성을 임금액의 고정성 → 지급 조건의 고정성으로(대법원 2012. 3. 29. 선고 2010다91046 판결) 점차 확대 심화하여 온 것으로 분석될 수 있다.

대법원 전원합의체 판결은 종전부터 논란을 초래한 대부분의 정기상여금도 통상임금에 해당하는 것으로 대세를 확실히 하였다. 종전부터 정기상여금을 중도 퇴직자에게 퇴직한 날까지만 상여금이 산정 지급되는 이른바 일할 지급은 통상임금에 해당하지 않는다고 보았고(대법원 1996. 2. 9. 선고 90다19501 판결), 월의 도중에 퇴직하더라도 해당 월분의 상여금이 산정 지급되는 이른바 월할 지급은 통상임금에 해당한다고 하였다(대법원 2012. 3. 29. 선고 2010다91046 판결). 바로 이 2012년 대법원 2010다91046 판결에 고무되면서 부터 전국적으로 백 수십 건의 통상임금소송이 제기된 것이다.

이 과정에서 하급심과 대법원이 내린 통상임금 판단 기준과 관련한 혼란은 산업현장을 크게 동요시켰다. 이에 대법원은 통상임금 소송을 판례의 혼란과 그간의 논란을 고려하여 1임금지급기준 계속 유지 문제, 고정성의 불분명성 등을 명확하게 하기 위하여 비로소 전원합의체를 통해 판단하고자 한 것이다. 이에 대법원 전원합의체에서는 정기상여금은 1임금지급기를 넘는 규칙적인 정기성을 가지고, 일정한 요건에 해당하는 모든 근로자에 대한 일률성을 가지며, 지급조건이 정해진 고정성이 인정

된다고 함으로써 종전에 부정하였던 중도 퇴직자에 대한 일할 지급 정기
상여금도 통상임금에 포함된다고 한 것이다(대법원 전원합의체 2013. 12.
18. 선고 2012다89399 · 2012다94643 판결).

2) 통상임금 소송이 경제산업에 미치는 영향

2012년 초두부터 정기상여금의 통상임금 산입 판례는 산업현장에 일
대 긴장을 가져 왔다. 특히 대기업을 필두로 정기상여금의 규모가 적지
않은 것으로 파악되면서 노사단체와 전문가들은 상당한 관심을 가지고
계산기를 두드리기 시작했다. 가장 처음에는 노사단체에서 통상임금 소
송이 미치는 영향을 발표하였다. 구체적으로 한국경총은 정기상여금이
통상임금에 산입된다고 판단할 경우 기업부담 추정액이 38조에 달한다
고 하고, 한국노총은 5.7조원에 그친다고 했다(〈표 2〉). 이를 1세대 조사
라고 할 수 있다.

〈표 2〉 노사단체의 기업부담 추정액

단위 : 천 억 원)

		향후1년	지난3년	총부담액
전체노동비용		8.8	29.7	38.5
직접노동비용	초과급여	5.9	17.7(5.7)*	23.5(5.7)*
	연차수당	1.0	3.0	4.0
	변동상여	0.8	2.3	3.1
간접노동비용	퇴직급여	0.6	4.9	5.5
	사회보험료	0.6	1.8	2.4

자료 : 한국경총(2013), 「통상임금 산정범위 확대시 경제학적 영향 분석」; 김유선(2013), 통
상임금 산정방식 정상화에 따른 경제적 영향분석에서 재인용, 한국노총 정책토론회
자료집, 2013. 5. 30.
( )*는 한국노총.

한편 한국노동연구원의 정진호 박사의 기업 부담 추정액은 14.6조원에 달하는 것으로 나타났다(〈표 3〉).

〈표 3〉 통상임금 확대에 따른 기업규모별 노동비용 증가액

(단위 : 억 원)

	기업규모별	노동비용 증가액
	민간전체	146,042
	1-4인	1,069
	5-9인	2,730
향후 1년 & 지난 3년	10-29인	10,584
	30-99인	19,833
	100-299인	32,442
	300인이상	79,385

자료 : 정진호(2013), 통상임금 확대에 따른 경제적 영향 분석, 한국고용노사관계학회 학술대회 발표자료.

이처럼 정기상여금의 통상임금 산입에 따른 기업부담 추정액에 차이가 발생하는 것은 각자의 계산 방식과 산정 시 포함한 여러 가지 변수 사용에 따른 차이인 것으로 추정된다.

통상임금 소송의 경제산업적 효과 분석의 제2세대 연구는 조준모·이상희의 실증 분석이다(조준모·이상희, 2013). 제2세대 연구는 정기상여금의 통상임금 산입시 제조업 인건비 상승효과를 계산하고 이로부터 수입증대와 수출 감소, 그리고 산출물 감소 등에 따른 고용효과를 실증 분석한 것이다. 이에 따르면 제조업 인건비는 5.7% 전후로 상승하는 것으로 나타났다(〈표 4〉).

<표 4> 정기상여금의 통상임금 산입시 제조업 인건비 상승효과

(단위 : 원, %)

항목	2010년		2011년		2010~2011년 평균	
	증가액	증가율	증가액	증가율	증가액	증가율
기업부담 총인건비 증가(월평균액, 1인당)	198.477	5.69	218,388	5.88	208,433	5.78
기업의 임금채무 증가*(총액, 1인당)	8,079,414	-	8,976,441	-	8,527,928	-

자료 : 조준모·이상희(2013), 『통상 입금 소송비에 관한 법경제학적 이해』, 법문사.
* 통상임금 연동 인건비의 3년치 소급분＋퇴직급여 충당금 증가액.

또 통상임금 소송 효과로서 제조업 인건비 상승율을 가지고 산업연
관표를 활용하여 수출입 증감과 산출물 감소 등을 통해 주요 산업별 고
용 감소 효과를 실증분석 한 결과 약 2만7천 명 정도 감소하는 것으로
분석 되었다(〈표 5〉).

〈표 5〉 통상임금 소송으로 인한 주요산업별 고용 감소 효과*

(단위 : 명, %)

산업별	취업자수	고용감소자수	고용감소율
철강업	93.510	578	0.6%
전자산업	390,884	1,173	0.3%
자동차산업	279,766	4,162	1.5%
선박업	137,205	755	0.5%
기타	18,829,600	20,778	0.1%
전산업	19,730,965	27,446	0.1%

자료 : 조준모·이상희(2013).
* 산업연관표를 활용 수입증대, 수출 감소, 민간투자 감소, 생산 감축 효과 등으
로 이어지는 실증분석을 통해 고용 감소 효과를 측정.

한편, 대법원 전원합의체 2013. 12. 18. 선고 2012다89399·2012다94643 판결은 비록 정기상여금을 통상임금에 산입하여 임금채권소멸시효기간에 해당하는 과거 3년간의 가산임금을 다시 정산하여 지급하여 달라는 것은 종전의 노사합의에 이르게 된 사정 등을 감안하여 신의칙에 비추어 소급 지급 청구를 할 수 없다고 하였다. 이 때문에 신의칙 요건에 해당하면 종전 비용추계나 실증분석에서 과거 3년간 비용부담은 제외되어야 한다. 아래 〈표 6〉의 정진호의 추정액 중 지난 3년은 제외되어야 한다는 것이다.

〈표 6〉 기업부담 추정액

(단위 : 억 원)

		향후1년	지난3년	총부담액
전체노동비용		4.1	10.5	14.6
직접노동비용	초과급여	2.7	6.0	8.7
	연차수당	0.8	1.7	2.5
간접노동비용	퇴직급여	0.3	2.0	2.3
	사회보험료	0.3	0.8	1.1

자료 : 정진호(2013), 앞의 글.

〈표 7〉은 KDI 유경준 박사의 고용노동부 임금제도개선위원회 실태조사 데이터를 활용하여 대법원 전원합의체 판결을 기준으로 증가하는 임금을 분석한 것이다. 이에 따르면 대법원 전원합의체 판결에 따른 임금은 전체 약 11조3천억 원 증가하는 것으로 추산되었다.

〈표 7〉 대법원 통상임금 판결에 따른 임금 증가

(단위 : 만 원, 억 원)

근로자 수	현재 연봉 (임금총액증가율)	기업부담 증가분	합계
100~300명	4,081만원(8.1%)	4조6,498억원	
300~1,000명	4,113만원(7.6%)	2조8,966억원	11조3,715억원
1,000명이상	5,490만원(7.2%)	3조8,251억원	

자료 : 조선일보 2013년 12월 21일자, KDI 유경준박사의 고용노동부 임금제도개선
위원회 실태조사 자료를 대법원 판결에 따라 재구성 한 것임, 100인 이상 기업
기준임.

분석 내지 연구자의 분석 기법이나 데이터 등에 따라 차이는 있지만
통상임금 소송으로 인한 인건비 증가 자체는 부정할 수가 없다. 또한
인건비 증가 규모가 우리 경제산업이 감당할 수 있는 것이라거나 기업
별 노사관계의 장점으로서 급격히 증가된 인건비 부분이 결국 향후 임
금협상과정에서 조정이 이루질 것이라는 긍정적인 전망도 가능할 것이
다. 그러나 이러한 긍정적 바람이 실제 산업현장에서 실현될 수 있을
지에 대해서는 판단을 내리기가 쉽지 않다. 바람직한 정책 방향성은 일
단 비용부담으로 인한 경쟁력 약화 요소를 안고 있다는 것을 전제로 대
응하는 것이 안전할 것이다.

3) 대법원 전원합의체 판단이 이중노동시장 구조에 주는 영향

한편 이번 대법원 전원합의체 판결은 정기적 상여금의 지급이 정기
성과 일률성, 그리고 중도 퇴직자에 대한 비례지급이라는 고정성이 있
으면 이를 근거로 통상임금에 해당한다고 하면서, 이밖에 성과급에 대

해서도 최하위 등급에게 지급되는 최소한의 금품이 있다면 이것도 통상임금에 해당한다고 하였다. 대법원은 다른 한편으로는 특정시점에 재직중인 근로자에게만 지급되는 금품인 설날과 추석 상여금, 하계휴가비, 김장보너스, 선물비 등 복리후생비 등은 통상임금에 해당하지 않는다고 하였다. 이를 나타낸 것이 〈표 8〉인데, 이에 의하면 정기상여금이 있는 기업은 종전보다 부담이 늘어나고 재직자에게만 지급하는 복리후생비 등이 있는 기업은 종전보다 부담이 줄어든다는 것이다.

〈표 8〉 대법원 전원합의체 판결에 따른 통상임금 해당 예시

임금명목	임금의 특징	통상임금 해당여부
기술수당	기술이나 자격보유자에게 지급되는 수당(자격수당, 면허수당 등)	통상임금○
근속수당	근속기간에 따라 지급여부나 지급액이 달라지는 임금	통상임금○
가족수당	부양가족 수에 따라 달라지는 가족수당	통상임금X (근로와 무관한 조건)
	부양가족 수와 관계없이 모든 근로자에게 지급되는 가족수당 분	통상임금○ (명목만 가족수당, 일률성 인정)
성과급	근무실적을 평가하여 지급여부나 지급액이 결정되는 임금	통상임금X (조건에 좌우됨, 고정성 인정X)
	최소한도가 보장되는 성과급	최소한도만큼만 통상임금○(그 만큼은 일률적, 고정적 지급) vs. (종전X)
상여금	정기적 지급이 확정되어 있는 상여금(정기상여금)	통상임금○ vs. (종전 일할X; 대법원 1996. 3.22, 95다56767)
	기업실적에 따라 일시적, 부정기적, 사용자 재량에 따른 상여금(경영성과분배금, 격려금, 인센티브)	통상임금X (사전 미확정, 고정성 인정X)
특정시점 재직시에만 지급되는 금품	특정시점에 재직 중인 근로자만 지급받는 금품(명절 귀향비 휴가비 경우가 많음)	통상임금X(근로의 대가X, 고정성X) vs. (종전○; 대법원 2007.6.15, 2006다13070)
	특정시점 되기 전 퇴직 시에는 근무일수에 비례하여 지급되는 금품	통상임금○(종전X) (근무일수 비례 지급 한도에서 고정○)

자료 : 대법원, 2013년 12월 18일자 보도자료 활용 재가공.

그런데 아래의 〈표 9〉에 의하면 이른바 정기상여금에 해당할 가능성

이 높은 고정상여금은 기업규모가 클수록 많이 분포되고 있음을 보여주
고 있다. 그리고 일반적으로 명절휴가비나 하계휴가비, 선물비 등 복리
후생적 금품은 중소기업에도 흔히 발견되는 제도이다. 정기상여금이 없
거나 있더라도 비중이 매우 적은 중소기업에서는 정기상여금 등 통상임
금 소송의 영향이 별로 없는 곳도 있을 수 있다. 따라서 대법원 전원합
의체 판결에 의하면 대기업과 중소기업간 임금지급 수준의 차이 등 이
중노동시장 구조가 더 심화될 우려도 배제할 수 없고, 이 때문에 중소
기업 인력수급의 어려움까지 가중될 가능성이 높다.

〈표 9〉 2012년 임금 및 근로조건 실태

(단위 : 천 명, 천 원/월)

	근로자수	임금총액	정액급여	기본급	통상임금	기타수당	초과급여	특별급여	고정상여	변동상여
민간전체	12,447	2,527	2,075	1,783	1,973	102	141	311	192	119
1-4인	3,099	1,505	1,437	1,362	1,410	26	14	55	32	23
5-9인	1,607	2,136	1,936	1,743	1,878	59	46	154	89	65
10-29인	2,362	2,430	2,093	1,816	2,003	90	112	225	142	83
30-99인	2,137	2,680	2,205	1,848	2,101	104	210	265	168	97
100-299인	1,450	3,062	2,367	1,909	2,229	139	259	435	314	122
300인 이상	1,793	4,154	2,890	2,319	2,633	257	304	960	557	403

* 주 : 고정/변동 상여는 2012년 사업체노동력조사의 산업대분류×사업체규모별 고
정상여금 비율을 이용하여 추정.
자료 : 정진호(2013) 활용.
원자료 : 고용노동부, 「고용형태별 근로실태조사」, 2012년 원자료.

4) 통상임금 소송과 과제

통상임금은 우리 산업의 임금상승 등 임금경쟁력에 상당한 영향을 주는 등으로 고용에 부정적인 영향을 줄 것이다. 또 대법원 전원합의체 결과 기업규모별 이중노동시장 구조 심화를 가져올 수도 있어 중소기업 일자리 부족 문제를 가중시킬 우려가 있다. 이 때문에 통상임금 소송에 후속 조치로서 다각적인 정책 방안을 모색하지 않을 수 없다.

우선, 대법원 전원합의체 판결로 통상임금 범위 문제가 모두 해결되었는지가 문제이다. 그러나 대부분 적지 않은 혼란을 여전히 남기고 있는 것으로 분석되고 있다. 특히 신의칙 적용의 타당성은 차치하고라도 중대한 경영상의 어려움 초래 등의 적용 범위와 요건을 어떻게 할 것인지(가령 민간 vs. 국가), 그리고 고정성의 문제를 어떻게 혼란스럽지 않게 할 것인지(가령 일정일 수나 재직자 요건) 등이 문제로 된다.[1] 이러한 문제점은 전원합의체 이후 하급심 판례에서도 잇달아 흔들리고 있는 것으로 전해지고 있다.[2] 아마도 조만간 신의칙 판단에 대한 면밀한 검토[3]는 물론, 특히 고정성과 관련하여 일정한 조건(가령 소정의 근무일수 등)을 충족시켜야 지급되는 것이라거나 재직자 조건이 있는 경우의 고정성 유무에 대하여 전원합의체 판결은 고정성이 없다고 하였으나 그 장래의 논란과 변화 가능성도 배제할 수 없다.

전원합의체 판결 이후 통상임금을 둘러싸고 시장이 어느 정도 정비되고 있는 점도 있고, 과도한 노사 내지 사회적 갈등의 우려로 통상임

---

1) 한국노동법학회, 2014. 1. 10. 「통상임금 대법원 전원합의체 판결의 의미와 과제」(『학술토론회 자료집』) 참조.
2) 매일노동뉴스, 「법원, 통상임금 신의칙 판단 갈팡질팡」, 2014. 5. 15.
3) 가령, 서울중앙지법 2014. 4. 4. 선고 2012가합100222 판결에서는 고용노동부 고용안정센터에서 추가 부담은 국가 재정능력상 경영상 어려움 야기 가능성이 미약함을 근거로 신의칙을 적용하지 않았다.

금 법개선이 과연 필요한가라는 의문도 제기될 수가 있겠지만, 대법원 전원합의체를 둘러싼 논쟁의 소지 부분이 후일 또 다른 제2의 통상임금 소송 사태로 발전할 가능성을 배제할 수 없다. 이 때문에 통상임금 관련 법제도 개선은 필요한 것으로 보이고, 개선 원칙에서 고려될 것은 다음을 들 수가 있다.

무엇보다도 최대한 명문으로 명확화 하여 분쟁을 최소화하는 방안으로 될 필요가 있다. 주요국의 통상임금 제도를 보더라도 전통적 노사자치 국가 외에는 통상임금 제외 항목이 네거티브 리스트 방식으로 존재한다(〈표 10〉 참조).

〈표 10〉 주요국의 통상임금 제도 비교

구분	통상(의)임금 제외항목 명시 여부	가산임금 할증율
미국	통상의 임금에서 제외되는 금품 : 재량상여금, 특별선물, 실비변상적 금품 등	통상임금의 50%
일본	통상의 임금에서 제외되는 금품 : 가족수당, 통근수당, 별거수당, 자녀교육수당, 주택수당 임시로 지급된 임금 1개월을 넘는 기간마다 지급되는 임금	통상임금의 25%(연장, 야간) 통상임금의 35%(휴일)
독일	노사 간 자율로 결정	노사 간 자율로 결정
영국	노사 간 자율로 결정	노사 간 자율로 결정
한국	통상임금 개념(시행령) : 정기적 일률적으로 정해진 (고정성) 임금 통상임금 제외 명시 없음(일본과 동일한 행정해석으로 운영, 사법부의 다른 해석 점증)	통상임금의 50% (중복시 중복 지급)

자료 : 박지순(2013), 통상임금의 국제비교 및 시사점 연구, 대한상공회의소.; 조준모 · 이상희(2013).

그리고 가능한 통상임금의 기능적 측면이 고려되어야 할 필요가 있다. 중소기업에서도 쉽게 다룰 수 있도록 간단한 산술기능이 회복될 수 있는 방안으로 해야 한다는 것이다.

한편, 산별교섭 체제나 관행이 자리 잡지 못한 우리나라에서 임금체계 개편의 효과는 임금피크제 외에는 당장 얻을 수 없다. 직무급·직능급 임금체계는 적정 모델 모색, 평가, 운영실제 등에 비추어 단기간에 구축은 불가능하다. 따라서 노사 모두는 임금체계 개편을 중장기적 플랜으로 진정성 있는 시도를 보여야 한다. 정부도 근로자 생애기간에 맞는 직무급 내지 직능급 임금체계가 자리 잡도록 긴 노력과 지속적 인내를 투자해야 한다.

3. 근로시간단축

1) 최근 근로시간단축 정책의 의미

최근 근로시간단축 정책 추진은 2004년부터 시행에 들어간 주 40시간 법정시간단축 정책과는 상당한 차이가 있다. 근로시간을 단축하고 고용창출에 희망을 가지는 취지에서는 동일하지만 이번 근로시간단축 정책은 산업현장에 미치는 파급효과가 복잡하게 얽혀 있다.

우선 이번 근로시간단축 정책은 실근로시간을 단축하자는 취지에서 출발했다. 우리나라 연간 근로시간(2012년 2,092시간)이 OECD 국가(2011년 1,776시간)에 비해 지나치게 높고 좀처럼 개선 움직임이 보이지 않아 과감하게 실근로시간이 단축될 수 있는 정책을 취한 것으로 보인다.

또, 이번 근로시간단축 정책은 법정근로시간 단축은 아니지만 사실상 법정근로시간 단축과 같은 실질을 가진다. 2004년 개정법이 주44시간 → 주40시간 단축이라면, 이번 단축은 법정근로 주40시간+연장근로 주

12시간+휴일근로(토, 일)=52시간+휴일근로 → 52시간=법정근로 주40시간+연장근로 주12시간(휴일근로 포함)으로 개정하자는 것이므로 휴일근로 단축이라는 수단을 통해 사실상 법정근로시간도 단축하는 셈법에 해당한다.

무엇보다도 이번 근로시간단축 정책은 휴일근로를 1주간(월요일~일요일) 연장근로에 포함되도록 함에 따라 대상 휴일근로가 연장근로에 해당하는 경우 휴일근로 가산임금 할증 이외에 연장근로 가산임금 할증도 중복하여 지급해야 된다는 것이다. 휴일근로가 1주간(월요일~일요일) 연장근로에 해당하는지에 대하여 현재 다수의 하급심[4]에서 1주간(월요일~일요일) 연장근로에 해당한다는 해석을 보이고 일부 하급심[5]에서는 다수와 달리 종전과 같은 해석(1주 : 월요일~금/토요일)을 보이는 등의 여건 속에서 대법원의 결심을 기다리고 있다.

그러므로 이번 근로시간단축과 그 효과는 실근로시간 단축과 가산임금 추가 등 여러 가지에 걸쳐서 발생하는 것으로 나타나고 있고, 이 때문에 임금경쟁력에 미치는 파급력도 배제할 수 없을 것으로 보인다.

2) 근로시간단축의 경제산업적 영향

종전 행정해석의 입장은 법정 주간근로시간은 근로의무가 있는 날에 대해서만 규제하는 것으로 이해하고, 법정근로시간 40시간+연장근로 12시간을 근로의무 있는 월요일~금요일 또는 월요일~토요일로 이해하여, 휴일근로는 1주간 개근을 전제로 유급으로 부여하는 별도의 날로 분류하여 따로 보호하는 것으로 이해했다고 할 수 있다.[6] 이 때문에 근로기

---

4) 서울고법 2012. 10. 19. 선고 2011나85903.; 서울고법 2012. 11. 9. 선고 2010나50290. 등.
5) 서울고법 2012. 2. 3. 선고 2010나23410(현재 대법원 계류 중 2012다23931).
6) 같은 취지 서울고법 2012. 2. 3. 선고 2010나23410(현재 대법원 계류중 2012다23931).

준법이 시행된 1961년 이래 휴일근로 시 연장근로 가산임금 미지급과 주당 법정근로시간 초과에 따른 근로기준법상 처벌규정의 적용시도가 있거나 작동된 사례가 없다. 휴일근로를 완전히 별개로 보아 왔기 때문이다.

그러나 이번 근로시간단축 정책이 실현되거나 대법원의 최종 판단이 1주간의 근로시간 규제의 의미를 월요일~일요일로 해석하게 되면 바로 위와 같은 연장근로 가산임금 추가지급이 발생되고 산업현장에서는 범법자 발생 가능성이 매우 높게 된다. 이 때문에 실근로시간 단축은 기업측에 적지 않은 부담을 초래할 수밖에 없다.

우선 경제단체에서 휴일근로를 1주간의 연장근로에 포함할 경우 기업의 부담 증가를 추산한 것을 보면 아래의 〈표 11〉와 같다.

〈표11〉 휴일근로 중복 할증시 추가임금 부담

(단위 : 원, %)

구분	당해연도 추가임금(A)	3년치 소급분(B)	합계(A+B)
전규모	1조8,977억원	5조6,932억원	7조5,909억원(100%)
중소기업	1조2,585억원	3조7,754억원	5조339억원(66.3%)
대기업	6,393억원	1조9,178억원	2조5,570억원(33.7%)

자료 : 2014.2.18. 중소기업중앙회·한국경영자총협회 보도자료.

휴일근로가 1주간의 연장근로에 해당됨에 따라 휴일근로 시 연장근로의 추가로 인한 중복 할증 시 추가임금은 전체 7조5천억 원에 달하는 것으로 추산되었다. 특히 중소기업에서 추산되는 부담금액이 압도적으로 높은 5조3천억 원으로 추산되고 있다. 그 이유는 아래 〈표 12〉에서 보는 바와 같이 주간 52시간을 초과근로를 하여 중복할증임금이 지급됨에 따른 영향을 받는 근로자 수가 대부분 중소기업에 집중되고 있기 때문이다.

〈표 12〉 사업체 규모별 52시간 초과근로 중복할증 영향 근로자 수(비율)

(단위 : 명, %)

구분	10~29인	30~29인	100~299인
수(비율)	93,000명(4.5%)	201,000명(10.8%)	181,000명(13.9%)

자료 : 고용노동부(2012, 2010년 고용형태별 근로실태조사.
* 5~9인은 21천 명, 300~499인은 48천 명, 500~999인은 33천 명, 1,000인 이상은 70천 명임.

이렇게 되면 사실상 고용 비중을 절대적으로 많이 가지고 있는 중소기업의 경쟁력에 상당한 영향을 줄 것으로 전망될 수 있겠다. 고용부담금이 높아진다는 것은 신규고용에 대한 적지 않은 부담으로 작용할 것이기 때문이다. 그리고 줄어든 근로시간에 필요한 신규 인력을 채용할 가능성 보다는 중소기업의 생산가동 시간을 축소하게 될 가능성도 적지 않을 것으로 보인다.

현재 진행되고 있는 근로시간단축 정책의 커다란 방향성을 거스를 수 있는 가능성은 거의 없다. 제도 개선 논의가 상당부분 깊게 진척되었고 최근 국회 환경노동위원회 노사정소위에서 막판 조율까지 시도되었기 때문이다. 현재 남아있는 쟁점은 주 52시간(40시간+12시간) 초과를 허용할 것인지, 허용하면 연간 얼마를 허용할 것인지, 소정의 연속휴식 시간을 둘 것인지, 단계적으로 시행할 것인지 등이다. 노사 당사자는 당연히 극명하게 갈리는 입장을 가지겠지만 기업의 급격한 부담완화 필요도 현실이므로 아마도 노사합의를 조건으로 연간 주8시간 초과 허용 방안도 적지 않게 주목될 수가 있겠다.

한편 정책 추진 이전에 대법원으로부터 휴일근로의 1주간 연장근로 포함 결정을 받을 수도 있겠다. 그렇게 되면 임금채권 소멸시효기간(3년)에 따라 그간 잘못 산정된 휴일근로 수당을 연장근로 수당도 중복

가산하여 재산정해 주어야 하고, 근로시간 위반과 연장근로 수당 미지급이라는 근로기준법 위반의 처벌 규정이 작동되는 등 복잡한 일이 발생될 가능성도 배제할 수 없다.

3. 근로시간단축 정책의 방향

근로시간단축 정책 내지 대법원 결정에 따라 휴일근로가 1주간의 연장근로에 포함될 경우 휴일근로가 많은 기업에 대한 부담이 급증하게 된다. 이 경우 급증하는 부담을 노사 간 자치로 해결 가능할 수도 있겠으나 여의치 않을 경우 제도적 조정 방안도 고려될 수 있다. 특히 부담의 증가가 중소제조업에 집중되고 있다는 점이 고려되어야 하고, 〈표 13〉에서 보는 바와 같이 일본의 휴일근로 제도와 비교할 때 생기는 임금경쟁력 약화 가능성도 염두에 둘 필요가 있다.

〈표 13〉 한일 간 휴일근로 가산임금제도 비교

구분		한국	일본
할증임금 지급율		연장근로 50% 이상 야간근로 50% 이상 휴일근로 50% 이상 *중복 시 중복할증 ☆ 중복할증 최대 100~150%	연장근로 25%이상(월60시간 초과부분 50% 이상) 야간근로 25% 이상 *연장 야간 중복 시 50%(월60시간 초과부분 75% 이상) 휴일근로 35% *휴일 야간 중복 시 60% 이상 ☆ 중복할증 최대 60~75%
		휴일근로 연장근로 미포함(행) vs. 포함(판?)	휴일근로 연장근로에 미포함 해석
		유급주휴일 100% 해당휴일근로 100%	무급주휴일 0% 해당휴일근로 100%
총임금지급		휴일근로 할증임금 포함 시 : 최대 300~350%	휴일근로 할증임금 포함시 : 최대 160~175%

* 유급주휴일 제도는 우리나라가 유일.
자료 : 이상희·변양규(2013), 통상임금 근로시간단축 등 노동정책 이슈와 우리나라
    임금경쟁력 검토, Keri Brief 14~03.

다만, 실제로 일본을 제외하고는 주요 선진국에서는 휴일근로 금지 조치를 취하는 등 사실상 휴일근로를 연장근로에 포함하는 사례가 많은 것이 글로벌 기준이나 관행으로 판단된다. 그러나 〈표 14〉에서 보는 바와 같이 휴일근로나 연장근로 시 가산임금 할증률은 우리나라가 주요 선진국에 비하여도 높은 편에 속한다.

〈표14〉 연장ㆍ야간ㆍ휴일근로 시 할증임금 국제비교

구분	연장, 야간, 휴일근로 시 할증임금	휴일근로 연장근로 포함
일본	야간근로(22:00~05:00)는 통상임금의 25% 이상 가산지급 연장, 휴일근로는 통상임금의 25%~50% 범위 내에서 시행령이 정함(시행령 : 연장 25%, 휴일 35% 가산지급) 연장, 휴일근로와 야간근로의 중복시 50% 이상 가산지급(예 : 휴일근로와 야간근로 중복시 60%이상 가산, 그러나 휴일근로와 연장근로 중복시는 35%만 가산)	통상임금 제외금품 많고, 주휴일근로 연장근로 미포함, 휴일근로, 연장근로 중복할증 안됨
독일	연장근로와 할증임금 관련 규정이 없음 연장근로는 당사 간 약정(협약 등)에 맡겨져 있음(대부분 주37시간) 야간근로 가산 규정 없고, 협약상 가산율 정함 휴일근로도 협약으로 정함	휴일근로 연장근로 미포함(원칙적으로 일요노동 금지)
프랑스	연장근로가 1주 8시간까지는 기본급의 25%, 8시간 초과 시 50% 가산지급(다만 단체협약으로 이와 다른 수준을 정할수도 있으나 최소10%이상이어야 함)	휴일근로 연장근로 포함
영국	가산지급 규정 없고 단체협약이나 근로계약으로 정함 일요일 근로시 통상 50%, 100% 가산지급 또는 보상휴가 제공	휴일근로 연장근로 포함
한국	연장, 야간(22:00~06:00), 휴일근로에 대하여 통상임금의 50%이상을 가산지급 중복되면 중복하여 가산	주휴일근로 연장근로 포함 입법 추진 중

따라서 근로시간 단축 시 필연적으로 수반되는 임금경쟁력 문제 및 중소제조업의 일자리 기피 등의 문제를 해결하기 위해서는 임금부담 증

가에 따른 조정적 방안이 고려되어야 한다. 이를 고려하여 근로시간단축 정책 추진 시 고려되어야 할 요소를 들자면 다음과 같다.

우선 실근로시간이 지나치게 긴 것은 사실이나 그렇다고 근로시간단축 시 충격을 흡수할 수 있는 장치를 고려하지 않을 경우에 예상되는 부작용도 적지 않다. 따라서 무엇보다도 이를 완화할 수 있는 예외적인 추가 근로 가능성은 열어둘 필요가 있다.

그간 제도 도입 논란이 있어 왔던 1년 단위 탄력적 근로시간제도, 근로시간저축계좌제도 등을 빠르게 도입할 필요가 있다. 근로시간의 단축에 동반되는 생산성 제고 대책이 필요하기 때문에 이들 제도 도입을 통해 효율적 근로시간 관리가 될 수 있도록 할 필요가 있겠다.

대기업과 달리 중소기업의 근로시간 단축 시 그간 적지 않은 비중을 차지했던 할증임금 축소에 따라 임금소득이 감소되는 실태가 발생할 것이다. 중소기업의 경우 임금감소 문제를 어떻게 풀어 나가야 할지에 대한 대책도 강구되어야 할 필요가 있다.

4. 사내하도급 근로자 보호법

1) 사내하도급 근로자 보호법 제정안

사내하도급과 불법파견의 구분 기준이 문제되고, 특히 사내하도급과 직영근로자 간의 고용보장과 임금수준 등을 비롯한 근로조건 격차 등이 문제로 되어 왔다. 이 문제의 개선을 위한 움직임은 다각적인 측면에서 꾸준하게 이어져 왔지만, 가시적인 해법이 두드러지지 못했다. 정부도 사내하도급과 파견의 구분 기준을 새로 정립하여 운용7)하기도 하고, 사내하도급 근로자 보호 위한 가이드라인 제정8) 및 사내하도급 서포터즈 운용9) 등을 지속적으로 전개해 왔지만 이렇다 할 개선 풍경이 좀처럼 보이지 않았다.

급기야 여당으로부터 사내하도급근로자와 직영근로자 간의 차별을 금지하는 내용을 골자로 하는 사내하도급 근로자 보호법안이 발의되거나 야당으로부터 간접고용 자체를 사용하지 못하도록 하는 관련법개정안이 무더기로 발의되어 있는 상태이다〈표 15〉). 게다가 새 정부가 들어서면서부터 사내하도급 근로자 보호법 제정이 국정과제 차원에서 추진되기에 이르렀다.

〈표15〉 간접고용 관련 법안 주요 내용

사내하도급 근로자 보호법(안)	이한구의원 대표발의('12.5.30)	안효대의원 대표발의('12.8.30)
	사내하도급근로자 근로조건 및 고용보장, 사내하도급근로자 차별금지, 기타 사내하도급근로자 노사협의회 참여 등	이한구의원 대표발의와 중복외에, 경영성과금 지급 등 임금보장 관련 내용 보강
간접고용 사용금지법(안)	은수미의원 대표발의('12.9.3) (근로기준법개정) 원칙적으로 간접고용 금지	심상정의원 대표발의('12.7.3) (근로기준법개정) 원칙적으로 간접고용 사용 제한 (파견법개정) 도급의 목적 등을 제한하여 파견과 도급 구분 기준 강화, 파견 허용사유 제한, 불법파견시 직접고용의제, 기타 휴지 기간 설정 등

다만, 사내하도급 근로자 보호법 관련 정책은 국내의 뜨거운 관심에도 불구하고 외부인력 활용 규제가 비교적 유연한 글로벌 트랜드와도

---

7) 고용노동부 법무부 합동, 「근로자파견의 판단기준에 관한 지침」, 2007.4.20
8) 고용노동부, 「사내하도급 가이드라인의 의의 및 활용계획」, 2011.7.8
9) 고용노동부, 「사내하도급 근로조건 개선 서포터즈 구성」, 2011.8.19

부합하지 못하는 문제점과 사내하도급 활용 규제가 파견근로 유연화와 밀접한 관련이 있음에도 파견근로 제한이 유지된 체로 사내하도급 활용을 규제하는 것은 외부인력 활용을 매우 경직적으로 하게 된다는 문제가 있다. 이 때문에 최근 사내하도급 근로자 보호 관련제도 개선 쟁점은 수면 아래로 잠복해 있는 국면이라 할 수 있다.

2) 사내하도급 근로자 보호와 경제산업적 영향

최근 입법부로부터 발의되고 있는 사내하도급 근로자 보호 정책 방안 중 간접고용을 원천적으로 사용하지 못하도록 하는 방식은 사실상 실현되기 어렵다. 법률적으로는 가능할지 모르겠으나 산업현장에서 사내하도급을 금지하는 규제가 제대로 작동될지도 의문이고, 특히 사내하도급 이외의 다른 왜곡된 인력활용 방안을 창출할 가능성도 있다. 따라서 그나마 실현 가능성이 조금이라도 있는 것을 굳이 들자면 사내하도급 근로자 보호법안을 들 수 있겠다.

그런데 이 법안의 주요 내용은 사내하도급 근로자와 직영근로자 간의 차별을 금지하고 차별시정 절차를 마련한 것이라 할 수 있다. 차별금지의 범위와 시정절차의 구체적 내용은 아무래도 현행 기간제법과 근로자파견법의 스타일을 취할 것으로 전망된다. 다시 말하면 차별금지 범위가 기타 복리후생 등을 포함하여 거의 모든 지급금품으로 될 것이다.

이 때문에 사내하도급 근로자 보호법으로 인해 경제산업에 미치는 영향은 주로 차별이 해소되는데 소요되는 비용으로 추산하게 될 것이고, 이것은 곧 사내하도급 근로자를 직접 고용하는 효과와 유사하게 된다. 〈표 16〉은 사내하도급 근로자를 직접 고용하였을 경우에 드는 비용을 계산하고 이를 산업연관표를 가지고 실증분석을 한 결과이다. 사내하도급 근로자를 직접 고용하게 되면 소요되는 비용은 결국 사내하도급 차별금지 비용으로 여기면 될 것이다.

〈표16〉 사내하도급 근로자 직접 고용 시 경제적 영향

(단위 : 백 만원, 명)

구분	효과
수출감소	24,062,042
수입증대	6,875,436
생산감축	113,643,263
고용감축	360,393

자료 : 조준모·이상희외(2013), 「최근 고용노사관계법정책 이슈의 경제적 효과분석」, 산업통상자원부.

이를 보면, 사내하도급 근로자를 직접 고용할 경우 발생되는 경제적 효과는 수출이 감소하고 수입이 증대되며, 그에 따라 생산 감축이 생기고 궁극적으로는 약 36만 명 정도의 고용감축으로 이어질 수 있는 실증을 보여 주고 있다. 따라서 사내하도급 근로자 보호법 제정 등을 추진할 경우에는 단순히 사내하도급 근로자 보호 측면에서만 접근하기 보다는 사내하도급 근로자 등 외부인력 활용과 관련한 제도의 유연성 내지 경직성으로 인한 일자리 감소 여부와 기업환경 등 산업경쟁력에 미치는 영향을 면밀히 검토하는 관점이 필요하다는 것을 보여주는 것이라 하겠다.

3) 사내하도급 근로자 보호법이 이중노동시장 구조에 미치는 영향

한편 우리나라에서 사내하도급 근로자는 대기업과 중소기업 전반에
서 활용되고 있다. 그런데 사내하도급 관련 통계가 확실하지 않지만 대
체로 대기업의 사내하도급과 중소기업의 사내하도급 간의 적지 않은 차
이가 존재하고 있다. 구체적으로 대기업의 사내하도급 근로자는 바람직
한 것은 아니지만 대기업 직영근로자의 근로조건과 어느 정도 격차가
존재하는 것이 사실이다. 그러나 중소기업의 사내하도급 근로자의 특징
은 중소기업 직영근로자와 근로조건의 격차가 거의 존재하지 않는다는
실태를 가지고 있다.

이 때문에 사내하도급 근로자 보호법 제정은 중소기업 사내하도급
근로자들에게 고용의 안정성은 담보될지 모르겠으나 개선될 차별부문이
없어서 확연히 개선되는 대기업 사내하도급 근로자와는 격차가 심화되
는 결과를 초래한다. 이점은 우리나라의 이중노동시장 구조의 특징 때
문에 부득이 발생되는 것이지만 일방적인 사내하도급 근로자 보호법만
가지고는 이중노동시장 구조의 심화 기능만 가져오는 딜레마가 있다.

4) 사내하도급 근로자 보호 정책 방향

간접고용과 같이 동일 또는 유사한 근로를 제공하면서 직영근로자에
비해 차별을 하는 것은 바람직하지는 않지만, 반대로 무조건 직영근로
자와 동일하게 대우하라는 것도 형평에 완전히 부합하는 것도 아니다.
취업경로부터 직영근로자와 간접고용 근로자간의 구체적인 능력 내지
성과와 기능 등에서 다양한 차이가 있을 것이기 때문에 보다 정교한 판
단이 필요하다.

특히 사내하도급 고용 관련 규제는 외부인력 활용 가능 여부라는 전체 차원에서 접근되어야 한다. 사내하도급과 파견근로 간의 대체관계 여부에 대해서는 논란의 여지는 있지만 〈표 17〉에서 보는 바와 같이 대체로 다른 국가에서는 사내하도급과 파견근로 활용에 대해 유연한 입장에 있다. 사내하도급 근로자 활용 관련 규제가 파견근로 활용 관련 규제와 더불어 외부인력 활용 관련 고용시장에서 우리가 가장 경직적인 방식을 취하는 것으로 보인다.

결국 여야정 간 사내하도급 근로자 보호법 마련 필요성 공감에도 불구하고 추진 시 사내하도급 근로자 보호 관련제도의 글로벌 기준, 근로자파견 활용 관련규제와의 관계, 산업과 기업 경쟁력에 미치는 부정적 영향 등이 고려되어야 하는 복병이 잠복하고 있다. 이 때문에 사내하도급 근로자 보호법 제정안이 쉽게 수면위로 급부상하지 못하고 있는 것으로 판단된다. 이상을 토대로 사내하도급 근로자 보호 정책의 추진은 다음과 같은 점이 고려될 필요가 있다.

사내하도급 근로자 보호법 내지 간접고용 활용 금지와 같은 입법은 국제사회에서도 입법사례가 많지 않으므로 현행법 테두리 안에서 해결할 수 있는 최적의 방안을 모색하는 것이 더 합리적이지 않는지가 검토가 필요하다. 가령 무엇보다도 오남용이 심한 사내하도급 불법파견이 판을 치는 중소영세사업장에 대한 근로감독 등을 통한 합법적 질서 구축이 새로운 사내하도급 근로자 보호 정책보다 더 중요하다고 보아야 한다. 여러 사내하도급 근로자 보호 문제 중 중소영세사업장의 오남용 가능성 높은 사내하도급 부문의 처치가 우선적으로 이루어져야 할 필요가 있다.

〈표17〉 사내하도급·파견 활용과 규율 국제비교

구분	외부인력활용	사내하도급 규율	파견근로 규율
독일	자동차 조선에서 사내하도급 파견 활용	도급과 파견 : 도급대상 제한 없음, 혼재작업과 임률도급 등도 적법도급 **사내하도급근로자보호법×**	파견기간, 파견대상 등 제한 없음
프랑스	자동차업에서 사내하도급 파견 활용	도급과 파견 : 하도급대금이 인력사용시간에 의해 결정되면 불법노동력대여 **사내하도급근로자보호법×**	일시적 사유에 한해 파견 허용(원칙 18개월, 예외 24개월)
일본	제조업에서 사내하도급 활용, 제조업 파견도 허용	도급과 파견 : 도급업무 영역 평가 없음, 원청의 도급공정변경 요구도 도급목적상 필요, 혼재작업도 적법도급 가능 제조업 사내하도급 적정운영 가이드라인 제정 **사내하도급근로자 보호법×**	제조업도 허용 사용기간 26개 전문업무는 제한 없고, 제조업 등 3년
한국	주력 제조산업에서 사내하도급 활용, 파견은 금지	도급과 파견 : 도급업무 적합성 평가, 혼재작업과 임률도급 불법파견 농후(판례 경향) 사내하도급보호 가이드라인 제정 **사내하도급근로자 보호법 제정안 발의**	제조업은 금지 사용기간 2년

자료 : 이상희(2013), 사내하도급 근로자 보호법등 간접고용 규율관련법안 분석, 경제사회발전노사정위원 제7차 공정노동시장연구위원회 발표자료.

한편, 사내하도급 근로자 보호법 처리가 불가피하다면 이로 인한 대기업의 임금상승부담과 상대적 박탈감으로 중소기업의 일자리 기피 현상 가중 등을 고려하는 방식이 전제되어야 한다. 특히 무엇보다도 파견근로 활용 내지 파견근로 허용 확대와 연계하여 처리될 필요가 있다. 사내하도급 근로자 활용 규제와 파견근로 활용 규제를 동시에 추진하여 외부인력 활용 자체를 막는 것은 사실상 불가능하기 때문이다. 현행 근로자파견법의 경우 파견근로자에 대한 차별시정제도가 거의 완벽하게 구비되어 있으므로 철저한 차별해소 내지 차별시정이 담보되고 있다고

가정하면 파견근로 허용 범위를 보다 적극적으로 확대하더라도 큰 문제
는 없으리라 생각된다.

5. 정년연장

1) 60세 정년연장의 의무화

우리나라는 2013년 5월 22일 고령자고용촉진법을 개정하여 정년을
60세 이상으로 설정하도록 규정하고, 정년을 60세 미만으로 정한 경우
에는 정년을 60세로 정한 것으로 본다고 규정 하였다(동법 제19조 1항,
2항). 정년을 60세로 전격적으로 연장한 것은 시대적 환경이나 취지에
적합한 것도 사실이나, 간단치 않은 문제가 잠복하고 있다. 무엇보다도
우리사회에 흔히 발생하는 조기퇴직 등의 실질과 충돌할 가능성이 높고,
특히 연공급(호봉제) 임금체계를 주로 하고 있는 우리나라 기업의 임금
부담을 높이는 것으로 작용할 것이기 때문이다.

이 때문에 고령자고용촉진법은 시행을 2016년 1월 1일부터 사업장
규모별로 단계적으로 시행하도록 당장의 시행을 유예해 두고 있다. 그
리고 임금상승에 따른 기업의 부담 완충을 위해 정년을 연장할 경우 사
업주와 근로자대표는 해당 사업장의 여건에 따라 임금체계 개편 등 필
요한 조치를 하여야 한다고 규정하였다(동법 제19조의 21항). 그러나 이
규정의 실효성에 대해서는 큰 기대를 걸지 않고 있는 실정에 있다.

2) 60세 정년연장의 경제산업적 영향

60세 정년연장은 중고령자 고용안정 측면에서 매우 좋은 장점이 있

음에도 불구하고 기업에게 부가되는 임금부담이 적지 않을 것으로 보인다. 특히 우리나라의 경우 〈표 18〉에서 보는 바와 같이 다른 국가에 비해 임금의 연공성이 상대적으로 높다. 전통적인 연공임금체계를 가진 일본보다도 높은 것으로 나타난다. 이 때문에 우리나라에서 정년연장이 가지는 경제적 영향이 남다를 수밖에 없다.

우리나라 외의 다른 국가의 경우 정년연장의 영향은 그렇게 커지 않을 수 있다. 직무급 임금체계 등의 경우 정년연장은 연금수급연령 등과 같은 다른 문제와 충돌할 뿐 임금경쟁력 문제와 충돌하지 않을 수 있기 때문이다.

〈표18〉 임금의 연공성 국제비교

구분	근속연수	한국(2005)	프랑스(1994)	독일(1995)	영국(1995)	일본(2005)
관리사무 기술직	0~1년	100.0	100.0	100.0	100.0	100.0
	2~4년	130.2	110.8	105.9	107.0	120.1
	5~9년	152.6	124.9	111.3	112.0	127.7
	10~19년	178.8	126.1	119.2	113.5	162.6
	20년 이상	218.0	131.0	126.9	101.9	214.7
생산직	0~1년	100.0	100.0	100.0	100.0	100.0
	2~4년	133.1	116.1	105.8	107.7	119.7
	5~9년	163.9	122.9	111.7	112.9	135.1
	10~19년	205.6	133.5	119.8	118.0	163.9
	20년 이상	241.0	150.1	123.9	119.6	210.8

주 : 한국과 일본은 초과급여 제외 총액임금(10인 이상), 다른 국가는 불규칙적인 상여금 및 수당을 제외한 총액임금 기준. 일본의 근속연수 분류는 자료 제약상 0~1년은 0~2년, 2~4년은 3~4년임.
자료 : 이병희(2008), 「통계로 본 노동 20년」, KLI.

한편, 정년의 연장은 중고령 근로자의 고용은 안정화 시킬 수 있지만 그만큼 청년고용이 줄어들 가능성과 관련한 이른바 청년층과 중장년층의 고용대체 관계도 문제로 된다. 청년층과 중장년층의 고용대체 관련 연구는 대체관계가 약하다는 분석도 있지만 대체관계가 존재한다는 분석이 섞여 있는 것으로 보인다.[10] 그러나 고용의 질이 좋은 동일직장 내에서의 청년층과 중장년층 간의 고용대체는 분명히 존재한다. 특히 대기업과 공공부문이 그러한 것으로 보인다.

3) 정년연장과 이중노동시장

한편, 우리나라의 연공임금 내지 호봉임금제는 대중소기업 간 격차가 내재되어 있는 이중노동시장에 노출되어 있다. 말하자면 기업규모가 클수록 순수호봉제를 채택하고 있는 비율이 높다는 것이다(〈표 19〉).

〈표 19〉 기업규모별 순수호봉제

(단위 : 개소, %)

	2005				2009			
	99인 이하	100~299	300~499	500 이상	99인 이하	100~299	300~499	500 이상
순수호봉	10623	3296	506	510	7108	2646	384	410
	(39.9)	(46.0)	(43.2)	(45.5)	(53.9)	(63.6)	(66.3)	(65.8)

자료 : 조준모·이상희 외(2012), MB정부의 노사관계 선진화 성과와 과제, 고용노동부

---

10) 금재호(2011), 「중장년층의 고용불안과 정년연장」, 『월간노동리뷰』, 2011.11월호, KLI.

그런데 이러한 실태 하에서 60세 정년연장을 의무화 하게 되면 호봉제 프리미엄에 따라 대기업의 임금은 높게 상승되고 중소기업의 경우는 호봉제 프리미엄이 상대적으로 적으므로 정년연장에 따른 임금상승 효과가 둔화된다. 따라서 60세 정년연장이 의도하지 않게 대기업과 중소기업 간 임금격차 즉, 이중노동시장 구조화를 더욱 심화시키는 영향으로부터 자유로울 수 없게 된다. 이는 중소기업에 청년층 일자리 기피현상과도 관련한다. 이 때문에 중소영세 사업장의 실태는 청년층의 진입거부로 이미 오래전부터 60세 고용이 적지 않게 존재하고 있는 특징도 노정시키고 있다.

4) 정년연장 운용의 정책 방향

각국의 정년연장 내지 정년상한 폐지 경험을 보면, 고령자 고용 안정 등을 위한 취지를 가지는 곳도 있지만(일본, 미국, 영국 등), 연금수급 연령과 연계되는 사례도 적지 않다(독일, 프랑스). 그러나 고령자 고용 안정화 취지를 가진 사례에서도 직무급 임금체계이거나 내부노동시장의 유연성이 있는 경우에는 정년상한 폐지의 경우에도 큰 충격은 초래되지 않을 수 있다.

정년연장을 통해 가장 충격을 많이 받는 국가가 우리나라와 일본이다. 연공급 임금체계를 가지다보니 그만큼 부담이 늘어난다는 것이다. 이 때문에 일본의 정년연장 경험은 꽤 오랜 시간을 두고 꾸준한 홍보 등을 통해 산업현장의 노동시장 관행을 구축한 후 시행했다는 특징을 보여주고 있다(〈표 20〉)

60세 정년연장 의무화의 내용을 두고, 일본과 같이 유연한 고용형태로 고용을 유지하는 방안도 이론상 검토될 수 있으나 일본의 정년연장

법은 정년연장을 유도하는 과도기적 장치로서 촉탁 등을 둔 것임에 비해 현행법은 아무래도 정규적인 고용조건이 전제된 것으로 이해하는 것이 입법취지에 부합할 듯하다. 따라서 우리나라는 비록 전격적으로 시행한다는 결정이 내려져 있는 만큼 이를 번복할 수 없으니 이를 감안하는 대응책이 모색되어야 할 것이다.

〈표20〉 정년연장 법제도 국제비교 및 일본 정년연장 추진 비교

구분	법제도	비고
미국	고용상 연령차별 금지 1967년까지 65세 1978년 70세 1986년 연령 상한 폐지	채용과 해고가 비교적 자유로움 개방형 내부노동시장체제 직무급 임금체계
영국	고용상 연령차별 금지 1971년 남 65세 여 60세는 해고보상 없음 1996년 65세 정년제 준함 2006년 65세 정년의무화 2011년 65세 정년제 폐지	19세기 후반부터 65세 정년이 산업화상징으로 여겨짐 65세 퇴직 관행 노동시장 내부경직성이 유연
독일	1992년부터 연금수급개시연령이 정년 2007년 연금수급연령을 67세로 점진적 연장 2007년 조기은퇴 유도규정 폐지하고 고령자고용기회개선 : 이직시 임금차액보전, 고령자 기간제 사용 완화, 사업주에게 고용장려금 지원 등	연금수급개시연령과 밀접 청년고용 위한 조기퇴직 유도제도를 고령고용촉진으로 패러다임 전환
프랑스	1987년 퇴직연금 수급 연령시 근로관계 종료 2003년 65세미만 일방적 퇴직금지 2007년 70세미만 일방적 퇴직금지	연금재정적자 문제와 연계 정년연장과 연금수급연장 간 갈등으로 저항 극심
일본	1994년 60세 정년 도입 2004년 정년 상향조정, 계속고용 도입, 정년 폐지 중 하나를 선택 2013년 65세 정년의무화 시행(60세 이후 20년만)	연공임금으로 기업경쟁력 저하 지적 청년일자리와 경합 지적 이 때문에 장기간 정년연장 준비토록 장기간 계획과 홍보

무엇보다도 정년연장에 대한 가장 단기적인 처방은 임금피크제 도입

일 수밖에 없다. 그러나 현행법상 임금피크제 시행을 위한 까다로운 요건이 적지 않게 내재되어 있다. 가령 취업규칙 불이익변경법리의 경직적인 운용이 그러하다. 따라서 취업규칙 불이익변경법리를 완화하는 방안이나 노사 간 보다 유연하게 대응할 수 있는 인프라 구축도 필요하다고 하겠다.

중장기적으로는 연공임금체계 개편 등 임금체계를 개편하는 노력이 필요하다. 임금체계 개편은 연공임금은 물론 통상임금 소송과 같은 복잡한 임금구성을 단순화하는 기능까지 해내는 작업으로 될 수 있기 때문에 그간 소극적인 임금체계 개편 동력을 끌어 올릴 수 있는 동인이 생긴 셈이다.

6. 일자리 환경 조성 위한 통상임금·근로시간단축 등 주요 노동이슈 처리 방향

최근 우리 고용노사관계 현안과 이슈는 모두 임금상승으로 직결되고 있다. 통상임금 확대로 인한 임금총액 상승 가시화, 근로시간단축 추진에 따른 휴일근로 시 연장근로수당 추가 가능성, 60세 이상 정년의무화에 따른 중고령자 임금상승 가시화, 사내하도급 근로자 보호 추진에 따른 추가적 비용 상승 가능성 등이 그러하다. 이렇게 되면 연간 임금상승폭에 추가되는 임금상승 요인이 겹쳐서 발생하는 것으로 되어 짧은 기간 안에 상당한 임금상승이 현실화 될 가능성도 배제 할 수 없다.

임금상승 자체는 내수 진작 가능성 등 장점도 적지 않지만 기업경영과 일자리 제고 측면에서는 장점보다는 단점이 더 많을 가능성이 많다. 더구나 짧은 기간 안에 급격한 임금상승은 생산가격의 상승으로 이어지고 이는 다시 수출입 상대가격 변화를 불러와 국내 산업의 산출물 감소와 고용 감소로 이어질 수 있기 때문이다. 따라서 급격한 임금 상승 동인이 발생하였다면 이를 완화 내지 조정할 수 있는 방안의 모색이 필요하다고 하겠다.

한편, 그간 우리나라의 노동시장은 이른바 이중노동시장 구조화가 더욱 심화되는 특징을 가지고 있다. 대기업 정규직 부문과 이와 대조되는 중소기업 비정규직 부문 간의 극심한 격차가 지속되고 있다는 것이다. 그간 이 문제를 해결하기 위한 노력으로 대중소기업 상생협력 정책에서 출발하여 대중소기업 동반성장 정책으로 발전을 거듭하여 왔음에도 불구하고 기업규모 간 및 고용형태 간 근로조건 격차를 해소하지 못하고 있다.

그런데 앞서 본 통상임금과 근로시간단축 등 주요 노동현안의 추진이 가시화되면 노동시장의 이중구조화 문제가 더욱 심화될 가능성을 배제할 수 없다. 가령 통상임금 확대 가능성을 높이는 정기상여금은 주로 대기업을 위주로 분포되고 있고, 정년연장에 따라 임금상승 요인으로 되는 연공임금 내지 호봉제 임금도 대기업에 많이 분포한다. 이밖에 근로시간단축 추진과 사내하도급 근로자 보호 추진 시에도 대기업측에 혜택이 많이 갈 것으로 추정된다. 이렇게 되면 노동시장 내부의 상대적 박탈감으로 인한 인력 미스매치는 물론 노동시장 구성원 간의 격차에 따른 불필요한 갈등이 재생산되는 악순환이 계속될 가능성도 배제할 수 없다.

우리나라 노동시장의 생태계가 위와 같은 환경과 여건에 처해 있다면 이를 고려하는 이슈 해결 접근법이 필요하다고 하겠다. 한편으로는 임금경쟁력에 유의하여야 하고, 다른 한편으로 노동시장의 공정성 제고에 주목해야 한다는 것이다. 이러한 노동시장 구조 하에서 통상임금은 통상임금대로, 근로시간단축은 근로시간단축대로 따로 추진하는 것은 파편식 쪼가리식 정책으로 우리나라 노동시장 문제를 해결하기가 어렵다. 따라서 단기적 성과위주의 정책이 아니라 종합적이고 근원적인 해결책을 찾아 실현하려는 통 큰 정책적 결단이 필요하다. 이를 위한 구체적인 방안은 다각적으로 검토될 수 있겠지만 본고에서는 기본 방향을 제시하는 것으로 만족하고자 한다.

무엇보다도 급격한 임금상승을 조정 완화할 수 있는 방안 모색이 필요하다. 앞서 본 바와 같이 주요 이슈에 따른 임금상승 가능성은 주로 대기업 정규직 부분에 집중될 것이므로 급격한 임금상승을 완화할 수 있는 방안의 모색은 이중노동시장 구조화 심화도 완화시킬 수 있다. 이러한 방안은 가령, 단기적으로는 임금피크제 활용, 상대적으로 높은 수준을 가진 현행 가산임금제도 조정, 중장기적으로는 임금체계 개편 등을 들 수 있겠다. 물론 제도적 개선이 가능한 여건이라면 임금관련 갈등을 예방할 수 있고 임금조정을 유연하게 할 수 있는 인프라 구축도 필요할 것이다. 그리고 이러한 임금상승을 완화하는 정책은 정책의 효과가 높으리라 예상되는 주로 대기업 정규직 부문을 타깃으로 할 필요가 있다.

한편 우리나라의 이중노동시장 구조를 해결하는 기본 방향은 높은 곳은 유연성을 제고하고 낮은 곳은 안정성을 제고하는 이른바 운동장 고르기 식의 정책적 방안 마련이 필요하다. 가령 우리나라의 경우 대기업 정규직 부문의 고용안정성은 지나치게 경직적인 보호를 받는 그룹으로 되고 있고, 이와 대조적으로 중소기업 비정규직 부문은 지나치게 유연한 고용불안에 처한 그룹으로 되고 있는데 이를 평평하게 하는 방안이 필요하다는 것이다.

그런데 우리나라에서 운동장 고르기식 정책의 추진에는 유의해야 할 것이 있는데, 우리나라의 이중노동시장 구조는 고용안정성이 경직적인 대기업 정규직 부문에서도 유연성 제고에 따른 후유증이 적지 않다는 점이다. 최근 발생한 대기업 정규직에 대한 정리해고 시 후폭풍이 적지 않은 정치사회적 갈등으로 발전하고 있다는 것이다. 말하자면 우리나라는 대기업 정규직조차도 유연성 제고 시 발생하는 단점을 치유할 수 있는 사회안전망과 적극적 노동시장정책이 부재한다는 것이다. 물론 중소기업 비정규직은 아예 사회안전망과 적극적 노동시장정책의 사각지대의 늪에 빠져 있는 것으로 되고 있다.(〈표 21〉) 따라서 우리나라에서 노동시장의 유연안정성 제고 정책에는 중장기적으로 노동시장 전체에 대한 다각적인 보완적 정책 수단도 고려되는 방향이 필요하다고 하겠다.

〈표 21〉 한국의 유연안정성 : 이중 구조

	유연성		안정성	적극성
	수량적	기능적	사회안전망	적극적 노동시장정책
대기업 정규직	경직적 (고용보호)	소극적	미흡	미흡
중소기업 비정규직	유연적 (고용불안)	부재	사각지대 존재	사각지대 존재

자료 : 김대환(2010), 「고용친화적 사회경제정책으로의 전환 : 유연안전화 체제의 구축」, 『산업관계연구』 제20권 제1호.

우리나라 노동시장의 여건과 환경을 위와 같이 파악하게 되면, 이를 해결하기 위해서는 통상임금·근로시간 등 주요 노동이슈에 수반되는 급격한 임금상승 속도를 완화시키고 동시에 대기업 정규직 부문과 중소기업 비정규직 부문 간의 이중노동시장 구조를 완화할 수 있는 특별한 정책이 필요하게 된다. 이를 가능하게 하는 것은 아무래도 단편적 파편식 정책 추진이 아니라 종합적이고 다각적인 접근이 가능한 정책 추진이 필요하다. 이러한 정책의 실현을 가능하게 하는 것은 노사정 대타협 방안이 유일하다. 따라서 최근 전개되고 있는 통상임금·근로시간 단축 등 주요 노동이슈를 모두 포함한 논의가 가능한 노사정 대타협 방식을 시도할 필요가 있다. 이를 통해 주요 이슈 문제는 물론 이중노동시장 구조에 대한 해결책으로서 임금의 유연성 제고와 노동시장의 유연안정성 제고, 그리고 우리 노동시장 전체에 대한 보완적 사회안전망과 적극적 노동시장 정책의 제고 방안을 마련할 필요가 있다.

메가시티와
네트워크 도시화

정 성 훈(강원대학교 사범대학 지리교육과)

메가시티와 네트워크 도시화

1. 서론

2009년 도시거주자가 전 세계 인구의 50%를 넘어선 이후, 그 비율은 더 빠르게 증가하고 있다(UN, 2010). 현대 도시화의 특징적인 모습은 하나의 거점 도시가 많은 사람과 자원을 흡인하여 인구와 영역이 거대화되고 있다는 점이다. 특히 거주인구가 1,000만 명 이상이 넘는 거대 도시인 메가시티(Mega City)는 빠르게 증가하고 있으며, 현재와 미래의 세상을 변화시킬 중요한 사회현상이다. 오늘날 메가시티는 정치경제의 거점으로서 도시 간 글로벌 경쟁이 본격화될 미래 세상의 첨병으로서 역할을 해나가고 있다(정재영, 2010).

이러한 메가시티의 성장은 대도시의 규모의 경제 활성화, 글로벌 도시로 성장 잠재력 보유 등 장점도 존재하지만, 국가적 차원에서 상대적으로 지역이 발전하기 어려운 사회구조적 문제가 있음을 간과해서는 안 될 것이다. 대표적인 예로, 메가시티의 존속은 주변의 중소도시나 촌락으로부터 새로운 거주자들이 지속적으로 유입(심각한 지방 공동화 현상)될 수 있고, 이들 새로운 거주자들 중 상당수는 메가시티의 새로운 빈

민층으로 편입될 가능성(강화된 양극화 현상)이 높다. 우리나라의 경우, 메가시티와 메가지역을 포함하고 있는 수도권과 지방의 경제·문화적 격차, 지방의 취업기회 부족, 수도권 중심의 대학서열화 등으로 지방우수인재의 수도권 유출현상이 지속되고 있다.

한편으로, 메가시티의 성장과 더불어 나타나고 있는 도시 현상의 특징 중 하나는 네트워크 도시화이다. Batten(1995)에 의하면, 네트워크 도시화는 2개 혹은 그 이상의 독립적인 도시들의 기능적 협력을 통하여 집적경제를 달성하는 방식이다.

이 연구의 목적은 서울의 강화된 메가시티화의 현황과 문제점을 진단하고, 이에 대한 대안으로 네트워크 도시화의 가능성을 고찰하는 데 있다.

2. 메가시티의 특징

메가시티의 정의 및 특징

메가시티는 인구 1,000만 명 이상이 거주하는 거대도시이다. 일자리, 편의시설, 문화환경 등이 잘 갖추어진 대도시에 국내외로부터 이주하는 사람이 많아지게 됨에 따라 메가시티의 수도 급증하고 있다.

뉴욕, 런던, 도쿄, 상하이, 베이징, 서울, 뭄바이 등 대표적 메가시티이며 아시아권의 메가시티의 성장이 두드러지고 있다. 메가시티는 거대한 인구 및 시장을 세계경제로 통합시키는 역할을 하고 있다. 일부 메가시티의 경우에는 한 국가의 규모를 넘어서는 수준으로 세계 정치·경제적 측면에서 막강한 영향력을 행사하고 있다. 메가시티가 전 세계 경제력에서 차지하는 비중은 점차 커지고 있으며, 10대 메가시티가 세계

GDP의 6% 이상을 차지하고 있다.

지식 서비스 중심의 산업구조로 산업구조가 재편되면서 메가시티는 혁신과 글로벌 경쟁의 핵심 축으로 부상하고 있다. 메가시티의 경우 고급 인적자본, IT, 교통 등의 인프라가 잘 갖추어져 있고, 거대한 소비시장을 형성하고 있어 글로벌 기업들의 전진기지로 각광 받고 있다. 글로벌 기업들의 R&D 센터, 본사 등이 집중하고 있고 생산기반 인프라가 잘 갖추어져 있어 혁신과 생산성 측면에서 다른 지역에 비해 경쟁력을 갖추고 있다. 이에 따라 메가시티는 하나의 독립된 주체로서 글로벌 경쟁의 전면에 나서고 있다.

메가시티는 단일 도시로만 성장하기보다는, 경쟁력 강화를 위해 인접 도시들과 연계되어 광역도시화 하는 경향이 나타나게 된다. 이렇게 인접한 여러 도시들이 연결 된 거대한 도시 집중지대를 메갈로폴리스(Megalopolis)라 하며, 미국 북동부 지역이 대표적이다.

해외 사례

1970년에는 인구규모 1,000만 이상의 메가시티는 도쿄(2천 3백만)와 뉴욕(1천 6백만)뿐이었다. 1990년에는 10개의 메가시티가 나타났으며, 2011년에는 23개가 있는 것으로 나타나며, 이는 세계 도시 인구의 9.9%를 차지하고 있다. 1970년에서 2011년 사이 메가시티에 거주하는 인구는 거의 10배 가까이 늘어났다. 2025년에는 37개의 메가시티가 나타날 것으로 예측되고 있으며 세계 도시 인구의 13.6%를 차지할 것으로 나타나고 있다(UN, 2012).

〔그림 1〕 도시인구 비율 및 도시 집적(2011)

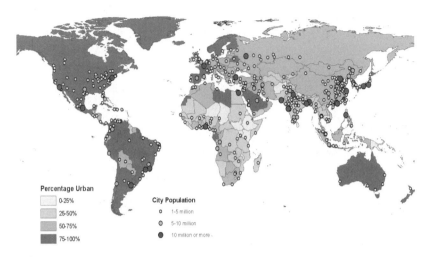

자료 : UN, Department of Economic and Social Affairs, Population Division : World Urbanization Prospects, the 2011 Revision, New York 2012.

인구가 가장 많이 집중되어 있는 도쿄는 2011년 기준 인구는 약 3천 7백만 명이며 국가 인구규모에서도 35위에 해당하는 것으로 알제리, 캐나다, 우간다의 인구규모를 능가하는 수준이다. 이러한 인구규모 수준으로 도달하기 위해선 도쿄뿐만 아니라 요코하마, 카와사키, 치바 등 대도시를 포함하는 도쿄 주변의 87개의 도시로 구성되어 있다. 메가시티는 기능적으로 연결되어 있는 여러 도시나 도시 지역들의 융합으로 나타나기도 하며, 도시 집적체를 형성한다(UN, 2012).

도쿄에 이어 규모가 큰 도시는 델리, 멕시코시티, 뉴욕, 상하이, 상파울로로 나타나고 있다. 1970년대 무렵에는 산업화 국가에서 메가시티가 나타났으나, 오늘날에는 개발도상국이나 신흥공업국에 집중되어 있다. 23개 메가시티 중 아시아에 속해 있는 메가시티가 12개에 이르며 특히 중국 도시들의 성장이 두드러진다. 선진국에 위치한 메가시티는 낮은 인구 증가율을 보이고 있으며, 라틴아메리카, 아시아 등 개발도상국가나 신흥공업국가에 위치한 메가시티들은 각 국가의 자연 증가율이 반영되어 더 높은 인구 성장률을 보이고 있는 것이 특징이다(UN, 2012).

국내 사례

세계의 메가시티에 포함되는 서울은 2013년 기준 10,143,645명(주민등록인구 기준)으로 나타나고 있다. 20세기 초 서울의 인구 규모가 25만 명 정도였던 것에 비해 같은 시기 런던은 약 650만 명, 뉴욕이 약 340만 명, 도쿄도 100만 명 정도였던 것을 보면 서울은 상대적으로 급속도로 도시화가 이루어졌음을 알 수 있다.

[그림 2] 서울특별시 장래인구추계

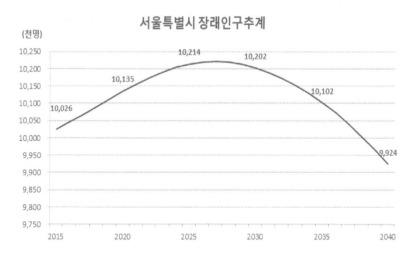

자료 : 통계청, 장래인구추계.

그러나 서울의 인구는 1988년 처음으로 인구 1,000만 명을 돌파하고

1992년 10,935,230명으로 최고점을 보인 이후 감소 추세를 보이고 있다. 서울시 장래추계인구에 의하면 2039년부터 1,000만 명 이하로 인구가 감소하는 것으로 전망되고 있다.

메가시티는 도시 자체가 생물처럼 진화, 성장해야 하는 것으로 중심 도시를 중심으로 주변의 여러 개의 도시가 함께 성장하고 경쟁력을 키워나가는 공간 네트워크를 형성한다. 서울 역시 지속적으로 인구가 감소할 것으로 예측되고 있으나 주변 인천, 경기도의 도시와 네트워크 체제를 유지하며 메가시티로의 위상을 지속할 것으로 보인다.

3. 네트워크 도시의 특징

네트워크도시의 정의 및 특징

네트워크 도시란 '2개 혹은 그 이상의 독립적인 도시들이 기능상 상호보완적으로 협력하고 교통수단과 통신시설에 의해 집적 경제를 달성하는 경우'를 말한다. 네트워크 도시는 인근 도시들 간의 기능적 협력과 연계에 의존함으로써 시간과 비용을 줄이고 시너지 효과를 창출할 수 있게 한다(권오혁·신철지, 2005). 도시 간의 네트워크 형성은 다중심적 도시집적체로서 교통과 인프라를 기반으로 2개 이상의 독립적인 중심도시들이 기능적으로 상호보완적으로 협력하고 범위의 경제를 달성하는 데 기본적인 의의를 지니고 있다(권용우 외, 2012).

네트워크 도시는 크게 네 가지 특징으로 정리된다. 첫째, 도로, 철도 등 교통망에 의해 도시 간에 연계되어 있으며 흔히 다수의 도시가 축 혹은 회랑을 형성한다. 둘째, 네트워크 도시는 각기 독립성을 갖춘 도시로, 기능적으로 외부 도시에 종속되거나 공간적으로 연담화된 도시와는 구별된다. 셋째, 네트워크 도시 간에는 그들만의 긴밀한 연계가 존재하며 그 결과로 기능적 분업이 진행된다. 마지막으로 네트워크도시는 비네트워크도시에 비해 대체로 성장률이 높으며, 대도시보다 중소규모의 도시 성장률이 상대적으로 높다(권오혁, 2009).

해외 사례

네덜란드의 란트스타트(Randstad)는 수도인 암스테르담을 중심으로 형성된 세계적인 네트워크 도시이다. 이들 도시간의 거리는 20~55km 정도로 이동시간이 약 1시간 이내 거리에 위치하며 대도시권 전체로 볼 때 일일 도시생활권을 이루고 있다(손정렬, 2011). 네덜란드 전체 면적의 15%를 차지하는 란트스타트 지역은 네덜란드의 경제력의 절반을 차지할 만큼 국가경제 및 정치력을 주도하는 중요한 지위를 갖는 곳이다. 란트스타트는 암스테르담을 중심으로 북쪽날개와 남쪽날개로 구분할 수 있다. 남쪽 날개 지역은 남부광역도시권(Zuidvleugel)으로도 불리며, 라이덴, 헤이그, 델프트, 로테르담 일대를 가리킨다. 남쪽 날개는 12개 이상의 도시와 하위시스템이 협력하여 하나의 거대한 도시체계를 형성하고 있다. 북쪽날개 지역은 북부 광역도시권(Noordvleugel)이라고 불리며 암스테르담과 주변지역, 스키폴공항, 암스테르담 항만지역, 신도시인 알미르와 동부지역으로 구성된다. 북쪽 날개 지역의 핵심은 국가 수도인 암스테르담이며, 정치, 경제, 사회, 문화의 중심 역할을 하고 있다(권오혁·신철지, 2005).

〈표 1〉 란트스타트의 주요 도시권별 특화 분야

도 시 권	주요 특화 분야
로테르담(Rotterdam)	항만, 국제무역, 지역공항, 기업본사, 대학도시
암스테르담(Amsterdam)	관광, 국제무역, 예술, 대학도시, 레저, 은행, 기업본사, 항만
헤이그(Den Haag)	행정 및 정치 중심지, 기업본사, 컨설팅, 관광
위트레흐트(Utrecht)	도로·철도 허브, 대학도시, 무역, 컨설팅, 종교 중심지

자료 : 권용우 외, 2012, 『도시의 이해』 제4판, 박영사, 414쪽.

국내 사례

네트워크 도시 모형이 한국의 도시들에 적용된 사례는 많지 않다. 가장 큰 이유로는 서울의 종주성을 들 수 있다. 서울의 경우 독보적 수준의 경제력과 잠재력을 가지고 있어 다핵성 및 상호보완성을 추구하는 네트워크 도시적인 특성이 관측되기 어렵다는 관점이 있다(손정렬, 2011).

그러나 최근 대도시권 내에서의 네트워크 도시 모형 적용 가능성에 대한 연구 사례로 우리나라의 동남권 지역의 도시가 있다(권오혁, 2009). 권오혁(2009)의 연구에 의하면, 동남권의 주요 도시로 구미―대구―포항―울산―부산―창원―거제―진주―광양에 걸친 도시회랑이 존재하며, 이 도시회랑의 핵심에는 경부고속도로와 남해고속도로가 큰 역할을 한다. 동남권의 주요 도시들의 경우 기계 금속 산업을 중심으로 광역적 산업클러스터를 형성하고 있으며, 계속해서 기계금속산업분야의 비중이 높아지고 있다. 동남권의 도시회랑은 이러한 기계금속산업벨트를 기반으로 하여 포항에서 광양에 이르는 동남해안 축과 구미에서 포항에 이르는 경북남부 축의 두 날개로 구성된다. 동남해안의 도시회랑은 기계금속산업이 1차적으로 성장한 축으로, 동남권의 핵심 발전축이다. 구미에서 포항에 이르는 경북남부의 도시회랑은 상대적으로 동남해안보다는 늦게 형성되었지만 최근 빠른 속도로 성장하고 있다. 동남권 도시들의 경우, 상당한 정도로 독립적이고 수평적인 구조를 가지고 있으며, 도시 간 연계와 기능적 분화가 뚜렷하게 존재한다. 포항(1차 금속)-울산(자동차, 조선)-부산(조선기자재)-창원(기계, 플랜트)-사천(항공)-거제(조선)-광양(1차금속)과 같은 기능적 특화가 나타나, 산업도시 사이의 긴밀한 산업적 상호의존성이 존재한다. 또한 네트워크 도시 자체의 높은 성장률과 더불어 네트워크 도시 내 중소도시의 성장 또한 진행되면서 네트워크 도시의 전형적인 양상을 보인다(권오혁, 2009).

4. 메가시티와 생산가능한 인구

장래 인구분포의 전망 : 수도권 인구 증가, 비수도권 인구 감소

2000~2010년 간 전국 인구의 연평균증감률은 1.3% 수준이며, 이를 생산가능인구와 고령인구로 구분하여 살펴보면, 생산가능인구(1.1%)에 비해 고령인구(5.9%)의 성장률이 높은 것으로 나타났다. 특히 비수도권 생산가능인구의 연평균증감률은 0.3%로 평균인 1.1%에 미달하는 수준을 보이고 있다.

이렇듯 젊은 연령층을 중심으로 인구가 감소하고, 특히 비수도권은 전국에 비해 고령화가 빠르게 진행되고 있다. 인구의 감소율이 가장 큰 전라남도의 경우, 1992년 고령인구/전체인구 비율이 8%를 넘어 이미 고령화 사회에 진입하였다. 인구의 증가율이 가장 높은 경기도의 경우,

2005년 고령인구비율이 약 7%로 고령화사회에 진입하고, 2010년 고령인구비율이 약 10%로 계속해서 고령화사회에 머무는 것으로 나타났다(통계청 2011).

〈표 2〉 수도권-비수도권 인구 규모(2000~2010)

구분		2000년		2005년		2010년		연평균성장률(CAGR)		
		인구수	비중	인구수	비중	인구수	비중	00~05	05~10	00~10
전국	15-64세	20,155	95.3	21,505	94.1	22,279	93.5	1.6%	0.9%	1.1%
	65세이상	1001	4.7	1351	5.9	1550	6.5	7.8%	3.5%	5.0%
	총 합	21,156	100.0	22,856	100.0	23,829	100.0	2.0%	1.0%	1.3%
수도권	15-64세	9,585	97.5	10,744	96.5	11,453	96.0	2.9%	1.6%	2.0%
	65세이상	241	2.5	391	3.5	494	4.1	12.9%	6.0%	8.3%
	총 합	9,826	100.0	11,135	100.0	11,929	100.0	3.2%	1.7%	2.2%
비수도권	15-64세	10,570	93.3	10,761	91.8	10,844	91.1	0.4%	0.2%	0.3%
	65세이상	760	6.7	960	8.2	1,056	8.9	6.0%	2.4%	3.7%
	총 합	11,330	100.0	11,721	100.0	11,900	100.0	0.9%	0.4%	0.5%

자료 : 통계청, 각 연도, 주민등록인구통계.

통계청이 발표한 장래인구추계(2011)를 살펴보면, 2040년 중부권과 수도권은 현재보다 인구가 증가하고 영남권과 호남권 인구는 감소하는 것으로 나타났다. 2020년 이후 시도별 인구규모는 경기, 서울, 경남, 부산으로 순으로 재편되고, 이는 기존 서울, 부산 인구의 생활권이 확장되었기 때문으로 보인다. 0~14세 유소년 인구는 2015년까지 전국적으로 93만 6천 명이 감소할 것으로 나타났으며, 특히 수도권에서 39만 명, 영남권에서 29만 명이 감소할 것으로 보았다.

지역의 인구감소는 공급 및 수요 등 두 가지 경로를 통하여 경제성장의 둔화를 가져오고 이는 다시 인구감소를 유발하는 악순환이 발생한다. 먼저 공급측면에서, 인구감소는 노동력 공급을 줄여 지역 경제의 잠재 성장력을 약화시킨다(한국은행 대구경북 본부, 2008).

비수도권 출신 인재들은 어디로?

100대 기업 취업자의 출신학교 소재지별 분포 현황을 살펴보면, 서울(38.0%), 경기(14.7%), 부산(10.0%) 순으로 취업자 비중이 높게 나타났다. 이는 100대 기업 취업자의 출신학교가 서울과 경기 등 수도권 지역에 밀집되어 있음을 보여준다.

〈표 3〉 시도별 대학 수, 100대기업 취업자 출신학교 소재지, 고용흡수율 및 고용집중 현황(2008)

순위	학교 수	100대기업 취업자 출신학교 소재지	지역의 고용흡수율	
1순위	경기(93개)	서울(38.0%)	인천(65.2%)	
2순위	서울(89개)	경기(14.7%)	서울(62.2%)	
3순위	경북(53개)	부산(10.5%)	울산(58.8%)	
4순위	충남(37개)	경북(8.5%)	경기(53.7%)	
5순위	부산(35개)	인천(5.1%)	충남(49.4%)	
6순위	전북(28개)	대구(4.0%)	경남(38.5%)	
7순위	강원(27개)	충남(2.8%)	대구(37.8%)	
8순위	전남(27개)	경남(2.7%)	전남(36.0%)	
9순위	경남(26개)	울산(2.5%)	경북(29.8%)	
10순위	대전(23개)	대전(2.2%)	충북(29.1%)	
11순위	광주(23개)	충북(2.1%)	대전(26.8%)	
12순위	충북(22개)	광주(2.0%)	강원(24.9%)	
13순위	인천(14개)	전북(1.8%)	광주(19.6%)	
14순위	대구(12개)	전남(1.4%)	부산(18.8%)	
15순위	제주(7개)	강원(0.9%)	전북(15.9%)	
16순위	울산(4개)	제주(0.2%)	제주(9.8%)	

자료 : 교육과학기술부, 2008.

고용 흡수율은 해당 지역의 전체 취업자 중 타지역으로부터 유입된 취업자 수의 비중을 의미한다. 고용 흡수율은 인천, 서울, 울산, 경기의 순으로 높게 나타났고, 그 값은 각각 65.2%, 62.2%, 58.8%, 53.7%였다. 서울로의 고용 집중 현상을 볼 때 경기에서 서울로의 이동률이 가장 높았고, 다음은 충남, 인천, 강원, 충북의 순으로 높게 나타났다(교육과학기술부, 2008).

비수도권 인재들이 지역에 정착하지 않는 이유는?

권역별로 대졸자의 인력이동을 보면 비수도권에서 수도권으로의 이동이 활발하지만 비수도권내 광역경제권 간 이동은 상대적으로 낮았다. 표본에서 수도권 대학 출신자는 6,066명인데 수도권에 취업한 인원수는 7,483명으로 대학졸업 후 수도권으로 몰리는 현상이 뚜렷하게 나타난다. 수도권의 경우 대체로 대졸자의 90%가 졸업 후에도 수도권에 머무르는 것으로 나타나고 있다. 충청권과 강원권의 경우 가장 낮은 지역내 잔존율을 보이는데 이는 지리적으로 수도권에 가깝기 때문인 것으로 풀이된다. 동남권의 경우는 대졸자와 취업자가 큰 차이를 보이지 않고 있어 대학 졸업 후 인력유출이 다른 광역경제권에 비해 심하지는 않는 것으로 보인다. 이는 지리적으로 수도권에서 먼 데다 독자적인 경제권을 형성하고 있기 때문으로 보인다. 동남권의 수도권으로의 유출률도 15%이내로 다른 광역경제권에 비해 낮은 모습이다(김기승 외, 2012).

〈표 4〉 대졸인력 이동 현황(2009)

단위 : 명

구분		취업지역							계
		수도권	충청권	호남권	대경권	동남권	강원권	제주권	
대학소재지	수도권	5,601	160	68	57	130	43	7	6,066
	충청권	788	911	44	40	47	21	5	1,856
	호남권	283	54	1,387	10	39	13	0	1,786
	대경권	248	42	9	760	161	9	3	1,232
	동남권	169	15	12	39	1,200	3	2	1,440
	강원권	355	19	5	12	7	252	2	652
	제주권	39	1	5	4	6	1	172	228
계		7,483	1,202	1,530	922	1,590	342	191	13,260

자료 : 한국고용정보원, 2010, '2009년 대졸자 직업이동 경로조사.

〈표 5〉 대졸자의 수도권 유출률 및 지역내 잔존율(2009)

단위 : %

구분		수도권	충청권	호남권	대경권	동남권	강원권	제주권
지역내 잔존율	2005	92.2	51.3	71.6	63.0	77.9	46.5	77.6
	2007	91.9	39.9	64.9	57.2	79.0	31.6	83.4
	2008	91.5	42.3	65.6	59.2	77.5	39.2	74.3
	2009	92.3	49.1	77.7	61.7	83.3	38.7	75.4
수도권 유출률	2005	—	43.4	20.5	20.5	13.5	46.5	16.6
	2007	—	53.5	27.7	25.1	14.5	62.4	10.4
	2008	—	51.0	25.0	22.4	15.1	56.4	19.9
	2009	—	42.5	15.8	20.1	11.7	54.4	17.1

자료 : 한국고용정보원, 2010, '2009년 대졸자 직업이동 경로조사.

실제 지방대학 출신자는 서울 소재 대학 출신자에 비해 노동시장에서 차별적인 대우를 받고 있는 것일까? 지금까지 이에 대한 연구 결과들을 보면 지방대학 출신자는 서울 소재 대학 출신자에 비해 임금수준이 낮으며, 성별이나 연령 등 관측 가능한 여러 요인들을 통제한 상태에서도 이러한 격차는 유의하게 유지되는 것으로 보고되고 있다(최바울·김성환, 2003; 류장수, 2005; 전재식 외 2011).

지역 간 임금격차는 취업을 위한 이동현상을 잘 설명해 주는데 대학진학을 위한 이동에서는 대학소재지에 따른 임금격차가 크게 작용할 수 있다. 이를 살펴보기 위해 비수도권과 수도권 출신 대졸자의 첫 번째 직장에서의 임금수준을 비교해보았다. 수도권 대학 졸업자의 평균연봉이 2,100만원으로 비수도권 대졸자의 1,850만원보다 높은 모습이다. 이는 수도권 대학을 졸업함으로써 더 많은 임금을 받을 가능성이 높음을 의미하며 이러한 현격한 임금격차의 지속이 청년층 유출에 큰 영향을 주었을 것이라고 생각된다(전재국 외, 2011; 김기승 외, 2012).

고학력계층 유출에 따른 경제적 효과

한국은행 부산본부(2012)에 따르면, 지역인재의 유출에 따른 경제적 효과를 소비효과, 생산효과, 외부효과로 나누어 분석해 보았다. 먼저 소비효과에서는 인력유출에 따른 소비유출이 699억 원(2011년), 생산유출은 1,675억 원으로 추정되었다. 그리고 총생산성을 약화시키는 외부효과는 213억 원으로 산출되었다. 부산지역의 인재유출에 따른 경제적 유출효과(종합수지효과)를 중복계상의 우려가 있는 소비효과를 제외한 생산효과 및 외부효과로 보면 2006~2011년 중 1,577억 원~1,975억 원으로 매년 지역내총생산(GRDP)의 0.3~0.4% 수준에 이르렀다(한국은행 부산본부, 2012).

<표 6> 부산지역 인재유출에 의한 경제적 순유출효과

단위 : 십억원, %

구분	2006년	2007년	2008년	2009년	2010년	2011년
생산효과	141.7	175.1	176.4	167.8	169.8	167.5
외부효과	14.0	20.6	21.1	19.2	20.1	21.3
순유출효과	155.7	195.7	197.5	187.0	189.9	188.8
GRDP	49433.6	52679.5	56182.3	55525.7	59531.0	61674.1
생산효과 비율	0.287	0.332	0.314	0.302	0.285	0.272
외부효과 비율	0.028	0.039	0.038	0.035	0.034	0.035
순유출효과	0.315	0.371	0.352	0.337	0.319	0.307

주 : 소비효과비율=소비효과/GRDP, 생산효과비율=생산효과/GRDP, 순유출효과
비율=순유출효과/GRDP.
자료 : 한국은행 부산본부, 2012.

역도시화의 함정 : 고소득자와 고령층의 수도권에서 비수도권으로 인구이동

역도시화(counter urbanization)란 도시인구가 비도시지역으로 분산하는 과정을 지칭한다. 이는 대도시에서의 주거환경이 열악해지고, 생활비가 증가하며, 개인의 기동성이 증대되면서 대도시를 벗어나 소규모의 전원적 환경에서 사는 것을 선호하는 사람이 많아지기 때문에 일어난다 (Champion, 1989). 미국의 경우, 1970년대 이와 같은 현상을 경험하였고, 우리나라는 2000년대 전후로 역도시화가 점진적으로 진행되고 있다. 그러나 우리나라의 역도시화에는 함정이 존재하는데, 수도권에서 비수도 권으로의 인구 이동의 주요 계층이 일부 고소득자와 고령층이라는 점이다. 그러므로 이는 앞선 통계에서 제시한 것처럼, 생산가능인구는 지속

적으로 수도권을 향하고 있다는 점에서 역도시화의 함정이라 할 수 있다.

2002년 이후 추세를 살펴보면, 비수도권에서 수도권으로의 인구 이동은 정체되어 있는 반면, 수도권에서 비수도권으로 이동이 증가하고 있는 것은 주목할 만한 사항이다. 2002년 대비 2012년 비수도권에서 수도권으로의 이동비율은 약 6.5%에서 6.3%로 거의 유사한 반면, 수도권에서 비수도권으로의 이동은 4.3%에서 6.2%로 약 2% 증가추세를 보이고 있다. 과거 비수도권에서 수도권으로의 이동이 압도적으로 많았던 1970~80년대와 비교해볼 때, 수도권에서 비수도권으로 이동이 증가하고 있는 점은 소득수준 향상과 함께 인구 이동 패턴이 변화하고 있음을 보여주고 있다(김현아, 2013).

블랙홀을 막을 수 있는 점진적 대안

메가시티의 성장으로 인해 소외지역들의 지방공동화에 대한 방안인데, 이는 우선적으로 경제성장축인 경부축과는 달리 주로 '강원도(영동지방과 남부)와 경상북도 북부-충청남북도 낙후지역-전라남북도'로 이루어지는 경제낙후 축에 해당된다. 이 축은 1차 산업, 초고령화로 이행, 산업정책(특히, 제조업 정책)으로부터 소외를 특징으로 한다. 향후 우리나라 국가균형발전을 위한 투자는 이러한 낙후지역을 중심으로 우선적인 투자가 이루어져야 한다. 즉, 산업구조 개편(농업의 구조고도화), 관광산업 활성화, 자족적 주거 환경 개선, 복지 확충 등 기본적인 삶을 위한 사회경제적 투자가 우선적으로 이루어져야 한다. 이를 위해서 우리나라 향후 국가균형발전 정책은 전통적 낙후지역에 대한 우선적 투자를 한 축으로, 다른 한 축은 기타 도시나 지역들의 지방의 특성화·자립화를 유도하는 지원정책으로 구성해야 한다.

메가시티화와 더불어 우리나라에서 지방공동화의 심화는 당분간 지속될 것이다. 이는 지방 기업의 절대적 부족 및 역량 미흡, 수도권이나 대도시권의 기업들만 바라보는 해바라기식 연관산업구조, 지방 국·사립 대학의 역량 미흡 및 취약한 재정구조, 지방에서 양성한 인재들의 수도권 기업 선호 등이 그 대표적 원인이다. 세계적으로 볼 때, 우수한 인재가 우수한 직장에서 일하는 것은 막을 수 없다. 또한 지역의 우수한 인재들이 금의환향하여 자신의 고향을 살린다는 보장도 없다. 현실을 살펴보자. 대학등록금 반값 시대라 하더라도 사립대 등록금의 반값에 해당하며, 그 등록금도 다시 감축한 지방국립대에 우수한 인재는 몰리지 않는다. 이것이 '1류 교육—1류 직업' 선호라는 상위권 대학이 지닌 선순환 구조로 인해서 지방대의 악순환적 재생산과 맞물린 구조이다. 결국 우리나라가 대학 졸업 중심의 교육구조를 탈피하고, 다양한 직업 중심의 인재양성(프랑스의 엔지니어 우대 등)에 초점을 두지 않는 한 이 문제는 쉽게 풀리지 않을 것이다. 다만 지속적으로 이행되는 소폭의 개선과 노력만이 존재할 것이다. 이는 중장기적 관점에서 메가시티 축의 발전을 통해서 일부 지역적 낙후성인 지방공동화를 방지하고, 국가—지역적인 공간적 관점과 대학—기업의 인력 공급·수요의 관점에서 지방공동화 방지를 위한 협약이 필요하다.

5. 통일을 대비한 메가시티 서울의 '기술상용화 네트워크 도시화' 구상

서울 중심의 기술상용화 네트워크 도시화를 위한 발상의 전환

자본주의 기업 발달에서 초국적 기업들이 주류를 이루고 있는 것과 마찬가지로 자본주의 도시 발달에서 메가시티화는 필연적 추세의 한 축을 담당한다. 이를 전제로 할 때, 메가시티의 자원을 연계 도시들 간 공유하고, 새로운 성장동력을 만들 수 있는 대안 발굴이 필요하다. 이를 위해서 필자는 통일을 대비하여 메가시티 서울을 허브로 하는 '기술상용화 네트워크 도시화'를 제안하고자 한다. 이는 다음 2가지 차원에서 발상의 전환이 필요하다.

첫째, 메가시티를 바라보는 시각을 성장'극'이 아닌 성장'축'으로 전환하여 메가시티와 경제적으로 연결되었거나 연결될 수 있는 도시들의 활성화를 유도하는 것이다. 먼저 메가시티가 진행된 서울을 기본 축으로 할 때, 다음과 같은 도시 체계 발달이 가능하다. 예를 들면, 서울서부—경기 서부—인천 축, 서울 남부(강남 등)—경기 남부—세종시—대전 축, 서울 동북부—경기 동북부(남양주, 구리)—가평—춘천 축, 서울 동남부—경기 동남부(이천)—원주 축 등이다. 이들은 메가시티들과 연계된 축으로, 이 축에 위치하는 중소규모 도시들의 활성화를 통하여 메가시티의 다양한 자원들 간 공간분업을 유도하는 것이다. 이는 메가시티를 중심으로 일정기간 동안 제2의 성장극을 형성하게 될 것이다. 그러나 메가시티 이전 시대의 '서울'이나 '부산'으로 과도하게 집중하는 제1의 성장극 시대와는 달리, 연계도시들 간 자원배분을 통해서 형성되는 보다 폭넓은 의미의 성장극을 유도하는 것이다. 그러므로 제2의 성장극은 실제적으로 성장극이 아닌 '성장축'(메가시티 축)을 유도하는 것이라 할수 있다. 이는 자족적 메가시티권역 형성을 의미한다.

둘째, 메가시티–중소도시들 간 경제 협력을 기존 메가시티 내부의특정 기능을 이전시키면서 협력을 강제하는 것이 아니라, 도시 간 특성화된 기능에 초점을 두고 메가시티–중소도시들 간 연계·협력을 활성화시키는 것이다. 즉, 메가시티와 연결된 중소도시들 간 연계·협력을 활성화시킬 수 있도록 도시의 특성화를 유도하는 것이다. 예를 들면, 주거기능 및 제조업 기능 이전을 통한 정책은 이미 1980년대 이후 활성화되어오면서 그 이전의 장점과 단점들도 동시에 드러냈다. 이의 대표적인 예가주거형 신도시, 산업단지 도시 등이며, 2000년 이후 정책적으로 추진하고있는 세종시, 혁신도시, 기업도시 등이다. 그러나 이와 같은 방식으로 기능을 이전하는 방식에서 벗어나 민간 중심의 자율적이거나 정책적으로추진할 수 있는 도시 간 또는 지역 간 연계협력 사업을 활성화시키는 방안을 고려해 볼 수 있다. 유럽처럼 '지역이 국가이다'라는 전통이 거의 없는 우리나라에서 행정경계로 구분되는 소지역주의의를 막을 수 있는 정책이 필요하다. 그러므로 다양한 거점을 강화하고 생활의 질을 높일 수있는 도시 간 또는 지역 간 협력 정책의 활성화가 필요하다.

왜 서울 중심의 기술상용화 네트워크 도시화가 필요한가?

서울 중심의 기술상용화 네트워크 도시화는 명실상부한 세계도시와메가시티의 거점인 서울의 위상 제고와 직결된다. 즉, 기술상용화 네트워크를 통해서 서울을 향후 세계 트렌드와 표준을 선도할 수 있는 한차원 높은 수준의 도시로 성장시키자는 것이다. 이에 대한 필요성은 크게 6가지 측면에서 접근할 수 있다.

첫째, 기술적 측면으로, 서울은 우리나라에서 특허출원 건수가 가장 높고, 기술상용화 역량은 경기도 다음으로 높은 도시이므로, 메가지역이 아닌 메가시티의 측면에서 볼 때, 서울을 중심으로 기술상용화 축을 구축하는 것이 필요하다.

둘째, 국가기술의 지역거점 측면에서 볼 때, 충청권에는 R&D에 기초한 대덕연구단지, 연구개발 특구 등이 존재하고, 대경권과 호남권에는 연구개발 특구 등이 존재한다. 그러나 수도권과 강원권은 다른 권역에 비해 국가기술거점이 부족하므로, 국가와 지역적 차원에서 이를 충족시킬 수 있는 국가기술 거점 필요하다. 그러나 순수 R&D 거점은 중복 투자에 해당하므로, 기술상용화에 초점을 둔 R&BD의 거점이 필요하다.

셋째, 통일대비 측면에서, 현재 통일 이후 북한지역에 (상용화)기술을 공급할 수 있는 국내 거점이 없으므로, 북한과의 접근성이 뛰어난 서울에 기술상용화지원 거점 마련 필요하다.

넷째, 균형발전 측면에서, 수도권－비수도권 상생발전이 필요하며, 비수도권에서 서울과의 상생협력 사업 수요가 점차 증가 추세이다.

다섯째, 지리적 측면에서, 서울은 전국 각 지역과 접근성이 가장 뛰어나서 기술상용화 국가 거점으로서의 입지적 타당성이 높다.

여섯째, 도시발달 측면에서, 서울에 기술상용화 거점이 구축될 경우, 서울을 중심으로 다양한 배후도시들의 성장에 높은 기여할 수 있다.

이와 같은 필요성에 따라 서울 중심의 기술상용화 네트워크를 구현하기 위해서 서울과 연관된 도시발전 축은 남북도시 협력 축, 메가시티 확장 축, 메갈로폴리스 축, 중소도시 연계 축 등 크게 4개로 나눌 수 있다(〈표 7〉과 〔그림 4〕).

<표 7> 도시 발전 4대 축

도시 발전축	기본 구상
남북도시 협력 축	• 통일 한국이 유라시아 대륙과 연결되는 미래 거점도시 발전 - 경의선/경원선/금강산으로 연계되는 도시 발전축
메가시티 확장 축	• 인구 2,000만 명 이상의 Global 도시로 성장 - 서울-김포-인천 연담도시로 녹색성장의 Global Standard 선도

메갈로폴리스 축	• 우리나라 국토성장의 대동맥을 지나는 인구 100만 명 이상의 거대도시 축
	  - 서울-수원-대전-대구-부산으로 이어지는 기존 성장거점의 연결 및 기능
	  분담

중소도시 연계 축	• 성장 잠재력을 보유한 지방 중소도시 육성축
	  - 춘천-원주-강릉-오송-오창-대구의 생명기술들을 보유한 중심도시를 축
	  으로 강원, 충북, 경북의 잠재력 있는 중소도시들을 연계하는 동반성장 기대

〔그림 3〕 서울 중심의 기술상용화 네트워크 도시의 4대 발전 축

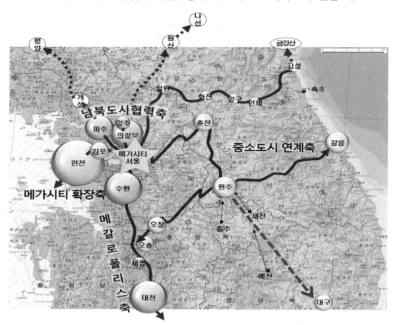

앞서 제시한 도시 발전 4대 축을 중심으로, 기술특성화 축은 〈표 8〉과 [그림 4와 5]와 같다. 먼저, 남북도시 협력 축은 기술특성화의 기본 방향으로 통일이후의 R&BD를 지향하면서 '복합기술 R&BD 축'으로 특성화 한다. 이와 해당되는 도시들은 서울을 중심으로 현재 접경지역에 해당되거나 인접한 도시들로, 파주, 의정부, 양주, 철원, 화천, 양구, 인제, 고성 등이다. 특히, 남북기술협력에서 현재 지역의 산업기술 특성을 고려하여, 파주는 생산기술지원을, 의정부와 양주는 제조업 기술지원을, 강원도 5대 접경지역은 농업기술 및 내륙해양관광기술 지원을 주로 담당한다. 둘째, 메가시티 확장 축은 녹색 수출 R&BD를 지향하면서 '녹색기술 R&BD 축'으로 특성화한다. 이에 해당되는 도시들은 서울을 중심으로 인천, 김포 등이다. 셋째, 중소도시 연계 축은 평창 동계 올림픽을 매개로 R&BD의 발전을 지향하면서 '생명기술 R&BD 축'으로 특성화한다. 이에 해당되는 도시들은 서울을 중심으로 춘천, 오송, 오창, 원주, 강릉, 대구 등이다. 마지막으로, 메갈로폴리스 축은 R&D와 R&BD 간 연계·협력을 지향하면서 기초기술 R&BD로 특성화한다. 이에 해당되는 도시들은 서울을 중심으로 세종, 대전 등이다.

<h2>〈표 8〉 기술특성화 축</h2>

도시발전 축	기본 방향	기술특성화 축	개요
남북도시 협력 축	통일 R&BD 지향	복합기술 R&BD 축	통일 한국의 기술 수요를 고려한 1·2·3차 산업 전반에 걸친 기술상용화 축
메가시티 확장 축	녹색 수출 R&BD 지향	녹색기술 R&BD 축	녹색기후기금(GCF)사무국을 유치한 인천을 중심으로 글로벌 녹색성장을 견인할 녹색기술 수출을 위한 기술상용화 축
중소도시 연계 축	평창 올림픽 R&BD 지향	생명기술 R&BD 축	전자 의료기기의 중심지로 성장한 원주와 춘천의 바이오, 오송의 첨단복합단지 등을 연계하는 생명기술의 기술상용화 축
메갈로 폴리스 축	R&D−R&BD 연계·협력 지향	기초기술 R&BD 축	우리나라 기초기술 R&D 역량이 집결된 대덕연구단지와 국가과학비즈니스벨트와 연계된 기초기술 상용화 축

<h2>〔그림 4〕 기술특성화 4대 축의 기본 구상</h2>

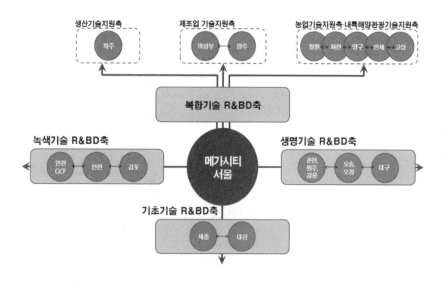

〔그림 5〕 기술특성화 4대 축의 기본 구상

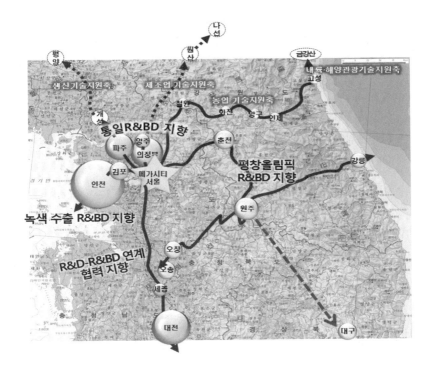

이와 같은 구상에 기초하여 각 기술특성화 축별로 주요 특성을 살펴 보면 다음과 같다.

첫째, 복합기술 R&BD 축의 특성이다. 먼저, 생산기술지원 축에 해당 하는 서울-파주 축은 경기 북부지역 산업중심지로 부상한 파주를 거점 으로 개성(개성공단)-평양-신의주까지 산업기반이 비교적 잘 갖추어진 통일 한국 성장거점들의 생산기술 혁신을 지원한다. 이를 위해서 파주 시를 중심으로 형성된 TFT-LCD 클러스터와 더불어 인쇄·복제업, 펄 프·종이, 가구 등 전통산업을 통해 경기북부지역의 산업을 발전시키는 것이 필요하다. 나아가, 장기적인 차원에서 경기서남부지역과 북한의 개

성공단을 연계하는 동북아지역의 평화와 안정을 상징하는 산업지역으로의 발전을 도모하는 것이 필요하다.

다음으로 제조업 기술지원 축에 해당하는 서울−의정부·양주 축이다. 경기북부 저발전지역과 발전지역의 경계를 이루고 있는 의정부−양주를 거점으로 경기북부 접경지역−원산−나선에 이르는 저부가가치 제조업 중심지들에 대한 기술지원을 특징으로 한다. 최근, 의정부와 양주는 섬유산업이 새로운 수출산업으로 부상되면서 경기북부 지역 전통 제조업에 대한 관심이 크게 제고됨과 동시에 산업구조 고도화를 통한 새로운 성장동력 산업으로의 발전이 모색되고 있다. 그러므로 의정부−양주 등의 지역을 중심으로 자연발생적인 섬유산업의 집적이 가속화되면서 국내 최대의 섬유클러스터 형성이 가능하다. 나아가, 장기적으로 원산−나선에 이르는 대규모의 섬유산업벨트 형성을 통해 저부가가치 중소기업의 산업구조 고도화를 담당하게 된다.

마지막으로, 농업기술지원 축·내륙−해양관광기술지원 축에 해당하는 서울−강원도 접경지역 축이다. 이 축은 철원, 화천, 양구, 인제, 고성에 이르는 강원도 접경지역의 우수한 자연환경을 바탕으로 친환경 농업 및 강원도 관광유산−금강산을 연계하는 관광산업의 고부가가치화 지원을 특성화한다.

둘째, 녹색기술 R&BD 축의 특성으로, 이 축은 서울−김포−인천으로 이어지는 축을 말한다. 2012년 10월 20일 우리나라가 인천에 GCF 사무국을 유치함에 따라, 그 경제적 효과가 연간 2천억~3천억 원 규모에 달할 것으로 예상되면서 성장 잠재력을 보유하고 있는 축이다. 최근 우리나라가 글로벌녹색성장연구소(GGGI)와 GCF 사무국을 유치한 것은 기후·환경 분야의 글로벌 리더십 확보라는 관점에서도 매우 고무적인 일이다. 특히, 인천을 중심으로 태양광 2차 전지, 바이오산업 등 고부가가치의 녹색산업 관련 외국 기업의 유치가 활성화되고 있는 상황이어서 이에 대한 성장 가능성을 높이고 있다.

셋째, 기초기술 R&BD 축의 특성이다. 2000년~2010년 동안 서울과 경기도의 출원 건수는 각각 455,597건과 399,782건으로 총 출원 건수의 69.1%를 차지하고 있다. 서울-경기-대전은 전국 특허 출원의 75%를 차지하는 우리나라 R&D의 핵심 축으로, 기초기술 R&BD로 전환을 위해 서울과 대전의 R&D-R&BD 협력이 필요하다.

마지막으로, 생명기술 R&BD 축의 특성이다. 원주 의료기기산업은 지난 10년 동안 의료기기 클러스터로 성장하면서 생체계측 및 재활·치료용 의료기기 중심의 산업으로 발전해 왔다. 또한 강원권의 바이오산업은 춘천의 바이오산업과 강릉의 해양바이오산업을 중심으로 1998년부터 형성되어 2008년 현재 관련기업 211개(48.3%), 매출 1,639억 원, 근로자 1,413명으로 지역 대표산업으로 발전해 왔다. 오송첨단복합의료단지는 2009년 8월 지정되었으며, 약 3조 이상의 사업비를 투입하여 핵심 연구시설, 정부출연연구기관 및 의료기업·연구소를 설치 및 유치할 계획이다. 이처럼 서울-춘천-원주-오송-대구에 이르는 생명기술 산업 간 연계를 통해 생명기술 R&BD 활성화를 도모할 필요가 있다.

6. 결론

메가시티의 성장은 규모의 경제 활성화, 글로벌 도시로의 성장 잠재력도 보유하고 있지만, 국가적 차원에선 상대적으로 발전에서 소외되는 지역이 나타날 수 있는 문제점이 있다. 우리나라는 급속한 경제개발 과정에서 서울 중심의 도시성장을 경험하면서 서울-지방 간 격차가 발생하였다. 이를 해소하기 위해 산업, 교육 등 여러 정책들을 펼쳐 왔으나 아직도 지방의 문제는 계속되고 있다.

이에 통일을 대비한 메가시티 서울의 '기술상용화 네트워크 도시화' 구상을 제안하며, 이를 위해 두 측면의 발상의 전환이 필요하다. 먼저 성장의 '극'이 아닌 성장'축'으로의 접근이 필요하다. 서울을 중심으로 중소 규모의 도시들을 활성화하여 메가시티의 다양한 자원들 간 공간분업을 유도해야하며, 이를 통해 자족적 메가시티권역을 형성 할 수 있다. 두 번째로 메가시티-중소도시들 간의 협력은 강제적인 것이 아니라 도시마다 특성화된 기능에 초점을 두고 연계·협력을 활성화 시켜야 한다는 것이다.

따라서 '서울 중심의 기술상용화 네트워크 도시의 4대 발전 축'으로 발전시켜야 한다. 남북도시 협력 축은 통일 한국이 유라시아 대륙과 연결되는 미래 거점도시로 발전하기 위한 축으로 경의선, 경원선, 금강산으로 연계된다. 메가시티 확장 축은 인구 2,000만 이상의 글로벌 도시로의 성장을 지향하며, 서울-김포-인천 연담도시로 녹색성장의 Global Standard를 선도하는 축으로 구상하였다. 메갈로폴리스 축은 우리나라 국토성장의 대동맥을 지나는 인구 100만 이상의 거대 도시축이다. 서울-수원-대전-대구-부산으로 이어지는 기존 성장 거점을 연결하며 기능을 분담하게 된다. 중소도시 연계 축은 성장잠재력을 보유한 지방 중소도시를 육성하기 위한 축이다. 춘천-원주-강릉-오송-오창-대구의 생명기술들을 보유한 축으로 이 축에 속한 중소도시들의 동반성장을 기대할 수 있다.

메가시티가 갖고 있는 특징 중 하나인 네트워크 도시 측면에서 접근하여 지역의 발전전략을 모색해 본다면, 개별 도시로는 어려웠던 글로벌 경쟁에 합류할 수 있는 기회를 얻을 수 있다. 동시에 지역의 중소도시가 갖고 있는 문제점들을 완화 시킬 수 있을 것이다.

◈ 참고문헌

교육과학기술부, 2008, 『취업통계분석자료집』

권오혁·신철지, 2005, 「네트워크 도시의 연계구조와 발전 전략-네덜란드의 란트스타트를 중심으로」, 『공간과 사회』 vol.24.

권오혁, 2009, 「네트워크 도시의 이론적 검토와 동남권에의 적용 가능성에 관한 연구」, 『한국경제지리학회지』 12(3).

권용우 외, 2012, 『도시의 이해』 제4판, 박영사.

김기승 외, 2012, 「부산지역 청년층 인재유출 현상과 정책과제」, 한국은행 부산본부.

김현아, 2013, 「시도간 인구이동과 재정정책」, 재정포럼, 한국조세연구원.

류장수, 2005, 「지방대학 졸업생의 노동시장 성과 분석 : 수도권대학 졸업생과의 비교」, 『노동경제논집』 제28권 제2호.

손정렬, 2011, 「새로운 도시성장 모형으로서의 네트워크 도시-형성과정, 공간구조, 관리 및 성장 전망에 대한 연구 동향」, 『대한지리학회지』 46(2).

전재식 외, 2011, 「교육과 노동시장 연계와 성과」(1), (3), 한국직업능력개발원

정재영, 2010, 「글로벌 메가시티의 지형도」, LG경제연구원.

최바울·김성환, 2003, 「대졸자의 노동시장 이행 실태와 성과 분석 : 수도권 vs 지방대학」, 제2회 『산업·직업별 고용구조조사 및 청년패널 심포지엄 자료집』, 한국고용정보원.

통계청, 2011, 「장래인구추계」.

통계청, 각 연도, 「주민등록인구통계」.

통계청, 「국제통계연감」.

한국고용정보원, 2010, 「'2009년 대졸자 직업이동 경로조사」.

한국은행 대구경북본부, 2008, 「대구경북지역의 인구감소 원인과 시사점」.

한표환, 1999, 「도시간 협력 네트워크 구축을 위한 시론적 연구- 동남권 산업도시를 중심으로」, 『한국행정학보』 33(3).

Champion, A. G., 1991, Counter urbanization, Arrold, London.

UN, 2012, 'World Urbanization Prospects The 2011 Revision'.

3부 **통합적 인력정책이
미래다!**

통합적 인력정책이
미래다!

박 철 우 (한국산업기술대학교)

통합적 인력정책이 미래다!

1. 서론

요즘 신문들을 보면, 가까운 미래에 다가올 우리경제의 위기를 체감할 수 있다. 일본은 아베노믹스 정책을 통해 잃어버린 20년을 탈출하려고 하고 있고, 이에 따라 우리나라 원화가치가 상대적으로 높아져 수출비중이 큰 우리나라 경제에 큰 타격이 될 것이라는 예상도 있다. 뿐만아니라 지금까지 우리나라 경제성장에 기여한 바 있던 이웃 중국시장에서도 우리나라 제품들이 밀려나고 있다는 소식과 함께, 이미 중국 제조업 일부 업종의 경우 기술적으로 우리나라를 추월했다는 기사가 중요지면을 차지하고 있다. 또한 정부와 공공기관, 가계의 높은 부채비율에도 불구하고 현 정부의 적자재정을 통한 경기부양책이 단기적으로는 효과를 보이겠지만 중장기적으로는 국가재정에 큰 부담이 될 수도 있다는 예상도 있다. 이와 같이 우리의 미래가 여러 가지로 불투명한 것이 사실이다.

그런데, 이런 가운데 우리가 처한 또 하나의 문제는 생산가능인구 감소시대에 접어들고 있다는 점이다. 출산율 저하, 고령화에 따라 발생하는 생산가능인구 감소는 우리경제에 시장과 기업 경쟁력 측면에서 마이

너스 요소임에는 틀림없다. 우선, 생산가능인구 감소는 경제활동 인구가 줄어 소비를 위축시킬 뿐만 아니라 기업의 인적자원 수급측면에서도 어려움을 야기한다. 이러한 문제는 국내 투자 감소로 이어지고, 국내 기업의 경쟁력을 감소시키고, 해외로의 이전을 가속시킬 수 있다. 결국, 국내 일자리 기반이 취약해지고 우리 모두에게 삶의 재앙이 될 수 있다. 사실, 본 연구의 집필은 이러한 문제를 해소하는 데 조금이라도 도움이 되고자 10대 이슈를 발굴하였으며 보다 구체적인 자료를 기반으로 문제제기를 하고자 하였다.

본 장에서는 최소한 산업기술 인력정책 측면에서 통합적 시각으로 문제를 분석하고 정책방향을 제시하고자 하였으며, 특히, 교육부, 산업통상자원부, 고용노동부의 협업 필요성을 제기하고 인력정책 방향을 모색하고자 하였다.

2. 현황과 문제점

우리나라 인력정책을 논할 때, 많은 사람들이 정부 인력정책 해당 부처의 협업 미흡을 지적한다. 교육부, 산업통상자원부, 고용노동부의 인력정책이 매우 연관성이 높으나 부처별 협업 미흡으로 인해 정책성과의 한계가 있다는 지적이다. 예를 들어 고등교육정책과 산업인력, 노동시장은 밀접한 연계관계를 갖고 있다. 즉, 고등교육정책과 산업인력, 노동시장은 일정한 시간 간격으로 연동되고 있다는 점을 우리는 과거 경험을 통해 알고 있고, 느끼고 있으나 그 관계가 매우 복잡하기 때문에 논리적으로 증명하기가 어렵다. 그래서 각 부처별로 진행되는 정부사업은 부처별, 부서별 업무영역 위주로 칸막이가 되어 왔고, 매번 예산당국이나 국회로부터 사업 중복 시비를 받아 왔다. 그러나 가장 중요한 손실은 이로 인해 발생하는 비효율이 인력미스매치를 가중시켜 경제적 성장을 저해할 수 있다는 점이다.

과거 대학 정원 확대에 따라 고등교육 진학자가 늘고, 고졸자 축소로 인해 외국 기능인력 수급정책이 도입되고 확대되어 왔다. 이에 따라 양질의 일자리 선호현상이 심화되었고, 충분한 양질의 일자리가 늘지 않게 되면서 이공계 기피 현상도 경험한 바 있다. 특히 중소기업은 인력수급의 어려움 때문에 성장에 장애를 겪는 등 교육—산업—노동시장의 밀접한 관련성을 경험하고 있다. 그런데, 최근 교육부 중심으로 우리나라 산업과 노동시장에 큰 파괴력을 미칠 수 있는 인력정책이 또 다시 추진 중에 있다. 바로 대학 구조조정이다. 즉, 교육부는 대학 교육의 질 제고 및 학령인구 급감 대비를 위해 2023학년도까지 3주기로 나눠 대학 정원 16만 명을 감축하겠다고 발표했다. 이를 대학평가를 통해 추진하겠다고 한다. 평가방법은 모든 대학을 대상으로 하되, 평가는 5등급으로 절대평가하여, 등급별 차등적 정원감축 등 구조개혁 추진을 통해 2014년도 대비 2015~2017학년도 4만 명, 2018~2020학년도 5만 명, 2021~2023학년도 7만 명을 추진하겠다는 계획이다. 본 대학구조조정은 과거 '96년 '대학준칙주의'에 비견될 만하다. 사실 대학준칙주의 발표 전후로 급격히 고등교육진학률이 높아져 이공계 미스매치를 야기한 경험으로 볼 때 산업경쟁력과 노동시장에 어떤 영향을 미칠지 우려스럽다. 만약 대학구조개혁[11]이 16만 명을 줄이는데 성공한다고 해도 산업경쟁력과 노동시장에는 좋지 않은 영향을 줄 수 있기 때문에 미래 산업기술인력 수급 문제를 심각하게 고려하면서 정책을 추진하는 것이 필요해 보인다.

사실, 최근 인력정책은 큰 패러다임 변화를 겪고 있다. 정부주도형 산업기술인력정책이 경제를 견인하는 시대에서 산업이 인력정책의 변화

---

11) 교육부, 「대학구조개혁 방안」, 2014.1.29.

를 요구하는 시대로 전환되었다는 점이다. 즉, 과거 산업기반이 없을 때는 고등교육 졸업자가 산업을 견인했다면, 1998년 IMF금융위기를 전후하여 거대규모로 성장한 산업이 고등교육의 변화를 요구하고 있다. 과거 산업기반이 없었을 때는 양성된 인력에 대한 질적, 양적 불만이 없었으나, 산업이 다양화 되고 기술수준이 높아짐에 따라 보편적으로 육성된 인력의 질적 수준에 대한 불만이 가중되어 왔고, 고등교육 진학비율 확대에 따라 기본적으로 소양을 갖춘 인력 찾기가 더욱 어려워졌다는 지적이다. 선진국의 경우, 고등교육 교육과정설계와 현장교육 문제는 기업의 참여를 통해 해소하고 있으나 우리나라의 기업 참여는 매우 열악한 상황이다. 따라서 최근 정부 주도형 대학 구조조정 정책만으로는 우리의 문제를 모두 해소하기 어렵고 부처별 협업과 기업참여를 전제로 하는 정책변화가 요구된다. 이를 위해 본 절에서는 과거 사례를 통해 부처 협업 필요성을 제시하고자 한다.

2.1 고등교육시장의 현황과 문제점

우리나라 중소기업들이 인력수급에 어려움을 겪고 있다는 주장을 듣게 되고 문제해소를 위한 정책적 고민이 이루어진지 꽤 오랜 시간이 지났지만 여전히 문제가 해소되고 있지 못하다. 사실 과거 '60~'70년대는 산업기반이 취약해 인력수요도 많지 않았지만, 노동력도 풍부해 생산직 인력수급에 별 어려움을 겪지 않았다. 그런데, 어느 순간부터 인력수급에 어려움을 느끼게 되었는데, 그 시기와 전환이유는 무엇이었을까?

고졸 취업자 축소와 외국인 인력정책의 확대

고용노동부 노동행정사를 보면, 우리나라 노동시장의 변화를 알 수 있는데, 특히 생산직 노동시장의 변화를 알 수 있다. 1980년대 후반, 특히, '88년 올림픽을 전후해 우리나라 경제는 3저 환경으로 인해 경제가 활황국면에 있었고, 산업기술인력 수요가 폭발적으로 증가되었던 시기다. 이뿐 아니라 급격한 노동시장의 확대에 따라 노동환경 개선 및 임금상승에 대한 요구가 빗발쳐 노사분규가 심화되었던 시기였다. 이때 대기업은 인력수급에 어려움은 없었지만 심화된 노사분규로 인해 자동화 시설을 도입하게 되었고 '80년대 중후반 도입되었던 컴퓨터 시스템이 이를 추진하는데 중요한 역할을 하게 되었다. 반면에 중소기업은 인력수급이 어려웠고, 이러한 요구는 고용노동부로 하여금 산업연수생제도를 도입하게 한 원인이 되었다. 산업연수생제도(産業研修生制度)[12] 제도는 기능 인력 수급 문제를 해소하기 위하여 1993년 도입되었다. 본 제도는 저개발국 외국인에게 기업연수를 통하여 선진기술을 이전하기 위한 제도로서 개발도상국과 경제협력을 도모하고 기업연수를 통하여 선진기술을 이전하기 위한 제도라고 표현되고 있으나 사실상 국내 3D산업 중소기업의 인력난을 해소하는 창구역할을 해왔다. 연수생은 초기 2만 명에서 2002년 14만 5500명으로 증가했으며, 관련 국가도 중국과 인도네시아 등 14개 국으로 증가하는 등 국내 일자리를 빠른 시간 내에 잠식하게 되었다. 산업연수생 제도는 초기 다수가 근무지를 이탈하여 불법체류하면서 열악한 환경에서 근무하며 인권유린이라는 사회문제를 일으키기도 하였고, 이러한 폐단을 막고자 2004년부터 외국인 고용허가제(雇傭許可制)[13]가 함께 실시되고 있는데, 본 제도는 외국인 근로자에게 고용조건에 있어 국내근로자와 동등한 대우를 보장해 주는 제도로서 외국 인력을 고용하려는 사업자가 직종과 목적 등을 제시할 경우 정부(고

---

12) 〈네이버 지식백과〉 산업연수생제도 「産業研修生制度」 (두산백과)
13) 〈네이버 지식백과〉 고용허가제 「雇傭許可制」 (두산백과)

용노동부장관)가 그 타당성을 검토하여 허가여부를 결정하는 외국 인력 도입 정책이다. 본 제도는 대부분의 유럽국가와 미국에서 시행되고 있으며, 2003년 8월 16일 법률 제6967호로 외국인 근로자의 고용 등에 관한 법률이 제정되어 2004년 8월부터 시행되고 있는 상황이다. 2013. 11월말 기준 일반고용허가제 도입인원은 53,228명으로 업종별 비율은 제조업(82.2%), 농축산업(10.5%), 어업(4.1%), 건설업(3%), 서비스업(0.1%)으로 제조업 비율이 높아 외국인 인력이 제조업을 지탱하는 기반이 되고 있다. 결국, 외국인 노동자가 국내 산업기반의 일부로서 정착하는데 단 10년밖에 소요되지 않았다.

〔그림 1〕 전문계고 학생추이

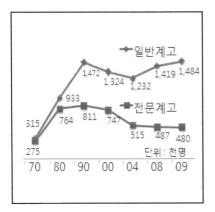

〔그림 2〕 전문계고 진학 및 취업률 추이

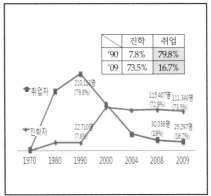

이러한 노동시장의 변화 과정에서 우리의 양성기능은 어떤 변화과정을 거쳤을까? 국내 노동시장만으로 불가능했을까? 변화과정을 보면, 기능직 노동시장 정책과 양성기능 관련분야의 통합 정책을 찾기가 어려웠다. 통계결과를 보면, 전문계고·전문대학 정책의 변화에 따라 외국인 기능 인력 수급정책을 보다 확산하게 되었을 것이라는 추측은 가능하다.

1990년을 정점으로 전문계고 학생과 취업자가 감소함에 따라 기능 인력 급 문제를 더욱 야기하게 되었다. 제조업의 성장과 함께 외국인 인력 도입에 대한 필요는 더욱 커졌을 것이라고 판단된다.

고등교육시장 확대와 청년 미취업

기능직(생산직) 인력부족과 함께, 고등교육 확대와 산업환경 변화로 인한 고학력자 청년 미취업문제도 교육−산업−노동시장의 통합적 고찰이 필요한 증거라고 볼 수 있다. 앞서 청년 고용문제를 다뤘지만 대학 준칙주의14) 전후로 급격한 고등교육 확대와 산업변화로 인해 청년 미스매치를 야기했다는 점은 여러 가지 정황으로 볼 때 관련성이 높다. 사실, 1989년 제조업 인력 비중이 정점을 찍은 이후, 감소세로 돌아섰음에도 불구하고, 1990년 이후 대학 진학률이 지속적으로 급속 증가되어 2004년까지 계속됨에 따라 이공계 배출과잉, 고학력화에 따른 일자리 눈높이 상향 등 일자리 미스매치의 원인이 되었다고 봐야할 것이다.

---

14) 대학설립준칙주의 : 1995년 5·31 1차 교육개혁 방안에서 1997학년도부터 대학평가
와 연계하여 정원 자율화를 실시하되, 비수도권 지역부터 단계적으로 실시할 것을 내
용으로 하는 대학정원 자율화를 추진과제로 제시하였으며, 1996년 대학설립 운영규
정과 시행규칙에 의해 대학 설립준칙주의가 적용

〔그림 3〕 일반대학 추이와 대학진학률 추이(1965~현재)

(단위 : 개교, %)

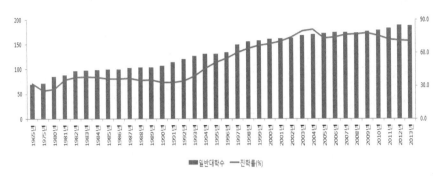

■ 일반대학수 ━ 진학률(%)

자료 : 교육부, 한국교육개발원, 교육통계연보(1965년~매년), 간추린 교육통계
(1998년~매년), 교육통계서비스홈페이지(http://kess.kedi.re.kr).

즉, 고등교육 인력수요가 제한된 상황에서 고등교육 졸업자를 과잉
양산함에 따라 이공계 졸업자의 질적 하락을 자초하게 되고 청년고용률
격감을 유발하게 된 계기가 된 것으로 판단된다. 특히, 고등교육 인력수
요는 1992년 한중수교 등 산업의 글로벌화에 따라 국내 기업의 해외이
전이 가속화되고, 1997년 IMF 외환위기로 인한 제조업체제의 구조조정
과 기술혁신이 급속히 진행됨에 따라 일자리 양적 구조는 더욱 취약해
진 것으로 평가되고 있다. 그러나 고등교육 정책은 고등교육의 양적팽
창에 대한 여러 가지 문제가 완전히 부각된 2004년15)에 들어서서야 대
학 구조조정 필요성이 제기되고 정원감축 정책이 표면화되었고, 2008년
금융위기 이후에는 제조업의 성장이 표면적으로 국내 일자리를 만들어
내지 않는 시대로 접어들었다는 일부 주장을 고려할 때, 교육과 산업기
술 인력정책의 연계성은 더욱 긴밀해져야 할 것으로 판단된다.

---

15) 참여정부 이후, '정원 감축 등 자체 구조조정 대학에 대한 인센티브 부여'를 제시하면
서 대학의 자체 구조조정을 처음으로 유도

[그림 4] 제조업 취업자 비중과 증가율

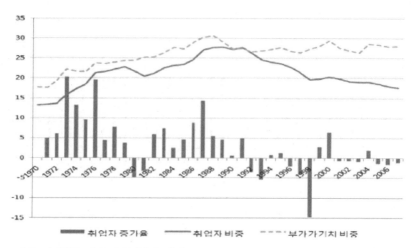

석·박사인력의 상대적 취약성

최근 대학 구조조정 정책이 이슈화되고 청년취업률이 강조됨에 따라 석·박사 배출 인력 비중은 감소하는 등 창조적 인재수급 정책에는 오히려 악영향을 미치고 있다. 이러한 환경변화는 1997년 IMF 외환위기 이후 대학원 진학보다는 대학 졸업 후 취업선호 현상과 관계가 있다. 또한, 2004년 대학진학률이 최고조에 달하고 이듬해 대학 구조조정 정책이 추진되면서 취업 선호 현상이 더 강조되었다. 특히, 취업률은 2007년 교육부가 정보공시제도를 도입하면서, 2008년도부터 공시되기 시작하였고, 교육역량강화사업 등 정부재정지원사업에 평가지표로 도입되는 등 중요도가 커지게 되었다. 2008년 금융위기를 지나면서는 제조업의 고용 없는 성장이 더욱 가중되고 청년 취업률이 더욱 중요해지면서 학부 졸업 후 취업을 선택하는 비중이 늘게 되어, 이러한 분위기가 석·박사과정 진학 비율을 낮추는 원인이 된 것으로 판단된다. OECD 통계

(2008) 주요 국가별 이공계(과학기술분야) 박사 학위자 수를 판단할 때, 노동인구 천 명당 박사 수가 한국이 3.5명, 독일이 12명으로 독일의 1/3 수준에 불과하다. 이러한 사실은 산업의 발전에 따라 기술혁신 역량이 더욱 중요해지고 있는 시점에 국내 박사졸업자 수 비중이 주요국 대비 낮은 수준에 불과하다는 점은 국가 기술경쟁력 차원에서 매우 걱정스럽다. 이러한 문제는 아마도 취업을 강조하는 대학문화와 관계가 있음을 의심할 수 있고, 인력정책의 통합적 고찰이 필요하다. 그리고 최근 대학 구조조정 문제와 관련하여 신중한 접근이 필요하다는 점은 다른 연구결과를 통해서도 알 수 있다. 주요국 대학졸업자 중 이공계 비중을 고려할 때, 우리나라는 2006년 기준 36.9%로 정량적 측면에서 타국가에 비하여 과다한 것으로 평가받고 있으나 전공을 찾아 취업하는 비율(이공계 전문직 취업자 비율[16])이 1/3수준임을 고려할 때, 우리와 제조업 사정이 유사한 독일의 1/2 수준으로 판단할 수 있다. 즉, 단순히 고등교육 통계 수치만 가지고 인력정책을 하기 보다는 산업수요를 고려하고, 노동시장 현황을 고려한 정책이 되어야한다는 점을 시사한다.

---

16) 홍정임, 엄미정, 홍성민, 「이공계 일자리 구조와 진로 변화에 따른 정책적 대응방향」, 2011. 6. 15. 제72호, STEPI Insight

〈표 1〉 주요국의 대학 졸업자 중 이공계 비율(2006)
(Science and engineering degrees, 2006(As a % of total new degrees))

(단위 : %)

구분	한국	일본	미국	독일	영국
이공계전체	36.9	24.1	14.7	27.2	22.5
자연계열	10.9	4.5	8.7	14.3	13.9
공과계열	26.0	19.6	6.0	13.0	8.6

〈표 2〉 이공계 대학원(석 · 박사) 졸업생 현황

(단위 : 명, %)

구분	2002	2003	2004	2005	2006	2007	2008	2009
이공계 졸업자	22,061 (34.6)	23,156 (32.3)	23,532 (31.5)	23,348 (30.3)	22,497 (28.6)	21,417 (27.1)	22,038 (26.8)	22,987 (26.9)
전체 졸업자	63,749	71,499	74,728	77,041	78,743	79,174	82,293	85,597

주 1) (   )안은 전체 졸업자 중 이공계 졸업자의 비율을 의미.
주 2) 이공계는 이학, 공학, 농림수산학을 포함.
주 3) 비 이공계는 인문학, 사회학, 예체능학, 교육학, 의약학을 포함.
자료 : 한국교육개발원, '교육통계연보', 연도별자료 추출.

<표 3> 주요 국가별 이공계(과학기술분야) 박사 학위자 수

(단위 : 명)

구분	한국 ('05)	미국 ('03)	스위스 ('06)	독일 ('06)	네덜란드 ('05)	호주 ('06)	포르투갈 ('06)
인구 천 명당 박사 수	3.1	4.4	14.1	6.2	4.2	3.5	1.3
노동인구 천 명당 박사 수	3.5	8.6	22.8	12.0	7.6	5.3	2.3

주 1) 인구는 65세 이하 박사 기준.

주 2) 노동인구(labour force)는 15세~64세까지의 노동가능인구(네덜란드는 70세 이하 박사, 대한민국은 경제활동참여 추정 박사인구를 기준으로 산출).

주 3) 대한민국은 '2005 인구주택총조사'를 토대로 산출.

자료 : OECD, 'Data Collection on Careers of Doctorate Holders : State of the Art and Prospects', 2008.

[그림 5] 인구 100만 명당 국가별 이공계 박사 학위자 수

(Ph D, Graduate in science and engineering fields, 2005 per million population)

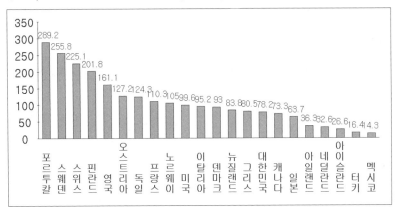

자료 : OECD, 'Science, Technology and Industry Scoreboard Outlook', 2009.

우리나라 교육, 산업, 노동시장을 통합적으로 고려하지 못한 결과는 사실상 인력수급 미스매치 현상으로 다가올 수밖에 없다. 신규인력 수급차 전망[17]을 보면, 학력 수준별로 볼 때, 향후 10년간 고졸은 32만 명 초

과 수요인 반면, 전문대졸 이상은 50만 명(전문대졸 22만 명, 대졸 26.5만 명, 대학원졸 1.5만 명)이 초과 공급될 전망이다. 전공계열별로 볼 때, 향후 10년간 전문대졸 이상의 전공계열별 초과 공급률은 자연계열(16.1%), 교육계열(12.8%) 인문계열(11.8%), 예체능계열(11.2%), 사회계열(10.5%) 순으로 조사된 바 있다. 또한, 직업─전공간 불일치가 높은 전공계열은 인문계열(약 40%대), 자연계열(약 30%대)순, 의학·교육계열은 10% 이내로 낮은 편으로 조사되어, 계열별 인력정책의 불균형도 엿볼 수 있다.

[그림 6] 학력별 신규인력 수급차 전망

(단위 : 천 명)

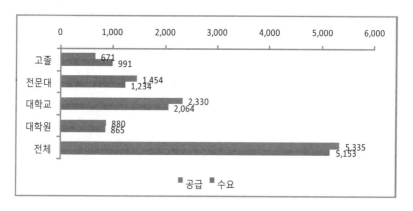

특히, 미스매치 현상 때문에 '07~'09년 대학을 졸업한 청년들이 자신의 교육수준보다 하향 취업하는 비율[18]을 보면, 약 21%이므로 실제 대졸이상의 신규인력 수급차는 더 높을 것으로 추정[19]하고 있다. 결국, 인

---

17) 일정 기간동안 노동시장에 새롭게 진입하는 신규인력의 공급과 수요를 비교함으로써 학력별·전공별 인력 미스매치 현상을 파악.
18) GOMS : 대졸자직업이동경로조사.
19) 학력과 일자리간 미스매칭으로 청년취업자 중 100만 명이 과잉학력 상태('12.3월, 현대경제연구원).

력정책의 정교함 여부에 따라 개인의 삶은 물론, 교육비용과 경제적 손실에 영향을 미칠 수 있음을 알 수 있다.

[그림 7] 전공계열별 직업-전공 불일치 비율(GOMS)

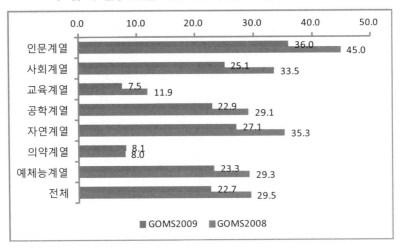

[그림 8] 하향취업 비율(GOMS : 대졸자직업이동경로조사)

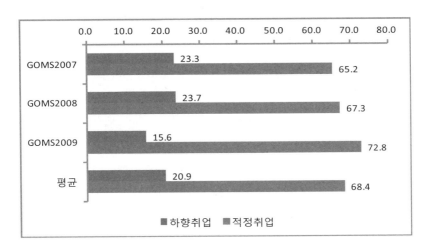

2.2 산업의 현황과 문제점

저성장 구조의 고착화

우리나라 경제는 경제 성장률이 IMF와 달리 큰 충격이 없음에도 불구하고 성장이 급속히 둔화되는 추세이다. 김대중 정부에서 5.0%, 노무현 정부에서 4.3%, 이명박 정부에서 3.1%를 보였으며, 박근혜 정부에서는 3% 수준에 머물러 있다. 그러나 OECD는 2031~2050년 우리나라 경제성장률이 1%대로 34개국 중 33위로 추락할 것으로 전망하고 있어 매우 우려스럽다.

사실 우리나라 산업생태계는 1990년대 초를 기점으로 탈산업화 단계에 진입하면서 산업생태계의 변화가 급격히 진행되고 있다. 제조업의 취업자 비중은 1989년 28%를 기점으로 최근까지 지속적으로 하락해 왔으며, 제조업의 취업자 수도 1992년 이후 증가세를 멈추고 1999년까지 크게 감소하였고, 특히 외환위기에 따른 구조조정 시 크게 감소, 이후 경기회복과 함께 잠시 증가하였으나, 2000년대에 들어와 점진적으로 감소 추세에 있다. 이러한 제조업의 취업자 수 감소는 생산의 외주화, 노동집약적 제조업의 사양화, 생산기지의 해외이전 등이 복합적으로 작용한 결과로 보고 있다. 제조업의 취업자 비중 감소추세에도 불구하고 제조업의 부가가치 비중은 유지되고 있으나, 제조업과 서비스업의 노동생산성 격차는 확대되고 있다. '70년대 이후 장기추세를 보면 '90년대 초까지는 제조업과 서비스업의 생산성 격차가 지속적으로 감소하였으나, 이후 다시 벌어져 최근에는 제조업 생산성이 서비스업보다 20% 정도 상회하고 있다. 취업자의 감소에도 불구하고 제조업의 부가가치 비중이 유지되는 이유는 '90년대 초 경공업의 사양화가 급속히 진행되며 외환위기 이후 구조조정과 함께 제조업의 구조가 급속하게 변화하였기 때문이다. 즉, 경공업의 취업자 수는 증가추세가 '90년대에 들어서며 감소추세로 반전, 이는 '80년대 말 급속한 노임의 상승과 함께 기업들이 자동화 투자를 확대하고 '92년 한중수교 이후 공장의 해외이전이 급증했기 때문으로 평가하고 있다. 중화학공업의 취업자 수는 외환위기 당시 구조조정과 함께 '98년 크게 감소하였으나 이후 취업자 수는 증가, 하지만 과거에 비해 고용창출력은 크게 감소되고 있다.

이렇게 우리경제의 발전단계를 고려할 때 앞으로 제조업에서 양적인 고용증대를 기대하기 힘들고 서비스의 고용비중이 계속 증가할 것이지만, 제조업의 상대적 높은 생산성을 감안하면 제조업의 고용을 가능한 오래 동안 유지하는 것이 구조조정의 비용을 줄이고 성장에 기여하는 길로 평가되고 있다.

우리 경제의 대외의존도 확대와 중소기업 국내시장 한계

'80년대 말 임금의 빠른 상승과 '90년대 초 경기침체에 대응하여 대기업이 생산기지 해외이전과 함께 국내생산의 급속한 고도화가 추진된 바 있다. 제조업의 해외투자는 '80년대 말 이후 급증하여 외환위기와 함께 감소하였으나 2000년대에 들어오며 다시 증가하였고, 특히 중소기업의 해외투자가 급증, 이중 대중국 해외투자의 비중이 누적액으로 약 40%를 차지하였다. 노동집약적 산업이나 공정은 중국 등 저임금 국가로 빠르게 이전되고 있으며, 수출기업의 현지화와 함께 이전되는 업종이 점차 고도화되는 추세이다. GDP에서 수출이 차지하는 비중을 의미하는 수출의존도의 경우 2000년대 초반 30% 수준에서 최근에는 50%를 상회할 만큼 빠른 속도로 상승하고 있다. 그리고 제조업이 전체 GDP에서 차지하는 비중은 2000년대 초반 22~23% 수준에서 2012년 28.5%로 큰 폭 상승한 바 있고, 서비스업은 2000년대 초반 GDP대비 비중이 54% 정도였으나 2012년에는 51.7%로 하락하였다. 다만, 수출 및 제조업의 비중이 확대되면서 성장에 의해 유발되는 경제의 일자리 창출 능력은 점차 저하되고 있는 것으로 평가되고 있다. 이는 수출 및 제조업부문의 고용 창출효과가 여타 부문에 비해 상대적으로 작기 때문이다.

〔그림 9〕 대·중소기업 수출입 현황

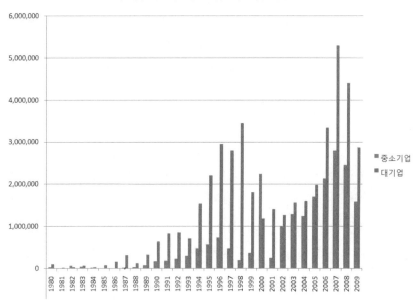

주 : 수출입은행, 미천불.

특히, 대기업의 해외투자 증가 등 다국적 기업화로 인한 국내 조달 축소와 국내 중소기업간 한정된 국내시장 경쟁 구도화가 성장의 일자리 기여 미흡과 중소기업시장 문제를 촉발[20]하고 있다. 관련 통계를 보면, 생산의 글로벌화와 함께 대기업의 해외생산 및 조달이 확대됨에 따라

---

20) 한국은행, 「해외직접투자 확대의 경상수지에 대한 영향분석 보고」, 조사통계월보, 2012년 6월

2000년대에 들어와 중소기업 중 하도급거래기업 수와 거래 액수가 점차 하락하고 있다. 하도급거래 중소기업의 비중은 2000년 66.4%에서 2007년 46.6%로 하락하였으며, 하도급 납품액 비중도 52.8%에서 42.0%로 하락하고 있다. 이러한 하도급거래 비중 하락은 판로개척 등 경영역량과 혁신자원이 부족한 중소기업의 시장 환경이 악화됨을 시사하고, 이에 따라 하도급거래에 있어서 중소기업의 협상력은 지속적으로 저하되는 것을 의미한다. 결국 대·중소기업간 시장 갈등은 고용 없는 성장을 가속화시키고, 국내 중소기업과 서비스업의 성장한계로 인해 일자리 위기로 다가올 것으로 예상된다. 따라서 산업시장 측면에서 공정하고 경쟁적인 시장 환경을 조성하고, 기업 간 구조조정을 통하여 자원배분이 개선하며, 중소기업의 역량을 강화하여 기업혁신활동을 신속화 하는 것이 매우 중요한 과제이다.

〔그림 10〕 해외투자와 수출입 효과

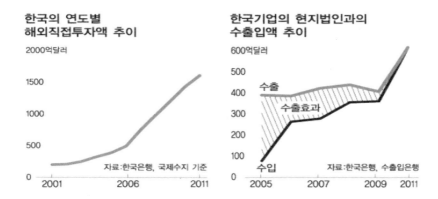

대·중소기업 간의 생산성·임금 격차 확대

제조업의 구조조정은 대기업의 사업체 수와 종사자 수의 감소로 나타났고 대신 영세사업체의 수와 종사자의 수가 대폭 증가하였다. 500인 이상의 대규모 사업체의 수와 종사자는 '88년을 기점으로 빠르게 감소하기 시작하였고, 대신 30인 미만의 사업체 수와 종사자는 빠르게 증가하였다. 이러한 현상은 제조업에서 두드러지나 사업체의 영세화 현상은 경제전반적으로 발생하고 있다. 특히, 대기업의 구조조정과 함께 중소기업의 영세화로 인하여 대-중소기업 간 생산성 격차는 '90년대 들어와 지속적으로 확대되고 있다. 대기업 대비 중소기업의 상대적 생산성은 '88년 50%대에서 이후 계속 하락하여 최근에는 30%대로 감소, 이와 함께 중소기업의 상대적 임금 수준도 대기업의 70%대에서 현재에는 50%대로 하락한 상황이다. 비록 중소기업의 상대적 임금은 하락하였으나, 상대적 생산성이 더욱 크게 하락하여 중소기업의 실효임금은 대기업에 비하여 높은 편으로 중소기업은 임금 압박을 상대적으로 더욱 심하게 받고 있는 상황이다.

[그림 11] 중소기업의 상대적 노동생산성 및 임금추이

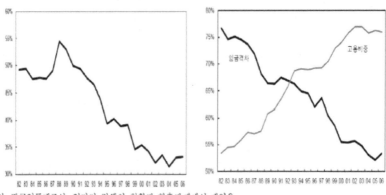

출처: 광공업통계조사, 일자리 정책의 현황과 향후과제에서 재인용

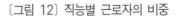

〔그림 12〕 직능별 근로자의 비중

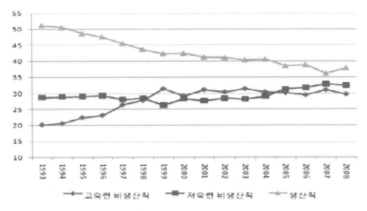

주: 임금기본통계조사, 고숙련비생산직에는 관리자, 전문가, 기술공 및 준전문가, 저숙련비생산직에는 단순 사무 및 서비스 종사자를 포함

이러한 제조업의 구조조정과 함께 노동자의 직능구조에 있어서도 생산직의 비중이 감소하고 있다. '90년대 생산직의 비중이 빠르게 감소하였고 고숙련 비생산직의 비중이 증가하였으나 2000년대에 들어서는 크게 변화가 없는 상황이다. 2000년대의 추이는 미국 등 선진국에서 '70년대 이후 생산직 비중과 저숙련 비생산직의 증가 추이에 유사한 동향을 보이고 있다.

〔그림 13〕 중소제조업 기능 인력 추이   〔그림 14〕 기능 인력 연령별 구성비(%)

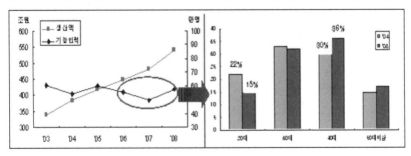

산업환경 변화에 따른 인력 미스매치 악화

우리경제의 변화가 급속하게 진행됨에 따라 산업인력수요도 급격한 변화를 겪고 있다. 국내기업의 수출의존도가 높아짐에 따라 국내기업의 해외이전이 가속화되고 비즈니스 모델의 글로벌화, 제조업의 혁신이 지속됨에 따라 기술인재수요의 다양화·고급화 등이 예상된다. 반면 제조업의 고용 없는 성장으로 인해 일자리 문제가 더욱 심해질 것으로 예상되고, 특히 국내 중소기업 시장의 위축, 중소기업의 영세화 등에 따라 미스매치 현상은 가중될 전망이다.

현재, 산업현장은 고학력화에 따른 현장 산업인력의 공급기반 약화로 전반적인 수급 빈곤상황에 있다. 특히, 대중소기업간 산업 및 근무환경 양극화에 따라 고용흡수가 용이한 중소기업의 인력난이 특히 심하다. '09년 기준으로 대졸 비경제활동인구는 '00년에 비해 73% 증가한 28만 명을 기록한 반면, 5인 이상 기업체는 인원이 부족하며, 부족인원은 '00년 7만 명에서 '10년 상반기 28만 명으로 급증하였고, 부족인원의 77.5%가 100인 미만 사업체에서 발생하는 것으로 평가되었고, 이 문제는 지금까지도 지속되고 있다. 양적 미스매치의 요인은 4년제 선호의식 등으로 전문계고 졸업생의 진학률이 급증하여 현장기술·기능인력 공급 엔진 역할을 해온 전문계고의 역할이 축소되어 중소기업 중심으로 현장기술·기능 인력 수급난에 빠진 것으로 평가된다. 특히 주조, 용접, 성형, 도금 등 핵심기간산업인 뿌리산업이 3D로 인식되면서 신규 인적자원 투입이 저조하고, 이는 현장인력의 고령화[21]와 맞물려 장기적으로는

---

21) '10년~'18년 사이 베이붐 세대(55~63년생, 총 712만 명) 피고용자 311만 명이 은퇴할 것으로 전망(현대경제연구원)

세대 간 숙련단절로 인한 생산성 저하 및 생산기반 붕괴가 우려되고 있다.

뿐만 아니라 최근에는 대기업이 인재를 만들어 키우기 보다는 경력직 채용위주로 고용방식이 변화함에 따라 중소기업의 기술혁신형 인재 수급 및 관리에도 악영향을 주고 있다. 1차적으로 대학이 양성하는 인력에 대한 기업의 불만도 있지만, 기술혁신이 빨라지면서 재직인력의 지속적인 재교육(Skill Upgrade)이 중요해지는 반면, 외환위기 이후 평생직장개념이 무너지면서 전직이 잦아 기업의 재교육 유인은 점차 약화되고 있기 때문이다.

2.3 노동시장의 현황과 문제점

앞서 기능 인력 수급 문제로 도입한 산업연수생제도가 고용허가제로 발전하여 현재, 없어서는 안 될 국내 제조업 생산직 기반이 되었다. 결국 본 제도는 국내 특성화고 졸업자의 고등교육진학률 확대와 함께 상승작용을 거쳐 만들어진 것으로 교육정책과 노동시장의 연계가 얼마나 중요한지 시사하는 바가 크다. 또한 앞쪽 원고에서 기술하고 있는 두 장의 노동시장 현황과 문제점을 고려할 때 교육-산업-노동시장의 긴밀한 연계가 필요하다는 점을 알 수 있다.

노동시장 수급어려움은 생산공정 자동화로 대체

특히, 인력미스매치, 숙련인재 부족 등으로 인한 구인난은 기업의 자동화 비율 확대로 이어지게 된다. 사업주의 경우 당장의 경영성과를 위해 인력 충원이 어렵다면 단기적으로는 외국인 노동자의 비율을 높이거나 외주화 등의 대책을 세우겠지만 중장기적으로는 자동화 비율을 높여 내부화할 가능성이 높다. 사실, 이러한 노동시장 환경 때문에 우리나라의 생산 공정의 자동화 비율은 지속적으로 증가하는 것이 사실이다. 따라서 인력수급에 어려움이 없도록 정책을 실현하는 것은 일자리 자체를 지키는데 중요한 요소가 될 것이다.

노동시장 생태계의 변화가 긴요

노동시장구조 측면에서 볼 때 고용문제의 관건은 노동시장 이중구조의 완화와 인력수급 불일치 해소에 있다. 즉, 비정규직/정규직 등 고용형태별 근로조건 및 임금의 격차는 정규직의 과보호가 해결되어야 가능하다. 대기업은 과도한 고용보호와 연공급 임금체계로 인하여 제조업 대기업의 고용절약적 생산방식을 지향하며 해외생산에 적극적이다. 대기업 정규직의 과보호의 배경에는 해당 상품시장의 높은 규제와 시장지배력으로 인하여 경쟁에 노출되지 않기 때문이며, 대외개방과 진입규제 완화, 중견기업군 형성 등을 통해 상품시장에서의 독과점적 구조를 완화하고 대중소기업간의 공정거래를 지속적으로 감시 독려할 필요가 있다. 이러한 시장 지배구조의 다양화와 함께 중소기업의 생산성의 제고가 있어야만 대중소기업간 격차 완화가 가능하다.

또한, 노동시장의 제도적 환경이 중요하다. 비정규직 보호법, 노동시간단축, 통상임금, 시간제정규직 등 일자리를 만들어내기 위해서 기업주의 부담을 가중시키는 제도들이 많이 도입되고 있다. 한편으로는 노동자 입장에서 좋은 일이기는 하나 산업적으로 볼 때 해외 기업과의 경쟁력, 국외 지역의 입지경쟁력 등을 함께 고려하면서 우리 제도의 발전을 이루는 것이 적절하다는 점을 고려할 때 정책의 합리적 실현 시기를 합의하는 것도 중요하다. 최근, 고용시장은 고용유연성보다는 고용을 보장하는 쪽으로 움직이고 있으나, 결국 노조의 힘이 강한 대기업의 노동환경은 보장받겠지만, 중소기업이나 비정규직의 노동조건은 상대적으로 열악해지고 고용경직성으로 인해 오히려 일자리 창출이 줄어들 수 있다는 우려도 많다. 결국, 산업경쟁력과 노동시장을 복합적으로 고려하여 합리적인 정책을 수립하는 것이 중요할 것이다.

3. 정책적 시사점

생산가능인구 감소시대 인력정책은 효율성이다. 적은 인원으로 더 높은 생산성을 낼 수 있는 환경이 되어야 한다. 그러한 점에서 교육-산업-노동시장의 현황과 문제점을 고려할 때, 인력미스매치를 해소할 필요가 있다. 특히 지금까지의 미스매치 해소 결과가 부진한 것은 인력 수준별 양성규모설계와 산업정책, 노동시장 환경조성 등 부처 간 정책 협업 미흡에도 그 원인이 있음을 알 수 있었다. 관련하여 몇 가지 시사점을 제시하고자 한다.

첫째, 양질의 일자리 창출을 위해서는 단순히 대학측면에서 취업을 강조하거나, 기업에게 고용을 강제하는 방법으로는 일자리 문제 해소가 어렵고, 기업이 기술혁신을 통한 산업경쟁력을 가질 수 있도록 산업경쟁력 측면에서 인력정책을 추진할 필요가 있다.

둘째, 과거에 설계한 수준별 인력양성 규모가 현재 단계 산업과 노동시장에 직접적 영향을 미치며, 일자리 문제와 강한 연계 구조를 갖고 있음을 고려할 때, 교육정책과 산업정책의 시계열 통합전략 마련이 중요하다. 특히, 2014년 이후, 대학 구조조정 문제를 산업, 노동시장과 연계하여 신중하게 다루지 못할 경우, 가까운 미래 새로운 산업기술인력 대란 가능성을 시사하고 있다. 특히, 단순한 양성규모를 기준으로 과잉

여부를 판단하기 보다는 노동시장에서의 참여 여부를 고려할 필요가 있다.

셋째, 산업과 노동시장의 변화에 따라 인력양성 규모설계 및 운영, 배분, 활용 정책을 종합적으로 수립할 필요가 있다. 교육, 산업, 노동시장을 관통할 수 있는 부처 간 협업체계와 통계조사 등을 통한 합리적이고 효율적인 정책 수립 및 운영을 약속할 필요가 있다.

넷째, 노동시장의 경직성을 해소할 수 있는 수평적 노동시장 생태계 조성이 필요하다. 특히, 양극화된 임금 및 근로환경은 노동시장 양극화뿐만 아니라 중장기적으로 중소기업의 기술혁신 역량을 악화시켜 고용문제 해소 어려움을 가중시키기 때문에, 노동시장 생태계 측면에서 접근이 필요하다.

4. 제언

지금까지의 현황과 문제점, 시사점을 바탕으로 생산가능인구 감소시대 인력 수급정책의 방향을 제시하고자 한다.

통합적 거버넌스

앞으로의 인력정책은 더욱 어려워질 것 같다. 젊은 인구가 줄고 노인인구가 늘어 우리 경제의 주름이 깊어질 가능성이 높기 때문이다. 사실인력은 경제를 일으킬 힘이기도 하고, 시장이기도 하다. 그런 점에서 경제를 이끌 생산가능인구는 줄고, 청년 인구 유입도 준다는 것은 미래큰 걱정거리다. 그렇다면, 답은 하나밖에 없다. 지금까지 비효율적인 인력정책을 효율적으로 재편해야 한다. 양적 미스매치를 최소화하고 지금까지 틀에 박힌 교육과정을 혁신해서 기존보다 높은 비율로 우수인재를 양성할 수 있는 교육체제가 확립되어야한다. 그런 차원에서 통합적 인력정책으로 몇 가지 방향이 제시될 수 있다. 가장 먼저 추진되어야할 것은 정부의 통합조직 구성이다. 즉, 교육부, 산업통상자원부, 고용노동부의 인력정책을 통합적으로 고려할 수 있는 거버넌스 체계, 그리고 인력정책을 실현할 수 있는 조직체계 및 네트워크 구축이 반드시 필요하다. 이를 통해 산업변화와 노동시장의 변화를 모니터링하고, 합리적인 인력수요 전망에 따라 양성규모 설계의 정교화, 배분, 활용정책의 효율적으로 집행되어야 할 것이다.

〔그림 15〕 효율적 HRD 정책 총괄 연계 개념도

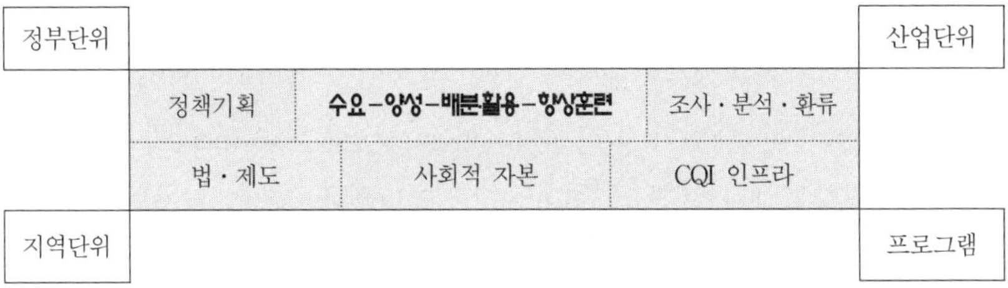

정부단위				산업단위
	정책기획	수요-양성-배분활용-향상훈련	조사 · 분석 · 환류	
	법 · 제도	사회적 자본	CQI 인프라	
지역단위				프로그램

HRD 정책은 정부, 지역단위로 나눌 수 있으며, 산업적 측면에서 지역과 전국단위 정책을 반영할 수 있는 체계가 요구된다. 국가 인적자원 거버넌스는 이러한 전체 HRD체계를 정부 협업차원에서 다룰 수 있는 체제가 되어야 할 것이다. HRD정책은 인재수요, 양성, 배분 및 활용, 향상훈련 등 전 과정에 걸쳐 효율적 HRD정책을 지향할 필요가 있다. 이를 위해 조사 · 분석 · 환류체계, 사회적 자본 구축 등이 요구되며 효과적 지원을 위하여 법과 제도, 재정지원 프로그램에 의해 활성화를 뒷받침하는 구조로 구성되어야 할 것이다.

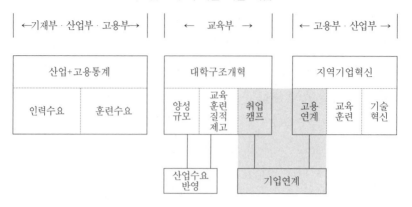

〔그림 16〕 부처별 역할 개념도

산업별 · 지역별 인적자원협의체

그러나 국가적 차원의 체계와 함께, 정책을 수행하고 평가할 수 있는 최소단위 지역의 개념이 중요하다. 이를 뒷받침하는 조직이 지역단위 인적자원개발협의체가 될 것이다. 즉, 지역단위에서는 인적자원개발협의체를 구성해서 지역에서 설계하고 인재를 양성하며, 고용과 연계하는 전략이 절실하다. 최근 고용부에서 행정권역, 노동시장권역, 생활권역 등 다양한 형태로 '지역인적자원개발위원회'를 설치하여 직업훈련과 고용 미스매치 문제를 해소하려는 시도는 매우 긍정적이다. 다만, 과거 '산업별인적자원협의체'와 같이 업종별 접근만으로 산업수요를 반영하고자 했던 제한적 관점이나 기능 인력, 입직 · 재직단계 인력 등 인력유형의 한정된 부분을 다루기보다는 기재부, 교육부, 산업통상자원부, 고용노동부가 협업구조를 구성하여 지역 및 전국 단위에서 양성, 활용, 배분, 계속교육이 원활하게 이뤄질 수 있는 숲과 나무를 함께 바라볼 HRD 생태계 조성 정책으로 발전해야 생산가능인구 감소시대 산업기술인력정책이 국가발전에 효율적으로 기여할 것이다.

국가인적자원통계 정비와 미래인적자원 지도 작성

국가 인적자원의 효율적인 양성, 활용, 배분이 이루어질 수 있으려면, 산업별, 지역별, 수준별 통계기반 인적자원 수급계획이 마련되어야 한다. 기존에도 여러 부처에서 다양한 방법으로 통계자료를 만들어내고 있지만, 사실상 지역단위에서 적용하기 어려운 것이 사실이다. 현재, 기획재정부, 교육부, 산업통상자원부, 고용노동부 등이 추진하고 있는 각종 통계를 상호 통합적 시각으로 연계 또는 재편성하여 국가 미래인재전략 수립 및 지역단위 인력수급 계획에 반영할 수 있도록 환경을 조성할 필요가 있다.

미스매치 해소정책의 차별화

청년층 일자리 문제를 지표로 보여주는 것이 고용률이다. 청년층 고용률은 2004년을 기점으로 급격히 떨어지고 있다. 특히, 성별로 볼 때, 남자들의 고용률이 급격히 떨어진다. 사실 2004년은 대학 진학률이 최고조에 도달한 시기에 청년고용률이 떨어진 것을 볼 때, 고등교육이 일자리에 영향을 미치고 있는 것이다. 이를 기점으로 이공계 기피 문제가 불거지고, 대학 구조조정 문제가 부각되기 시작한 때이기도 하다. 정확한 연관관계에 대한 연구는 없지만 분명 고등교육정책과 산업시장과의 연계의 고리가 있어 보임직한 대목이다. 그리고 최근 수많은 기업 대표들은 하나같이 인력 구하기가 어렵다고 불평한다. 신규 생산직 인원에 대해서는 내국인은 고사하고 외국인 노동자 수급도 어렵다고 불평이 제기 된지는 꽤 오래 지났다. 그런데 지금은 설계직, 연구직 구하기도 어려워 기업의 미래가 불투명한 상황이라고 하소연하고 있다. 그럼에도 아직도 청년 미취업자가 많고 고용률은 바닥이다. 그러나 늘 제기되는 원인은 양적·질적 미스매치다. 우리는 여기에 두 가지 미스매치를 추가해 4가지 미스매치 문제를 복합적으로 다뤄야 한다고 생각한다.

우선 첫째, 설계 미스매치다. 과거시점에서 이루어진 설계 미스매치가 원인이다. 즉, 지역별 산업수요를 고려하여 양성규모를 결정하는 것이 중요하다. 인재는 지금 당장 필요하다고 해서 바로 길러낼 수 없다. 과거의 결정이 현재에 영향을 미친다. 사실 우리나라 교육열이 산업부흥의 역할을 했지만, 빠른 대학진학률로 인해 생산직 수급에 어려움을 미쳤고, 고등교육 졸업자에게 적합한 양질의 일자리 확대는 상대적으로 더디게 증가했기 때문에 미치매치를 야기한 측면이 있다. 또한 일부 지역에서는 대학 취업률이 40%에 불과한데 기업들은 인력구하기 어려워 투자가 어렵다고 한다. 사실 이미 대학은 산업수요보다 학생 모집에 유리한 학과를 선택해왔기 때문에 그 여파가 미친 것이다. 즉 과거의 양성규모 선택이 지역인재의 유출과 지역산업 인력수급에 장애를 가져왔다. 그래서 양성규모 설계 미스매치 해소가 중요하다. 기존 주력산업에 요구되는 인재수요에 대해서는 과학적 통계에 기반을 두고 대처해야 한다. 앞으로 육성될 융·복합, 신산업에 대해서는 산업수요예측과 함께 필요 인력의 수준과 시기예측이 정교하게 진행될 필요가 있다. 특히 교육부, 산업부, 고용부, 기재부 등 관련부서의 통계 협업이 필요해 보인다.

둘째, 현재 시점에서의 양적 미스매치다. 현재의 미스매치 결과는 과거에 영향을 받기도 하지만 현재 공간적 불일치, 생활 어메니티, 정보 등 다양한 측면에서 미스매치 현상이 발생할 수 있다. 공간적 측면에서 지역단위 인력양성과 채용규모의 불일치, 즉 수도권과 지방, 대도시와 소도시 등이 요인이 될 수 있고, 복합적으로 생활 및 교육환경이 밀접한 관계가 있는 것으로 분석되고 있다. 또한, 작지만 좋은 회사도 많다. 그런데 잘 알려지지 않았기 때문에 매칭 되지 못하는 경우도 많다. 이런 경우, 취업정보망 구축이나 산학협력을 통한 청년과 기업간 신뢰기반 연계가 문제해소의 방법이 될 수 있을 것이다.

〔그림 17〕 질적미스매치 요인

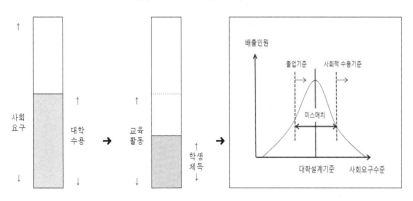

셋째, 현재 시점에서의 질적 미스매치다. 공학교육혁신도 이러한 관점에서 제기되고 있는 문제라고 생각한다. 그러나 질적 미스매치의 기본적인 요인은 대학만의 문제가 아니라 근본적으로 산업의 다양화에 있으며, 다양한 기업의 의견을 교육과정으로 설계하는 과정에서 일부 누락되거나 반영할 수 있는 한계가 있기 때문이다. 우선, 기업의 인재 및 교육수요에 대한 발신 부족으로 교육과정 개편에 참고할 자료가 없고, 이 때문에 대학의 교육과정은 기초공통적인 수준에 머무르고 있다고도 볼 수 있다. 또한 대학은 등록금 예산에 기반을 둔 한정된 교육재원과 정해진 시간에 대한 한계를 갖고 있기도 하다. 그리고 미충족 요인은 교육과정 설계에도 있으나 정부, 대학, 교수, 학생 등 모두에게도 원인이 존재한다. 정부단위에서는 산업별 인적자원협의체의 활동뿐만 아니라 지역단위 인적자원협의체의 체계적 활동을 통해 수요를 파악하고 확산하는 기반을 구축해야하는데 그러한 점에서 부족함이 있고, 대학은 과거와 같은 교육과정을 고집하거나 타대학 교육과정을 따라 하기보다는 최근 산업추세를 반영하여 완전 차별화된 대학, 특성화된 다양한 교육모델을 고민할 필요가 있다. 특히, 학생 체득 수준과 관련하여 학과 및 교수단위에서 보다 체계적인 교과목 관리, 학점관리체계 구축이 필요하다.

넷째, 사회현상으로 자리 잡은 심리적 미스매치다. 특히 중소기업 기피현상이 심각하다. '대기업과 중소기업'의 격차에 대한 인식 확산, 중소기업이라는 낙인효과 등 실제, 80%를 넘는 인원이 중소기업에 다니면서도 중소기업 낙인효과가 일반화된 것은 대중소기업간 연봉 격차에 기인하며, 또한 중소기업은 근로복지환경이 열악하다는 고정관념이 일반인 머릿속에 자립잡고 있기 때문이다. 사실 연봉 격차는 고학력화에도 원인이 있으며, 현재 중소기업의 기술혁신을 위해서는 석박사급 인력이 요구되지만 재정적 측면에서 석사 수준의 학사인력을 공급해야 적절한 상황이다. 즉, 과도한 고학력화가 심리적 미스매치의 주요 원인이기도 하다. 이렇게 청년들의 직업 선택 심리와 기업 CEO의 청년 신입사원에 대한 기대 심리가 참 많이 다르다. 청년들은 보수는 물론이고 규모 있고 브랜드 있으며 근무환경 좋은 회사를 선호하고, CEO는 지금 어렵더라도 함께 미래를 생각하며 오래 근무할 인내심 있는 인재를 원한다. 이들 사이 괴리를 채워줄 방법은 청년들과 기업인에게만 있는 것이 아니다. 이를 해소하기 위해서 연봉이 높은 중소기업은 기존 낙인효과를 제거할 브랜드 요소개발도 필요하고, 정부차원에서는 공간적 환경조성 등도 중요하다 예를 들어 두뇌기업 선정을 통해 차별화된 중소기업임을 확산시킬 수 있고, 테크노폴, 사이언스파크, 산학융합지구, KTX역사기반

중기연구마을 등 다양한 혁신 클러스터 조성으로 공통의 생활 어메니티를 조성할 수도 있다. 뿐만 아니라 조화로운 도시설계를 통해 도심형 일자리 확산 등도 중소기업에겐 미스매치를 해소할 전략이 될 수 있기 때문에 정부의 역할이 크다.

◈ 참고문헌

교육과학기술부·한국직업능력개발원, 「고졸 취업 및 후진학 활성화 정책 성
　　과분석 연구」, 2012.

지식경제부(내부자료), 「글로벌 인재강국 도약을 위한 산업인력 양성시스템 선
　　진화방안」, 2010. 10.

김영생 외 4명, 「구직구인난 불일치 해소를 위한 산학연계형 직업교육 시
　　스템」, 2010. 한국직업능력개발원.

홍정임, 엄미정, 홍성민, 「이공계 일자리 구조와 진로 변화에 따른 정책적 대
　　응방향」, 2011. 6. 15 제72호, STEPI Insight.

찾아보기

생산가능인구 감소시대

인력정책 10대 이슈

필자 약력

- **박철우**   연세대학교 대학원 공학박사, 한국산업기술대학교 기계공학과 교수.

- **이병윤**   한양대학교 대학원 경영학박사, 한국산업기술대학교 지식기반기술 에너지대학원 교수.

- **홍성민**   서울대학교 대학원 경제학박사, 과학기술정책연구원 연구위원.

- **오호영**   서울대학교 대학원 경제학박사, 한국직업능력개발원 동향데이터분석센터장.

- **노민선**   중앙대학교 인적자원개발정책학박사, 중소기업연구원 연구위원.

- **박동열**   서울대학교 대학원 교육학박사, 한국직업능력개발원 평생직업교육연구실장.

- **반상진**   University of Wisconsin−Madison Ph. D, 전북대학교 사범대학 교육학과 교수.

- **박문수**   성균관대학교 국정관리대학원 행정학박사, 한국뉴욕주립대학교 기술경영학과 전임연구교수.

- **이정재**   포항공과대학 공학박사, 한국과학기술기획평가원 연구위원.

- **김선우**   고려대학교 대학원 이학박사, 과학기술정책연구원 벤처창업팀 부연구위원.

- **김주섭**   Iowa State Univ. 경제학박사, 한국노동연구원 고용정책연구본부 선임연구위원.

- **이상희**   숭실대학교 법학박사(노동법), 한국산업기술대학교 지식융합학부 교수.

- **정성훈**   영국 University of Sussex, Sussex European Institute 철학박사(경제 및 도시지리학, 유럽지역학 전공), 강원대학교 사범대학 지리교육과 부교수.

생산가능인구 감소시대
인력정책 10대 이슈

인쇄 · 2014년 10월 30일 | 발행 · 2014년 11월 10일

지은이 · 박철우, 이병윤, 홍성민, 오호영, 노민선, 박동열, 반상진
　　　　박문수, 이정재, 김선우, 김주섭, 이상희, 정성훈
펴낸이 · 한봉숙
펴낸곳 · 푸른사상사

주간 · 맹문재 | 편집 · 지순이, 김선도
등록 · 1999년 7월 8일 제2-2876호
주소 · 서울시 중구 충무로 29(초동) 아시아미디어타워 502호
대표전화 · 02) 2268-8706(7) | 팩시밀리 · 02) 2268-8708
이메일 · prun21c@hanmail.net
홈페이지 · http://www.prun21c.com

ⓒ 박철우, 이병윤, 홍성민, 오호영, 노민선, 박동열, 반상진
　　박문수, 이정재, 김선우, 김주섭, 이상희, 정성훈, 2014

ISBN 979-11-308-0297-8 93320
값 36,000원